2025 제28회 시험대비 전면개정판

박문각 주택관리사

핵심기출문제 2차

주택관리관계법규 | 공동주택관리실무

강경구·김혁 외 박문각 주택관리연구소 편저

합격까지 박문각
합격 노하우가 다르다!

박문각

박문각
주택관리사
핵심기출문제

이 책의 머리말

제28회 주택관리사 자격시험 합격이라는 목표에 대한 열정으로 불철주야 공부에 여념이 없으신 수험생 여러분들의 노고에 박수를 보냅니다.

합격을 목표로 하는 시험에서 문제난이도와 출제범위를 종잡을 수 없는 경우에는 지금까지 출제되었던 기출문제에 대한 정확하고 철저한 분석을 통한 체계적인 학습이 가장 안정적인 수험방법입니다.

최근 치러진 시험을 살펴보면 이해를 통한 문제풀이와 통합 및 응용을 요하는 문제의 비중이 늘어나고 있음을 알 수 있는데, 단순암기식 공부보다는 이해 위주의 학습으로 통합 및 응용문제에 대비해야 합니다.

수험공부를 옷 입는 것에 비유한다면 첫 단추를 잘 꿰어야 시험합격이라는 마지막 단계까지 시행착오 없이 다가갈 수 있을 것입니다.

이에 수험생들의 학습에 올바른 길을 제시하는 첫 단추가 되어 드리고자 본서를 출간하게 되었습니다.

본서의 특징

01 단원별 기출정리

본서는 제27회까지의 기출문제를 유형별로 정리하여 효율적으로 학습이 가능하도록 구성하였다.

02 최신 개정법령과 관련 이론 완벽 반영

꼭 필요한 이론은 해설과 함께 구성하여 지문의 완벽한 이해가 가능하도록 하였다.

03 정확하고 명쾌한 해설

정답에 해당하는 지문은 물론 오답에 해당하는 지문들 중 꼭 알아두어야 할 해설들도 구성하여 지문을 완벽하게 이해할 수 있도록 구성하였다.

04 주관식 단답형 문제

주관식 출제가 예상되는 단답형 문제를 출제빈도에 따라 충분히 수록하여 주관식 문제에 대한 수험생들의 자신감을 높이는 데 주력하였다.

본서가 시험의 최종합격이라는 마지막 순간까지 수험생들의 든든한 동반자가 되기를 바라며, 목표를 향해 매진하는 수험생 여러분께 합격의 기쁨이 함께 하시기를 기원합니다.

박문각 주택관리연구소 씀

자격안내

자격개요

주택관리사보는 공동주택의 운영·관리·유지·보수 등을 실시하고 이에 필요한 경비를 관리하며, 공동주택의 공용부분과 공동소유인 부대시설 및 복리시설의 유지·관리 및 안전관리 업무를 수행하기 위해 주택관리사보 자격시험에 합격한 자를 말한다.

변천과정

1990년	주택관리사보 제1회 자격시험 실시
1997년	자격증 소지자의 채용을 의무화(시행일 1997. 1. 1.)
2006년	2005년까지 격년제로 시행되던 자격시험을 매년 1회 시행으로 변경
2008년	주택관리사보 자격시험의 시행에 관한 업무를 한국산업인력공단에 위탁(시행일 2008. 1. 1.)

주택관리사제도

❶ 주택관리사 등의 자격

주택관리사보가 되려는 자는 국토교통부장관이 시행하는 자격시험에 합격한 후 시·도지사로부터 합격증서를 발급받아야 한다.

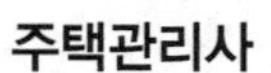

주택관리사는 주택관리사보 합격증서를 발급받고 대통령령으로 정하는 주택관련 실무 경력이 있는 자로서 시·도지사로부터 주택관리사 자격증을 발급받은 자로 한다.

❷ 주택관리사 인정경력

시·도지사는 주택관리사보 자격시험에 합격하기 전이나 합격한 후 다음의 어느 하나에 해당하는 경력을 갖춘 자에 대하여 주택관리사 자격증을 발급한다.

- 사업계획승인을 받아 건설한 50세대 이상 500세대 미만의 공동주택의 관리사무소장으로 근무한 경력 3년 이상
- 사업계획승인을 받아 건설한 50세대 이상의 공동주택의 관리사무소의 직원(경비원, 청소원, 소독원 제외) 또는 주택관리업자의 직원으로 주택관리업무에 종사한 경력 5년 이상
- 한국토지주택공사 또는 지방공사의 직원으로 주택관리업무에 종사한 경력 5년 이상
- 공무원으로 주택관련 지도·감독 및 인·허가 업무 등에 종사한 경력 5년 이상
- 주택관리사단체와 국토교통부장관이 정하여 고시하는 공동주택관리와 관련된 단체의 임직원으로 주택관련 업무에 종사한 경력 5년 이상
- 위의 경력들을 합산한 기간 5년 이상

법적 배치근거

공동주택을 관리하는 주택관리업자·입주자대표회의(자치관리의 경우에 한함) 또는 임대사업자(「민간임대주택에 관한 특별법」에 의한 임대사업자를 말함) 등은 공동주택의 관리사무소장으로 주택관리사 또는 주택관리사보를 다음의 기준에 따라 배치하여야 한다.

- 500세대 미만의 공동주택: 주택관리사 또는 주택관리사보
- 500세대 이상의 공동주택: 주택관리사

주요업무

공동주택을 안전하고 효율적으로 관리하여 공동주택의 입주자 및 사용자의 권익을 보호하기 위하여 입주자대표회의에서 의결하는 공동주택의 운영·관리·유지·보수·교체·개량과 리모델링에 관한 업무 및 이와 같은 업무를 집행하기 위한 관리비·장기수선충당금이나 그 밖의 경비의 청구·수령·지출 업무, 장기수선계획의 조정, 시설물 안전관리계획의 수립 및 건축물의 안전점검에 관한 업무(단, 비용지출을 수반하는 사항에 대하여는 입주자대표회의의 의결을 거쳐야 함) 등 주택관리서비스를 수행한다.

진로 및 전망

주택관리사는 주택관리의 시장이 계속 확대되고 주택관리사의 지위가 제도적으로 발전하면서 공동주택의 효율적인 관리와 입주자의 편안한 주거생활을 위한 전문지식과 기술을 겸비한 전문가집단으로 자리매김하고 있다.

주택관리사의 업무는 주택관리서비스업으로서, 자격증 취득 후 아파트 단지나 빌딩의 관리소장, 공사 및 건설업체·전문용역업체, 공동주택의 운영·관리·유지·보수 책임자 등으로 취업이 가능하다. 과거 주택건설 및 공급 위주의 주택정책이 국가경제적인 측면에서 문제가 되었다는 점에서 지금은 공동주택의 수명연장 및 쾌적한 주거환경 조성을 우선으로 하는 주택관리의 시대가 되었다. 이러한 시대적 변화에 맞추어 전문자격자로서 주택관리사의 역할이 어느 때보다 중요해지고 있으며, 공동주택의 리모델링의 활성화로 주택관리사들이 전문기법을 연구·발전시켜 국가경제발전에도 크게 기여하게 될 것이다.

자격시험안내

시험기관

소관부처 국토교통부 주택건설공급과

실시기관 한국산업인력공단(http://www.Q-net.or.kr)

응시자격

❶ **개관**: 응시자격에는 제한이 없으며 연령, 학력, 경력, 성별, 지역 등에 제한을 두지 않는다. 다만, 시험시행일 현재 주택관리사 등의 결격사유에 해당하는 자와 부정행위를 한 자로서 당해 시험시행일로부터 5년이 경과되지 아니한 자는 응시가 불가능하다.

❷ **주택관리사보 결격사유자**(공동주택관리법 제67조 제4항)

1. 피성년후견인 또는 피한정후견인
2. 파산선고를 받은 사람으로서 복권되지 아니한 사람
3. 금고 이상의 실형의 선고를 받고 그 집행이 끝나거나(집행이 끝난 것으로 보는 경우를 포함한다) 집행이 면제된 날부터 2년이 지나지 아니한 사람
4. 금고 이상의 형의 집행유예를 선고받고 그 집행유예기간 중에 있는 사람
5. 주택관리사 등의 자격이 취소된 후 3년이 지나지 아니한 사람(제1호 및 제2호에 해당하여 주택관리사 등의 자격이 취소된 경우는 제외한다)

❸ **시험 부정행위자에 대한 제재**: 주택관리사보 자격시험에 있어서 부정한 행위를 한 응시자에 대하여는 그 시험을 무효로 하고, 당해 시험시행일부터 5년간 시험응시자격을 정지한다.

시험방법

❶ 주택관리사보 자격시험은 제1차 시험 및 제2차 시험으로 구분하여 시행한다.

❷ 제1차 시험문제는 객관식 5지 선택형으로 하고 과목당 40문항을 출제한다.

❸ 제2차 시험문제는 객관식 5지 선택형을 원칙으로 하되, 과목별 16문항은 주관식(단답형 또는 기입형)을 가미하여 과목당 40문항을 출제한다.

❹ 객관식 및 주관식 문항의 배점은 동일하며, 주관식 문항은 부분점수가 있다.

문항수		주관식 16문항
배 점		각 2.5점(기존과 동일)
단답형 부분점수	3괄호	3개 정답(2.5점), 2개 정답(1.5점), 1개 정답(0.5점)
	2괄호	2개 정답(2.5점), 1개 정답(1점)
	1괄호	1개 정답(2.5점)

※ 법률 등을 적용하여 정답을 구하여야 하는 문제는 법에 명시된 정확한 용어를 사용하는 경우에만 정답으로 인정

❺ 제2차 시험은 제1차 시험에 합격한 자에 대하여 실시한다.

❻ 제1차 시험에 합격한 자에 대하여는 다음 회의 시험에 한하여 제1차 시험을 면제한다.

합격기준

❶ 1차 시험 절대평가, 2차 시험 상대평가

국토교통부장관은 선발예정인원의 범위에서 대통령령으로 정하는 합격자 결정 점수 이상을 얻은 사람으로서 전과목 총득점의 고득점자 순으로 주택관리사보 자격시험 합격자를 결정한다(공동주택관리법 제67조 제5항).

❷ 시험합격자의 결정(공동주택관리법 시행령 제75조)

1. **제1차 시험**
   과목당 100점을 만점으로 하여 모든 과목 40점 이상이고 전 과목 평균 60점 이상의 득점을 한 사람
2. **제2차 시험**
   ① 과목당 100점을 만점으로 하여 모든 과목 40점 이상이고 전 과목 평균 60점 이상의 득점을 한 사람. 다만, 모든 과목 40점 이상이고 전 과목 평균 60점 이상의 득점을 한 사람의 수가 법 제67조 제5항 전단에 따른 선발예정인원(이하 "선발예정인원"이라 한다)에 미달하는 경우에는 모든 과목 40점 이상을 득점한 사람을 말한다.
   ② 법 제67조 제5항 후단에 따라 제2차시험 합격자를 결정하는 경우 동점자로 인하여 선발예정인원을 초과하는 경우에는 그 동점자 모두를 합격자로 결정한다. 이 경우 동점자의 점수는 소수점 이하 둘째자리까지만 계산하며, 반올림은 하지 아니한다.

시험과목

(2024. 03. 29. 제27회 시험 시행계획 공고 기준)

시험구분		시험과목	시험범위	시험시간
제1차 (3과목)	1교시	회계원리	세부 과목 구분 없이 출제	100분
		공동주택 시설개론	• 목구조·특수구조를 제외한 일반건축구조와 철골구조 • 장기수선계획 수립 등을 위한 건축적산 • 홈네트워크를 포함한 건축설비개론	
	2교시	민 법	• 총칙 • 물권 • 채권 중 총칙·계약총칙·매매·임대차·도급·위임·부당이득·불법행위	50분
제2차 (2과목)		주택관리 관계법규	「주택법」·「공동주택관리법」·「민간임대주택에 관한 특별법」·「공공주택 특별법」·「건축법」·「소방기본법」·「화재의 예방 및 안전관리에 관한 법률」·「소방시설 설치 및 관리에 관한 법률」·「승강기 안전관리법」·「전기사업법」·「시설물의 안전 및 유지관리에 관한 특별법」·「도시 및 주거환경정비법」·「도시재정비 촉진을 위한 특별법」·「집합건물의 소유 및 관리에 관한 법률」 중 주택관리에 관련되는 규정	100분
		공동주택 관리실무	• 공동주거관리이론 • 공동주택회계관리·입주자관리, 대외업무, 사무·인사관리 • 시설관리, 환경관리, 안전·방재관리 및 리모델링, 공동주택 하자관리(보수공사 포함) 등	

※ 1. 시험과 관련하여 법률·회계처리기준 등을 적용하여 답을 구하여야 하는 문제는 시험시행일 현재 시행 중인 법령 등을 적용하여 정답을 구하여야 한다.
2. 회계처리 등과 관련된 시험문제는 「한국채택국제회계기준(K-IFRS)」을 적용하여 출제된다.
3. 기활용된 문제, 기출문제 등도 변형·활용되어 출제될 수 있다.

이 책의 차례

주택관리 관계법규

제5편 건축법

제6편 도시 및 주거환경정비법

Contents

이 책의 차례

공동주택
시설개론

제1편 행정실무

제2편 기술실무

제27회 출제경향 분석

이번 제27회 주택관리관계법규는 건축법이 7문제 중 객관식이 5문제, 주관식이 2문제 출제되었습니다. 객관식이 1문제 늘고 주관식이 1문제가 감소된 것입니다. 주택법도 작년에 나왔던 감리자에 관한 문제가 다시 출제되었고, 공동주택관리법도 골고루 출제되었으며, 공공주택 특별법도 걱정했던 시효만료와 연장에 따른 공공주택복합지구 및 공공주택복합사업은 출제되지 않았습니다. 전기사업법은 전기자동차충전사업이 나왔지만 전기신사업의 종류라는 걸 아신다면 어렵지 않게 풀 수 있는 문제였습니다. 특히, 시행규칙에서 출제된 주관식 1문제가 기본서에서 다루지 않은 내용이라 까다로웠겠지만 나머지는 평소에 강의를 들었던 분들은 쉽게 답안지 구성을 했을 것으로 여겨집니다. 시험후기를 보면 주택관리관계법규는 점수가 75점 이상 상회하는 분들도 다수 있지만, 선발예정인원이 작년과 동일하고 관리실무도 쉽게 출제되었다면 평균점수 75점 이상 되어야 합격권에 들 수 있다는 예측입니다.

주택법	20.0%	시설물의 안전 및 유지관리에 관한 특별법	5.0%
공동주택관리법	20.0%	소방기본법	2.5%
민간임대주택에 관한 특별법	5.0%	소방시설 설치 및 관리에 관한 법률	2.5%
공공주택 특별법	5.0%	화재의 예방 및 안전관리에 관한 법률	2.5%
건축법	17.5%	전기사업법	5.0%
도시 및 주거환경정비법	5.0%	승강기 안전관리법	5.0%
도시재정비 촉진을 위한 특별법	2.5%	집합건물의 소유 및 관리에 관한 법률	2.5%

PART 01

주택관리 관계법규

Part 01 주택법

01 총 설

연계학습 : 기본서 p.24~37

01 **주택법상 용어의 정의로 옳지 않은 것은?** 제27회

하

① "주택"이란 세대의 구성원이 장기간 독립된 주거생활을 할 수 있는 구조로 된 건축물의 전부 또는 일부 및 그 부속토지를 말한다.

② "도시형 생활주택"이란 300세대 미만의 국민주택규모에 해당하는 주택으로서 대통령령으로 정하는 주택을 말한다.

③ "장수명 주택"이란 구조적으로 오랫동안 유지・관리될 수 있는 내구성을 갖추고, 입주자의 필요에 따라 내부 구조를 쉽게 변경할 수 있는 가변성과 수리 용이성 등이 우수한 주택을 말한다.

④ "간선시설"이란 도로・상하수도・전기시설・가스시설・통신시설・지역난방시설 등을 말한다.

⑤ "건강친화형 주택"이란 건강하고 쾌적한 실내환경의 조성을 위하여 실내공기의 오염물질 등을 최소화할 수 있도록 대통령령으로 정하는 기준에 따라 건설된 주택을 말한다.

해설

④ "기간시설"이란 도로・상하수도・전기시설・가스시설・통신시설・지역난방시설 등을 말한다.

02 **주택법령상 주택에 딸린 시설 또는 설비로서 부대시설이 아닌 것은?** 제25회

상

① 관리사무소

② 담장

③ 대피시설

④ 어린이놀이터

⑤ 정화조

해설

④ 어린이놀이터는 복리시설에 해당한다.

03

상●●

주택법상 용어의 설명으로 옳지 않은 것은? 제25회

① "주택"이란 세대의 구성원이 장기간 독립된 주거생활을 할 수 있는 구조로 된 건축물(그 부속토지는 제외)의 전부 또는 일부를 말한다.

② "공동주택"이란 건축물의 벽 · 복도 · 계단이나 그 밖의 설비 등의 전부 또는 일부를 공동으로 사용하는 각 세대가 하나의 건축물 안에서 각각 독립된 주거생활을 할 수 있는 구조로 된 주택을 말한다.

③ "준주택"이란 주택 외의 건축물과 그 부속토지로서 주거시설로 이용가능한 시설 등을 말한다.

④ "민영주택"이란 국민주택을 제외한 주택을 말한다.

⑤ "장수명 주택"이란 구조적으로 오랫동안 유지 · 관리될 수 있는 내구성을 갖추고, 입주자의 필요에 따라 내부 구조를 쉽게 변경할 수 있는 가변성과 수리 용이성 등이 우수한 주택을 말한다.

해설

① "주택"이란 세대의 구성원이 장기간 독립된 주거생활을 할 수 있는 구조로 된 건축물(그 부속토지는 포함)의 전부 또는 일부를 말한다.

04

●●하

주택법령상 복리시설에 해당하는 것을 모두 고른 것은? 제27회

ㄱ. 어린이놀이터	ㄴ. 다중생활시설
ㄷ. 유치원	ㄹ. 주차장
ㅁ. 경로당	

① ㄱ, ㄴ, ㄹ
② ㄱ, ㄴ, ㅁ
③ ㄱ, ㄷ, ㅁ
④ ㄴ, ㄷ, ㄹ
⑤ ㄷ, ㄹ, ㅁ

해설

③ ㄱ, ㄷ, ㅁ이 복리시설이다.

ㄴ. 제2종 근린생활시설로서 복리시설이지만 주택단지에서 장의사, 총포판매소, 안마시술소, 단란주점, 다중생활시설은 설치할 수 없다.

ㄹ. 주차장은 부대시설이다.

Answer

01 ④ 02 ④ 03 ① 04 ③

05 하

주택법령상 복리시설로 옳은 것을 모두 고른 것은? 제18회

ㄱ. 주민운동시설　　ㄴ. 주택단지 안의 도로
ㄷ. 어린이놀이터　　ㄹ. 경로당
ㅁ. 유치원

① ㄱ, ㄴ　② ㄱ, ㄹ　③ ㄴ, ㄷ, ㅁ
④ ㄱ, ㄷ, ㄹ, ㅁ　⑤ ㄴ, ㄷ, ㄹ, ㅁ

해설

ㄴ. 주택단지 안의 도로는 부대시설이며, 나머지 ㄱ, ㄷ, ㄹ, ㅁ은 복리시설이다.

06 하

주택법 제2조(정의) 규정에 의할 때, 주택단지의 입주자 등의 생활복리를 위한 공동시설에 해당하는 것은? 제22회

① 관리사무소　② 공중화장실
③ 자전거보관소　④ 방범설비
⑤ 주민운동시설

해설

⑤ 주민운동시설은 복리시설에 해당한다. ①②③④는 부대시설이다.

07 하

주택법령상 공동주택에 해당하지 않는 것을 모두 고른 것은? 제22회

ㄱ. 「건축법 시행령」상 다중주택
ㄴ. 「건축법 시행령」상 다가구주택
ㄷ. 「건축법 시행령」상 연립주택
ㄹ. 「건축법 시행령」상 다세대주택
ㅁ. 「건축법 시행령」상 오피스텔

① ㄱ, ㄴ, ㄹ　② ㄱ, ㄴ, ㅁ
③ ㄱ, ㄷ, ㅁ　④ ㄴ, ㄷ, ㄹ
⑤ ㄷ, ㄹ, ㅁ

해설

② 주택법령상 공동주택은 아파트, 연립주택, 다세대주택이다. ㄱ, ㄴ은 단독주택, ㅁ은 준주택에 해당한다.

08 ●●하

주택법령상 용어의 뜻에 의할 때 '주택'에 해당하지 않는 것을 모두 고른 것은? 제20회

ㄱ. 「건축법 시행령」상 용도별 건축물의 종류에 따른 다중주택
ㄴ. 「건축법 시행령」상 용도별 건축물의 종류에 따른 기숙사
ㄷ. 「건축법 시행령」상 용도별 건축물의 종류에 따른 오피스텔
ㄹ. 「노인복지법」상 노인복지주택

① ㄱ, ㄷ
② ㄴ, ㄷ
③ ㄴ, ㄹ
④ ㄱ, ㄴ, ㄹ
⑤ ㄴ, ㄷ, ㄹ

해설
⑤ ㄴ, ㄷ, ㄹ은 준주택에 해당하며, 준주택에는 이외에도 다중생활시설이 있다.

09 ●●하

주택법령상 용어에 관한 설명으로 옳은 것은? 제19회

① "복리시설"이란 주택단지의 입주자 등의 생활복리를 위한 어린이놀이터, 근린생활시설, 주차장, 관리사무소 등을 말한다.
② 주택단지 안의 기간시설인 가스시설·통신시설 및 지역난방시설은 간선시설에 포함된다.
③ "세대구분형 공동주택"은 그 구분된 공간의 일부에 대하여 구분소유를 할 수 있는 주택이다.
④ "도시형 생활주택"은 300세대 이상의 국민주택규모에 해당하는 주택으로서 대통령령으로 정하는 주택을 말한다.
⑤ "건강친화형 주택"은 저에너지 건물 조성기술 등 대통령령으로 정하는 기술을 이용하여 에너지 사용량을 절감하도록 건설된 주택을 말한다.

해설
① 주차장, 관리사무소는 부대시설에 해당된다.
③ "세대구분형 공동주택"은 그 구분된 공간의 일부에 대하여 구분소유를 할 수 없는 주택이다.
④ "도시형 생활주택"은 300세대 미만의 국민주택규모에 해당하는 주택으로서 대통령령으로 정하는 주택을 말한다.
⑤ "건강친화형 주택"이란 건강하고 쾌적한 실내환경의 조성을 위하여 실내공기의 오염물질 등을 최소화할 수 있도록 대통령령으로 정하는 기준에 따라 건설된 주택을 말한다.

Answer
05 ④ 06 ⑤ 07 ② 08 ⑤ 09 ②

10 주택법령상 사업계획승인을 받아 건설하는 세대구분형 공동주택의 건설기준, 면적기준 및 건설 등에 관한 설명으로 옳지 않은 것은? **제18회**

① 세대구분형 공동주택의 세대별로 구분된 각각의 공간마다 별도의 욕실, 부엌과 현관을 설치할 것
② 세대구분형 공동주택은 주택단지 공동주택 전체 호수의 3분의 1을 넘지 아니할 것
③ 하나의 세대가 통합하여 사용할 수 있도록 세대 간에 연결문 또는 경량구조의 경계벽 등을 설치할 것
④ 세대구분형 공동주택의 세대별로 구분된 각각의 공간은 주거전용면적이 10제곱미터 이상일 것
⑤ 세대구분형 공동주택의 건설과 관련하여 주택법 제21조에 따른 주택건설기준 등을 적용하는 경우 세대구분형 공동주택의 세대수는 그 구분된 공간의 세대에 관계없이 하나의 세대로 산정한다.

해설
④ 세대구분형 공동주택의 세대별 주거전용면적기준은 규정에 없는 내용이다.

11 주택법령상 도시형 생활주택에 관한 설명으로 옳지 않은 것은? **제14회 수정**

① 도시형 생활주택의 종류에는 단지형 연립주택, 단지형 다세대주택, 소형 주택이 있다.
② 단지형 연립주택은 해당 건축위원회의 심의를 받은 경우에는 주택으로 쓰는 층수를 5개층까지 건축할 수 있다.
③ 준주거지역에서 하나의 건축물에는 소형 주택과 도시형 생활주택 외의 주택을 함께 건축할 수 있다.
④ 상업지역에서 하나의 건축물에는 소형 주택과 단지형 대세대주택을 함께 건축할 수 없다.
⑤ 소형 주택의 세대별 전용면적은 $85m^2$ 이하이고, 세대별로 독립된 주거가 가능하도록 욕실, 부엌을 설치하여야 한다.

해설
⑤ 소형 주택의 세대별 전용면적은 $60m^2$ 이하이다.

12 **다음은 주택법령상 리모델링에 해당하는 행위에 관한 설명이다. (　　)안에 들어갈 내용을 순서대로 나열한 것은?** (단, 임시사용승인을 받은 경우 및 조례는 고려하지 않음)

제16회

건축물의 노후화 억제 또는 기능 향상 등을 위한 행위로서, 주택법에 따른 사용검사일 또는 건축법에 따른 사용승인일부터 (　　)년이 경과된 공동주택을 각 세대의 주거전용면적의 (　　)% 이내(세대의 주거전용면적이 85제곱미터 미만인 경우에는 40% 이내)에서 증축하는 행위

① 20 − 10
② 20 − 20
③ 20 − 30
④ 15 − 20
⑤ 15 − 30

해설

⑤ 「주택법」에 따른 사용검사일 또는 「건축법」에 따른 사용승인일부터 15년(15년 이상 20년 미만의 연수 중 시·도조례가 정하는 경우 그 연수)이 경과된 공동주택을 각 세대의 주거전용면적의 30% 이내(세대의 주거전용면적이 85제곱미터 미만인 경우에는 40% 이내)에서 전유부분을 증축을 하는 행위를 말한다. 이 경우 공동주택의 기능향상 등을 위하여 공용부분에 대해서도 별도로 증축할 수 있다.

Answer

10 ④　11 ⑤　12 ⑤

02 주택의 건설 등

연계학습: 기본서 p.38~121

13 중

주택법령상 주택조합에 관한 설명으로 옳지 않은 것은? 제19회

① 리모델링주택조합의 조합원은 공동주택의 소유자, 복리시설의 소유자, 조합설립신청일 현재 해당 리모델링주택에 6개월 이상 거주한 임차인 중 주택조합의 설립에 동의한 자로 한다.

② 변경인가와 해산인가를 제외한 주택조합설립인가를 받으려는 자는 해당 주택건설대지의 80% 이상에 해당하는 토지의 사용권원과 해당 주택건설대지의 15% 이상에 해당하는 토지의 소유권을 확보하여야 한다.

③ 리모델링주택조합 설립에 동의한 자로부터 건축물을 취득한 자는 조합의 설립에 동의한 것으로 본다.

④ 직장주택조합이 설립인가를 받은 후 결원이 발생하여 충원하는 경우 조합원 추가모집에 따른 주택조합의 변경인가신청은 사업계획승인신청일까지 하여야 한다.

⑤ 지역주택조합이 조합원 탈퇴 등으로 적법한 절차에 의해 조합원을 추가모집하는 경우 조합원 자격요건 충족여부의 판단은 해당 주택조합의 설립인가신청일을 기준으로 한다.

해설

① 리모델링주택조합의 조합원은 다음의 어느 하나에 해당하는 사람으로 한다.

> 1. 사업계획승인을 받아 건설한 공동주택의 소유자
> 2. 복리시설을 함께 리모델링하는 경우에는 해당 복리시설의 소유자
> 3. 「건축법」에 따른 건축허가를 받아 분양을 목적으로 건설한 공동주택의 소유자(해당 건축물에 공동주택 외의 시설이 있는 경우에는 해당 시설의 소유자를 포함한다)

14 상

주택법령상 지역주택조합의 설립인가 신청시 관할 행정청에 제출하여야 할 서류로 옳지 않은 것은? 제25회

① 창립총회 회의록

② 조합장선출동의서

③ 고용자가 확인한 근무확인서

④ 조합원 자격이 있는 자임을 확인하는 서류

⑤ 조합원 전원이 자필로 연명(連名)한 조합규약

해설

③ 고용자가 확인한 근무확인서는 직장주택조합의 경우만 해당한다.

15 상

주택법령상 주택조합에 관한 설명으로 옳은 것은? 제22회

① 국민주택을 공급받기 위하여 직장주택조합을 설립하려는 자는 관할 특별자치시장, 특별자치도지사, 시장 · 군수 · 구청장에게 인가를 받아야 한다.

② 지역주택조합을 해산하려는 경우 관할 특별자치시장, 특별자치도지사, 시장 · 군수 · 구청장의 인가를 받을 필요가 없다.

③ 주택조합의 임원이 결격사유에 해당되어 당연 퇴직된 경우 퇴직된 임원이 퇴직 전에 관여한 행위는 그 효력을 상실한다.

④ 공개모집 이후 조합원의 사망 · 자격상실 · 탈퇴 등으로 인한 결원을 충원하거나 미달된 조합원을 재모집하는 경우에는 신고하지 아니하고 선착순의 방법으로 조합원을 모집할 수 없다.

⑤ 지역주택조합의 조합원이 무자격자로 판명되어 자격을 상실함에 따라 결원의 범위에서 조합원을 충원하는 경우 충원되는 자의 조합원 자격 요건을 충족여부의 판단은 해당 조합설립인가 신청일을 기준으로 한다.

해설

① 국민주택을 공급받기 위하여 직장주택조합을 설립하려는 자는 관할 특별자치시장, 특별자치도지사, 시장 · 군수 · 구청장에게 신고하여야 한다.
② 지역주택조합을 해산하려는 경우 관할 특별자치시장, 특별자치도지사, 시장 · 군수 · 구청장의 인가를 받아야 한다.
③ 주택조합의 임원이 결격사유에 해당되어 당연 퇴직된 경우 퇴직된 임원이 퇴직 전에 관여한 행위는 그 효력을 상실하지 아니한다.
④ 공개모집 이후 조합원의 사망 · 자격상실 · 탈퇴 등으로 인한 결원을 충원하거나 미달된 조합원을 재모집하는 경우에는 신고하지 아니하고 선착순의 방법으로 조합원을 모집할 수 있다.

16 중

주택법령상 주택조합의 설립에 관한 규정의 일부이다. (　　)에 들어갈 숫자가 순서대로 옳은 것은? 제23회

> 주택을 마련하기 위하여 주택조합설립인가를 받으려는 자는 다음 각 호의 요건을 모두 갖추어야 한다.
> 1. 해당 주택건설대지의 (　　)퍼센트 이상에 해당하는 토지의 사용권원을 확보할 것
> 2. 해당 주택건설대지의 (　　)퍼센트 이상에 해당하는 토지의 소유권을 확보할 것

① 70, 25　② 70, 30　③ 80, 15　④ 80, 20　⑤ 85, 25

해설

1. 해당 주택건설대지의 (80)퍼센트 이상에 해당하는 토지의 사용권원을 확보할 것
2. 해당 주택건설대지의 (15)퍼센트 이상에 해당하는 토지의 소유권을 확보할 것

Answer

13 ①　14 ③　15 ⑤　16 ③

17 상

주택법령상 주택조합에 관한 설명으로 옳지 않은 것은? 제17회

① 관할 시장·군수·구청장의 인가를 받아 설립된 리모델링주택조합은 그 리모델링 결의에 찬성하지 아니하는 자의 주택 및 토지에 대하여 매도청구를 할 수 있다.

② 국가 또는 지방자치단체는 그가 소유하는 토지를 매각할 때 인가를 받아 설립된 주택조합이 주택의 건설을 목적으로 그 토지의 매수 또는 임차를 원하는 자가 있으면 그에게 우선적으로 그 토지를 매각할 수 있다.

③ 국민주택을 공급받기 위하여 설립된 직장주택조합을 설립하려는 자는 관할 시장·군수·구청장에게 신고하여야 한다.

④ 시장·군수·구청장은 주택조합 또는 그 조합의 구성원이 주택법 또는 주택법에 따른 명령이나 처분을 위반한 경우에는 주택조합의 설립인가를 취소할 수 있다.

⑤ 주택조합은 회계감사를 받아야 하는데, 이때 회계감사를 한 자는 회계감사 종료일부터 15일 이내에 회계감사결과를 관할 시·도지사에게 통보하여야 한다.

해설

⑤ 회계감사를 한 자는 회계감사 종료일부터 15일 이내에 회계감사결과를 관할 시장·군수·구청장과 해당 주택조합에 각각 통보하여야 한다.

18 상

주택법령상 주택조합의 가입 철회 및 가입비등의 반환에 관한 설명으로 옳지 않은 것은? 제27회

① 청약 철회를 서면으로 하는 경우에는 청약 철회의 의사를 표시한 서면을 발송한 다음날에 그 효력이 발생한다.

② 주택조합의 가입을 신청한 자는 가입비등을 예치한 날부터 30일 이내에 주택조합 가입에 관한 청약을 철회할 수 있다.

③ 모집주체는 가입비등을 예치한 날부터 30일이 지난 경우 예치기관의 장에게 가입비등의 지급을 요청할 수 있다.

④ 모집주체는 주택조합의 가입을 신청한 자가 청약 철회를 한 경우 청약 철회 의사가 도달한 날부터 7일 이내에 예치기관의 장에게 가입비등의 반환을 요청하여야 한다.

⑤ 예치기관의 장은 정보통신망을 이용하여 가입비등의 예치·지급 및 반환 등에 필요한 업무를 수행할 수 있다.

해설

① 청약 철회를 서면으로 하는 경우에는 청약 철회의 의사를 표시한 서면을 발송한 날에 그 효력이 발생한다.

19 상 **주택법령상 주택조합**(리모델링주택조합이 아님) **업무 중 업무대행자에게 대행시킬 수 있는 것을 모두 고른 것은?** 제25회

ㄱ. 조합원 모집, 토지 확보, 조합설립인가 신청 등 조합설립을 위한 업무의 대행
ㄴ. 사업성 검토 및 사업계획서 작성업무의 대행
ㄷ. 계약금 등 자금의 보관 및 그와 관련된 업무의 대행
ㄹ. 설계자 및 시공자 선정에 관한 업무의 지원
ㅁ. 조합 임원 선거 관리업무 지원

① ㄱ, ㄴ, ㅁ
② ㄴ, ㄷ, ㄹ
③ ㄷ, ㄹ, ㅁ
④ ㄱ, ㄴ, ㄷ, ㄹ
⑤ ㄱ, ㄴ, ㄷ, ㄹ, ㅁ

해설

⑤ 주택조합(리모델링주택조합이 아님) 업무 중 업무대행자에게 대행시킬 수 있는 것은 ㄱ, ㄴ, ㄷ, ㄹ, ㅁ 모두 해당하며, 이외에도 사업계획승인 신청 등 사업계획승인을 위한 업무 대행 및 총회의 운영업무 지원도 있다.

20 상 **주택법령상 주택조합**(리모델링주택조합은 제외)**의 업무 중 업무대행자에게 대행시킬 수 있는 업무가 아닌 것은?** 제26회

① 표준업무대행계약서의 작성 · 보급업무
② 조합설립을 위한 업무 중 토지 확보
③ 설계자 및 시공자 선정에 관한 업무의 지원
④ 사업성 검토 및 사업계획서 작성업무
⑤ 조합 임원 선거 관리업무 지원

해설

① 표준업무대행계약서는 국토교통부장관이 공정거래위원장과 협의를 거쳐 작성 · 보급할 수 있다.

Answer

17 ⑤ 18 ① 19 ⑤ 20 ①

21 주택법령상 리모델링주택조합에 관한 설명으로 옳은 것은? 제20회

상●●

① 세대별 주거전용면적이 85제곱미터 미만인 12층의 기존 건축물을 리모델링주택조합을 설립하여 수직증축형 리모델링을 하는 경우, 3개 층까지 리모델링할 수 있다.

② 리모델링주택조합이 주택단지 전체를 리모델링하는 경우에는 주택단지 전체 구분소유자 및 의결권 전체의 동의를 받아야 한다.

③ 국민주택에 대한 리모델링을 위하여 리모델링주택조합을 설립하려는 자는 관할 시장 · 군수 · 구청장에게 신고하여야 한다.

④ 리모델링주택조합이 대수선인 리모델링을 하려면 해당 주택이 주택법에 따른 사용검사일 또는 건축법에 따른 사용승인일부터 15년 이상이 경과하여야 한다.

⑤ 리모델링주택조합이 리모델링을 하려면 관할 시장 · 군수 · 구청장의 허가를 받아야 한다.

해설

① 수직증축형 리모델링은 14층 이하는 2개 층, 15층 이상인 경우는 3개 층을 증축할 수 있다.
② 주택단지 전체 구분소유자 및 의결권의 각 75퍼센트 이상의 동의와 각 동별 구분소유자 및 의결권의 50퍼센트 이상의 동의를 받아야 한다.
③ 국민주택을 공급받기 위한 직장주택조합을 설립하려는 자는 관할 시장 · 군수 · 구청장에게 신고하여야 한다.
④ 사용검사일 또는 사용승인일부터 10년 이상이 경과하여야 한다.

22 주택법상 시장 · 군수 · 구청장이 조합원 모집 신고를 수리할 수 없는 경우를 모두 고른 것은? 제26회

상●●

ㄱ. 이미 신고된 사업대지와 일부가 중복되는 경우
ㄴ. 수립 예정인 도시 · 군계획에 따라 해당 주택건설대지에 조합주택을 건설할 수 없는 경우
ㄷ. 조합업무를 대행할 수 있는 자가 아닌 자와 업무대행계약을 체결한 경우
ㄹ. 신고한 내용이 사실과 다른 경우

① ㄱ, ㄴ
② ㄴ, ㄹ
③ ㄱ, ㄷ, ㄹ
④ ㄴ, ㄷ, ㄹ
⑤ ㄱ, ㄴ, ㄷ, ㄹ

해설

⑤ 시장 · 군수 · 구청장이 조합원 모집 신고를 수리할 수 없는 경우는 ㄱ, ㄴ, ㄷ, ㄹ 모두 해당한다.

23 상

A는 **주택조합**(리모델링주택조합이 아님)**의 발기인으로부터 주택조합업무를 수임하여 대행하고자 한다. 주택법령상 이에 관한 설명으로 옳은 것은?** (단, A는 「공인중개사법」 제9조에 따른 중개업자로서 법인이 아니며 중개업 외에 다른 업은 겸하고 있지 않음)

제23회

① A는 계약금 등 자금의 보관 업무를 수임하여 대행할 수 있다.

② A는 10억원 이상의 자산평가액을 보유해야 한다.

③ 업무대행을 수임한 A는 업무의 실적보고서를 해당 분기의 말일부터 20일 이내에 시장 · 군수 · 구청장에게 제출해야 한다.

④ A가 주택조합의 발기인인 경우, 자신의 귀책사유로 주택조합 또는 조합원에게 손해를 입힌 때라도 손해배상책임이 없다.

⑤ 발기인과 A는 주택조합의 원활한 사업추진 및 조합원의 권리 보호를 위하여 시장 · 군수 · 구청장이 작성 · 보급한 표준업무대행계약서를 사용해야 한다.

해설

② 법인의 경우 5억원 이상의 자본금을 보유해야 하나, 개인의 경우 10억원 이상의 자산평가액을 보유해야 한다.

① 계약금 등 자금의 보관 업무는 신탁업자에게 대행하게 한다.

③ 주택조합 또는 주택조합발기인에게 제출해야 한다.

④ 자신의 귀책사유로 주택조합 또는 조합원에게 손해를 입힌 경우 손해배상책임이 있다.

⑤ 국토교통부장관이 작성 · 보급한 표준업무대행계약서를 사용해야 한다.

Answer

21 ⑤ 22 ⑤ 23 ②

24 상

주택을 마련하기 위한 목적으로 설립된 A지역주택조합은 공개모집의 방법으로 조합원 甲등을 모집하여 관할 시장에게 설립인가를 신청하였다. 주택법령상 이에 관한 설명으로 옳은 것은? 제24회

① 10억원 이상의 자산평가액을 보유한 「공인중개사법」에 따른 개인 중개업자는 A지역주택조합의 조합설립인가 신청을 대행할 수 없다.
② 관할 시장의 설립인가가 있은 이후에는 甲은 조합을 탈퇴할 수 없다.
③ 공개모집 이후 甲이 조합원의 자격을 상실하여 충원하는 경우 A지역주택조합은 관할시장에게 신고하지 아니하고 선착순의 방법으로 조합원을 모집할 수 있다.
④ A지역주택조합은 조합원 모집에 관하여 설명한 내용을 조합 가입 신청자가 이해하였음을 서면으로 확인받아 가입 신청자에게 교부하고, 그 사본을 3년간 보관하여야 한다.
⑤ 甲의 사망으로 A지역주택조합이 조합원을 충원하는 경우, 충원되는 자가 조합원 자격요건을 갖추었는지는 A지역주택조합의 설립인가일을 기준으로 판단한다.

해설

① 개인 중개업자도 10억원 이상의 자산평가액을 보유한 경우 지역주택조합의 대행자가 될 수 있다.
② 조합원은 조합규약으로 정하는 바에 따라 조합에 탈퇴의사를 알리고 탈퇴할 수 있다.
④ 조합원 모집에 관하여 설명한 내용을 조합 가입 신청자가 이해하였음을 서면으로 확인받아 가입 신청자에게 교부하고, 그 사본을 5년간 보관하여야 한다.
⑤ 조합원으로 추가모집되거나 충원되는 자가 조합원 자격요건을 갖추었는지를 판단할 때에는 해당 조합설립인가 신청일을 기준으로 한다.

25 중

주택법령상 사업계획승인을 받아야 하는 경우가 아닌 것은? 제19회

① 건축법 시행령에 따른 한옥 50호 이상의 주택건설사업을 시행하는 경우
② 공동주택 중 아파트 리모델링의 경우 증가하는 세대수가 30세대 이상인 경우
③ 준주거지역에서 300세대 미만의 주택과 주택 외의 시설을 동일 건축물로 건축하는 경우로서 해당 건축물의 연면적에 대한 주택연면적의 비율이 90퍼센트 미만인 경우
④ 세대별 주거전용면적이 30제곱미터 이상이고 해당 주택단지 진입도로의 폭이 6미터 이상인 도시형 생활주택 중 단지형 연립주택 50세대 이상의 주택건설사업을 시행하는 경우
⑤ 1만제곱미터 이상의 대지조성사업을 시행하는 경우

해설

③ 사업계획승인 비대상
다음의 어느 하나에 해당하는 경우는 사업계획승인을 받지 아니한다.
1. 다음의 요건을 모두 갖춘 사업의 경우

1. 「국토의 계획 및 이용에 관한 법률 시행령」에 따른 준주거지역 또는 상업지역(유통상업지역은 제외한다)에서 300세대 미만의 주택과 주택 외의 시설을 동일 건축물로 건축하는 경우일 것 2. 해당 건축물의 연면적에서 주택의 연면적이 차지하는 비율이 90퍼센트 미만일 것

2. 「농어촌정비법」에 따른 생활환경정비사업 중 「농업협동조합법」에 따른 농업협동조합중앙회가 조달하는 자금으로 시행하는 사업인 경우

26 상●●

주택법령상 주택건설사업시행에 관한 설명으로 옳은 것은? 제17회

① 주택건설사업을 시행하려는 자는 해당 주택단지를 공구별로 분할하여 주택을 건설·공급할 수 없다.
② 승인받은 사업계획의 내용 중 건축물이 아닌 부대시설 및 복리시설의 설치기준 변경하고자 할 때, 해당 부대시설 및 복리시설 설치기준 이상으로의 변경이며, 위치변경이 없는 경우에도 변경승인을 받아야 한다.
③ 주택도시기금을 지원받은 사업주체가 사업주체를 변경하기 위하여 사업계획의 변경승인을 신청하는 경우에는 기금수탁자로부터 사업주체 변경에 관한 동의서를 첨부하여야 한다.
④ 대지조성사업으로서 해당 대지면적이 10만제곱미터 미만인 경우 국토교통부장관 또는 시·도지사에게 사업계획승인을 받아야 한다.
⑤ 국가·지방자치단체·한국토지주택공사 또는 지방공사가 주택건설사업을 하는 경우 해당 주택건설대지의 소유권을 확보하여야 한다.

해설

① 주택건설사업을 시행하려는 자는 해당 주택단지를 공구별로 분할하여 주택을 건설·공급할 수 있다.
② 승인받은 사업계획의 내용 중 건축물이 아닌 부대시설 및 복리시설의 설치기준 변경하고자 할 때, 해당 부대시설 및 복리시설 설치기준 이상으로의 변경이며, 위치변경이 없는 경우에는 경미한 변경이므로 변경승인을 받지 아니한다.
④ 주택건설사업 또는 대지조성사업으로서 해당 대지면적이 10만제곱미터 미만인 경우에는 특별시장·광역시장·특별자치시장·특별자치도지사·시장 또는 군수에게 사업계획승인을 받아야 한다.
⑤ 국가·지방자치단체·한국토지주택공사 또는 지방공사가 주택건설사업계획의 승인을 받으려는 경우 해당 주택건설대지의 소유권을 확보하지 않아도 된다.

Answer

24 ③ 25 ③ 26 ③

27 상●● **주택법령상 매도청구에 관한 설명으로 옳은 것은?** 제13회

① 사업계획승인을 받은 사업주체가 주택건설대지면적 중 80% 이상의 사용권원을 확보한 경우에는 사용권원을 확보하지 못한 대지의 모든 소유자에게 매도청구가 가능하다.

② 사업계획승인을 받은 사업주체가 매도청구권을 행사하는 경우 공시지가로 매도할 것을 청구할 수 있다.

③ 사업계획승인을 받은 사업주체가 사용권원을 확보하지 못한 대지의 모든 소유자에게 매도청구를 할 수 있는 경우 외에는, 지구단위계획구역 결정고시일 10년 이전에 해당 대지의 소유권을 취득하여 계속 보유하고 있는 자(직계존·비속, 배우자로부터 상속받은 경우 피상속인의 소유기간 합산)는 사업주체의 매도청구에 응할 의무가 없다.

④ 사업계획승인을 받은 사업주체가 매도청구를 하는 경우, 대상 대지의 소유자가 있는 곳을 확인하기가 현저히 곤란한 경우에는 특별한 공고절차 없이 매도청구 대상 대지의 감정평가액에 해당하는 금액을 법원에 공탁하고 주택건설사업을 시행할 수 있다.

⑤ 사업계획승인을 받은 사업주체는 사업계획승인 후 즉시 매도청구를 할 수 있다.

해설

① 사업계획승인을 받은 사업주체가 주택건설대지면적 중 95% 이상의 사용권원을 확보한 경우에는 사용권원을 확보하지 못한 대지의 모든 소유자에게 매도청구가 가능하다.
② 사업주체가 매도청구권을 행사하는 경우 시가로 매도할 것을 청구할 수 있다.
④ 사업계획승인을 받은 사업주체는 해당 주택건설대지 중 사용할 수 있는 권원을 확보하지 못한 대지의 소유자가 있는 곳을 확인하기가 현저히 곤란한 경우에는 전국적으로 배포되는 둘 이상의 일간신문에 두 차례 이상 공고하고, 공고한 날부터 30일 이상이 지났을 때에는 매도청구 대상의 대지로 본다.
⑤ 매도청구 대상이 되는 대지의 소유자와 매도청구를 하기 전에 3개월 이상 협의를 하여야 한다.

28 ●중● **주택법령상 입주자 모집공고에 표시하여야 하는 공동주택성능등급에 해당하지 않는 것은?** 제13회

① 리모델링 등을 대비한 가변성 및 수리 용이성 등 구조 관련 등급

② 경량충격음·중량충격음·화장실소음·경계소음 등 소음 관련 등급

③ 커뮤니티시설, 사회적 약자 배려, 홈네트워크, 방범안전 등 생활환경 관련 등급

④ 인근 초·중등학교, 구청·동사무소와의 거리 등 사회 관련 등급

⑤ 조경·일조확보율·실내공기질·에너지절약 등 환경 관련 등급

해설

④ 입주자 모집공고에 표시하여야 하는 공동주택성능등급은 ①②③⑤ 외에도 화재·소방·피난안전 등 화재·소방 관련 등급이 있다.

29 주택법령상 간선시설에 관한 설명으로 옳은 것은? 제17회

상

① "간선시설"이란 도로·상하수도·전기시설·가스시설·통신시설 및 지역난방시설 등 주택단지(둘 이상의 주택단지를 동시에 개발하는 경우에는 각각의 주택단지를 말한다) 안의 기간시설을 그 주택단지 밖에 있는 같은 종류의 기간시설에 연결시키는 시설을 말한다. 다만, 도로·상·하수도·전기시설의 경우에는 주택단지 안의 기간시설을 포함한다.

② 사업계획승인권자는 사업계획을 승인할 때 사업주체가 제출하는 사업계획에 해당 주택건설사업 또는 대지조성사업과 직접적으로 관련이 없거나 과도한 기반시설의 기부채납을 요구하여서는 아니된다.

③ 사업주체가 대통령령으로 정하는 호수 이상의 주택건설사업을 시행하는 경우에 간선시설로서 지역난방시설의 설치의무자는 지방자치단체이다.

④ 지방자치단체가 간선시설의 설치의무자인 경우에는 도로 및 상·하수도 시설의 설치비용의 전부를 국가가 보조할 수 있다.

⑤ 시장·군수·구청장은 간선시설의 설치가 필요한 일정한 규모 이상의 주택건설 또는 대지조성에 관한 사업계획을 승인한 때에는 지체 없이 간선시설 설치의무자를 사업주체에게 통지하여야 한다.

해설

① 가스시설·통신시설 및 지역난방시설의 경우에는 주택단지 안의 기간시설을 포함한다.

③ 사업주체가 단독주택은 100호 이상, 공동주택은 100세대 이상(리모델링의 경우에는 늘어나는 세대수를 기준으로 한다)의 주택건설사업을 시행하는 경우 또는 16,500m^2 이상의 대지조성사업을 시행하는 경우 다음에 정하는 자는 그 해당 간선시설을 설치하여야 한다. 다만, 도로 및 상·하수도시설로서 사업주체가 주택건설사업계획 또는 대지조성사업계획에 포함하여 설치하려는 경우에는 그러하지 아니하다.

> 1. 지방자치단체: 도로 및 상·하수도시설
> 2. 해당 지역에 전기·통신·가스 또는 난방을 공급하는 자: 전기시설·통신시설·가스시설 또는 지역난방시설
> 3. 국가: 우체통

④ 도로 및 상·하수도 시설의 설치비용은 그 비용의 50%의 범위에서 국가가 보조할 수 있다.

⑤ 사업계획승인권자는 단독주택은 100호 이상, 공동주택은 100세대 이상(리모델링의 경우에는 늘어나는 세대수를 기준으로 한다)의 주택건설사업을 시행하는 경우 또는 16,500m^2 이상의 주택건설 또는 대지조성에 관한 사업계획을 승인한 때에는 지체 없이 간선시설 설치의무자에게 그 사실을 통지하여야 한다.

Answer

27 ③ 28 ④ 29 ②

30 주택법령상 주택건설공사에 대한 감리자에 관한 설명으로 옳지 않은 것은? 제26회

① 감리자는 그의 업무를 수행하면서 위반 사항을 발견하였을 때에는 지체 없이 시공자 및 사업주체에게 위반 사항을 시정할 것을 통지하고, 14일 이내에 사업계획승인권자에게 그 내용을 보고하여야 한다.

② 사업주체는 감리자와 「주택법」 제43조 제3항에 따른 계약을 체결한 경우 사업계획승인권자에게 계약 내용을 통보하여야 하며, 이 경우 통보를 받은 사업계획승인권자는 즉시 사업주체 및 감리자에게 공사감리비 예치 및 지급 방식에 관한 내용을 안내하여야 한다.

③ 사업계획승인권자는 감리자가 감리업무 수행 중 발견한 위반 사항을 알고도 묵인한 경우 감리자를 교체하고, 그 감리자에 대하여는 1년의 범위에서 감리업무의 지정을 제한할 수 있다.

④ 주택건설공사에 대하여 「건설기술진흥법」 제55조에 따른 품질시험을 하였는지 여부의 확인은 감리자의 업무에 해당한다.

⑤ 예정공정표보다 공사가 지연된 경우 대책의 검토 및 이행 여부의 확인은 감리자의 업무에 해당한다.

해설

① 감리자는 그의 업무를 수행하면서 위반 사항을 발견하였을 때에는 지체 없이 시공자 및 사업주체에게 위반 사항을 시정할 것을 통지하고, 7일 이내에 사업계획승인권자에게 그 내용을 보고하여야 한다.

31 주택법령상 주택건설공사에 대한 감리자의 업무에 해당하는 것을 모두 고른 것은? 제22회

ㄱ. 설계변경에 관한 적정성 확인
ㄴ. 설계도서가 해당 지형 등에 적합한지에 대한 확인
ㄷ. 시공계획·예정공정표 및 시공도면 등의 검토·확인
ㄹ. 주택건설공사에 대하여 「건설기술진흥법」 제55조에 따른 품질시험을 하였는지 여부의 확인

① ㄱ, ㄴ, ㄷ
② ㄱ, ㄴ, ㄹ
③ ㄱ, ㄷ, ㄹ
④ ㄴ, ㄷ, ㄹ
⑤ ㄱ, ㄴ, ㄷ, ㄹ

해설

⑤ ㄱ, ㄴ, ㄷ, ㄹ 모두 감리자의 업무에 해당한다.

32

주택법령상 주택건설공사에 대한 감리자의 업무에 해당하는 것을 모두 고른 것? 제27회

> ㄱ. 시공자가 설계도서에 맞게 시공하는지 여부의 확인
> ㄴ. 시공자가 사용하는 건축자재가 관계 법령에 따른 기준에 맞는 건축자재인지 여부의 확인
> ㄷ. 예정공정표보다 공사가 지연된 경우 대책의 검토 및 이행 여부의 확인
> ㄹ. 시공계획·예정공정표 및 시공도면 등의 검토·확인

① ㄱ, ㄴ, ㄷ
② ㄱ, ㄴ, ㄹ
③ ㄱ, ㄷ, ㄹ
④ ㄴ, ㄷ, ㄹ
⑤ ㄱ, ㄴ, ㄷ, ㄹ

해설

⑤ ㄱ, ㄴ, ㄷ, ㄹ 모두 감리자의 업무에 해당한다.

33

주택법령상 (　　)안에 들어갈 내용을 순서대로 옳게 나열한 것은? 제14회

> 국가 또는 지방자치단체는 주택법의 규정에 따라 국가 또는 지방자치단체로부터 토지를 매수하거나 임차한 자가 그 매수일 또는 임차일로부터 (　　) 이내에 국민주택규모의 주택 또는 주택조합을 건설하지 아니하거나 그 주택을 건설하기 위한 대지조성사업을 시행하지 아니한 경우에는 (　　　　)하거나 임대계약을 취소할 수 있다.

① 1년, 환매
② 1년, 벌금을 부과
③ 2년, 환매
④ 2년, 과태료를 부과
⑤ 3년, 과태료를 부과

해설

③ 국가 또는 지방자치단체는 국가 또는 지방자치단체로부터 토지를 매수하거나 임차한 자가 그 매수일 또는 임차일부터 (2년) 이내에 국민주택규모의 주택 또는 조합주택을 건설하지 아니하거나 그 주택의 건설을 위한 대지조성사업을 시행하지 아니한 경우에는 (환매)하거나 임대계약을 취소할 수 있다.

Answer

30 ①　31 ⑤　32 ⑤　33 ③

34 상

주택법령상 공업화주택의 인정 등에 관한 설명으로 옳은 것을 모두 고른 것은? 제18회

ㄱ. 국토교통부장관은 주요 구조부의 전부 또는 일부를 국토교통부령으로 정하는 성능 기준 및 생산기준에 따라 맞춤식 등 공업화공법으로 건설하는 주택을 공업화주택으로 인정할 수 있다.
ㄴ. 국토교통부장관은 공업화주택을 인정받은 자가 거짓이나 그 밖의 부정한 방법으로 인정을 받은 경우에는 공업화주택의 인정을 취소할 수 있다.
ㄷ. 국토교통부장관은 공업화주택을 인정받은 자가 인정을 받은 날부터 1년 이내에 공업화주택의 건설에 착공하지 아니한 경우 공업화주택의 인정을 취소할 수 있다.
ㄹ. 국토교통부장관은 공업화주택을 인정받은 자가 인정을 받은 기준보다 낮은 성능으로 공업화주택을 건설한 경우 공업화주택의 인정을 취소할 수 있다.

① ㄱ, ㄴ ② ㄴ, ㄷ ③ ㄱ, ㄴ, ㄷ
④ ㄱ, ㄹ ⑤ ㄱ, ㄴ, ㄷ, ㄹ

해설

ㄴ. 국토교통부장관은 공업화주택을 인정받은 자가 거짓이나 그 밖의 부정한 방법으로 인정을 받은 경우에는 공업화주택의 인정을 취소하여야 한다.
ㄷ. 법 개정으로 삭제

35 중

주택법령상 바닥충격음 성능등급 인정기관이 성능등급을 인정받은 제품에 대해 그 인정을 취소할 수 있는 경우에 해당하지 않는 것은? 제23회

① 인정받은 내용과 다르게 판매한 경우
② 인정받은 내용과 다르게 시공한 경우
③ 인정제품이 국토교통부령으로 정한 품질관리기준을 준수하지 아니한 경우
④ 인정의 유효기간을 연장하기 위한 시험결과를 제출하지 아니한 경우
⑤ 인정제품을 정당한 사유 없이 계속하여 1개월 이상 생산하지 아니한 경우

해설

⑤ 성능등급을 인정받은 제품에 대해 그 인정을 취소할 수 있는 경우는 ①②③④의 경우이다.

36 상

사업주체가 주택건설사업을 완료하고 주택에 대해 주택법상 사용검사를 받은 이후, 해당 주택단지 전체 대지면적의 3퍼센트에 해당하는 토지에 대해 甲이 소유권이전등기 말소소송을 통해 해당 토지의 소유권을 회복하였다. 주택법령상 이에 관한 설명으로 옳지 않은 것은? 제20회

① 주택의 소유자들은 甲에게 해당 토지를 시가로 매도할 것을 청구할 수 있다.

② 주택소유자들이 甲에 대해 매도청구를 하는 경우 그 의사표시는 甲이 해당 토지소유권을 회복한 날부터 2년 이내에 甲에게 송달되어야 한다.

③ 甲에게 매도청구권을 행사할 수 있는 주택의 소유자들에는 해당 주택단지의 복리시설의 소유자들도 포함된다.

④ 해당 주택단지에 「공동주택관리법」에 따른 주택관리업자가 선정되어 있는 경우에는 그 주택관리업자가 甲에 대한 매도청구에 관한 소송을 제기할 수 있다.

⑤ 주택의 소유자들은 甲에 대한 매도청구로 인하여 발생한 비용의 전부를 사업주체에게 구상할 수 있다.

해설

④ 주택의 소유자들은 대표자를 선정하여 매도청구에 관한 소송을 제기할 수 있다.

Answer

34 ④　35 ⑤　36 ④

37 상

주택법령상 주택의 사용검사에 관한 설명으로 옳지 않은 것은? 제24회

① 입주예정자는 사용검사 또는 임시사용승인을 받은 후가 아니면 주택을 사용할 수 없다.

② 사업주체는 사용검사를 받기 전에 입주예정자가 해당 주택을 방문하여 공사 상태를 미리 점검할 수 있게 하여야 한다.

③ 사업주체가 정당한 이유 없이 사용검사를 위한 절차를 이행하지 아니하는 경우에는 입주예정자가 사용검사를 받을 수 있다.

④ 입주예정자는 사전방문결과 하자가 있다고 판단하는 경우 사용검사 이전이라도 사업주체에게 보수공사 등 적절한 조치를 요청할 수 있다.

⑤ 지방공사가 건설하는 300세대 이상인 공동주택의 경우 공동주택 품질점검단으로부터 시공품질에 대한 점검을 받아야 한다.

해설

⑤ 국가·지방자치단체·한국토지주택공사·지방공사를 제외한 사업주체가 건설하는 300세대 이상인 공동주택의 경우 공동주택 품질점검단으로부터 시공품질에 대한 점검을 받아야 한다.

38 상

A가 사업주체로서 건설·공급한 주택에 대한 사용검사 이후에 주택단지 전체 대지에 속하는 일부의 토지에 대한 소유권이전등기 말소소송에 따라 甲이 해당 토지의 소유권을 회복하였다. 주택법령상 이에 관한 설명으로 옳지 않은 것은? 제24회

① 주택의 소유자들이 甲에게 해당 토지에 대한 매도청구를 하는 경우 공시지가를 기준으로 하여야 한다.

② 주택의 소유자들이 대표자를 선정하여 매도청구에 관한 소송을 한 경우, 그 소송에 대한 판결은 주택의 소유자 전체에 대하여 효력이 있다.

③ 주택의 소유자들이 매도청구를 하려면 甲이 소유권을 회복한 토지의 면적이 주택단지 전체 대지면적의 5퍼센트 미만이어야 한다.

④ 주택의 소유자들의 매도청구의 의사표시는 甲이 해당 토지소유권을 회복한 날부터 2년 이내에 甲에게 송달되어야 한다.

⑤ 주택의 소유자들은 甲에 대한 매도청구로 인하여 발생한 비용의 전부를 A에게 구상할 수 있다.

해설

① 매도청구를 하는 경우 시가를 기준으로 하여야 한다.

03 주택의 공급

연계학습: 기본서 p.122~153

39 상

주택법령상 사업주체가 「수도권정비계획법」에 따른 수도권에서 건설·공급하는 분양가상한제 적용주택의 입주자의 거주의무에 관한 설명으로 옳지 않은 것은? 제24회

① 해당 주택을 상속받은 자에 대해서는 거주의무가 없다.

② 해당 주택이 공공택지에서 건설·공급되는 주택인 경우 거주의무기간은 2년이다.

③ 해당 주택에 입주하기 위하여 준비기간이 필요한 경우 해당 주택에 거주한 것으로 보는 기간은 최초 입주가능일부터 90일까지로 한다.

④ 거주의무자는 거주의무기간 동안 계속하여 거주하여야 함을 소유권에 관한 등기에 부기등기하여야 한다.

⑤ 거주의무 위반을 이유로 한국토지주택공사가 취득한 주택을 공급받은 사람은 거주의무기간 중 잔여기간 동안 계속하여 그 주택에 거주하여야 한다.

해설

② 수도권에서 건설·공급하는 분양가상한제 적용주택의 거주의무기간은 공공택지인 경우 다음과 같다.

1. 분양가격이 법 제57조의2 제1항 본문에 따라 국토교통부장관이 고시한 방법으로 결정된 인근지역주택매매가격의 80퍼센트 미만인 주택: 5년
2. 분양가격이 인근지역주택매매가격의 80퍼센트 이상 100퍼센트 미만인 주택: 3년

40 상

주택법령상 분양가심사위원회의 심의사항으로 옳지 않은 것은? 제13회

① 분양가상한제 적용주택의 분양가격 및 발코니 확장비용 산정의 적정성 여부

② 분양가상한제 적용주택의 분양가격 공시내역의 적정성 여부

③ 국토교통부장관이 정하여 고시하는 기본형 건축비 산정의 적정성 여부

④ 분양가상한제 적용주택의 전매행위제한과 관련된 인근지역 주택매매가격 산정의 적정성 여부

⑤ 분양가상한제 적용주택과 관련된 제2종 국민주택채권 매입예정상한액 산정의 적정성 여부

해설

③ 분양가상한제 적용주택의 특별자치시·특별자치도·시·군·구별 기본형 건축비 산정의 적정성 여부

Answer

37 ⑤ 38 ① 39 ② 40 ③

41 상

주택법령상 사업주체가 입주예정자의 동의 없이 할 수 없는 행위에 관련된 내용이다. 이에 관한 설명으로 옳지 않은 것은? 제21회

> 사업주체는 주택건설사업에 의하여 건설된 주택 및 대지에 대하여 (ㄱ) 이후부터 입주예정자가 그 주택 및 대지의 "소유권이전등기를 신청할 수 있는 날" 이후 (ㄴ)일까지의 기간 동안 입주예정자의 동의 없이 해당 주택 및 대지에 (ㄷ)을 설정하는 행위 등을 하여서는 아니 된다.

① A주택조합이 2018. 9. 3. 사업계획승인을 신청하여 2018. 9. 17. 그 승인을 받은 경우, (ㄱ)에 해당하는 날짜는 2018. 9. 3.이다.
② (ㄴ) 속에 들어갈 숫자는 60이다.
③ (ㄷ)에는 저당권뿐만 아니라 등기되는 부동산임차권도 포함된다.
④ "소유권이전등기를 신청할 수 있는 날"이란 입주예정자가 실제로 입주한 날을 말한다.
⑤ 위 주택의 건설을 촉진하기 위하여 입주자에게 주택구입자금의 일부를 융자해 줄 목적으로 「은행법」에 따른 은행으로부터 주택건설자금의 융자를 받는 경우에는 저당권을 설정하는 행위가 허용된다.

해설

④ 실제로 입주한 날이 아니라 사업주체가 입주예정자에게 통보한 입주가능일을 말한다.

42 상

「주택법 시행규칙」상 투기과열지구의 지정 기준에 포함되지 않는 것은? 제21회

① 직전월부터 소급하여 주택공급이 있었던 2개월 동안 해당 지역에서 공급되는 주택의 월평균 청약경쟁률이 모두 5대 1을 초과한 곳
② 주택의 분양실적이 직전월보다 30퍼센트 이상 감소하여 주택공급이 위축될 우려가 있는 곳
③ 사업계획승인건수나 건축허가건수(투기과열지구 지정직전월부터 소급하여 6개월간의 건수)가 직전월보다 급격하게 감소한 곳
④ 신도시 개발이나 주택의 전매행위 성행 등으로 투기 및 주거불안의 우려가 있는 곳으로서 시・도별 주택보급률이 전국 평균 이하인 경우
⑤ 신도시 개발이나 주택의 전매행위 성행 등으로 투기 및 주거불안의 우려가 있는 곳으로서 시・도별 자가주택비율이 전국 평균 이하인 경우

해설

③ 사업계획승인건수나 건축허가건수(투기과열지구 지정직전월부터 소급하여 6개월간의 건수)가 직전연도보다 급격하게 감소한 곳

43 상

국토교통부장관은 A지역을 투기과열지구로 지정하였다. 주택법령상 A지역에 관한 설명으로 옳지 않은 것은? 제20회

① A지역에서 주택건설사업이 시행되는 경우, 관할 시장 · 군수 · 구청장은 사업주체로 하여금 입주자 모집공고시 해당 주택건설지역이 투기과열지구에 포함된 사실을 공고하게 하여야 한다.

② A지역에서 주택을 보유하고 있던 자는 투기과열지구의 지정 이후 일정기간 주택의 전매행위가 제한된다.

③ 사업주체가 A지역에서 분양가상한제 주택을 건설 · 공급하는 경우에는 그 주택의 소유권을 제3자에게 이전할 수 없음을 소유권에 관한 등기에 부기등기하여야 한다.

④ A지역에서 건설 · 공급되는 주택을 공급받기 위하여 입주자저축증서를 상속하는 것은 허용된다.

⑤ A지역에서 건설 · 공급되는 주택의 입주자로 선정된 지위의 일부를 생업상의 사정으로 사업주체의 동의를 받아 배우자에게 증여하는 것은 허용된다.

해설

② 지정된 투기과열지구에서 건설 · 공급되는 주택의 입주자로 선정된 경우 일정기간 주택의 전매행위가 제한된다.

Answer

41 ④ 42 ③ 43 ②

44 중

주택법령상 투기과열지구의 지정 및 해제에 관한 설명으로 옳지 않은 것은? 제19회

① 시·도지사는 주택가격의 안정을 위하여 필요한 경우에는 주거기본법에 따른 시·도 주거정책심의위원회의 심의를 거쳐 일정한 지역을 투기과열지구로 지정하거나 이를 해제할 수 있다.

② 투기과열지구를 지정하는 경우에는 그 지정 목적을 달성할 수 있는 최대한의 범위로 하여야 한다.

③ 시·도지사는 투기과열지구를 지정하였을 때에는 지체 없이 이를 공고하고, 그 투기과열지구를 관할하는 시장·군수·구청장에게 공고 내용을 통보하여야 한다.

④ 국토교통부장관 또는 시·도지사는 투기과열지구에서 지정 사유가 없어졌다고 인정하는 경우에는 지체 없이 투기과열지구 지정을 해제하여야 한다.

⑤ 국토교통부장관이 투기과열지구를 지정하거나 해제할 경우에는 시·도지사의 의견을 들어야 하며, 시·도지사가 투기과열지구를 지정하거나 해제할 경우에는 국토교통부장관과 협의하여야 한다.

해설

② 투기과열지구를 지정하는 경우에는 그 지정 목적을 달성할 수 있는 최소한의 범위로 한다.

45 상

주택법령상 조정대상지역의 지정 및 해제에 관한 설명으로 옳은 것은? 제22회

① 국토교통부장관은 조정대상지역으로 유지할 필요가 없다고 판단되는 경우에는 주거정책심의위원회의 심의를 거쳐 조정대상지역의 지정을 해제하여야 한다.

② 시·도지사는 시·도 주거정책심의위원회의 심의를 거쳐 조정대상지역으로 지정할 수 있다.

③ 국토교통부장관은 조정대상지역을 지정하였을 때에는 지체 없이 이를 공고하고, 그 조정대상지역을 관할하는 시·도지사에게 공고 내용을 통보하여야 한다.

④ 조정대상지역으로 지정된 지역의 시장·군수·구청장은 조정대상지역 지정 후 조정대상지역으로 유지할 필요가 없다고 판단되는 경우에는 시·도지사에게 그 지정의 해제를 요청할 수 있다.

⑤ 조정대상지역이 지정된 경우, 시·도지사는 사업주체로 하여금 입주자모집공고시 해당 주택건설지역이 조정대상지역에 포함된 사실을 공고하게 하여야 한다.

해설

② 국토교통부장관은 주거정책심의위원회의 심의를 거쳐 조정대상지역으로 지정할 수 있다.
③ 시·도지사 ⇨ 시장·군수·구청장
④ 시·도지사 ⇨ 국토교통부장관
⑤ 시·도지사 ⇨ 시장·군수·구청장

46 중

주택법령상 조정대상지역의 지정 및 해제에 관한 내용으로 옳지 않은 것은?

제23회 수정

① 국토교통부장관이 조정대상지역을 지정하려면 주거정책심의위원회의 심의를 거쳐야 한다.
② 국토교통부장관은 조정대상지역 지정의 해제를 요청받은 날부터 40일 이내에 해제 여부를 결정하여야 한다.
③ 직전월부터 소급하여 6개월간의 평균 주택가격상승률이 마이너스 1.0퍼센트 이하인 지역으로서 시·도별 주택보급률이 전국 평균을 초과하여 주택의 거래가 위축될 우려가 있는 지역은 위축지역에 해당된다.
④ 주택거래량, 미분양주택의 수 및 주택보급률 등을 고려하여 주택의 거래가 위축될 우려가 있는 지역에 대한 조정대상지역의 지정은 그 지정 목적을 달성할 수 있는 최소한의 범위로 한다.
⑤ 조정대상지역으로 지정된 지역의 시·도지사 또는 시장·군수·구청장은 조정대상지역 지정 후 해당 지역의 주택가격이 안정되는 등 조정대상지역으로 유지할 필요가 없다고 판단되는 경우에는 국토교통부장관에게 그 지정의 해제를 요청할 수 있다.

해설

④ 과열지역에 대한 조정대상지역의 지정은 그 지정 목적을 달성할 수 있는 최소한의 범위로 한다.

Answer

44 ②　45 ①　46 ④

04 리모델링

연계학습: 기본서 p.154~165

47 중

주택법령상 공동주택의 리모델링에 관한 설명으로 옳은 것은? 제24회

① 공동주택의 관리주체가 리모델링을 하려는 경우 공사기간, 공사방법 등이 적혀있는 동의서에 입주자 전체의 동의를 받아야 한다.

② 주택의 소유자 3분의 2 이상의 동의를 받은 경우 「공동주택관리법」에 따른 입주자대표회의는 리모델링을 할 수 있다.

③ 30세대 이상으로 세대수가 증가하는 리모델링을 허가하려는 경우에는 「국토의 계획 및 이용에 관한 법률」에 따라 설치된 시・군・구도시계획위원회의 심의를 거쳐야 한다.

④ 증축형 리모델링이 아닌 경우에는 허가받은 리모델링 공사를 완료하였을 때 따로 사용검사를 받지 않아도 된다.

⑤ 동(棟)을 리모델링하기 위하여 리모델링주택조합을 설립하려는 경우에는 그 동의 구분소유자 및 의결권의 각 과반수의 결의를 얻어야 한다.

해설

② 공동주택의 소유자 전원동의를 받은 입주자대표회의는 시장・군수・구청장의 허가를 받아 리모델링을 할 수 있다.

③ 30세대 이상 ⇨ 50세대 이상

④ 공동주택의 입주자・사용자・관리주체・입주자대표회의 또는 리모델링주택조합이 리모델링에 관하여 시장・군수・구청장의 허가를 받은 후 그 공사를 완료하였을 때에는 시장・군수・구청장의 사용검사를 받아야 하며, 사용검사에 관하여는 제49조를 준용한다.

⑤ 동(棟)을 리모델링하기 위하여 리모델링주택조합을 설립하려는 경우에는 그 동의 구분소유자 및 의결권의 각 3분의 2 이상의 결의를 얻어야 한다.

48 중

주택법령상 리모델링에 관한 설명으로 옳지 않은 것은? 제19회

① "세대수 증가형 리모델링"이란 각 세대의 증축 가능 면적을 합산한 면적의 범위에서 기존 세대수의 15% 이내에서 세대수를 증가하는 증축 행위를 말한다.

② "수직증축형 리모델링"이란 건축물의 노후화 억제 또는 기능 향상 등을 위해 수직으로 증축하는 행위를 말한다.

③ 증축형 리모델링을 하려는 자는 시장・군수・구청장에게 안전진단을 요청하여야 하며, 안전진단을 요청받은 시장・군수・구청장은 해당 건축물의 증축 가능 여부의 확인 등을 위하여 안전진단을 실시하여야 한다.

④ 공동주택의 리모델링은 주택단지별 또는 동별로 한다.

⑤ 수직증축형이 아닌 세대수 증가형 리모델링의 경우 리모델링의 대상이 되는 건축물의 신축 당시 구조도를 보유하고 있어야 한다.

해설

⑤ 수직증축형 리모델링의 경우 리모델링의 대상이 되는 건축물의 신축 당시 구조도를 보유하고 있어야 한다.

49 상

주택법령상 공동주택의 리모델링에 관한 설명으로 옳지 않은 것은? 제26회

① 공동주택의 소유자가 리모델링에 의하여 일부 공용부분(「집합건물의 소유 및 관리에 관한 법률」에 따른 공용부분을 말한다)의 면적을 전유부분의 면적으로 변경한 경우에는 규약으로 달리 정하지 않는 한 그 소유자의 나머지 공용부분의 면적은 변하지 아니하는 것으로 본다.

② 리모델링주택조합이 동을 리모델링하는 경우 리모델링 설계의 개요, 공사비, 조합원의 비용분담 명세가 적혀 있는 결의서에 그 동의 구분소유자 및 의결권의 각 50퍼센트 이상의 동의를 받아야 한다.

③ 리모델링주택조합은 법인으로 한다.

④ 공동주택의 관리주체가 리모델링을 하려는 경우 공사기간, 공사방법 등이 적혀 있는 동의서에 입주자 전체의 동의를 받아야 한다.

⑤ 수직증축형 리모델링의 설계자는 국토교통부장관이 정하여 고시하는 구조기준에 맞게 구조설계도서를 작성하여야 한다.

해설

② 결의서에 그 동의 구분소유자 및 의결권의 각 75퍼센트 이상의 동의를 받아야 한다.

Answer

47 ① 48 ⑤ 49 ②

50 상

주택법령상 세대수가 증가되는 리모델링을 하는 경우 수립되어야 할 권리변동계획의 내용에 포함되지 않는 것은? 제19회

① 안전진단결과보고서
② 리모델링 전후의 대지 및 건축물의 권리변동 명세
③ 사업비
④ 조합원 외의 자에 대한 분양계획
⑤ 리모델링과 관련한 권리 등에 대해 해당 시·도 또는 시·군의 조례로 정하는 사항

해설

① 권리변동계획의 내용에는 ②③④⑤ 외에도 조합원의 비용부담이 있다.

51 중

주택법령상 리모델링에 관한 내용으로 옳지 않은 것은? 제23회

① 건축물의 노후화 억제 또는 기능 향상 등을 위한 대수선은 리모델링에 해당한다.
② 세대수가 증가되는 리모델링을 하는 경우에는 권리변동계획을 수립하여 사업계획승인 또는 행위허가를 받아야 한다.
③ 시장·군수·구청장은 수직증축형 리모델링을 하려는 자가 「건축법」에 따른 건축위원회의 심의를 요청하는 경우 구조계획상 증축범위의 적정성 등에 대하여 대통령령으로 정하는 전문기관에 안전성 검토를 의뢰하여야 한다.
④ 시장·군수·구청장으로부터 리모델링 기본계획과 관련하여 협의를 요청받은 관계 행정기관의 장은 특별한 사유가 없으면 그 요청을 받은 날부터 20일 이내에 의견을 제시하여야 한다.
⑤ 리모델링에 동의한 소유자는 리모델링주택조합 또는 입주자대표회의가 허가신청서를 제출하기 전까지 서면으로 동의를 철회할 수 있다.

해설

④ 특별시장·광역시장 및 대도시의 시장으로부터 리모델링 기본계획과 관련하여 협의를 요청받은 관계 행정기관의 장은 특별한 사유가 없으면 그 요청을 받은 날부터 30일 이내에 의견을 제시하여야 한다.

52 중

주택법령상 리모델링 기본계획의 수립권자 및 대상지역 등에 관한 설명으로 옳지 않은 것은? 제18회

① 특별시장·광역시장 및 대도시의 시장은 관할구역에 대하여 리모델링 기본계획을 수립하여야 한다.

② 리모델링 기본계획에는 도시과밀 방지 등을 위한 계획적 관리와 리모델링의 원활한 추진을 지원하기 위한 사항으로서 특별시·광역시 또는 도의 조례로 정하는 사항이 포함되어야 한다.

③ 리모델링 기본계획은 5년 단위로 수립되어야 한다.

④ 리모델링 기본계획의 작성기준 및 작성방법 등은 국토교통부장관이 정한다.

⑤ 세대수 증가형 리모델링에 따른 도시과밀의 우려가 적은 경우 등 대통령령으로 정하는 경우에는 리모델링 기본계획을 수립하지 아니할 수 있다.

해설

③ 리모델링 기본계획은 10년 단위로 수립되어야 한다.

05 보칙 및 벌칙

연계학습: 기본서 p.166~172

53 상

주택법령상 주택상환사채에 관한 설명으로 옳지 않은 것은? 제25회

① 한국토지주택공사는 주택상환사채를 발행할 수 있다.

② 주택상환사채를 발행하려는 자는 주택상환사채발행계획을 수립하여 금융감독원장의 승인을 받아야 한다.

③ 주택상환사채의 상환기간은 3년을 초과할 수 없다.

④ 등록사업자의 등록이 말소된 경우에도 등록사업자가 발행한 주택상환사채의 효력에는 영향을 미치지 아니한다.

⑤ 주택상환사채의 납입금은 해당 보증기관과 주택상환사채발행자가 협의하여 정하는 금융기관에서 관리한다.

해설

② 주택상환사채를 발행하려는 자는 주택상환사채발행계획을 수립하여 국토교통부장관의 승인을 받아야 한다.

Answer

50 ①　51 ④　52 ③　53 ②

54 상●●

주택법령상 토지임대부 분양주택에 관한 설명으로 옳은 것은? 제21회

① 토지임대부 분양주택의 토지에 대한 임대차기간이 40년인 경우, 토지임대부 분양주택 소유자의 75퍼센트 이상이 계약갱신을 청구하면 40년이 넘는 기간을 임대차기간으로 하여 이를 갱신할 수 있다.

② 토지임대부 분양주택을 공급받은 자가 토지소유자와 임대차계약을 체결한 경우 해당 주택의 구분소유권을 목적으로 그 토지 위에 임대차기간 동안 전세권이 설정된 것으로 본다.

③ 토지소유자와 토지임대주택을 분양받은 자가 주택법령이 정하는 기준에 따라 토지임대료에 관한 약정을 체결한 경우, 토지소유자는 약정 체결 후 2년이 지나기 전에는 토지임대료의 증액을 청구할 수 없다.

④ 주택을 공급받은 자는 토지소유자와 합의하여 토지임대료를 보증금으로 전환하여 납부할 수 없다.

⑤ 토지임대부 분양주택에 관하여 「주택법」에서 정하지 아니한 사항에 대하여는 「민법」을 「집합건물의 소유 및 관리에 관한 법률」에 우선하여 적용한다.

해설

① 토지임대부 분양주택의 토지에 대한 임대차기간이 40년인 경우, 토지임대부 분양주택 소유자의 75퍼센트 이상이 계약갱신을 청구하면 40년의 범위에서 이를 갱신할 수 있다.

② 토지임대부 분양주택을 공급받은 자가 토지소유자와 임대차계약을 체결한 경우 해당 주택의 구분소유권을 목적으로 그 토지 위에 임대차기간 동안 지상권이 설정된 것으로 본다.

④ 주택을 공급받은 자는 토지소유자와 합의하여 토지임대료를 보증금으로 전환하여 납부할 수 있다.

⑤ 토지임대부 분양주택에 관하여 「주택법」에서 정하지 아니한 사항에 대하여는 「집합건물의 소유 및 관리에 관한 법률」, 「민법」 순으로 적용한다.

55 상●● **주택법령상 토지임대부 분양주택에 관한 설명으로 옳은 것은?** 제20회

① 토지임대부 분양주택을 공급받은 자가 토지소유자와 임대차계약을 체결한 경우 해당 주택의 구분소유권을 목적으로 그 토지 위에 임대차기간 동안 지상권이 설정된 것으로 본다.

② 토지 및 건축물의 소유권은 사업계획의 승인을 받아 토지임대부 분양주택 건설사업을 시행하는 자가 가진다.

③ 토지임대부 분양주택을 양수한 자는 토지소유자와 임대차계약을 새로 체결하여야 한다.

④ 토지임대부 분양주택의 토지임대료는 보증금으로 납부하는 것이 원칙이나, 토지소유자와 주택을 공급받은 자가 합의한 경우 월별 임대료로 전환하여 납부할 수 있다.

⑤ 토지임대부 분양주택의 소유자가 임대차기간이 만료되기 전에 도시개발 관련 법률에 따라 해당 주택을 철거하고 재건축을 한 경우, 재건축한 주택은 토지임대부 분양주택이 아닌 주택으로 한다.

해설

② 토지의 소유권은 사업계획의 승인을 받아 토지임대부 분양주택 건설사업을 시행하는 자가 가지고, 건축물 및 복리시설 등에 대한 소유권은 주택을 분양받은 자가 가지는 주택을 말한다.
③ 토지임대부 분양주택을 양수한 자 또는 상속받은 자는 임대차계약을 승계한다.
④ 토지임대료는 월별 임대료를 원칙으로 하되, 토지소유자와 주택을 공급받은 자가 합의한 경우 대통령령으로 정하는 바에 따라 임대료를 보증금으로 전환하여 납부할 수 있다.
⑤ 재건축한 주택은 토지임대부 분양주택으로 한다.

Answer

54 ③ 55 ①

56 상

주택법령상 주택상환사채에 관한 설명으로 옳지 않은 것은? 제19회

① 등록사업자가 발행할 수 있는 주택상환사채의 규모는 최근 3년간의 연평균 주택건설호수 이내로 한다.
② 주택상환사채의 상환기간은 3년을 초과할 수 없다.
③ 주택상환사채의 납입금은 주택건설자재의 구입을 위해 사용할 수 있다.
④ 주택상환사채는 해외이주 등 부득이한 사유가 있는 경우로서 국토교통부령이 정하는 경우를 제외하고는 양도하거나 중도에 해약할 수 없다.
⑤ 주택상환사채의 납입금은 국토교통부장관이 지정하는 금융기관에서 관리한다.

해설

⑤ 주택상환사채의 납입금은 해당 보증기관과 주택상환사채발행자가 협의하여 정하는 금융기관에서 관리한다.

57 상

주택법령상 주택상환사채에 관한 설명으로 옳은 것은? 제17회

① 주택상환사채를 발행하려는 자는 대통령령으로 정하는 바에 따라 주택상환사채발행계획을 수립하여 시・도지사의 승인을 받아야 한다.
② 한국토지주택공사와 등록사업자는 대통령령으로 정하는 바에 따라 주택을 상환하는 채권을 발행할 수 있다.
③ 주택상환사채를 발행하려는 자는 주택상환사채발행계획을 수립하여 기획재정부장관의 승인을 얻어야 한다.
④ 등록사업자의 등록이 말소된 경우 등록사업자가 발행한 주택상환사채의 효력에 영향을 미친다.
⑤ 주택상환사채는 무기명증권으로 한다.

해설

①③ 주택상환사채를 발행하려는 자는 대통령령으로 정하는 바에 따라 주택상환사채발행계획을 수립하여 국토교통부장관의 승인을 받아야 한다.
④ 등록사업자의 등록이 말소된 경우 등록사업자가 발행한 주택상환사채의 효력에는 영향을 미치지 아니한다.
⑤ 주택상환사채는 기명증권으로 한다.

58 중

주택법령상 주택상환사채에 관한 설명으로 옳지 않은 것은? 제27회

① 한국토지주택공사는 주택상환사채를 발행할 수 있다.

② 주택상환사채를 발행하려는 자는 주택상환사채발행계획을 수립하여 국토교통부장관의 승인을 받아야 한다.

③ 「주택법」에 따라 등록사업자의 등록이 말소되면 등록사업자가 발행한 주택상환사채는 그 효력을 상실한다.

④ 등록사업자가 발행할 수 있는 주택상환사채의 규모는 최근 3년간의 연평균 주택건설호수 이내로 한다.

⑤ 국토교통부장관은 주택상환사채발행계획을 승인하였을 때에는 주택상환사채발행 대상지역을 관할하는 시·도지사에게 그 내용을 통보하여야 한다.

해설

③ 「주택법」에 따라 등록사업자의 등록이 말소된 경우에도 등록사업자가 발행한 주택상환사채의 효력에는 영향을 미치지 아니한다.

59 상

주택법령상 지방자치단체가 국민주택사업을 시행하기 위하여 국민주택사업특별회계를 설치·운용하는 경우에 국민주택사업특별회계자금을 조성하는 재원이 아닌 것은? 제10회

① 자체부담금

② 외국으로부터의 차입금

③ 정부로부터의 보조금

④ 농협은행으로부터의 차입금

⑤ 「종합부동산세법」에 의한 종합부동산세 중 지방자치단체 귀속분

해설

①②③④ 이외에도 주택도시기금으로부터의 차입금, 외국으로부터의 차입금, 국민주택사업특별회계에 속하는 재산의 매각 대금, 국민주택사업특별회계자금의 회수금·이자수입금 및 그 밖의 수익, 「재건축초과이익 환수에 관한 법률」에 따른 재건축부담금 중 지방자치단체 귀속분이 있다.

Answer

56 ⑤ 57 ② 58 ③ 59 ⑤

주관식 단답형 문제

01 중

「주택법」 제1조(목적) 규정이다. (　　)에 들어갈 용어를 쓰시오. 제25회

이 법은 쾌적하고 살기 좋은 (　　) 조성에 필요한 주택의 건설 · 공급 및 (　　)의 관리 등에 관한 사항을 정함으로써 국민의 주거안정과 주거수준의 향상에 이바지함을 목적으로 한다.

02 중

「주택법」 제2조(정의)의 규정이다. (　　)에 들어갈 숫자를 순서대로 쓰시오. 제22회

- "도시형 생활주택"이란 (　　)세대 미만의 국민주택규모에 해당하는 주택으로서 대통령령으로 정하는 주택을 말한다.
- "국민주택규모"란 주거의 용도로만 쓰이는 면적(이하 "주거전용면적"이라 한다)이 1호(戶) 또는 1세대당 85제곱미터 이하인 주택(「수도권정비계획법」 제2조 제1호에 따른 수도권을 제외한 도시지역이 아닌 읍 또는 면 지역은 1호 또는 1세대당 주거전용면적이 (　　)제곱미터 이하인 주택을 말한다)을 말한다.

03 하

「주택법」 제2조(정의) 규정의 일부이다. (　　)에 들어갈 용어를 쓰시오. 제24회

"(　　)"(이)란 건강하고 쾌적한 실내환경의 조성을 위하여 실내공기의 오염물질 등을 최소화할 수 있도록 대통령령으로 정하는 기준에 따라 건설된 주택을 말한다.

04 하

「주택법」 제2조(정의) 규정의 일부이다. (　　)에 들어갈 용어를 쓰시오. 제20회

"(　　)"(이)란 구조적으로 오랫동안 유지 · 관리될 수 있는 내구성을 갖추고, 입주자의 필요에 따라 내부 구조를 쉽게 변경할 수 있는 가변성과 수리 용이성 등이 우수한 주택을 말한다.

05 하

「주택법」 제2조(정의) 규정의 일부이다. (　　)에 들어갈 용어를 쓰시오. 제23회

> (　　)(이)란 하나의 주택단지에서 대통령령으로 정하는 기준에 따라 둘 이상으로 구분되는 일단의 구역으로, 착공신고 및 사용검사를 별도로 수행할 수 있는 구역을 말한다.

06 하

「주택법 시행령」 제10조(도시형 생활주택)의 규정의 일부이다. (　　)안에 들어갈 용어를 쓰시오. 제18회

> (　　　　)주택: 다음 각 목의 요건을 모두 갖춘 주택
> 가. 세대별 주거전용면적은 60제곱미터 이하일 것
> 나. 세대별로 독립된 주거가 가능하도록 욕실 및 부엌을 설치할 것
> 다. 지하층에는 세대를 설치하지 않을 것

07 중

「주택법령」상 (　　)안에 공통으로 들어갈 용어를 쓰시오. 제16회

> - “주택단지”란 주택건설사업계획 또는 대지조성사업계획의 승인을 받아 주택과 그 (　　　　) 및 복리시설을 건설하거나 대지를 조성하는 데 사용되는 일단의 토지를 말한다.
> - 주택에 딸린 주차장, 관리사무소, 담장 및 주택단지 안의 도로는 (　　　　)에 해당한다.

Answer

01 주거환경, 주택시장	**02** 300, 100
03 건강친화형 주택	**04** 장수명 주택
05 공구	**06** 소형
07 부대시설	

08 중

「주택법」 제2조(정의) **규정의 일부이다. (　　)에 들어갈 아라비아 숫자를 쓰시오.** 제26회

> "주택단지"란 주택법 제15조에 따른 주택건설사업계획 또는 대지조성사업계획의 승인을 받아 주택과 그 부대시설 및 복리시설을 건설하거나 대지를 조성하는 데 사용되는 일단(一團)의 토지를 말한다. 다만, 다음 각 목의 시설로 분리된 토지는 각각 별개의 주택단지로 본다.
> 가. <생략>
> 나. 폭 (ㄱ)미터 이상인 일반도로
> 다. 폭 (ㄴ)미터 이상인 도시계획예정도로
> 라. <생략>

09 중

「주택법」 제2조(정의) **규정의 일부이다. (ㄱ)에 공통적으로 들어갈 용어와 (ㄴ)에 공통적으로 들어갈 용어를 순서대로 쓰시오.** 제21회

> "간선시설"이란 도로・상하수도・전기시설・가스시설・통신시설 및 (ㄱ) 등 주택단지(둘 이상의 주택단지를 동시에 개발하는 경우에는 각각의 주택단지를 말한다) 안의 (ㄴ)을(를) 그 주택단지 밖에 있는 같은 종류의 (ㄴ)에 연결시키는 시설을 말한다. 다만, 가스시설・통신시설 및 (ㄱ)의 경우에는 주택단지 안의 (ㄴ)을(를) 포함한다.

10 하

「주택법」 제4조(주택건설사업 등의 등록)**와 「주택법 시행령」 제14조**(주택건설사업자 등의 범위 및 등록기준 등) **규정의 일부이다. (　　)안에 들어갈 숫자를 순서대로 각각 쓰시오.** 제19회

> 단독주택의 경우 연간 (　　)호 이상, 공동주택의 경우 연간 (　　)세대 이상(도시형 생활주택의 경우와 도시형 생활주택과 그 밖의 주택을 함께 건축하는 경우에는 30세대)의 주택건설사업을 시행하려는 자는 국토교통부장관에게 등록하여야 한다. (단, 국가・지방자치단체 등 등록하지 아니하여도 되는 사업주체는 고려하지 않음)

11 상

시공권이 있는 등록사업자가 시공할 수 있는 주택의 규모에 관한 「주택법 시행령」 제17조의 일부 규정이다. (   )안에 들어갈 숫자를 순서대로 각각 쓰시오. 제17회

> 건설사업자로 간주되는 등록사업자가 건설할 수 있는 주택은 주택으로 쓰는 층수가 5개층 이하(각 층 거실의 바닥면적 300제곱미터 이내마다 1개소 이상의 직통계단을 설치한 경우에는 주택으로 쓰는 층수가 6개층인 주택)의 주택으로 한다. 다만, 주택으로 쓰는 층수가 6개층 이상인 아파트를 건설한 실적이 있거나 최근 (   )년간 (   )세대 이상의 공동주택을 건설한 실적이 있는 등록사업자는 6개층 이상의 주택을 건설할 수 있다.

12 중

「주택법」 제11조의3(조합원 모집 신고 및 공개모집) 제1항 규정이다. (   )에 들어갈 아라비아 숫자를 쓰시오. 제27회

> 법 제11조 제1항에 따라 지역주택조합 또는 직장주택조합의 설립인가를 받기 위하여 조합원을 모집하려는 자는 해당 주택건설대지의 (   )퍼센트 이상에 해당하는 토지의 사용권원을 확보하여 관할 시장・군수・구청장에게 신고하고, 공개모집의 방법으로 조합원을 모집하여야 한다. 조합 설립인가를 받기 전에 신고한 내용을 변경하는 경우에도 또한 같다.

13 상

「주택법」 제11조(주택조합의 설립 등) 제2항 규정의 일부이다. (   )에 들어갈 용어를 쓰시오. 제26회

> 주택을 마련하기 위하여 주택조합설립인가를 받으려는 자는 다음 각 호의 요건을 모두 갖추어야 한다.
> 1. 해당 주택건설대지의 80퍼센트 이상에 해당하는 토지의 사용권원을 확보할 것
> 2. 해당 주택건설대지의 15퍼센트 이상에 해당하는 토지의 (   )(을)를 확보할 것

Answer

08 ㄱ: 20, ㄴ: 8
09 ㄱ: 지역난방시설, ㄴ: 기간시설
10 20, 20
11 3, 300
12 50
13 소유권

14 중

「주택법」 제11조(주택조합의 설립 등)**에 따라 주택을 리모델링하기 위하여 주택조합을 설립하려는 경우에 필요한 결의에 관한 내용이다. (　　)안에 공통적으로 들어갈 숫자를 쓰시오.** (단, 분수로 쓸 것) 제19회

- 주택단지 전체를 리모델링하고자 하는 경우에는 주택단지 각 동(棟)의 구분소유자와 의결권의 각 과반수의 결의와 전체 구분소유자와 의결권의 각 (　　) 이상의 결의
- 동(棟)을 리모델링하고자 하는 경우에는 그 동(棟)의 구분소유자 및 의결권의 각 (　　) 이상의 결의

15 상

「주택법」 제14조의2(주택조합의 해산 등) **규정의 일부이다. (　　)에 들어갈 용어와 아라비아 숫자를 쓰시오.** 제25회

- 주택조합은 주택조합의 설립인가를 받은 날부터 (ㄱ)년이 되는 날까지 사업계획승인을 받지 못하는 경우 대통령령으로 정하는 바에 따라 총회의 의결을 거쳐 해산 여부를 결정하여야 한다.
- 주택조합의 (ㄴ)은(는) 조합원 모집 신고가 수리된 날부터 (ㄷ)년이 되는 날까지 주택조합 설립인가를 받지 못하는 경우 대통령령으로 정하는 바에 따라 주택조합 가입 신청자 전원으로 구성되는 총회 의결을 거쳐 주택조합 사업의 종결 여부를 결정하도록 하여야 한다.

16 상

「주택법」 제14조의2 및 「주택법 시행령」 제25조의2 규정의 일부이다. (　　)에 들어갈 숫자를 쓰시오. 제23회

- 주택조합의 발기인은 제11조의3 제1항에 따른 조합원 모집 신고가 수리된 날부터 (ㄱ)년이 되는 날까지 주택조합 설립인가를 받지 못하는 경우 대통령령으로 정하는 바에 따라 주택조합 가입 신청자 전원으로 구성되는 총회 의결을 거쳐 주택조합사업의 종결 여부를 결정하도록 하여야 한다.
- 법 제14조의2 제2항에 따라 개최하는 총회는 주택조합 가입 신청자의 3분의 (ㄴ) 이상의 찬성으로 의결한다. 이 경우 주택조합 가입 신청자의 100분의 (ㄷ) 이상이 직접 출석해야 한다.

17 ●●하 **「주택법령」상 사업계획승인의 대상에 해당하더라도 다음의 경우에는 사업계획승인을 받지 않아도 된다. ( )에 들어갈 용어와 숫자를 순서대로 쓰시오.** 제21회

> 「국토의 계획 및 이용에 관한 법률 시행령」 제30조 제1호 다목에 따른 (ㄱ) 또는 같은 조 제2호에 따른 상업지역(유통상업지역은 제외한다)에서 (ㄴ) 세대 미만의 주택과 주택 외의 시설을 동일 건축물로 건축하는 경우로서 해당 건축물의 연면적에서 주택의 연면적이 차지하는 비율이 90퍼센트 미만인 경우

18 상●● **「주택법 시행규칙」 제18조의2**(공사감리비의 예치 및 지급 등) **규정의 일부이다. ( )에 들어갈 아라비아 숫자를 쓰시오.** 제27회

> 1. <생략>
> 2. 사업주체는 해당 공사감리비를 계약에서 정한 지급예정일 (ㄱ)일 전까지 사업계획승인권자에게 예치하여야 한다.
> 3. 감리자는 계약에서 정한 공사감리비 지급예정일 (ㄴ)일 전까지 사업계획승인권자에게 공사감리비 지급을 요청해야 하며, 사업계획승인권자는 제18조 제4항에 따른 감리업무 수행 상황을 확인한 후 공사감리비를 지급해야 한다.
>
> <이하 생략>

19 상●● **「주택법」 제25조**(토지에의 출입 등에 따른 손실보상)**의 규정의 일부이다. ( )안에 들어갈 용어를 쓰시오.** 제18회

> 「주택법」 제25조 ① 타인토지에의 출입 등의 행위로 인하여 손실을 입은 자가 있는 경우에는 그 행위를 한 사업주체가 그 손실을 보상하여야 한다.
> ② 손실보상에 관하여는 그 손실을 보상할 자와 손실을 입은 자가 협의하여야 한다.
> ③ 손실을 보상할 자 또는 손실을 입은 자는 협의가 성립되지 아니하거나 협의를 할 수 없는 경우에는 「공익사업을 위한 토지 등의 취득 및 보상에 관한 법률」에 따른 관할 ( )에 재결(裁決)을 신청할 수 있다.

Answer

14 2/3
15 ㄱ: 3, ㄴ: 발기인, ㄷ: 2
16 ㄱ: 2, ㄴ: 2, ㄷ: 20
17 ㄱ: 준주거지역, ㄴ: 300
18 ㄱ: 14, ㄴ: 7
19 토지수용위원회

20 중

다음은 「주택법령」상 국·공유지 등의 우선 매각 및 임대에 관한 설명이다. ( ) 안에 들어갈 숫자를 쓰시오. 제16회

> 국가 또는 지방자치단체는 그가 소유하는 토지를 매각하거나 임대할 때 국민주택규모의 주택을 ( )퍼센트 이상으로 건설하는 주택의 건설을 목적으로 그 토지의 매수 또는 임차를 원하는 자가 있으면 그에게 우선적으로 그 토지를 매각하거나 임대할 수 있다.

21 중

「주택법」 제39조(공동주택성능등급의 표시)의 규정이다. ( )에 들어갈 용어를 쓰시오. 제22회

> 사업주체가 대통령령으로 정하는 호수 이상의 공동주택을 공급할 때에는 주택의 성능 및 품질을 입주자가 알 수 있도록 「녹색건축물 조성 지원법」에 따라 다음 각 호의 공동주택성능에 대한 등급을 발급받아 국토교통부령으로 정하는 방법으로 ( )에 표시하여야 한다.
> 1. 경량충격음·중량충격음·화장실소음·경계소음 등 소음 관련 등급
> 2. 리모델링 등에 대비한 가변성 및 수리 용이성 등 구조 관련 등급
> 3. 조경·일조확보율·실내공기질·에너지절약 등 환경 관련 등급
> 4. 커뮤니티시설, 사회적 약자 배려, 홈네트워크, 방범안전 등 생활환경 관련 등급
> 5. 화재·소방·피난안전 등 화재·소방 관련 등급

22 중

환지 방식에 의한 도시개발사업으로 조성된 대지의 활용에 관한 「주택법」 제31조 규정의 일부이다. ( )에 들어갈 숫자를 쓰시오. 제21회

> 사업주체가 국민주택용지로 사용하기 위하여 도시개발사업시행자(「도시개발법」에 따른 환지(換地) 방식에 의하여 사업을 시행하는 도시개발사업의 시행자를 말한다)에게 체비지(替費地)의 매각을 요구한 경우 그 도시개발사업시행자는 대통령령으로 정하는 바에 따라 체비지의 총면적의 ( )퍼센트의 범위에서 이를 우선적으로 사업주체에게 매각할 수 있다.

23 상

「주택법」 제48조의3(품질점검단의 설치 및 운영 등) 제1항 규정이다. (   )에 들어갈 용어를 쓰시오. 제26회

> 시ㆍ도지사는 제48조의2에 따른 (ㄱ)(을)를 실시하고 제49조 제1항에 따른 (ㄴ)(을)를 신청하기 전에 공동주택의 품질을 점검하여 사업계획의 내용에 적합한 공동주택이 건설되도록 할 목적으로 주택 관련 분야 등의 전문가로 구성된 공동주택 품질점검단(이하 "품질점검단"이라 한다)을 설치ㆍ운영할 수 있다. 이 경우 시ㆍ도지사는 품질점검단의 설치ㆍ운영에 관한 사항을 (ㄷ)(으)로 정하는 바에 따라 대도시 시장에게 위임할 수 있다.

24 중

「주택법 시행령」 제61조(분양가상한제 적용 지역의 지정기준 등) 제1항 규정의 일부이다. (   )에 들어갈 숫자를 쓰시오. 제23회

> 법 제58조 제1항에서 "대통령령으로 정하는 기준을 충족하는 지역"이란 투기과열지구 중 다음 각 호의 어느 하나에 해당하는 지역을 말한다.
> 1. <생략>
> 2. 직전월부터 소급하여 (ㄱ)개월간의 주택매매거래량이 전년 동기 대비 (ㄴ) 퍼센트 이상 증가한 지역
> 3. <생략>

Answer

20 50
21 입주자 모집공고
22 50
23 ㄱ: 사전방문, ㄴ: 사용검사, ㄷ: 조례
24 ㄱ: 3, ㄴ: 20

25 상

「주택법」 제62조(사용검사 후 매도청구 등) 규정의 일부이다. ( )에 들어갈 아라비아 숫자를 쓰시오. 제27회

1. 주택(복리시설을 포함한다. 이하 이 조에서 같다)의 소유자들은 주택단지 전체 대지에 속하는 일부의 토지에 대한 소유권이전등기 말소소송 등에 따라 제49조의 사용검사(동별 사용검사를 포함한다. 이하 이 조에서 같다)를 받은 이후에 해당 토지의 소유권을 회복한 자(이하 이 조에서 "실소유자"라 한다)에게 해당 토지를 시가로 매도할 것을 청구할 수 있다.
2. 주택의 소유자들은 대표자를 선정하여 제1항에 따른 매도청구에 관한 소송을 제기할 수 있다. 이 경우 대표자는 주택의 소유자 전체의 (ㄱ)분의 (ㄴ) 이상의 동의를 받아 선정한다.
3. <생략>
4. 제1항에 따라 매도청구를 하려는 경우에는 해당 토지의 면적이 주택단지 전체 대지 면적의 (ㄷ)퍼센트 미만이어야 한다.

<이하 생략>

26 중

「주택법」 제65조 규정의 일부이다. ( )에 들어갈 용어와 아라비아 숫자를 쓰시오. 제24회

제65조(공급질서 교란 금지) ① 누구든지 이 법에 따라 건설·공급되는 주택을 공급받거나 공급받게 하기 위하여 다음 각 호의 어느 하나에 해당하는 증서 또는 지위를 양도·양수(매매·증여나 그 밖에 권리 변동을 수반하는 모든 행위를 포함하되, 상속·저당의 경우는 제외한다) …를 하여서는 아니 되며, <이하 본문 생략>

1. 제11조에 따라 주택을 공급받을 수 있는 지위
2. 제56조에 따른 입주자저축 증서
3. 제80조에 따른 (ㄱ)
4. 그 밖에 주택을 공급받을 수 있는 증서 또는 지위로서 대통령령으로 정하는 것

② ~ ④ <생략>

⑤ 국토교통부장관은 제1항을 위반한 자에 대하여 (ㄴ)년의 범위에서 국토교통부령으로 정하는 바에 따라 주택의 입주자자격을 제한할 수 있다.

27 상

「주택법」 제56조(입주자저축) 제1항 및 「주택법 시행령」 제58조의3(입주자저축) 규정의 일부이다. ( )에 들어갈 용어를 쓰시오. 제25회

- 국토교통부장관은 주택을 공급받으려는 자에게 미리 (ㄱ)의 전부 또는 일부를 저축하게 할 수 있다.
- 국토교통부장관은 입주자저축에 관한 국토교통부령을 제정하거나 개정할 때에는 (ㄴ)와(과) 미리 협의해야 한다.

28 중

「주택법」 제63조(투기과열지구의 지정 및 해제)의 규정의 일부이다. ( )안에 들어갈 용어를 쓰시오. 제18회

투기과열지구는 해당 지역의 ( )이(가) 물가상승률보다 현저히 높은 지역으로서 그 지역의 청약경쟁률 · 주택가격 · 주택보급률 및 주택공급계획 등과 지역 주택시장 여건 등을 고려하였을 때 주택에 대한 투기가 성행하고 있거나 성행할 우려가 있는 지역 중 국토교통부령으로 정하는 기준을 충족하는 곳이어야 한다.

29 상

전매행위 제한기간에 관한 「주택법 시행령」 제73조 제1항 관련 [별표3]의 일부 내용이다. ( )안에 들어갈 숫자를 각각 쓰시오. 제17회 수정

투기과열지구에서 건설 · 공급된 주택의 전매행위 제한기간은 수도권은 (ㄱ)년, 수도권 외의 지역은 (ㄴ)년으로 한다.

Answer

25 ㄱ: 4, ㄴ: 3, ㄷ: 5
26 ㄱ: 주택상환사채, ㄴ: 10
27 ㄱ: 입주금, ㄴ: 기획재정부장관
28 주택가격상승률
29 ㄱ: 3, ㄴ: 1

30 중

「주택법령」상 리모델링의 허가에 관한 내용이다. (　　)에 들어갈 숫자를 쓰시오. 제22회

> 시장·군수·구청장이 (　　)세대 이상으로 세대수 증가형 리모델링을 허가하려는 경우에는 기반시설에의 영향이나 도시·군관리계획과의 부합 여부 등에 대하여 「국토의 계획 및 이용에 관한 법률」 제113조 제2항에 따라 설치된 시·군·구도시계획위원회의 심의를 거쳐야 한다.

31 중

「주택법령」상 (　　)안에 들어갈 숫자를 순서대로 각각 쓰시오. 제16회

> 리모델링주택조합이 주택단지 전체를 리모델링하고자 하는 경우에는 주택단지 전체 구분소유자 및 의결권의 각 (ㄱ)% 이상의 동의와 각 동별 구분소유자 및 의결권의 각 (ㄴ)% 이상의 동의를 얻어야 하며, 동을 리모델링하고자 하는 경우에는 그 동의 구분소유자 및 의결권의 각 75% 이상의 동의를 얻어야 한다.

32 상

「주택법령」상 공동주택 리모델링의 허가기준에 관한 사례이다. (　　)에 들어갈 숫자를 쓰시오. 제21회

> 주택단지의 소유자가 100명인 경우, 입주자대표회의(「공동주택관리법」 제2조 제1항 제8호에 따른 입주자대표회의를 말한다)가 주택법령에 따라 공동주택 리모델링을 하려면 소유자의 비용분담 명세 등이 적혀 있는 결의서에 주택단지 소유자 (　　)명의 동의를 받아야 한다.

33 상

공동주택 리모델링에 따른 특례에 관한 규정이다. (　　)안에 들어갈 용어를 쓰시오. 제14회

> 공동주택의 소유자가 리모델링에 의하여 전유부분의 면적이 늘거나 줄어드는 경우에는 「집합건물의 소유 및 관리에 관한 법률」 제12조 및 제20조 제1항에도 불구하고 (　　)은(는) 변하지 아니하는 것으로 본다.

34 상

「주택법」 제78조 규정의 일부이다. (   )에 들어갈 아라비아 숫자와 용어를 쓰시오.

제24회

> 제78조(토지임대부 분양주택의 토지에 관한 임대차 관계) ① 토지임대부 분양주택의 토지에 대한 임대차기간은 (ㄱ)년 이내로 한다. 이 경우 토지임대부 분양주택 소유자의 (ㄴ)퍼센트 이상이 계약갱신을 청구하는 경우 40년의 범위에서 이를 갱신할 수 있다.
> ② 토지임대부 분양주택을 공급받은 자가 토지소유자와 임대차계약을 체결한 경우 해당 주택의 구분소유권을 목적으로 그 토지 위에 제1항에 따른 임대차기간 동안 (ㄷ)이(가) 설정된 것으로 본다.

35 중

「주택법 시행령」 제84조(등록사업자의 주택상환사채 발행) 제1항에 따라 주택상환사채를 발행할 수 있는 등록사업자에 관한 기준이다. (   )안에 들어갈 숫자를 쓰시오.

제19회

> 1. 법인으로서 자본금이 5억원 이상일 것
> 2. 「건설산업기본법」 제9조에 따라 건설업 등록을 한 자일 것
> 3. 최근 3년간 연평균 주택건설실적이 (   )호 이상일 것

36 상

주택상환사채의 상환에 관한 「주택법 시행령」 제86조의 일부 규정이다. (   )안에 들어갈 숫자와 용어를 순서대로 각각 쓰시오.

제17회

> 주택상환사채의 상환기간은 (ㄱ)년을 초과할 수 없다. 이 경우 상환기간은 주택상환사채 발행일부터 주택의 (ㄴ)까지의 기간으로 한다.

Answer

30 50
31 ㄱ: 75, ㄴ: 50
32 100
33 대지사용권
34 ㄱ: 40, ㄴ: 75, ㄷ: 지상권
35 300
36 ㄱ: 3, ㄴ: 공급계약체결일

Part 02 공동주택관리법

01 총설 및 관리방법

연계학습 : 기본서 p.180~196

01 공동주택관리법령상 의무관리대상 공동주택에 해당하지 않는 것은? 제20회

중

① 승강기가 설치된 100세대의 공동주택
② 1,000세대의 공동주택
③ 중앙집중식난방방식인 150세대의 공동주택
④ 「건축법」상 건축허가를 받아 주택 외의 시설과 주택을 동일건축물로 건축한 건축물로서 주택이 200세대인 건축물
⑤ 지역난방방식인 150세대의 공동주택

해설
① 승강기가 설치된 150세대 이상의 공동주택이 의무관리대상 공동주택이다.

02 공동주택관리법령상 의무관리대상 공동주택의 관리방법에 관한 설명으로 옳지 않은 것은? 제24회

중

① 자치관리기구 관리사무소장은 입주자대표회의가 입주자대표회의 구성원 과반수의 찬성으로 선임한다.
② 관리사무소장은 자치관리기구가 갖추어야 하는 기술인력을 겸직할 수 있다.
③ 혼합주택단지의 관리에 관한 사항 중 장기수선계획의 조정은 입주자대표회의와 임대사업자가 공동으로 결정하여야 한다.
④ 공동주택을 건설한 사업주체는 입주예정자의 과반수가 입주할 때까지 그 공동주택을 관리하여야 한다.
⑤ 입주자대표회의는 해당 공동주택의 관리에 필요하다고 인정하는 경우에는 500세대 이상의 단위로 나누어 관리하게 할 수 있다.

해설
② 관리사무소장은 자치관리기구가 갖추어야 하는 기술인력을 겸직할 수 없다.

03 상●●● **공동주택관리법령상 공동주택의 관리방법에 관한 내용으로 옳은 것은?** 제23회

① 입주자등이 의무관리대상 공동주택의 관리방법을 변경하는 경우에는 전체 입주자등의 과반수 찬성과 국토교통부장관의 인가를 받아야 한다.

② 자치관리기구 관리사무소장은 입주자대표회의가 입주자대표회의 구성원(관리규약으로 정한 정원을 말하며, 해당 입주자대표회의 구성원 3분의 2 이상이 선출되었을 때에는 그 선출된 인원을 말한다) 과반수의 찬성으로 선임한다.

③ 위탁관리의 경우 「공동주택관리법」에 따른 전자입찰방식의 세부기준, 절차 및 방법 등은 의무관리대상 공동주택 소재지의 시장·군수·구청장이 정하여 고시한다.

④ 혼합주택단지의 관리에 관한 사항은 장기수선계획의 조정에 관한 사항을 포함하여 입주자대표회의가 시장·군수·구청장과 협의하여 결정한다.

⑤ 의무관리대상 공동주택을 건설한 사업주체가 그 공동주택에 대하여 관리하여야 하는 기간은 입주예정자의 3분의 1이 입주할 때까지이다.

해설

① 시장·군수·구청장에게 신고해야 한다.
③ 전자입찰방식의 세부기준, 절차 및 방법 등은 국토교통부장관이 정하여 고시한다.
④ 입주자대표회의가 임대사업자와 협의하여 결정한다.
⑤ 의무관리대상 공동주택을 건설한 사업주체가 그 공동주택에 대하여 관리하여야 하는 기간은 입주예정자의 과반수가 입주할 때까지이다.

Answer

01 ①　02 ②　03 ②

04 중

공동주택관리법령상 의무관리대상 공동주택의 관리방법에 관한 내용으로 옳은 것은? 제22회

① 의무관리대상 공동주택을 건설한 사업주체는 입주예정자의 과반수가 입주할 때까지 그 공동주택을 관리하여야 한다.

② 입주자등은 전체 입주자등의 3분의 2 이상이 찬성하는 방법으로 공동주택의 관리방법을 결정하여야 한다.

③ 입주자등이 공동주택을 자치관리할 것을 정한 경우, 입주자대표회의는 입주자대표회의의 임원을 대표자로 한 자치관리기구를 구성하여야 한다.

④ 입주자등이 위탁관리할 것을 정한 경우, 전체 입주자등의 10분의 1 이상이 서면으로 요구하는 신규업체가 있으면 입주자대표회의는 그 업체를 수의계약의 방법으로 주택관리업자로 선정할 수 있다.

⑤ 입주자대표회의가 인접한 공동주택단지와 공동으로 관리하고자 하는 경우 전체 입주자등의 3분의 1 이상의 동의를 받아야 한다.

해설

② 입주자등은 전체 입주자등의 과반수 이상이 찬성하는 방법으로 공동주택의 관리방법을 결정하여야 한다.

③ 입주자등이 공동주택을 자치관리할 것을 정한 경우, 입주자대표회의는 공동주택의 관리사무소장을 자치관리기구의 대표자로 선임하고 자치관리기구를 구성하여야 한다.

④ 입주자등이 위탁관리할 것을 정한 경우, 전자입찰방식이나 그 밖의 국토교통부장관이 정하여 고시하는 경우 외에는 경쟁입찰로 할 것이 요구된다.

⑤ 입주자대표회의가 인접한 공동주택단지와 공동으로 관리하고자 하는 경우 단지별로 입주자등의 과반수의 서면동의를 받아야 한다.

05 중

공동주택관리법령상 공동주택의 관리방법에 관한 설명으로 옳지 않은 것은?

제20회

① 의무관리대상 공동주택의 입주자등이 공동주택을 자치관리할 것을 정한 경우에는 입주자대표회의는 입주자대표회의의 회장을 자치관리기구의 대표자로 선임하고 자치관리기구를 구성하여야 한다.

② 입주자등은 전체 입주자등의 10분의 1 이상이 제안하고 전체 입주자등의 과반수가 찬성하면 공동주택의 관리방법을 변경할 수 있다.

③ 의무관리대상 공동주택의 입주자등이 새로운 주택관리업자 선정을 위한 입찰에서 기존 주택관리업자의 참가를 제한하도록 입주자대표회의에 요구하려면 전체 입주자등 과반수의 서면동의가 있어야 한다.

④ 입주자대표회의는 해당 공동주택의 관리에 필요하다고 인정하는 경우에는 국토교통부령으로 정하는 바에 따라 인접한 공동주택단지와 공동으로 관리하거나 500세대 이상의 단위로 나누어 관리하게 할 수 있다.

⑤ 의무관리대상 공동주택을 건설한 사업주체는 입주예정자의 과반수가 입주할 때까지 그 공동주택을 관리하여야 한다.

해설

① 의무관리대상 공동주택의 입주자등이 공동주택을 자치관리할 것을 정한 경우에는 입주자대표회의는 관리사무소장을 자치관리기구의 대표자로 선임하고 자치관리기구를 구성하여야 한다.

Answer

04 ①　05 ①

06
중

공동주택관리법령상 공동주택의 관리방법에 관한 설명으로 옳지 않은 것은? 제21회

① 주택관리업자에게 위탁관리하다가 자치관리로 관리방법을 변경하는 경우 입주자대표회의는 그 위탁관리의 종료일의 다음날부터 6개월 이내에 대통령령으로 정하는 기술인력 및 장비를 갖춘 자치관리기구를 구성하여야 한다.

② 자치관리기구 관리사무소장은 입주자대표회의가 입주자대표회의 구성원(관리규약으로 정한 정원을 말하며, 해당 입주자대표회의 구성원의 3분의 2 이상이 선출되었을 때에는 그 선출된 인원을 말한다) 과반수의 찬성으로 선임한다.

③ 자치관리기구는 입주자대표회의의 감독을 받는다.

④ 입주자등은 기존 주택관리업자의 관리 서비스가 만족스럽지 못한 경우에는 대통령령으로 정하는 바에 따라 새로운 주택관리업자 선정을 위한 입찰에서 기존 주택관리업자의 참가를 제한하도록 입주자대표회의에 요구할 수 있다.

⑤ 입주자대표회의는 해당 공동주택의 관리에 필요하다고 인정하는 경우에는 법령상의 요건을 갖추어 인접한 공동주택단지(임대주택단지를 포함한다)와 공동으로 관리하거나 500세대 이상의 단위로 나누어 관리하게 할 수 있다.

해설

① 주택관리업자에게 위탁관리하다가 자치관리로 관리방법을 변경하는 경우 입주자대표회의는 그 위탁관리의 종료일까지 대통령령으로 정하는 기술인력 및 장비를 갖춘 자치관리기구를 구성하여야 한다.

07
중

공동주택관리법령상 공동주택의 관리방법에 관한 설명으로 옳지 않은 것은? 제26회

① 전체 입주자등의 10분의 1 이상이 서면으로 제안하고 전체 입주자등의 과반수가 찬성하면 의무관리대상 공동주택 관리방법을 변경할 수 있다.

② 의무관리대상 공동주택을 입주자등이 자치관리할 것을 정한 경우 자치관리기구의 대표자는 입주자대표회의의 회장이 겸임한다.

③ 입주자대표회의는 국토교통부령으로 정하는 바에 따라 500세대 이상의 단위로 나누어 관리하게 할 수 있다.

④ 입주자대표회의는 공동주택을 공동관리하는 경우에는 공동관리 단위별로 공동주택관리기구를 구성하여야 한다.

⑤ 입주자등은 의무관리대상 공동주택을 자치관리하거나 주택관리업자에게 위탁하여 관리하여야 한다.

해설

② 자치관리기구의 대표자는 공동주택의 관리사무소장이다.

08 공동주택관리법령상 공동주택관리기구에 관한 설명으로 옳지 않은 것은? 제15회

중

① 입주자인 자치관리기구의 직원은 입주자대표회의의 구성원을 겸할 수 있다.
② 자치관리기구는 입주자대표회의의 감독을 받는다.
③ 공동관리하거나 구분관리하는 경우에는 공동관리 또는 구분관리 단위별로 공동주택관리기구를 설치하여야 한다.
④ 입주자대표회의는 자치관리기구의 관리사무소장을 그 구성원 과반수의 찬성으로 선임한다.
⑤ 자치관리기구는 각 1대 이상의 망원경, 카메라 등 건축물 안전점검의 보유장비를 갖추어야 한다.

해설
① 입주자대표회의의 구성원은 자치관리기구의 직원을 겸할 수 없다.

02 공동주택의 의사결정 등

연계학습: 기본서 p.197~238

09 공동주택관리법령상 입주자대표회의의 구성에 관한 설명으로 옳지 않은 것은? 제25회

하

① 입주자대표회의는 4명 이상으로 구성한다.
② 입주자대표회의에는 회장 1명, 이사 2명 이상, 감사 1명 이상의 임원을 두어야 한다.
③ 이사는 입주자대표회의 구성원 과반수의 찬성으로 선출하며, 입주자대표회의 구성원 과반수 찬성으로 선출할 수 없는 경우로서 최다득표자가 2인 이상인 경우에는 추첨으로 선출한다.
④ 동별 대표자 선거관리위원회 위원을 사퇴하였더라도 동별 대표자 선출공고에서 정한 서류 제출 마감일을 기준으로 할 때 그 남은 임기 중에 있는 사람은 동별 대표자가 될수 없다.
⑤ 모든 동별 대표자의 임기가 동시에 시작하는 경우 동별 대표자의 임기는 2년으로 한다.

해설
② 입주자대표회의에는 회장 1명, 이사 1명 이상, 감사 2명 이상의 임원을 두어야 한다.

Answer
06 ① 07 ② 08 ① 09 ②

10 중

공동주택관리법령상 입주자대표회의에 관한 설명으로 옳지 않은 것은? 제27회

① 동별 대표자 선거구는 2개 동 이상으로 묶거나 통로나 층별로 구획하여 정할 수 있다.

② 입주자인 동별 대표자 중에서 회장 후보자가 없는 경우로서 선출 전에 전체 입주자 과반수의 서면동의를 얻더라도 사용자인 동별 대표자는 회장이 될 수 없다.

③ 입주자대표회의에는 회장 1명, 감사 2명 이상, 이사 1명 이상의 임원을 두어야 한다.

④ 입주자대표회의의 임원 선출을 위한 선거관리위원회 위원장은 위원 중에서 호선한다.

⑤ 입주자대표회의는 공동주택 관리방법의 제안에 관하여 입주자대표회의의 구성원 과반수의 찬성으로 의결한다.

해설

② 입주자인 동별 대표자 중에서 회장 후보자가 없는 경우로서 선출 전에 전체 입주자 과반수의 서면동의를 얻은 경우에는 사용자인 동별 대표자는 회장이 될 수 있다.

11 중

공동주택관리법령상 동별 대표자가 될 수 있는 자는? 제18회

① 주택의 소유자가 서면으로 위임한 대리권이 없는 소유자의 배우자나 직계존비속

② 해당 공동주택의 동별 대표자를 사퇴한 날로부터 5년이 지난 사람

③ 파산자로서 복권되지 아니한 사람

④ 관리비 등을 최근 3개월 이상 연속하여 체납한 사람

⑤ 피성년후견인 및 피한정후견인

해설

② 해당 공동주택의 동별 대표자를 사퇴한 날로부터 1년이 지나지 아니하거나, 해임된 날로부터 2년이 지나지 아니한 사람은 동별 대표자가 될 수 없다.

12 상

공동주택관리법령상 입주자대표회의의 구성에 관한 설명으로 옳은 것은? 제24회

① 동별 대표자 선거구는 2개 동 이상으로 묶어서 정할 수 있으나, 통로나 층별로 구획하여 정할 수는 없다.

② 동별 대표자 선거관리위원회 위원을 사퇴한 사람으로서 동별 대표자 선출공고에서 정한 서류 제출 마감일을 기준으로 그 남은 임기 중에 있는 사람은 동별 대표자가 될 수 있다.

③ 동별 대표자가 임기 중에 관리비를 최근 3개월 이상 연속하여 체납한 경우에는 해당 선거구 전체 입주자등의 과반수의 찬성으로 해임한다.

④ 500세대 미만인 공동주택의 입주자대표회의 회장은 관리규약으로 정하는 경우에는 입주자대표회의 구성원 과반수의 찬성으로 선출하고, 입주자대표회의 구성원 과반수의 찬성으로 선출할 수 있는 경우로서 최다득표자가 2인 이상인 경우에는 추첨으로 선출한다.

⑤ 공동주택을 임차하여 사용하는 사람의 동별 대표자 결격사유는 그를 대리하는 자에게 미치지 않는다.

해설

① 동별 대표자 선거구는 2개 동 이상으로 묶거나, 통로나 층별로 구획하여 정할 수 있다.
② 동별 대표자 선거관리위원회 위원을 사퇴한 사람으로서 동별 대표자 선출공고에서 정한 서류 제출 마감일을 기준으로 그 남은 임기 중에 있는 사람은 동별 대표자가 될 수 없다.
③ 동별 대표자가 임기 중에 관리비를 최근 3개월 이상 연속하여 체납한 경우에는 해당 선거구 전체 입주자등의 과반수가 투표하고 투표자의 과반수 찬성으로 해임한다.
⑤ 공동주택을 임차하여 사용하는 사람의 동별 대표자 결격사유는 그를 대리하는 자에게 미친다.

Answer

10 ② 11 ② 12 ④

13 상

공동주택관리법령상 입주자대표회의와 그 임원 구성에 관한 내용으로 옳은 것을 모두 고른 것은? 제23회

> ㄱ. 300세대인 공동주택의 입주자대표회의는 3명 이상으로 구성하되, 동별 세대수에 비례하여 관리규약으로 정한 선거구에 따라 선출된 대표자로 구성한다.
> ㄴ. 500세대인 공동주택의 입주자대표회의의 회장 후보자가 3명인 경우, 전체 입주자등의 10분의 1 이상이 투표하고 후보자 중 최다득표를 한 동별 대표자 1명을 입주자대표회의 회장으로 선출한다.
> ㄷ. 600세대인 공동주택의 입주자대표회의에 두는 이사는 입주자대표회의 구성원 과반수의 찬성으로 동별 대표자 중에서 1명 이상 선출한다.

① ㄷ ② ㄱ, ㄴ ③ ㄱ, ㄷ
④ ㄴ, ㄷ ⑤ ㄱ, ㄴ, ㄷ

해설

ㄱ. 공동주택의 입주자대표회의는 4명 이상으로 구성하되, 동별 세대수에 비례하여 관리규약으로 정한 선거구에 따라 선출된 대표자로 구성한다.

14 상

공동주택관리법령상 입주자대표회의의 구성원인 동별 대표자가 될 수 없는 자를 모두 고른 것은? (단, 주어진 조건 이외에 다른 조건은 고려하지 않음) 제22회

> ㄱ. 최초의 입주자대표회의를 구성하기 위한 동별 대표자를 선출하는 경우, 해당 선거구에 주민등록을 마친 후 계속하여 동별 대표자 선출공고에서 정한 각종 서류 제출 마감일 기준 2개월째 거주하고 있는 공동주택의 소유자
> ㄴ. 파산자였으나 동별 대표자 선출공고에서 정한 각종 서류 제출 마감일 기준 1개월 전에 복권된 공동주택의 소유자
> ㄷ. 공동주택 소유자의 조카(3촌)로서 해당 주택에 거주하고 있으면서 소유자가 서면으로 위임한 대리권이 있는 자
> ㄹ. 「주택법」을 위반한 범죄로 징역 1년, 집행유예 2년을 선고받고 동별 대표자 선출공고에서 정한 각종 서류 제출 마감일 기준 그 집행유예기간 중인 공동주택의 소유자

① ㄱ, ㄷ ② ㄴ, ㄹ ③ ㄷ, ㄹ
④ ㄱ, ㄷ, ㄹ ⑤ ㄱ, ㄴ, ㄷ, ㄹ

해설

③ ㄷ, ㄹ은 동별 대표자가 될 수 없다.

ㄷ. 공동주택 소유자가 서면으로 위임한 대리권이 있는 소유자의 배우자나 직계존비속이 동별 대표자가 될 수 있다.

ㄹ. 금고 이상의 형의 집행유예기간 중인 공동주택의 소유자는 결격사유에 해당되어 동별 대표자가 될 수 없다.

15 상

공동주택관리법령상 입주자대표회의의 의결사항이 아닌 것은? 제21회

① 공용시설물 이용료 부과기준의 결정
② 어린이집을 포함한 주민공동시설 위탁 운영의 제안
③ 비용지출을 수반하는 안전관리계획의 수립 또는 조정
④ 단지 안의 전기·도로·상하수도·주차장·가스설비·냉난방설비 및 승강기 등의 유지·운영 기준
⑤ 관리규약에서 위임한 사항과 그 시행에 필요한 규정의 제정·개정 및 폐지

해설

② 어린이집·다함께돌봄센터·공동육아나눔터를 제외한 주민공동시설 위탁 운영의 제안이 입주자대표회의의 의결사항이다.

16 중

공동주택관리법령상 입주자대표회의의 구성 및 운영에 관한 설명으로 옳지 않은 것은? 제16회

① 입주자대표회의는 4명 이상으로 구성한다.
② 파산자로서 복권되지 아니한 사람은 동별 대표자가 될 수 없다.
③ 500세대 이상인 공동주택은 입주자대표회의에서 그 구성원 과반수의 찬성으로 회장을 선출한다.
④ 해당 공동주택의 동별 대표자를 사퇴한 날로부터 1년이 지나지 않은 사람은 동별 대표자가 될 수 없다.
⑤ 시장·군수 또는 구청장은 동별 대표자에게 매년 입주자대표회의의 운영과 관련하여 필요한 교육 및 윤리교육을 실시하여야 한다.

해설

③ 공동주택은 다음의 구분에 따라 전체 입주자등의 보통·평등·직접·비밀선거를 통하여 동별 대표자 중에서 회장과 감사를 선출한다. 다만, 후보자가 없거나 선거 후 선출된 사람이 없을 때에는 입주자대표회의 구성원의 과반수 찬성으로 회장과 감사를 선출할 수 있다.

> 1. 후보자가 2명 이상인 경우(감사는 선출필요인원 초과): 전체 입주자등의 10분의 1 이상이 투표하고 후보자 중 최다득표자(감사는 다득표자) 선출
> 2. 후보자가 1명인 경우(감사는 선출필요인원과 같거나, 미달): 전체 입주자등의 10분의 1 이상이 투표하고 그 투표한 입주자등의 과반수 찬성으로 선출

Answer

13 ④ 14 ③ 15 ② 16 ③

17 상

공동주택관리법령상 비용지출을 수반하는 경우에만 입주자대표회의의 의결사항이 되는 것은? (단, 관리규약에서 따로 정하는 사항은 고려하지 않음) 제25회

① 단지 안의 전기・도로・상하수도・주차장・가스설비・냉난방설비 및 승강기 등의 유지・운영 기준
② 입주자등 상호 간에 이해가 상반되는 사항의 조정
③ 공동체 생활의 활성화 및 질서유지에 관한 사항
④ 장기수선계획 및 안전관리계획의 수립 또는 조정
⑤ 공동주택 관리방법의 제안

해설

④ 장기수선계획 및 안전관리계획의 수립 또는 조정은 비용지출을 수반하는 경우에만 입주자대표회의의 의결사항이다.

18 상

공동주택관리법령상 입주자대표회의의 구성원 과반수의 찬성으로 의결하는 사항을 모두 고른 것은? 제16회

ㄱ. 공동주택 관리방법의 제안 ㄴ. 동별 대표자의 선출절차를 정한 관리규약 개정의 확정 ㄷ. 관리비등의 집행을 위한 사업계획 및 예산의 승인 ㄹ. 공동주택 관리방법 변경의 확정 ㅁ. 장기수선계획에 따른 공동주택의 공용부분의 개량

① ㄱ, ㄴ, ㄷ ② ㄱ, ㄴ, ㄹ ③ ㄱ, ㄷ, ㅁ
④ ㄴ, ㄷ, ㄹ ⑤ ㄴ, ㄷ, ㅁ

해설

③ 입주자대표회의의 구성원 과반수의 찬성으로 의결하는 사항은 ㄱ, ㄷ, ㅁ이며, ㄴ, ㄹ은 전체 입주자등의 과반수 찬성으로 하는 의결하는 사항이다.

19 상

공동주택관리법령상 입주자대표회의의 의결사항과 공동주택의 관리방법의 결정 등에 관한 설명으로 옳지 않은 것은? 제15회

① 단지안의 전기・도로・상하수도・주차장・가스설비・냉난방설비 및 승강기 등의 유지 및 운영기준은 입주자대표회의의 의결사항이다.

② 공용시설물의 사용료 부과기준의 결정은 입주자대표회의의 구성원 과반수 찬성으로 의결한다.

③ 공동주택관리방법 결정은 입주자대표회의의 의결 또는 전체 입주자 등의 10분의 1 이상이 제안하고, 전체 입주자 등의 과반수가 찬성하는 방법에 따른다.

④ 입주자등의 10분의 1 이상이 요청하는 때에는 입주자대표회의의 회장은 해당일로부터 30일 이내에 입주자대표회의를 소집하여야 한다.

⑤ 공동체 생활의 활성화 및 질서유지에 관한 사항은 입주자대표회의의 의결사항이다.

해설

④ 다음의 어느 하나에 해당하는 때에는 회장은 해당일부터 14일 이내에 입주자대표회의를 소집하여야 하고, 회장이 회의를 소집하지 아니하는 경우에는 관리규약으로 정하는 이사가 그 회의를 소집하고 회장의 직무를 대행한다.

1. 입주자대표회의의 구성원 3분의 1 이상이 청구하는 때
2. 입주자등의 10분의 1 이상이 요청하는 때
3. 전체 입주자의 10분의 1 이상이 요청하는 때(장기수선계획의 수립 또는 조정에 관한 사항만 해당한다)

Answer

17 ④ 18 ③ 19 ④

20 중

공동주택관리법령상 관리주체 및 입주자대표회의에 관한 설명으로 옳지 않은 것은? 제18회 수정

① 동별 대표자의 임기는 3년 단임으로 한다.
② 입주자등은 기존 주택관리업자의 관리 서비스가 만족스럽지 못한 경우에는 대통령령으로 정하는 바에 따라 새로운 주택관리업자 선정을 위한 입찰에서 기존 주택관리업자의 참가를 제한하도록 입주자대표회의에 요구할 수 있다.
③ 입주자대표회의와 관리주체는 장기수선계획을 3년마다 검토하고 필요한 경우 이를 국토교통부령으로 정하는 바에 따라 조정하여야 하며, 수립 또는 조정된 장기수선계획에 따라 주요시설을 교체하거나 보수하여야 한다.
④ 의무관리대상 공동주택의 입주자등은 그 공동주택의 유지관리를 위하여 필요한 관리비를 관리주체에게 납부하여야 한다.
⑤ 공동주택의 관리주체는 입주자등이 납부하는 대통령령으로 정하는 사용료등을 입주자등을 대행하여 그 사용료등을 받을 자에게 납부할 수 있다.

해설
① 동별 대표자의 임기는 2년으로 하며, 한 번만 중임할 수 있다.

21 상

공동주택관리법상 시장 · 군수 · 구청장이 실시하는 입주자대표회의 구성원에 대한 교육내용에 포함하여야 할 사항을 모두 고른 것은? 제21회

ㄱ. 하자 보수에 관한 사항
ㄴ. 층간소음 예방 및 입주민 간 분쟁의 조정에 관한 사항
ㄷ. 공동주택단지 공동체의 활성화에 관한 사항
ㄹ. 관리비 · 사용료 및 장기수선충당금에 관한 사항
ㅁ. 공동주택의 관리에 관한 관계 법령 및 관리규약의 준칙에 관한 사항

① ㄱ, ㄴ, ㄷ
② ㄴ, ㄹ ,ㅁ
③ ㄷ, ㄹ ,ㅁ
④ ㄱ, ㄴ, ㄷ, ㅁ
⑤ ㄱ, ㄴ, ㄷ, ㄹ, ㅁ

해설
⑤ ㄱ, ㄴ, ㄷ, ㄹ, ㅁ 모두 입주자대표회의 구성원에 대한 교육내용에 포함된다.

22 상●●

공동주택관리법령상 관리규약에 관한 설명으로 옳은 것은? 제22회

① 입주자등이 정한 관리규약은 관리주체가 정한 관리규약준칙을 따라야 하고, 관리규약준칙에 반하는 관리규약은 효력이 없다.

② 입주자대표회의의 회장은 관리규약을 보관하여 입주자등이 열람을 청구하거나 복사를 요구하면 이에 응하여야 한다.

③ 관리규약을 개정한 경우 입주자대표회의의 회장은 관리규약이 개정된 날부터 30일 이내에 시장 · 군수 · 구청장에게 이를 신고하여야 한다.

④ 입주자등의 지위를 승계한 사람이 관리규약에 동의하지 않으면 그 사람에게는 관리규약의 효력이 미치지 않는다.

⑤ 입주자대표회의가 공동주택 관리규약을 위반한 경우 공동주택의 관리주체는 전체 입주자등의 10분의 2 이상의 동의를 받아 지방자치단체의 장에게 감사를 요청할 수 있다.

해설

① 관리규약의 준칙은 시 · 도지사가 정한다.
② 공동주택의 관리주체는 관리규약을 보관하여 입주자등이 열람을 청구하거나 자기의 비용으로 복사를 요구하면 응하여야 한다.
④ 입주자등의 지위를 승계한 사람은 관리규약 동의여부와 관계없이 그 효력이 있다.
⑤ 입주자대표회의가 공동주택 관리규약을 위반한 경우 공동주택의 입주자등은 전체 입주자등의 10분의 2 이상의 동의를 받아 지방자치단체의 장에게 감사를 요청할 수 있다.

Answer

20 ①　21 ⑤　22 ③

23 공동주택관리법령상 관리규약에 관한 설명으로 옳지 않은 것은? 제21회

중

① 입주자등은 시・도지사가 정한 관리규약의 준칙을 참조하여 관리규약을 정한다.

② 사업주체가 입주자대표회의가 구성되기 전에 공동주택의 어린이집 임대계약을 체결하려는 경우에는 입주개시일 3개월 전부터 관리규약 제정안을 제안할 수 있다.

③ 관리규약은 입주자등의 지위를 승계한 사람에 대하여는 그 효력이 없다.

④ 관리규약이 개정된 경우 입주자대표회의의 회장은 관리규약이 개정된 날부터 30일 이내에 관리규약의 개정 제안서 및 그에 대한 입주자등의 동의서를 첨부한 신고서를 시장・군수・구청장에게 제출하여야 한다.

⑤ 공동주택 분양 후 최초의 관리규약은 사업주체가 제안한 내용을 해당 입주예정자의 과반수가 서면으로 동의하는 방법으로 결정한다.

해설

③ 관리규약은 입주자등의 지위를 승계한 사람에 대하여도 그 효력이 있다.

24 공동주택관리법령상 공동주택관리규약에 관한 설명으로 옳지 않은 것은? 제18회

중

① 시장・군수・구청장은 공동주택의 관리 또는 사용에 관하여 준거가 되는 공동주택관리규약의 준칙을 정하여야 한다.

② 입주자등은 공동주택관리규약의 준칙을 참조하여 관리규약을 정한다.

③ 관리규약은 입주자의 지위를 승계한 자에게도 그 효력이 있다.

④ 분양을 목적으로 건설한 공동주택과 임대주택이 함께 있는 주택단지의 경우 입주자와 사용자, 임대사업자는 해당 주택단지에 공통적으로 적용할 수 있는 관리규약을 정할 수 있다.

⑤ 공동주택의 관리주체는 관리규약을 보관하여 입주자등이 열람을 청구하거나 자기의 비용으로 복사를 요구하는 때에는 이에 응하여야 한다.

해설

① 특별시장・광역시장・특별자치시장・도지사 또는 특별자치도지사(이하 "시・도지사"라 한다)는 공동주택의 입주자등을 보호하고 주거생활의 질서를 유지하기 위하여 대통령령으로 정하는 바에 따라 공동주택의 관리 또는 사용에 관하여 준거가 되는 관리규약의 준칙을 정하여야 한다.

25 상 공동주택관리법령상 관리규약에 관한 설명으로 옳지 않은 것은? 제26회

① 공동주택 분양 후 최초의 관리규약은 사업주체가 제안한 내용을 해당 입주예정자의 과반수가 서면으로 동의하는 방법으로 결정한다.

② 의무관리대상 전환 공동주택의 관리규약 제정안은 의무관리대상 전환 공동주택의 관리인이 제안하고, 그 내용을 전체 입주자등 과반수의 서면동의로 결정한다.

③ 관리규약은 입주자등의 지위를 승계한 사람에 대하여도 그 효력이 있다.

④ 입주자등이 공동주택에 광고물을 부착하는 행위를 하려는 경우에는 관리주체의 동의를 받아야 한다.

⑤ 입주자대표회의의 회장은 관리규약을 개정한 경우 시장・군수・구청장으로부터 승인을 받아야 한다.

해설

⑤ 입주자대표회의의 회장은 관리규약을 개정한 경우 시장・군수・구청장에게 30일 이내 신고해야 한다.

26 상 공동주택관리법령상 관리규약 등에 관한 설명으로 옳은 것은? 제27회

① 관리규약은 입주자등의 지위를 승계한 사람에 대하여는 그 효력이 없다.

② 사업주체는 공동주택의 관리 또는 사용에 관하여 준거가 되는 관리규약의 준칙을 정하여야 한다.

③ 의무관리대상 전환 공동주택의 관리인이 관리규약의 제정 신고를 하지 아니하는 경우에는 입주자등의 10분의 1 이상이 연서하여 신고할 수 있다.

④ 공동주택 층간소음의 범위와 기준은 국토교통부와 행정안전부의 공동부령으로 정한다.

⑤ 의무관리대상 공동주택의 입주자대표회의는 동별 대표자를 선출하는 등 공동주택의 관리와 관련한 의사결정에 대하여 서면의 방법을 우선적으로 이용하도록 노력하여야 한다.

해설

① 관리규약은 입주자등의 지위를 승계한 사람에 대하여는 그 효력이 있다.
② 시・도지사가 관리규약의 준칙을 정하여야 한다.
④ 공동주택 층간소음의 범위와 기준은 국토교통부와 환경부의 공동부령으로 정한다.
⑤ 의무관리대상 공동주택의 입주자대표회의, 관리주체 및 선거관리위원회는 입주자등의 참여를 확대하기 위하여 공동주택의 관리와 관련한 의사결정에 대하여 전자적 방법을 우선적으로 이용하도록 노력하여야 한다.

Answer

23 ③ 24 ① 25 ⑤ 26 ③

27 상

공동주택관리법령상 의무관리대상 공동주택의 관리비 등에 관한 내용으로 옳은 것은? 제22회

① 관리비는 관리비 비목의 전년도 금액의 합계액을 12로 나눈 금액을 매월 납부한다.

② 관리비를 납부받는 관리주체는 관리비와 사용료 등의 세대별 부과내역을 해당 공동주택단지의 인터넷 홈페이지에 공개하여야 한다.

③ 관리주체는 장기수선충당금에 대해서는 관리비와 구분하여 징수하여야 한다.

④ 관리주체는 관리비예치금을 납부한 소유자가 공동주택의 소유권을 상실하면 미납한 관리비 · 사용료가 있더라도 징수한 관리비예치금 전액을 반환하여야 한다.

⑤ 하자보수보증금을 사용하여 보수하는 공사를 할 경우에는 관리주체가 사업주체가 사업자를 선정하고 집행하여야 한다.

해설

① 관리비는 관리비 비목의 월별합계액으로 한다.
② 관리주체는 관리비등의 내역(항목별 산출내역을 말하며, 세대별 부과내역은 제외한다)을 대통령령으로 정하는 바에 따라 해당 공동주택단지의 인터넷 홈페이지(인터넷 홈페이지가 없는 경우에는 인터넷 포털을 통하여 관리주체가 운영 · 통제하는 유사한 기능의 웹사이트 또는 관리사무소의 게시판을 말한다) 및 동별 게시판(통로별 게시판이 설치된 경우에는 이를 포함한다)과 공동주택관리정보시스템에 공개하여야 한다.
④ 관리주체는 소유자가 공동주택의 소유권을 상실한 경우에는 징수한 관리비예치금을 반환하여야 한다. 다만, 소유자가 관리비 · 사용료 및 장기수선충당금 등을 미납한 때에는 관리비예치금에서 정산한 후 그 잔액을 반환할 수 있다
⑤ 하자보수보증금을 사용하여 보수하는 공사를 할 경우에는 입주자대표회의가 사업자를 선정하고 집행하여야 한다.

28 (중) 공동주택관리법령상 의무관리대상 공동주택의 입주자대표회의가 관리비등의 집행을 위한 사업자를 선정하고 관리주체가 집행하는 사항에 해당하지 않는 것을 모두 고른 것은? 제24회

ㄱ. 장기수선충당금을 사용하는 공사
ㄴ. 하자보수보증금을 사용하여 보수하는 공사
ㄷ. 승강기유지, 지능형 홈네트워크를 위한 용역 및 공사
ㄹ. 사업주체로부터 지급받은 공동주택 공용부분의 하자보수비용을 사용하여 보수하는 공사

① ㄱ, ㄴ
② ㄷ, ㄹ
③ ㄱ, ㄴ, ㄷ
④ ㄴ, ㄷ, ㄹ
⑤ ㄱ, ㄴ, ㄷ, ㄹ

해설

④ ㄴ. ㄹ은 입주자대표회의가 사업자를 선정하고 집행하는 사항이며, ㄷ은 관리주체가 사업자를 선정하고 집행하는 사항이다.

29 (중) 공동주택관리법령상 의무관리대상 공동주택에서 관리비와 구분하여 징수하여야 하는 비용을 모두 고른 것은? 제27회

ㄱ. 장기수선충당금
ㄴ. 승강기유지비
ㄷ. 냉방·난방시설의 청소비
ㄹ. 위탁관리수수료

① ㄱ
② ㄱ, ㄴ,
③ ㄷ, ㄹ
④ ㄴ, ㄷ, ㄹ
⑤ ㄱ, ㄴ, ㄷ, ㄹ

해설

㉠ 장기수선충당금은 관리비와 구분하여 징수하여야 하는 비용이며, 이외에 안전진단실시비용도 이에 해당한다.

Answer

27 ③ 28 ④ 29 ①

30 상

공동주택관리법상 공동주택의 층간소음의 방지 등에 관한 설명으로 틀린 것은? 제21회

① 대각선에 위치한 인접한 세대 간의 소음은 층간소음에 포함되지 않는다.
② 층간소음 피해를 끼친 입주자등은 공동주택관리법에 따른 관리주체의 조치 및 권고에 협조하여야 한다.
③ 공동주택의 입주자등은 층간소음으로 인하여 다른 입주자등에게 피해를 주지 아니하도록 노력하여야 한다.
④ 입주자등은 필요한 경우 층간소음에 따른 분쟁의 예방, 조정, 교육 등을 위하여 자치적인 조직을 구성하여 운영할 수 있다.
⑤ 층간소음으로 피해를 입은 입주자등이 관리주체에게 층간소음 발생 사실을 알리면서 층간소음 피해를 끼친 해당 입주자등에게 층간소음 발생을 중단하거나 차음조치를 권고하도록 요청한 경우, 관리주체는 사실관계 확인을 위하여 세대 내 확인 등 필요한 조사를 할 수 있다.

해설

① 대각선에 위치한 인접한 세대 간의 소음은 층간소음에 포함된다.

31 상

공동주택관리법령상 공동주택을 건설·공급하는 사업주체가 사용검사를 신청할 때에 공동주택의 공용부분에 대한 장기수선계획을 수립·제출하여야 하는 경우에 해당하는 공동주택을 모두 고른 것은? 제25회

ㄱ. 300세대인 공동주택
ㄴ. 승강기가 설치된 100세대인 공동주택
ㄷ. 중앙집중식난방방식의 150세대인 공동주택
ㄹ. 지역난방방식의 150세대인 공동주택

① ㄱ　　② ㄴ, ㄷ　　③ ㄴ, ㄹ
④ ㄱ, ㄷ, ㄹ　　⑤ ㄱ, ㄴ, ㄷ, ㄹ

해설

⑤ 장기수선계획 수립대상은 300세대 이상의 공동주택, 승강기가 설치된 공동주택, 중앙집중식 난방방식 또는 지역난방방식의 공동주택, 「건축법」에 따른 건축허가를 받아 주택 외의 시설과 주택을 동일 건축물로 건축한 건축물이다. 따라서 ㄱ, ㄴ, ㄷ, ㄹ 모두 해당한다.

32 상

공동주택관리법령상 장기수선계획 및 장기수선충당금에 관한 설명으로 옳지 않은 것은?

제15회

① 입주자 과반수의 서면동의가 있더라도 장기수선충당금을 하자진단 및 감정에 드는 비용으로 사용할 수 없다.
② 입주자대표회의와 관리주체는 장기수선계획을 3년마다 검토하고 필요한 경우 이를 국토교통부령으로 정하는 바에 따라 조정하여야 한다.
③ 관리주체는 장기수선계획에 따라 공동주택의 주요 시설의 교체 및 보수에 필요한 장기수선충당금을 해당 주택의 소유자로부터 징수하여 적립하여야 한다.
④ 중앙집중식난방방식의 공동주택을 건설・공급하는 사업주체는 대통령령으로 정하는 바에 따라 그 공동주택의 공용부분에 대한 장기수선계획을 수립하여야 한다.
⑤ 장기수선충당금은 해당 공동주택의 사용검사일 또는 사용승인일부터 1년이 경과한 날이 속하는 달부터 매월 적립한다.

해설
① 입주자 과반수의 서면동의가 있는 경우에는 하자진단 및 감정에 드는 비용, 하자심사분쟁조정에 따른 조정 등의 비용의 용도로 사용할 수 있다.

33 중

공동주택관리법령상 공동주택의 관리주체가 수립해야 할 안전관리계획에 포함되지 않는 시설물은?

제19회

① 중앙집중식난방시설
② 위험물 저장시설
③ 주택 내 전기시설
④ 소방시설
⑤ 옥상 및 계단 등의 난간

해설
③ 주택 내 전기시설은 관리주체가 수립해야 할 안전관리계획에 포함되지 않는다.

Answer
30 ① 31 ⑤ 32 ① 33 ③

34 중

공동주택관리법령상 공동주택의 관리주체가 안전관리계획을 수립하여야 할 시설이 아닌 것은? 제16회

① 옥상 및 계단 등의 난간
② 정화조
③ 우물 및 비상저수시설
④ 세대별로 설치된 연탄가스배출기
⑤ 어린이 놀이터에 설치된 시설

해설
④ 세대별로 설치된 연탄가스배출기는 안전관리계획 수립대상시설이 아니다.

35 중

공동주택관리법령상 시설관리에 관한 설명으로 옳지 않은 것은? 제24회

① 장기수선계획을 수립하는 경우 해당 공동주택의 건설비용을 고려하여야 한다.
② 입주자대표회의와 관리주체는 장기수선계획을 3년마다 검토하여야 한다.
③ 공동주택단지에 「개인정보 보호법 시행령」에 따른 영상정보처리기기를 설치하려는 경우에는 장기수선계획에 반영하여야 한다.
④ 공동주택 중 분양되지 아니한 세대의 장기수선충당금은 사업주체가 부담한다.
⑤ 세대별로 설치된 연탄가스배출기는 의무관리대상 공동주택의 관리주체가 수립하여야 하는 안전관리계획 대상시설에 해당한다.

해설
⑤ 세대별로 설치된 연탄가스배출기는 안전관리계획 수립대상시설에서 제외한다.

36 (중)

공동주택관리법령상 시설관리에 관한 설명으로 옳지 않은 것은? 제27회

① 공동주택 중 분양되지 아니한 세대의 장기수선충당금은 사업주체가 부담한다.

② 장기수선계획 조정은 관리주체가 조정안을 작성하고, 입주자대표회의가 의결하는 방법으로 한다.

③ 의무관리대상 공동주택의 관리주체는 「공동주택관리법」에 따른 안전점검 결과보고서를 기록・보관・유지하여야 한다.

④ 건설임대주택을 분양전환한 이후 관리업무를 인계하기 전까지의 장기수선충당금 요율은 「민간임대주택에 관한 특별법 시행령」 또는 「공동주택 특별법 시행령」에 따른 특별수선충당금 적립요율에 따른다.

⑤ 의무관리대상 공동주택의 관리주체는 세대별로 설치된 연탄가스배출기에 관한 안전관리계획을 수립하여야 한다.

해설

⑤ 의무관리대상 공동주택의 관리주체는 연탄가스배출기에 관한 안전관리계획을 수립의무가 있지만 세대별로 설치된 것은 제외한다.

03 하자담보책임 및 하자분쟁조정

연계학습: 기본서 p.239~264

37 (중)

공동주택관리법령상 사업주체에게 하자보수를 청구할 수 있는 자에 해당하지 않는 것은? 제20회

① 집합건물의 소유 및 관리에 관한 법률에 따른 관리단

② 입주자대표회의

③ 시장・군수・구청장

④ 입주자

⑤ 하자보수청구 등에 관하여 입주자 또는 입주자대표회의를 대행하는 관리주체

해설

③ 하자보수청구를 할 수 있는 자는 ①②④⑤ 외에도 공공임대주택의 임차인 등이 있다.

Answer

34 ④ 35 ⑤ 36 ⑤ 37 ③

38 상

공동주택관리법령상 사업주체의 하자담보책임기간이 가장 긴 시설공사는? 제16회

① 내력벽공사
② 식재공사
③ 급수설비공사
④ 블록공사
⑤ 옹벽공사

해설

① 내력벽공사: 10년 ② 식재공사: 3년 ③ 급수설비공사: 3년 ④ 블록공사: 5년
⑤ 옹벽공사: 5년

39 상

공동주택관리법령상 시설공사별 하자에 대한 담보책임기간으로 옳지 않은 것은? 제25회

① 마감공사: 2년
② 단열공사: 3년
③ 방수공사: 3년
④ 신재생 에너지 설비공사: 3년
⑤ 지능형 홈네트워크 설비 공사: 3년

해설

③ 방수공사의 하자담보책임기간은 5년이다.

40 상

공동주택관리법령상 담보책임기간에 공동주택에 하자가 발생한 경우, 하자보수의 청구에 관한 설명으로 옳지 않은 것은? 제22회

① 입주자는 전유부분의 하자에 대해 하자보수의 청구를 할 수 있다.
② 공공임대주택의 임차인대표회의는 전유부분의 하자에 대해 하자보수의 청구를 할 수 있다.
③ 임차인대표회의는 공용부분의 하자에 대해 하자보수의 청구를 할 수 있다.
④ 하자보수청구 등에 관하여 입주자대표회의를 대행하는 관리주체는 공용부분의 하자에 대해 하자보수의 청구를 할 수 있다.
⑤ 「집합건물의 소유 및 관리에 관한 법률」에 따른 관리단은 공용부분의 하자에 대해 하자보수의 청구를 할 수 있다.

해설

② 공공임대주택의 임차인대표회의는 공용부분의 하자에 대해 하자보수의 청구를 할 수 있다.

41 상

공동주택관리법령상 하자담보책임에 관한 내용으로 옳은 것은? 제23회

① 「주택법」 제66조에 따른 리모델링을 수행한 시공자는 수급인의 담보책임을 진다.

② 「공공주택 특별법」에 따라 임대한 후 분양전환을 목적으로 공급하는 공동주택을 공급한 사업주체의 분양전환이 되기 전까지의 공용부분에 대한 하자담보책임기간은 임차인에게 인도한 날부터 기산한다.

③ 내력구조부별(「건축법」 제2조 제1항 제7호에 따른 건물의 주요구조부) 하자에 대한 담보책임기간은 5년이다.

④ 태양광설비공사 등 신재생에너지 설비공사의 담보책임기간은 1년이다.

⑤ 한국토지주택공사가 사업주체인 경우에도 하자보수보증금을 담보책임기간 동안 「은행법」에 따른 은행에 현금으로 예치하여야 한다.

해설

② 「공공주택 특별법」에 따라 임대한 후 분양전환을 목적으로 공급하는 공동주택을 공급한 사업주체의 분양전환이 되기 전까지의 전유부분에 대한 하자담보책임기간은 임차인에게 인도한 날부터 기산한다.

③ 내력구조부별 하자에 대한 담보책임기간은 10년이다.

④ 태양광설비공사 등 신재생에너지 설비공사의 담보책임기간은 3년이다.

⑤ 국가 · 지방자치단체 · 한국토지주택공사 · 지방공사가 사업주체인 경우 하자보수보증금을 예치하지 않는다.

42 중

공동주택관리법령상 공동주택의 관리에 관한 설명으로 옳지 않은 것은? 제17회

① 입주자대표회의는 사용검사일부터 10년이 경과하면 하자보수보증금을 일시에 반환하여야 한다.

② 입주자등은 공동주택에 광고물 · 표지물 또는 표지를 부착하는 행위를 하려는 경우에는 관리주체의 동의를 받아야 한다.

③ 관리주체는 장기수선충당금을 해당 주택의 소유자로부터 징수하여 적립하여야 한다.

④ 승강기가 설치된 공동주택을 건설 · 공급하는 사업주체는 그 공동주택의 공용부분에 대한 장기수선계획을 수립하여야 한다.

⑤ 공동주택 중 분양되지 아니한 세대의 장기수선충당금은 사업주체가 이를 부담하여야 한다.

해설

① 입주자대표회의는 사업주체가 예치한 하자보수보증금을 순차적으로 사업주체에게 반환하여야 한다.

Answer

38 ① 39 ③ 40 ② 41 ① 42 ①

43
●중●

공동주택관리법령상 하자담보책임 및 하자보수에 관한 설명으로 옳지 않은 것은? 제27회

① 「주택법」에 따른 리모델링을 수행한 시공자는 공동주택의 하자에 대하여 수급인의 담보책임을 진다.

② 공동주택의 내력구조부별 하자에 대한 담보책임기간은 10년이다.

③ 공동주택의 마감공사 하자에 대한 담보책임기간은 2년이다.

④ 전유부분의 담보책임기간은 「건축법」에 따른 공동주택의 사용승인일부터 기산한다.

⑤ 하자보수를 실시한 사업주체는 하자보수가 완료되면 즉시 그 보수결과를 하자보수를 청구한 입주자대표회의등 또는 임차인등에 통보하여야 한다.

해설

④ 전유부분의 담보책임기간은 입주자(분양전환공공임대주택의 경우에는 임차인)에게 인도한 날로부터 기산한다.

44
상●●

공동주택관리법령상 하자보수 등에 관한 설명으로 옳지 않은 것은? 제26회

① 사업주체는 담보책임기간에 공동주택에 하자가 발생한 경우에는 하자 발생으로 인한 손해를 배상할 책임이 있다.

② 하자보수청구 등에 관하여 입주자대표회의를 대행하는 관리주체는 공용부분의 하자에 대해 하자보수의 청구를 할 수 있다.

③ 의무관리대상 공동주택의 사업주체는 담보책임기간이 만료되기 30일 전까지 그 만료예정일을 해당 의무관리대상 공동주택의 입주자대표회의에 서면으로 통보하여야 한다.

④ 전유부분에 대한 하자보수가 끝난 때에는 사업주체와 입주자는 담보책임기간이 만료되기 전에 공동으로 담보책임 종료확인서를 작성할 수 있다.

⑤ 공공임대주택의 전유부분에 대한 담보책임기간은 임차인에게 인도한 날부터 기산한다.

해설

④ 하자보수가 끝난 때에는 사업주체와 입주자는 담보책임기간이 만료되기 전에 공동으로 담보책임 종료확인서를 작성해서는 안된다.

45 공동주택관리법령상 하자심사·분쟁조정위원회에 관한 설명으로 옳지 않은 것은?
중
제14회

① 공동주택관리법에 따른 하자담보책임 및 하자보수 등과 관련한 심사·조정을 위하여 국토교통부에 하자심사·분쟁조정위원회를 둔다.

② 하자심사·분쟁조정위원 중에는 공동주택 하자에 관한 학식과 경험이 풍부한 자로서 공인된 대학이나 연구기관에서 부교수 이상 또는 이에 상당하는 직에 재직한 자가 9명 이상 포함되어야 한다.

③ 하자심사·분쟁조정위원회는 분쟁을 조정하기 위하여 시설공사별로 5명 이내의 위원으로 구성되는 소위원회를 둘 수 있다.

④ 하자심사·분쟁조정위원회는 위원회의 의사에 관한 규칙의 제정·개정 및 폐지에 관한 사항 등을 심사·조정한다.

⑤ 하자분쟁조정위원회는 분쟁의 조정등의 절차에 관하여 이 법에서 규정하지 아니한 사항 및 소멸시효의 중단에 관하여는 「민사조정법」을 준용한다.

해설

② 판사·검사 또는 변호사 자격을 취득한 후 6년 이상 종사한 자가 9명 이상 포함되어야 한다.

Answer

43 ④ 44 ④ 45 ②

04 공동주택의 전문관리

연계학습 : 기본서 p.265~283

46 중

공동주택관리법령상 주택관리업에 관한 설명으로 옳은 것은? 제20회

① 주택관리업을 하려는 자는 국토교통부장관에게 등록하여야 한다.
② 등록을 한 주택관리업자가 그 등록이 말소된 후 3년이 지나지 아니한 때에는 다시 등록할 수 없다.
③ 주택관리업의 등록을 하려는 자는 자본금(법인이 아닌 경우 자산평가액을 말한다)이 1억원 이상이어야 한다.
④ 주택관리업의 등록말소처분을 하려면 청문을 거쳐야 한다.
⑤ 주택관리업자의 지위에 관하여 공동주택관리법에 규정이 있는 것 외에는 「상법」을 준용한다.

해설

① 주택관리업을 하려는 자는 시장 · 군수 · 구청장에게 등록하여야 한다.
② 그 등록이 말소된 후 2년이 지나지 아니한 때에는 다시 등록할 수 없다.
③ 자본금(법인이 아닌 경우 자산평가액을 말한다)이 2억원 이상이어야 한다.
⑤ 이 법에 규정이 있는 것 외에는 「민법」 중 위임에 관한 규정을 준용한다.

47 중

공동주택관리법령상 주택의 전문관리 등에 관한 설명으로 옳지 않은 것은? 제18회 수정

① 주택관리업을 하려는 자는 대통령령으로 정하는 바에 따라 시장 · 군수 · 구청장에게 등록하여야 한다.
② 주택관리업의 등록기준 중 “자본금”이란 법인인 경우에는 자산평가액을, 법인이 아닌 경우에는 주택관리업을 영위하기 위한 출자금을 말한다.
③ 등록은 주택관리사(임원 또는 사원의 3분의 1 이상이 주택관리사인 상사법인을 포함한다)가 신청할 수 있다
④ 주택관리사등은 관리사무소장의 업무를 집행하면서 고의 또는 과실로 입주자에게 재산상의 손해를 입힌 경우에는 그 손해를 배상할 책임이 있다.
⑤ 시장 · 군수 · 구청장은 주택관리업자가 과실로 공동주택을 잘못 관리하여 입주자 및 사용자에게 재산상의 손해를 입힌 경우에는 대통령령으로 정하는 바에 따라 영업정지를 갈음하여 2천만원 이하의 과징금을 부과할 수 있다.

해설

② “자본금”이란 법인인 경우에는 주택관리업을 영위하기 위한 출자금을, 법인이 아닌 경우에는 자산평가액을 말한다.

48 상

공동주택관리법령상 공동주택 관리주체의 업무로 규정되지 않은 것을 모두 고른 것은? 제16회

ㄱ. 하자보수보증금의 예치 ㄴ. 장기수선충당금의 적립 ㄷ. 공과금의 납부대행 ㄹ. 간선시설의 설치

① ㄱ, ㄴ
② ㄱ, ㄷ
③ ㄱ, ㄹ
④ ㄴ, ㄷ
⑤ ㄴ, ㄹ

해설

③ ㄱ. ㄹ은 사업주체가 행한다.

49 상

공동주택관리법령상 의무관리대상 공동주택의 관리주체의 직무에 관한 설명으로 옳지 않은 것은? 제26회

① 공용부분에 관한 시설을 교체한 경우에는 그 실적을 시설별로 이력관리하여야 하며, 공동주택관리정보시스템에도 등록하여야 한다.
② 소방시설에 관한 안전관리계획을 수립하여야 한다.
③ 안전관리계획에 따라 시설물별로 안전관리자 및 안전관리책임자를 지정하여 이를 시행하여야 한다.
④ 회계연도마다 사업실적서 및 결산서를 작성하여 회계연도 종료 후 2개월 이내에 입주자대표회의에 제출하여야 한다.
⑤ 회계감사의 감사인을 선정하여야 한다.

해설

⑤ 회계감사의 감사인은 입주자대표회의가 선정한다.

Answer

46 ④ 47 ② 48 ③ 49 ⑤

50 중

공동주택관리법령상 관리사무소장에 관한 설명으로 옳지 않은 것은? 제20회

① 500세대 미만의 의무관리대상 공동주택에는 주택관리사를 갈음하여 주택관리사보를 해당 공동주택의 관리사무소장으로 배치할 수 있다.
② 입주자대표회의가 관리사무소장의 업무에 부당하게 간섭하여 입주자등에게 손해를 초래하는 경우 관리사무소장은 시장 · 군수 · 구청장에게 이를 보고하고, 사실 조사를 의뢰할 수 있다.
③ 관리사무소장의 손해배상책임을 보장하기 위한 보증보험 또는 공제에 가입한 주택관리사등으로서 보증기간이 만료되어 다시 보증설정을 하려는 자는 그 보증기간이 만료된 후 1개월 내에 다시 보증설정을 하여야 한다.
④ 관리사무소장은 입주자대표회의에서 의결하는 공동주택의 개량업무와 관련하여 입주자대표회의를 대리하여 재판상 또는 재판 외의 행위를 할 수 있다.
⑤ 관리사무소장은 그 배치 내용과 업무의 집행에 사용할 직인을 시장 · 군수 · 구청장에게 신고하여야 한다.

해설

③ 보증기간이 만료되어 다시 보증설정을 하려는 자는 그 보증기간이 만료되기 전에 다시 보증설정을 하여야 한다.

51 상

공동주택관리법령상 시 · 도지사가 주택관리사등의 자격을 취소하여야 하는 경우가 아닌 것은? 제26회

① 공동주택의 관리업무와 관련하여 금고 이상의 형을 선고받은 경우
② 의무관리대상 공동주택에 취업한 주택관리사등이 다른 공동주택 및 상가 · 오피스텔 등 주택 외의 시설에 취업한 경우
③ 고의 또는 중대한 과실로 공동주택을 잘못 관리하여 소유자 및 사용자에게 재산상의 손해를 입힌 경우
④ 다른 사람에게 자기의 명의를 사용하여 「공동주택관리법」에서 정한 업무를 수행하게 한 경우
⑤ 주택관리사등이 자격정지기간에 공동주택관리업무를 수행한 경우

해설

③ 고의 또는 중대한 과실로 공동주택을 잘못 관리하여 소유자 및 사용자에게 재산상의 손해를 입힌 경우 그 자격을 취소하거나 1년 이내의 기간을 정하여 그 자격을 정지시킬 수 있다. 필연적 자격취소사유로는 ①,②,④,⑤ 외에도 거짓이나 그 밖의 부정한 방법으로 자격을 취득한 경우가 있으며 제16회, 제18회, 제25회에도 출제된 바 있다.

52 중

공동주택관리법령상 주택관리사보 또는 주택관리사의 결격사유에 해당하지 않는 것은? 제14회

① 피성년후견인 또는 피한정후견인
② 파산선고를 받은 후 복권되지 아니한 사람
③ 금고 이상의 실형의 선고를 받고 그 집행이 끝난 날로부터 2년이 지나지 아니한 사람
④ 금고 이상의 형의 집행유예선고를 받고 그 유예기간 중에 있는 사람
⑤ 주택관리사의 자격이 취소된 후 3년이 지난 사람

해설

⑤ 주택관리사의 자격이 취소된 후 3년이 지났다면 결격사유에서 벗어난다.

53 하

공동주택관리법령상 관리사무소장의 업무 등에 관한 설명으로 옳은 것은? 제19회

① 500세대 이하의 공동주택에는 주택관리사를 갈음하여 주택관리사보를 관리사무소장으로 배치할 수 있다.
② 관리사무소장은 그 배치 내용과 업무의 집행에 사용할 직인을 국토교통부장관에게 신고하여야 한다.
③ 관리사무소장은 그 업무를 집행하면서 고의로 입주자에게 재산상의 손해를 입힌 경우에만 그 손해를 배상할 책임이 있다.
④ 500세대 이상의 공동주택에 관리사무소장으로 배치된 주택관리사는 관리사무소장의 손해배상책임을 보장하기 위하여 5천만원을 보장하는 보증보험 또는 공제에 가입하거나 공탁하여야 한다.
⑤ 관리사무소장으로 배치받은 주택관리사는 배치받은 날부터 2년 이내에 국토교통부령으로 정하는 바에 따라 시・도지사로부터 주택관리에 관한 교육을 받아야 한다.

해설

① 500세대 미만의 공동주택에는 주택관리사를 갈음하여 주택관리사보를 관리사무소장으로 배치할 수 있다.
② 관리사무소장은 그 배치 내용과 업무의 집행에 사용할 직인을 시장・군수・구청장에게 신고하여야 한다.
③ 관리사무소장은 그 업무를 집행하면서 고의 또는 과실로 입주자에게 재산상의 손해를 입힌 경우에 그 손해를 배상할 책임이 있다.
⑤ 관리사무소장으로 배치받은 주택관리사는 배치받은 날부터 3개월 이내에 국토교통부령으로 정하는 바에 따라 시・도지사로부터 주택관리에 관한 교육을 받아야 한다.

Answer

50 ③　51 ③　52 ⑤　53 ④

54 상

공동주택관리법령상 관리사무소장의 손해배상책임 등에 관한 설명으로 옳지 않은 것은? 제16회

① 주택관리사등은 관리사무소장의 업무를 집행하면서 고의 또는 과실로 입주자에게 재산상의 손해를 입힌 경우에는 그 손해를 배상할 책임이 있다.

② 500세대 이상의 공동주택에 관리사무소장으로 배치된 주택관리사는 관리사무소장의 손해배상책임을 보장하기 위하여 5천만원을 보장하는 보증보험 또는 공제에 가입하거나 공탁을 하여야 한다.

③ 주택관리사등은 관리사무소장의 손해배상책임을 보장하기 위하여 가입한 보증보험을 공탁으로 변경하려는 경우에는 보증설정의 효력이 소멸한 후에 할 수 있다.

④ 손해배상책임을 보장하기 위하여 공탁한 공탁금은 주택관리사등이 해당 공동주택의 관리사무소장의 직책을 사임하거나 그 직에서 해임된 날 또는 사망한 날부터 3년 이내에는 회수할 수 없다.

⑤ 입주자대표회의에서 손해배상금으로 공탁금을 지급받으려는 경우에는 입주자대표회의와 주택관리사등 간의 손해배상합의서, 화해조서 또는 확정된 법원의 판결문 사본, 그 밖에 이에 준하는 효력이 있는 서류를 첨부하여 공탁기관에 손해배상금의 지급을 청구하여야 한다.

해설

③ 보증기간이 만료되어 다시 보증설정을 하려는 자는 그 보증기간이 만료되기 전에 다시 보증설정을 하여야 한다.

55 상

공동주택관리법령상 공동주택관리 분쟁조정위원회의 심의·조정 사항이 아닌 것은? (단, 다른 법령 및 조례는 고려하지 않음) 제23회

① 입주자대표회의의 구성·운영 및 동별 대표자의 자격·선임·해임·임기에 관한 사항

② 공동주택의 하자담보책임 및 하자보수 등과 관련한 분쟁에 관한 사항

③ 관리비·사용료 및 장기수선충당금 등의 징수·사용 등에 관한 사항

④ 공동주택 공용부분의 유지·보수·개량 등에 관한 사항

⑤ 혼합주택단지에서의 분쟁에 관한 사항

해설

②은 하자심사분쟁조정위원회의 사무에 해당한다.

56 상

공동주택관리법령상 공동주택관리 분쟁조정위원회(이하 "분쟁조정위원회")**에 관한 설명으로 옳은 것은?** (단, 조례는 고려하지 않음) 제24회

① 분쟁조정위원회는 공동주택 전유부분의 유지·보수·개량 등에 관한 사항을 심의·조정한다.

② 중앙분쟁조정위원회는 해당 사건들을 분리하거나 병합한 경우에는 조정의 당사자로부터 지체 없이 동의를 받아야 한다.

③ 300세대 이상의 공동주택단지에서 발생한 분쟁은 중앙분쟁조정위원회의 관할이다.

④ 중앙분쟁조정위원회에는 공인회계사·세무사·건축사의 자격이 있는 사람으로서 10년 이상 근무한 사람이 3명 이상 포함되어야 한다.

⑤ 분쟁조정위원회는 여러 사람이 공동으로 조정의 당사자가 되는 사건의 당사자들에게 3명 이하의 사람을 대표자로 선정하도록 권고할 수 있다.

해설

① 분쟁조정위원회는 공동주택 공용부분의 유지·보수·개량 등에 관한 사항을 심의·조정한다.
② 중앙분쟁조정위원회는 해당 사건들을 분리하거나 병합한 경우에는 조정의 당사자에게 지체 없이 서면으로 그 뜻을 알려야 한다.
③ 500세대 이상의 공동주택단지에서 발생한 분쟁은 중앙분쟁조정위원회의 관할이다.
④ 중앙분쟁조정위원회에는 판사·검사 또는 변호사의 직에 6년 이상 재직한 사람이 3명 이상 포함되어야 한다.

Answer

54 ③ 55 ② 56 ⑤

05 보칙 및 벌칙

연계학습: 기본서 p.284~293

57 상

공동주택관리법령상 과태료 부과대상이 아닌 것은? 제17회

① 입주자대표회의 및 관리주체가 장기수선충당금을 주택법에 따른 용도 외의 목적으로 사용한 경우
② 입주자대표회의등이 하자보수보증금을 공동주택관리법에 따른 용도외의 목적으로 사용한 경우
③ 사업주체가 입주자대표회의로부터 주택관리업자의 선정을 통지받고 대통령령으로 정한 기간 이내에 해당 관리주체에게 공동주택의 관리업무를 인계하지 않은 경우
④ 500세대 이상의 공동주택을 관리하는 주택관리업자가 주택관리사를 해당 공동주택의 관리사무소장으로 배치하지 않은 경우
⑤ 300세대 이상인 공동주택의 입주자가 입주자대표회의를 구성하고 시장・군수・구청장에게 신고를 하지 않은 경우

해설

④ 1천만원 이하의 벌금형 처벌, ①・③ 1천만원 이하의 과태료 부과, ② 2천만원 이하의 과태료 부과, ⑤ 5백만원 이하의 과태료 부과

58 상

공동주택관리법령상 과태료 부과대상이 아닌 것은? 제15회

① 관리비등의 내역을 공개하지 않은 자
② 관리사무소장의 배치규정을 위반하여 주택관리사등을 배치하지 아니한 자
③ 관리사무소장의 배치내용 및 업무의 집행에 사용할 직인을 신고하지 아니한 자
④ 수립되거나 조정된 장기수선계획에 따라 주요 시설을 교체하거나 보수하지 아니한 입주자대표회의의 대표자
⑤ 의무관리대상 공동주택의 하자보수보증금의 사용내역을 신고하지 아니한 입주자대표회의의 대표자

해설

②은 1천만원 이하의 벌금형의 처벌대상이다.
④은 1천만원 이하의 과태료 부과대상이며, ①③⑤은 과태료 500만원 이하 부과대상이다.

59 상●● **공동주택관리법령상 공동주택 관리비리에 관한 내용으로 옳은 것은?** 제23회

① 시・도지사는 해당 지방자치단체에 공동주택 관리비리 신고센터를 설치하여야 한다.

② 공동주택 관리와 관련한 불법행위를 인지한 자는 익명으로 공동주택 관리비리 신고센터에 구두로 그 사실을 신고할 수 있다.

③ 공동주택 관리비리 신고센터의 장은 시・도지사로 하고, 구성원은 공동주택 관리와 관련된 업무를 담당하는 공무원으로 한다.

④ 공동주택 관리비리 신고센터는 공동주택 관리비리 신고를 확인한 결과 신고서가 신고내용의 특정에 필요한 사항을 갖추지 못한 경우에는 접수된 신고를 종결한다.

⑤ 공동주택관리법령에 따라 신고사항에 대한 조사 및 조치를 요구받은 지방자치단체의장은 요구를 받은 날부터 60일 이내에 조사 및 조치를 완료하여야 한다. 다만, 60일 이내에 처리가 곤란한 경우에는 한 차례만 30일 이내의 범위에서 그 기간을 연장할 수 있다.

해설

① 국토교통부장관은 국토교통부에 공동주택 관리비리 신고센터를 설치하여야 한다.

② 신고를 하려는 자는 자신의 인적사항과 신고의 취지・이유・내용을 적고 서명한 문서와 함께 신고 대상 및 증거 등을 제출하여야 한다.

③ 공동주택 관리비리 신고센터의 장은 국토교통부의 공동주택 관리업무를 총괄하는 부서의 장으로 하고, 구성원은 공동주택 관리와 관련된 업무를 담당하는 공무원으로 한다.

④ 신고센터는 확인 결과 신고서가 신고자의 인적사항이나 신고내용의 특정에 필요한 사항을 갖추지 못한 경우에는 신고자로 하여금 15일 이내의 기간을 정하여 이를 보완하게 할 수 있다. 다만, 15일 이내에 자료를 보완하기 곤란한 사유가 있다고 인정되는 경우에는 신고자와 협의하여 보완기간을 따로 정할 수 있다.

Answer

57 ④ 58 ② 59 ⑤

주관식 단답형 문제

01 ●●하

「공동주택관리법」 제2조(정의) 규정의 일부이다. (   )에 들어갈 용어를 순서대로 쓰시오. 제21회

> ① 이 법에서 사용하는 용어의 뜻은 다음과 같다.
> 1. ~ 4. <생략>
> 5. “(   )”(이)란 공동주택의 소유자 또는 그 소유자를 대리하는 배우자 및 직계존비속(直系尊卑屬)을 말한다.
> 6. “(   )”(이)란 공동주택을 임차하여 사용하는 사람(임대주택의 임차인은 제외한다) 등을 말한다.

02 ●중●

「공동주택관리법」 제2조(정의) 규정의 일부이다. (   )에 들어갈 용어를 순서대로 쓰시오. 제21회

> ① 이 법에서 사용하는 용어의 뜻은 다음과 같다.
> 1. ~ 9. <생략>
> 10. “(   )”(이)란 공동주택을 관리하는 다음 각 목의 자를 말한다.
>   가. 제6조 제1항에 따른 자치관리기구의 대표자인 공동주택의 관리사무소장
>   나. 제13조 제1항에 따라 관리업무를 인계하기 전의 사업주체
>   다. 주택관리업자
>   라. 임대사업자
>   마. 「민간임대주택에 관한 특별법」 제2조 제11호에 따른 (   )(시설물 유지 · 보수 · 개량 및 그 밖의 주택관리 업무를 수행하는 경우에 한정한다)

03 ●●하

「공동주택관리법」 제2조(정의) 규정의 일부이다. (   )에 들어갈 용어를 쓰시오. 제25회

> “혼합주택단지”란 분양을 목적으로 한 공동주택과 (   )이(가) 함께 있는 공동주택단지를 말한다.

04 중

「공동주택관리법」 제2조(정의) 규정의 일부이다. (   )에 들어갈 아라비아 숫자를 쓰시오. 제24회

> "의무관리대상 공동주택"이란 해당 공동주택을 전문적으로 관리하는 자를 두고 자치 의결기구를 의무적으로 구성하여야 하는 등 일정한 의무가 부과되는 공동주택으로서, 다음 각 목 중 어느 하나에 해당하는 공동주택을 말한다.
> 가. (ㄱ)세대 이상의 공동주택
> 나. (ㄴ)세대 이상으로서 승강기가 설치된 공동주택
> 다. <생략>
> 라. 「건축법」 제11조에 따른 건축허가를 받아 주택 외의 시설과 주택을 동일 건축물로 건축한 건축물로서 주택이 (ㄷ)세대 이상인 건축물
> 마. <생략>

05 중

「공동주택관리법령」상 다음 (   )안에 알맞은 용어를 쓰시오. 제15회

> 사업주체는 입주예정자의 과반수가 입주할 때까지 공동주택을 직접 관리하는 경우에는 입주예정자와 관리계약을 체결하여야 하며, 그 관리계약에 의하여 당해 공동주택의 공용부분의 관리 및 운영 등에 필요한 비용을 징수할 수 있다. 그 필요한 비용을 (   )이라 한다.

06 상

공동주택관리법 제14조(입주자대표회의의 구성 등) 제9항 규정의 일부이다. (   )에 들어갈 아라비아 숫자와 용어를 쓰시오. 제26회

> (ㄱ)세대 이상인 공동주택의 관리주체는 (ㄴ)(으)로 정하는 범위·방법 및 절차 등에 따라 회의록을 입주자등에게 공개하여야 하며, (ㄱ)세대 미만인 공동주택의 관리주체는 (ㄴ)(으)로 정하는 바에 따라 회의록을 공개할 수 있다.

Answer

01 입주자, 사용자	02 관리주체, 주택임대관리업자
03 임대주택	04 ㄱ: 300, ㄴ: 150, ㄷ: 150
05 관리비예치금	06 ㄱ: 300, ㄴ: 관리규약

07 중

「공동주택관리법」 제6조(자치관리) **제1항 규정의 일부이다. ( )에 들어갈 용어와 아라비아 숫자를 쓰시오.** 제25회

> 의무관리대상 공동주택의 입주자등이 공동주택을 자치관리할 것을 정한 경우에는 입주자대표회의는 제11조 제1항에 따른 요구가 있은 날부터 (ㄱ)개월 이내에 공동주택의 (ㄴ)을(를) 자치관리기구의 대표자로 선임하여야 한다.
> - 제11조(관리의 이관) ① 의무관리대상 공동주택을 건설한 사업주체는 입주예정자의 과반수가 입주할 때까지 그 공동주택을 관리하여야 하며, 입주예정자의 과반수가 입주하였을 때에는 입주자등에게 대통령령으로 정하는 바에 따라 그 사실을 통지하고 해당 공동주택을 관리할 것을 요구하여야 한다.

08 중

「공동주택관리법 시행령」 제21조(관리규약의 제정 및 개정 등 신고) **규정의 일부이다. ( )에 들어갈 숫자를 쓰시오.** 제20회

> 법 제19조 제1항에 따른 신고를 하려는 입주자대표회의의 회장(관리규약 제정의 경우에는 사업주체 또는 의무관리대상 전환 공동주택의 관리인을 말한다)은 관리규약이 제정·개정되거나 입주자대표회의가 구성·변경된 날부터 ( )일 이내에 신고서를 시장·군수·구청장에게 제출해야 한다.

09 하

「공동주택관리법 시행령」 제26조의 규정의 일부이다. ( )안에 들어갈 숫자를 쓰시오. 제18회

> - 관리주체는 다음 회계연도에 관한 관리비등의 사업계획 및 예산안을 매 회계연도 개시 1개월 전까지 입주자대표회의에 제출하여 승인을 받아야 한다.
> - 관리주체는 매 회계연도마다 사업실적서 및 결산서를 작성하여 회계연도 종료 후 ( )개월 이내에 입주자대표회의에 제출하여야 한다.

10 상

「공동주택관리법」 제26조(회계감사) 규정이다. ( )에 들어갈 아라비아 숫자와 용어를 쓰시오.

제26회 수정

> • 의무관리대상 공동주택의 관리주체는 대통령령으로 정하는 바에 따라 「주식회사 등의 외부감사에 관한 법률」 제2조 제7호에 따른 감사인의 회계감사를 매년 1회 이상 받아야 한다. 다만, 다음 각 호의 구분에 따른 연도에는 그러하지 아니하다.
>   1. (ㄱ)세대 이상인 공동주택: 해당 연도에 회계감사를 받지 아니하기로 입주자등의 3분의 2 이상의 서면동의를 받은 경우 그 연도
>   2. (ㄱ)세대 미만인 공동주택: 해당 연도에 회계감사를 받지 아니하기로 입주자등의 과반수의 서면동의를 받은 경우 그 연도
>
> • 회계감사의 감사인은 입주자대표회의가 선정한다. 이 경우 입주자대표회의는 시장·군수·구청장 또는 「공인회계사법」 제41조에 따른 한국공인회계사회에 감사인의 추천을 의뢰할 수 있으며, 입주자등의 (ㄴ)분의 1 이상이 연서하여 감사인의 추천을 요구하는 경우 (ㄷ)는 감사인의 추천을 의뢰한 후 추천을 받은 자 중에서 감사인을 선정하여야 한다.

11 중

「공동주택관리법」 제26조(회계감사) 규정의 일부이다. ( )에 들어갈 용어를 쓰시오.

제20회

> 관리주체는 회계감사를 받은 경우에는 감사보고서 등 회계감사의 결과를 제출받은 날부터 1개월 이내에 ( )에(게) 보고하고 해당 공동주택단지의 인터넷 홈페이지 및 동별 게시판에 공개하여야 한다.

Answer

07 ㄱ: 6, ㄴ: 관리사무소장	**08** 30
09 2	**10** ㄱ: 300, ㄴ: 10, ㄷ: 입주자대표회의
11 입주자대표회의	

12 하

「공동주택관리법」 제27조(회계서류의 작성 · 보관 및 공개 등) **규정의 일부이다. ( )에 들어갈 숫자를 쓰시오.** 제22회

> 의무관리대상 공동주택의 관리주체는 관리비등의 징수 · 보관 · 예치 · 집행 등 모든 거래 행위에 관하여 장부를 월별로 작성하여 그 증빙서류와 함께 해당 회계연도 종료일부터 ( )년간 보관하여야 한다.

13 상

「공동주택관리법 시행령」 제27조(관리주체에 대한 회계감사 등) **제1항 규정의 일부이다. ( )에 들어갈 숫자 또는 용어를 쓰시오.** 제23회

> 법 제26조 제1항 또는 제2항에 따라 회계감사를 받아야 하는 공동주택의 관리주체는 매 회계연도 종료 후 (ㄱ)개월 이내에 다음 각 호의 재무제표에 대하여 회계감사를 받아야 한다.
> 1. 재무상태표
> 2. (ㄴ)
> 3. (ㄷ)(또는 결손금처리계산서)
> 4. 주석(註釋)

14 상

「공동주택관리법 시행령」 제31조(장기수선충당금의 적립 등) **제3항 규정이다. ( )에 들어갈 용어와 아라비아 숫자를 쓰시오.** 제27회

> 장기수선충당금은 다음의 계산식에 따라 산정한다.
> 월간 세대별 장기수선충당금 = [장기수선계획기간 중의 수선비총액 ÷ ((ㄱ) × (ㄴ) × 계획기간(년))] × 세대당 주택공급면적

15 중 **「공동주택관리법령」상 공동주택의 안전점검에 관한 규정의 일부이다. (ㄱ)에 공통적으로 들어갈 숫자와 (ㄴ)에 들어갈 숫자를 순서대로 쓰시오.** 제22회

> • 법 제33조(안전점검) ① 의무관리대상 공동주택의 관리주체는 그 공동주택의 기능 유지와 안전성 확보로 입주자등을 재해 및 재난 등으로부터 보호하기 위하여 「시설물의 안전 및 유지관리에 관한 특별법」 제21조에 따른 지침에서 정하는 안전점검의 실시 방법 및 절차 등에 따라 공동주택의 안전점검을 실시하여야 한다. 다만, 16층 이상의 공동주택 및 사용연수, 세대수, 안전등급, 층수 등을 고려하여 대통령령으로 정하는 (ㄱ)층 이하의 공동주택에 대하여는 대통령령으로 정하는 자로 하여금 안전점검을 실시하도록 하여야 한다.
> • 시행령 제34조(공동주택의 안전점검) ② 법 제33조 제1항 단서에서 "대통령령으로 정하는 (ㄱ)층 이하의 공동주택"이란 (ㄱ)층 이하의 공동주택으로서 다음 각 호의 어느 하나에 해당하는 것을 말한다.
> 1. 사용검사일부터 (ㄴ)년이 경과한 공동주택
> 2. <생략>

16 중 **「공동주택관리법」 제32조 제1항의 규정이다. 다음 (   )안에 알맞은 용어를 쓰시오.** 제15회

> 관리주체는 해당 공동주택의 시설물로 인한 안전사고를 예방하기 위하여 대통령령으로 정하는 바에 따라 (   )을 수립하고 이에 따라 시설물별로 안전관리자 및 안전관리책임자를 선정하여 이를 시행하여야 한다.

17 상 **「공동주택관리법」 제36조(하자담보책임) 제3항 규정의 일부이다. (   )에 들어갈 용어와 아라비아 숫자를 쓰시오.** 제24회

> 담보책임의 기간은 하자의 중대성, 시설물의 사용 가능 햇수 및 교체 가능성 등을 고려하여 공동주택의 (ㄱ) 및 시설공사별로 (ㄴ)년의 범위에서 대통령령으로 정한다.

Answer

12 5
13 ㄱ: 9, ㄴ: 운영성과표, ㄷ: 이익잉여금처분계산서
14 ㄱ: 총공급면적, ㄴ: 12
15 ㄱ: 15, ㄴ: 30
16 안전관리계획
17 ㄱ: 내력구조부별, ㄴ: 10

18 ●중●

「공동주택관리법 시행령」 제45조(하자보수보증금의 반환) **제1항 규정의 일부이다. (　　)에 들어갈 아라비아 숫자를 쓰시오.** 제27회

> 입주자대표회의는 사업주체가 예치한 하자보수보증금을 다음 각 호의 구분에 따라 순차적으로 사업주체에게 반환하여야 한다.
> 1 ~ 2. <생략>
> 3. 사용검사일부터 5년이 경과한 때: 하자보수보증금의 100분의 (　　)
> 4. <생략>

19 ●●하

「공동주택관리법」 제67조(주택관리사등의 자격) **규정의 일부이다. (　　)에 들어갈 숫자를 순서대로 쓰시오.** 제20회

> 다음 각 호의 어느 하나에 해당하는 사람은 주택관리사등이 될 수 없으며 그 자격을 상실한다.
> 1. ~ 2. <생략>
> 3. 금고 이상의 실형을 선고받고 그 집행이 끝나거나(집행이 끝난 것으로 보는 경우를 포함한다) 집행이 면제된 날부터 (ㄱ)년이 지나지 아니한 사람
> 4. 금고 이상의 형의 집행유예를 선고받고 그 유예기간 중에 있는 사람
> 5. 주택관리사등의 자격이 취소된 후 (ㄴ)년이 지나지 아니한 사람(제1호 및 제2호에 해당하여 주택관리사등의 자격이 취소된 경우는 제외한다)

20 ●중●

「공동주택관리법」 제69조(주택관리사등의 자격취소 등) **제1항 규정의 일부이다. (　　)에 들어갈 아라비아 숫자와 용어를 쓰시오.** 제27회

> 시·도지사는 주택관리사등이 다음 각 호의 어느 하나에 해당하면 그 자격을 취소하거나 (ㄱ)년 이내의 기간을 정하여 그 자격을 정지시킬 수 있다. 다만, 제1호부터 제4호까지, 제7호 중 어느 하나에 해당하는 경우에는 그 자격을 취소하여야 한다.
> 1. <생략>
> 2. 공동주택의 관리업무와 관련하여 (ㄴ) 이상의 형을 선고받은 경우
> 3. <생략>
> 4. 주택관리사등이 (ㄷ)기간에 공동주택관리업무를 수행한 경우
>
> <이하 생략>

21 (중)

「공동주택관리법」 제52조(주택관리업의 등록) **규정의 내용이다. ( )에 들어갈 숫자를 쓰시오.**

제22회

> 주택관리업의 등록을 한 주택관리업자가 제53조에 따라 그 등록이 말소된 후 ( )년이 지나지 아니한 때에는 다시 등록할 수 없다.

22 (하)

「공동주택관리법」 제70조(주택관리업자등의 교육) **규정의 일부이다. ( )에 들어갈 숫자를 쓰시오.**

제21회

> 관리사무소장으로 배치받으려는 주택관리사등이 배치예정일부터 직전 ( )년 이내에 관리사무소장 · 공동주택관리기구의 직원 또는 주택관리업자의 임직원으로서 종사한 경력이 없는 경우에는 국토교통부령으로 정하는 바에 따라 시 · 도지사가 실시하는 공동주택관리에 관한 교육과 윤리교육을 이수하여야 관리사무소장으로 배치받을 수 있다.

23 (하)

「공동주택관리법 시행령」 제70조(손해배상책임의 보장) **규정의 일부이다. ( )에 들어갈 숫자를 쓰시오.**

제23회

> 법 제64조 제1항에 따라 관리사무소장으로 배치된 주택관리사등은 법 제66조 제1항에 따른 손해배상책임을 보장하기 위하여 다음 각 호의 구분에 따른 금액을 보장하는 보증보험 또는 공제에 가입하거나 공탁을 하여야 한다.
> 1. 500세대 미만의 공동주택 : (ㄱ)천만원
> 2. 500세대 이상의 공동주택 : (ㄴ)천만원

Answer

18 25
19 ㄱ : 2, ㄴ : 3
20 ㄱ : 1, ㄴ : 금고, ㄷ : 자격정지
21 2
22 5
23 ㄱ : 3, ㄴ : 5

24 ●●하

「공동주택관리법 시행령」 제70조(손해배상책임의 보장) **규정이다. ( )에 들어갈 아라비아 숫자를 쓰시오.** 제26회

> 법 제64조 제1항에 따라 관리사무소장으로 배치된 주택관리사등은 법 제66조 제1항에 따른 손해배상책임을 보장하기 위하여 다음 각 호의 구분에 따른 금액을 보장하는 보증보험 또는 공제에 가입하거나 공탁을 하여야 한다.
> 1. ( )세대 미만의 공동주택: 3천만원
> 2. ( )세대 이상의 공동주택: 5천만원

25 상●●

「공동주택관리법」 제74조(분쟁조정의 신청 및 조정 등) **규정의 일부이다. ( )에 들어갈 용어와 아라비아 숫자를 쓰시오.** 제25회

> - 조정안을 제시받은 당사자는 그 제시를 받은 날부터 (ㄱ)일 이내에 그 수락여부를 중앙분쟁조정위원회에 서면으로 통보하여야 한다. 이 경우 (ㄱ)일 이내에 의사표시가 없는 때에는 수락한 것으로 본다.
> - 당사자가 조정안을 수락하거나 수락한 것으로 보는 경우 중앙분쟁조정위원회는 조정서를 작성하고, 위원장 및 각 당사자가 서명·날인한 후 조정서 (ㄴ)을(를) 지체 없이 각 당사자 또는 그 대리인에게 송달하여야 한다. 다만, 수락한 것으로 보는 경우에는 각 당사자의 서명·날인을 생략할 수 있다.
> - 당사자가 조정안을 수락하거나 수락한 것으로 보는 때에는 그 조정서의 내용은 재판상 (ㄷ)와(과) 동일한 효력을 갖는다. 다만, 당사자가 임의로 처분할 수 없는 사항에 관한 것은 그러하지 아니하다.

26 상

「공동주택관리법」 제85조(관리비용의 지원) 제2항 규정의 일부이다. (　　)에 들어갈 용어를 쓰시오.

제23회

> 국가는 공동주택의 보수·개량 층간소음 저감재 설치 등에 필요한 비용의 일부를 (　　)에서 융자할 수 있다.

27 중

「공동주택관리법」 제88조 제1항의 규정이다. (　　)에 들어갈 용어를 쓰시오.

제24회

> 국토교통부장관은 공동주택관리의 투명성과 효율성을 제고하기 위하여 공동주택관리에 관한 정보를 종합적으로 관리할 수 있는 (　　)을(를) 구축·운영할 수 있고, 이에 관한 정보를 관련 기관·단체 등에 제공할 수 있다.

Answer

24 500	**25** ㄱ: 30, ㄴ: 정본, ㄷ: 화해
26 주택도시기금	**27** 공동주택관리정보시스템

03 민간임대주택에 관한 특별법

Part

연계학습: 기본서 p.302~360

01 민간임대주택에 관한 특별법령상 주택임대관리업에 관한 설명으로 옳은 것은?

상●●

제23회

① 위탁관리형 주택임대관리업을 등록한 경우에는 자기관리형 주택임대관리업도 등록한 것으로 본다.

② 주택임대관리업 등록을 한 자가 등록한 사항 중 자본금이 증가한 경우 변경신고를 하여야 한다.

③ 주택임대관리업자는 반기마다 그 반기가 끝나는 달의 다음달 말일까지 위탁받아 관리하는 주택의 호수·세대수 및 소재지를 국토교통부장관에게 신고하여야 한다.

④ 위탁관리형 주택임대관리업을 하는 주택임대관리업자는 임대인 및 임차인의 권리보호를 위하여 보증상품에 가입하여야 한다.

⑤ 주택임대관리업자는 임대를 목적으로 하는 주택에 대하여 부수적으로 시설물 유지·보수·개량 및 그 밖의 주택관리업무를 수행할 수 있다.

해설

① 자기관리형 주택임대관리업을 등록한 경우에는 위탁관리형 주택임대관리업도 등록한 것으로 본다.

② 주택임대관리업 등록을 한 자가 등록한 사항 중 자본금 증가 등 경미한 사항은 변경신고를 하지 않아도 된다.

③ 주택임대관리업자는 분기마다 그 분기가 끝나는 달의 다음달 말일까지 위탁받아 관리하는 주택의 호수·세대수 및 소재지를 시장·군수·구청장에게 신고하여야 한다.

④ 자기관리형 주택임대관리업을 하는 주택임대관리업자는 임대인 및 임차인의 권리보호를 위하여 보증상품에 가입하여야 한다.

02 상

민간임대주택에 관한 특별법령상 임대사업자의 등록에 관한 설명으로 옳지 않은 것을 모두 고른 것은?

제21회

ㄱ. 주택을 임대하려는 자는 시장·군수·구청장에게 등록을 신청할 수 있다.
ㄴ. 등록한 자가 임대주택 면적을 10퍼센트 이하의 범위에서 증축하는 등 국토교통부령으로 정하는 경미한 사항을 변경하고자 하는 경우에는 변경신고를 하지 아니하여도 된다.
ㄷ. 민간임대주택으로 등록할 주택을 취득하려는 계획이 확정되어 있는 자로서 민간임대주택으로 등록할 주택을 매입하기 위하여 매매계약을 체결한 자는 임대사업자로 등록할 수 있다.
ㄹ. 민간임대주택으로 사용하기 위하여 주택을 임차한 자도 임대사업자로 등록할 수 있다.
ㅁ. 민간임대주택으로 등록할 주택을 2인 이상이 공동으로 건설하거나 소유하는 경우에는 그 중 어느 한 사람 명의로 등록할 수 있다.

① ㄱ, ㄴ
② ㄱ, ㄷ
③ ㄴ, ㅁ
④ ㄷ, ㄹ
⑤ ㄹ, ㅁ

해설

ㄹ. 민간임대주택으로 등록할 주택을 소유한 자 또는 취득하려는 계획이 확정되어 있는 자 또는 민간임대주택으로 등록할 주택을 취득하려는 특수목적법인이 등록을 신청할 수 있다.
ㅁ. 민간임대주택으로 등록할 주택을 2인 이상이 공동으로 건설하거나 소유하는 경우에는 공동 명의로 등록하여야 한다.

Answer

01 ⑤ 02 ⑤

03 민간임대주택에 관한 특별법령상 주택임대관리업에 관한 설명으로 옳지 않은 것은?
중 제22회

① 위탁관리형 주택임대관리업은 주택의 소유자로부터 임대관리를 위탁받아 관리하지만 주택의 소유자로부터 주택을 임차하여 자기책임으로 전대(轉貸)하는 형태의 업을 말한다.
② 「지방공기업법」상 지방공사가 단독주택 100호 이상으로 자기관리형 주택임대관리업을 할 경우에는 등록하지 않아도 된다.
③ 자기관리형 주택임대관리업 등록시 자본금은 2억원 이상이어야 한다.
④ 자기관리형 주택임대관리업을 하는 주택임대관리업자는 임대인 및 임차인의 권리보호를 위하여 보증상품에 가입하여야 한다.
⑤ 주택임대관리업자가 아닌 자는 주택임대관리업 또는 이와 유사한 명칭을 사용하지 못한다.

해설

① 자기관리형 주택임대관리업은 주택의 소유자로부터 주택을 임차하여 자기책임으로 전대(轉貸)하는 형태의 업을 말한다.

04 민간임대주택에 관한 특별법령상 주택임대관리업에 관한 설명으로 옳지 않은 것은?
중 제19회

① 주택임대관리업을 등록하는 경우에는 자기관리형 주택임대관리업과 위탁관리형 주택임대관리업을 구분하여 등록하여야 한다.
② 주택임대관리업을 등록한 자가 등록한 사항을 변경하거나 말소하고자 할 경우 국토교통부령으로 정하는 경미한 사항을 제외하고는 시장·군수·구청장에게 신고하여야 한다.
③ 주택임대관리업의 등록이 말소된 후 3년이 지나지 아니한 자는 주택임대관리업의 등록을 할 수 없다.
④ 시장·군수·구청장은 주택임대관리업자가 거짓이나 그 밖의 부정한 방법으로 등록을 한 경우에는 해당 주택임대관리업자의 등록을 말소하여야 한다.
⑤ 주택임대관리업자는 분기마다 그 분기가 끝나는 달의 다음달 말일까지 자본금, 전문인력, 관리 호수 등 대통령령으로 정하는 정보를 시장·군수·구청장에게 신고하여야 한다.

해설

③ 등록이 말소된 후 2년이 지나지 아니한 자는 주택임대관리업의 등록을 할 수 없다.

05 상 **민간임대주택에 관한 특별법령상 공공지원민간임대주택 공급촉진지구**(이하 "촉진지구"라 함)**에 관한 설명으로 옳지 않은 것은?** 제20회

① 시・도지사는 도시지역과 경계면이 접하고 부지 면적이 2만제곱미터 이상 지역으로서 촉진지구에서 건설・공급되는 전체 주택 호수의 50퍼센트 이상이 공공지원민간임대주택으로 건설・공급되고, 유상공급 토지면적 중 주택 건설 용도가 아닌 토지로 공급하는 면적이 유상공급 토지면적의 50퍼센트를 초과하지 아니한 지역을 촉진지구로 지정할 수 있다.

② 촉진지구 안에서 국유지・공유지를 제외한 토지면적의 50퍼센트 이상에 해당하는 토지소유자의 동의를 받은 자는 지정권자에게 촉진지구의 지정을 제안할 수 있다.

③ 촉진지구의 면적을 10퍼센트 범위에서 증감하는 경우에는 중앙도시계획위원회 또는 시・도도시계획위원회의 심의를 거치지 아니하여도 된다.

④ 지정권자가 촉진지구의 지정을 위해 관계 중앙행정기관의 장 및 관할 지방자치단체의 장과 협의를 하는 경우 자연재해대책법에 따른 재해영향평가 등에 관한 협의를 별도로 하여야 한다.

⑤ 촉진지구가 지정고시된 날부터 2년 이내에 공공지원민간임대주택의 건축을 시작하지 아니하면 지정권자는 촉진지구의 지정을 해제할 수 있다.

해설

⑤ 촉진지구가 지정고시된 날부터 2년 이내에 지구계획 승인을 신청하지 아니하는 경우 지정권자는 촉진지구의 지정을 해제할 수 있다.

Answer

03 ①　04 ③　05 ⑤

06 상●●

민간임대주택에 관한 특별법령상 민간임대협동조합 가입 계약의 청약 철회 및 가입비등에 관한 설명으로 옳은 것은? 제25회

① 모집주체는 민간임대협동조합 가입 계약 체결일부터 15일이 지난 경우 예치기관의 장에게 가입비등의 지급을 요청할 수 있다.

② 모집주체는 조합가입신청자가 가입에 관한 청약 철회를 한 경우 청약 철회 의사가 도달한 날부터 7일 이내에 예치기관의 장에게 가입비등의 반환을 요청하여야 한다.

③ 가입에 관한 청약 철회를 서면으로 하는 경우에는 청약 철회의 의사를 표시한 서면이 도달한 날에 그 효력이 발생한다.

④ 예치기관은 가입비등을 예치기관의 명의로 예치해야 하고, 이 경우 이를 다른 금융자산과 통합하여 관리해도 된다.

⑤ 조합가입신청자가 가입 계약 체결일부터 15일 이내에 가입에 관한 청약을 철회하는 경우에도 모집주체는 조합가입신청자에게 청약 철회를 이유로 위약금 또는 손해배상을 청구할 수 있다.

해설

① 가입 계약 체결일부터 30일이 지난 경우 예치기관의 장에게 가입비등의 지급을 요청할 수 있다.
③ 청약 철회의 의사를 표시한 서면이 발송한 날에 그 효력이 발생한다.
④ 이 경우 이를 다른 금융자산과 분리하여 관리해야 한다.
⑤ 조합가입신청자가 가입 계약 체결일부터 30일 이내에 가입에 관한 청약을 철회하는 경우 모집 주체는 조합가입신청자에게 청약 철회를 이유로 위약금 또는 손해배상을 청구할 수 없다.

07 ●●하

민간임대주택에 관한 특별법령상 임대사업자가 임대차계약을 해제 또는 해지하거나 재계약을 거절을 할 수 없는 경우는? 제18회 수정

① 임대사업자가 시장・군수 또는 구청장이 지정한 기간에 하자보수명령을 이행하지 아니한 경우

② 민간임대주택 및 그 부대시설을 임대사업자의 동의를 받지 아니하고 개축・증축 또는 변경하거나 본래의 용도가 아닌 용도로 사용한 경우

③ 임차인이 월임대료를 2개월 이상 연속하여 연체한 경우

④ 민간임대주택 및 그 부대시설을 고의로 파손 또는 멸실한 경우

⑤ 임대사업자의 귀책사유 없이 입주지정기간개시일(민간건설임대주택) 또는 임대사업자 등록일등(민간매입임대주택)으로부터 3개월 이내에 입주하지 아니한 경우

해설

③ 임차인이 월임대료를 3개월 이상 연속하여 연체한 경우 임대사업자는 임대차계약을 해제 또는 해지하거나 재계약을 거절을 할 수 있다.

08 중

민간임대주택에 관한 특별법령상 임대사업자가 임대차계약을 해제 또는 해지하거나 임대차계약의 갱신을 거절할 수 있는 사유가 아닌 것은? 제15회

① 월임대료를 3개월 이상 연속하여 연체한 경우
② 거짓이나 그 밖의 부정한 방법으로 민간임대주택을 임대받은 경우
③ 표준임대차계약서상의 의무를 위반한 경우
④ 민간임대주택 및 그 부대시설을 임대사업자의 동의를 받지 아니하고 개축·증축 또는 변경하거나 본래의 용도가 아닌 용도로 사용한 경우
⑤ 임대차계약기간이 시작된 날로부터 60일 이내에 입주하지 않는 경우

해설

⑤ 임대사업자의 귀책사유 없이 입주지정기간 개시일(민간건설임대주택) 또는 임대사업자 등록일 등(민간매입임대주택)으로부터 3개월 이내에 입주하지 아니한 경우

09 상

민간임대주택에 관한 특별법령상 규정된 임차인대표회의의 구성에 관한 내용으로 (　　)안에 들어갈 내용으로 옳게 나열한 것은? 제14회

> ㄱ. 임대사업자가 (　　) 이상의 민간임대주택을 공급하는 공동주택단지에 입주하는 임차인은 임차인대표회의를 구성할 수 있다.
> ㄴ. 임대사업자는 입주예정자의 과반수가 입주한 때에는 과반수가 입주한 날로부터 (　　) 이내에 입주현황과 임차인대표회의를 구성할 수 있다는 사실을 입주한 임차인에게 통지하여야 한다.
> ㄷ. 동별 대표자가 될 수 있는 사람은 해당 민간임대주택단지에서 (　　) 이상 계속 거주하고 있는 임차인으로 한다. 다만, 최초로 임차인대표회의를 구성하는 경우에는 그러하지 아니하다.

① 20세대, 30일, 6개월
② 30세대, 30일, 1년
③ 30세대, 6개월, 2년
④ 50세대, 6개월, 6개월
⑤ 50세대, 1년, 2년

해설

ㄱ. 임대사업자가 20세대 이상의 민간임대주택을 공급하는 공동주택단지에 입주하는 임차인은 임차인대표회의를 구성할 수 있다.
ㄴ. 임대사업자는 입주예정자의 과반수가 입주한 때에는 과반수가 입주한 날부터 30일 이내에 입주현황과 임차인대표회의를 구성할 수 있다는 사실을 입주한 임차인에게 통지하여야 한다.
ㄷ. 동별 대표자가 될 수 있는 사람은 해당 민간임대주택단지에서 6개월 이상 계속 거주하고 있는 임차인으로 한다. 다만, 최초로 임차인대표회의를 구성하는 경우에는 그러하지 아니하다.

Answer

06 ②　07 ③　08 ⑤　09 ①

10 중

민간임대주택에 관한 특별법령상 임대보증금에 대한 보증에 관한 설명으로 옳지 않은 것은? 제27회

① 임대사업자가 분양주택 전부를 우선 공급받아 임대하는 민간매입임대주택을 임대하는 경우 임대보증금에 대한 보증에 가입하여야 한다.

② 임대사업자는 임대보증금이 「주택임대차보호법」 제8조 제3항에 따른 금액 이하이고 임차인이 임대보증금에 대한 보증에 가입하지 아니하는 것에 동의한 경우에는 임대보증금에 대한 보증에 가입하지 아니할 수 있다.

③ 임대사업자는 임대사업자 등록이 말소되는 날에 임대 중인 경우에는 임대차계약이 종료되는 날까지 임대보증금에 대한 보증 가입을 유지하여야 한다.

④ 임대사업자는 보증의 수수료를 6개월 단위로 재산정하여 분할납부할 수 있다.

⑤ 임대사업자가 보증에 가입하는 경우 보증회사는 보증 가입 사실을 시장·군수·구청장에게 알리고, 관련 자료를 제출하여야 한다.

해설

④ 임대사업자는 보증의 수수료를 1년 단위로 재산정하여 분할납부할 수 있다.

11 중

민간임대주택에 관한 특별법령상 임차인대표회의 및 특별수선충당금에 관한 설명으로 옳지 않은 것은? 제26회

① 최초로 임차인대표회의를 구성하는 경우가 아닌 한, 동별 대표자가 될 수 있는 사람은 해당 민간임대주택단지에서 1년 이상 계속 거주하고 있는 임차인으로 한다.

② 임차인대표회의는 회장 1명, 부회장 1명 및 감사 1명을 동별 대표자 중에서 선출하여야 한다.

③ 임차인대표회의를 소집하려는 경우에는 소집일 5일 전까지 회의의 목적·일시 및 장소 등을 임차인에게 알리거나 공고하여야 한다.

④ 임대사업자는 특별수선충당금을 사용하려면 미리 해당 민간임대주택의 소재지를 관할하는 시장·군수·구청장과 협의하여야 한다.

⑤ 특별수선충당금은 임대사업자와 해당 민간임대주택의 소재지를 관할하는 시장·군수·구청장의 공동 명의로 금융회사 등에 예치하여 따로 관리하여야 한다.

해설

① 최초로 임차인대표회의를 구성하는 경우가 아닌 한, 동별 대표자가 될 수 있는 사람은 해당 민간임대주택단지에서 6개월 이상 계속 거주하고 있는 임차인으로 한다.

12 상 **민간임대주택에 관한 특별법령상의 내용으로 옳은 것은?** 제16회 수정

① 임대사업자가 임대조건을 위반한 경우 등록말소사유에 해당한다.
② 국가는 그가 개발한 택지 중 100분의 5 이상을 임대주택 건설용지로 사용하거나 건설임대업자에게 공급하여야 한다.
③ 임대사업자가 민간임대주택을 자체관리하려면 기술인력 및 장비를 갖추고 시장·군수·구청장에게 신고하여야 한다.
④ 토지 및 종전부동산(이하 "토지등"이라 한다)을 공급받은 자는 토지등을 공급받은 날부터 2년 이내에 민간임대주택을 완공하여야 한다.
⑤ 임대사업자는 임대의무기간 동안에도 국토교통부령으로 정하는 바에 따라 시장·군수·구청장에게 허가받은 후 민간임대주택을 다른 임대사업자에게 양도할 수 있다.

해설

② 국가·지방자치단체·한국토지주택공사 또는 지방공사는 그가 조성한 토지 중 3퍼센트 이상을 임대사업자에게 우선 공급하여야 한다.
③ 임대사업자가 민간임대주택을 자체관리하려면 관할 시장·군수·구청장의 인가를 받아야 한다.
④ 토지 및 종전부동산(이하 "토지등"이라 한다)을 공급받은 자는 토지등을 공급받은 날부터 2년 이내에 민간임대주택을 건설하여야 한다.
⑤ 임대사업자는 임대의무기간 동안에도 국토교통부령으로 정하는 바에 따라 시장·군수·구청장에게 신고한 후 민간임대주택을 다른 임대사업자에게 양도할 수 있다.

13 중 **민간임대주택에 관한 특별법령상 내용으로 옳지 않은 것은?** 제18회

① 임대사업자는 특별수선충당금을 사용검사일부터 1개월이 지난 날이 속하는 달부터 매달 적립한다.
② 임대사업자는 수선유지비를 관리비로 징수할 수 있다.
③ 민간임대주택은 의무기간이 지나지 아니하면 매각할 수 없다.
④ 임차인 또는 임차인대표회의는 시장·군수·구청장에게 공인회계사등의 선정을 의뢰할 수 있다.
⑤ 지방자치단체의 장은 임대주택을 보다 효율적으로 관리하기 위하여 정보체계를 연계하거나 활용할 수 있다.

해설

① 임대사업자는 특별수선충당금을 사용검사일부터 1년이 지난 날이 속하는 달부터 매달 적립한다.

Answer

10 ④ 11 ① 12 ① 13 ①

14 중

민간임대주택에 관한 특별법령상 임대주택분쟁조정위원회에 관한 설명으로 옳지 않은 것은? 제14회

① 시·도지사는 임대사업자와 임차인대표회의 간의 분쟁을 조정하기 위하여 임대주택분쟁조정위원회를 구성한다.
② 임대주택분쟁조정위원회의 위원장은 해당 지방자치단체의 장이 된다.
③ 주택관리사가 된 후 관련 업무에 3년 이상 근무한 사람을 1명 이상을 임대주택분쟁조정위원회의 위원으로 임명하거나 위촉한다.
④ 공공주택사업자와 임차인대표회의는 공공임대주택의 분양전환가격의 분쟁에 관하여 임대주택분쟁조정위원회에 조정을 신청할 수 있다.
⑤ 임대주택분쟁조정위원회의 위원장은 회의 개최일 2일 전까지 회의와 관련한 사항을 위원에게 알려야 한다.

해설

① 시장·군수·구청장은 임대주택분쟁조정위원회를 구성한다.

15 상

민간임대주택에 관한 특별법령상 임대주택의 분쟁조정에 관한 설명으로 옳은 것은? 제24회

① 공공주택사업자는 관리비를 둘러싼 분쟁에 관하여 임대주택분쟁조정위원회에 조정을 신청할 수 없다.
② 임대사업자는 민간임대주택 관리규약의 개정에 대한 분쟁에 관하여 임대주택분쟁조정위원회에 조정을 신청할 수 있다.
③ 임대사업자는 공공임대주택의 분양전환가격에 관한 분쟁에 대하여 임대주택분쟁조정위원회에 조정을 신청할 수 있다.
④ 임대주택분쟁조정위원회는 위원 중에 호선하는 위원장 1명을 포함하여 10명 이내로 구성한다.
⑤ 임대주택분쟁조정위원회가 제시한 조정안에 대하여 임차인대표회의가 동의하는 경우에는 임대사업자의 이의가 있더라도 조정조서와 같은 내용의 합의가 성립된 것으로 본다.

해설

① 관리비, 관리규약의 제정·개정, 공용부분·부대시설·복리시설의 유지보수, 임대료증액, 하자보수, 합의사항 등을 둘러싼 분쟁에 관하여 임대주택분쟁조정위원회에 조정을 신청할 수 있다.
③ 공공임대주택의 분양전환가격에 관한 분쟁의 당사자는 공공주택사업자 또는 임차인대표회의이다.
④ 임대주택분쟁조정위원회는 위원장은 지방자치단체장이 된다.
⑤ 임대주택분쟁조정위원회가 제시한 조정안에 대하여 조정의 당사자가 이를 받아들이면 조정조서와 같은 내용의 합의가 성립된 것으로 본다.

Answer

14 ① 15 ②

주관식 단답형 문제

01 하

「민간임대주택에 관한 특별법」 제2조(정의) 규정의 일부이다. (   )에 들어갈 용어를 쓰시오. 제21회

> 이 법에서 사용하는 용어의 뜻은 다음과 같다.
> 1. ~ 2. <생략>
> 3. "(   )"(이)란 임대사업자가 매매 등으로 소유권을 취득하여 임대하는 민간임대주택을 말한다.

02 하

「민간임대주택에 관한 특별법」 제2조(정의) 규정의 일부이다. (   )에 들어갈 숫자를 쓰시오. 제23회

> "장기일반민간임대주택"이란 임대사업자가 공공지원민간임대주택이 아닌 주택을 (   )년 이상 임대할 목적으로 취득하여 임대하는 민간임대주택(아파트를 임대하는 민간매입임대주택은 제외한다)을 말한다.

03 중

「민간임대주택에 관한 특별법」 제2조(정의) 규정의 일부이다. (   )에 들어갈 용어를 쓰시오. 제22회

> (   )(이)란 공공지원민간임대주택에 거주하는 임차인 등의 경제활동과 일상생활을 지원하는 시설로서 대통령령으로 정하는 시설을 말한다.

Answer

01 민간매입임대주택 **02** 10
03 복합지원시설

04 (중)

「민간임대주택에 관한 특별법」 제3조(다른 법률과의 관계) **규정이다. (　　)에 들어갈 법률명을 쓰시오.** 제20회

민간임대주택의 건설·공급 및 관리 등에 관하여 이 법에서 정하지 아니한 사항에 대하여는 주택법, 건축법, (　　　　) 및 주택임대차보호법을 적용한다.

05 (상)

「민간임대주택에 관한 특별법」 제5조의5(청약 철회 및 가입비등의 반환 등) **규정의 일부이다. (　　)에 들어갈 아라비아 숫자를 쓰시오.** 제26회

- 조합가입신청자는 민간임대협동조합 가입 계약체결일부터 (ㄱ)일 이내에 민간임대협동조합 가입에 관한 청약을 철회할 수 있다.
- 모집주체는 조합가입신청자가 청약 철회를 한 경우 청약 철회 의사가 도달한 날부터 (ㄴ)일 이내에 예치기관의 장에게 가입비등의 반환을 요청하여야 한다.

06 (중)

「민간임대주택에 관한 특별법」 제10조(주택임대관리업의 등록말소 등) **제1항 규정의 일부이다. (　　)에 들어갈 아라비아 숫자를 쓰시오** 제25회

시장·군수·구청장은 주택임대관리업자가 다음 각 호의 어느 하나에 해당하면 그 등록을 말소하거나 1년 이내의 기간을 정하여 영업의 전부 또는 일부의 정지를 명할 수 있다. 다만 제1호, 제2호 또는 제6호에 해당하는 경우에는 그 등록을 말소하여야 한다.

2. 영업정지기간 중에 주택임대관리업을 영위한 경우 또는 최근 (ㄱ)년간 2회 이상의 영업정지처분을 받은 자로서 그 정지처분을 받은 기간이 합산하여 (ㄴ)개월을 초과한 경우

07 ●●하

「민간임대주택에 관한 특별법」 제22조(촉진지구의 지정) **제1항 규정의 일부이다. (　　)에 들어갈 아라비아 숫자를 쓰시오.** 제27회

> 시·도지사는 공공지원임대주택이 원활하게 공급될 수 있도록 공공지원민간임대주택 공급촉진지구(이하 "촉진지구"라 한다)를 지정할 수 있다. 이 경우 촉진지구는 다음 각 호의 요건을 모두 갖추어야 한다.
> 1. 촉진지구에서 건설·공급되는 전체 주택 호수의 (　　)퍼센트 이상이 공공지원민간임대주택으로 건설·공급될 것
>
> <이하 생략>

08 ●중●

「민간임대주택에 관한 특별법」 제34조(토지등의 수용 등) **규정의 일부이다. (　　) 안에 들어갈 분수를 순서대로 각각 쓰시오.** 제19회

> 시행자는 촉진지구 토지 면적의 (ㄱ) 이상에 해당하는 토지를 소유하고 토지 소유자 총수의 (ㄴ) 이상에 해당하는 자의 동의를 받은 경우 나머지 토지등을 수용 또는 사용할 수 있다. 다만, 국가 또는 지방자치단체, 한국토지주택공사, 지방공기업법에 따라 주택사업을 목적으로 설립된 지방공사 등이 시행자인 경우 이러한 요건을 적용하지 아니하고 수용 또는 사용할 수 있다.

09 ●중●

「민간임대주택에 관한 특별법」 제52조(임차인대표회의) **제1항의 규정이다. (　　)에 들어갈 아라비아 숫자를 쓰시오.** 제24회

> 임대사업자가 (ㄱ)세대 이상의 범위에서 대통령령으로 정하는 세대 이상의 민간임대주택을 공급하는 공동주택단지에 입주하는 임차인은 임차인대표회의를 구성할 수 있다. 다만, 임대사업자가 (ㄴ)세대 이상의 민간임대주택을 공급하는 공동주택단지 중 대통령령으로 정하는 공동주택단지에 입주하는 임차인은 임차인대표회의를 구성하여야 한다.

Answer

04 공동주택관리법	**05** ㄱ: 30, ㄴ: 7
06 ㄱ: 3, ㄴ: 12	**07** 50
08 ㄱ: 2/3, ㄴ: 1/2	**09** ㄱ: 20, ㄴ: 150

Part 04 공공주택 특별법

연계학습: 기본서 p.366~416

01 중

공공주택 특별법령상 공공주택사업자로 지정될 수 없는 자는? 제27회

① 「공무원연금법」에 따른 공무원연금공단
② 지방자치단체가 시설물 관리를 목적으로 총지분의 100분의 40을 출자・설립한 지방공단
③ 「한국자산관리공사 설립 등에 관한 법률」에 따른 한국자산관리공사
④ 「한국철도공사법」에 따른 한국철도공사
⑤ 「국가철도공단법」에 따른 국가철도공단

해설

②은 총지분의 100분의 50를 초과하여 출자・설립한 지방공단이 공공주택사업자에 해당한다.

공공주택사업자

1. 국가・지방자치단체・한국토지주택공사・지방공사・공공기관 중 대통령령으로 정하는 기관(한국농어촌공사・한국철도공사・국가철도공단・공무원연금공단・제주국제자유도시개발센터・주택도시보증공사・한국자산관리공사・기금관리형 준정부기관)
2. 1.의 규정 중 어느 하나에 해당하는 자가 총지분의 100분의 50을 초과하여 출자・설립한 법인
3. 주택도시기금 또는 1.의 규정 중 어느 하나에 해당하는 자가 총지분의 전부(도심 공공주택 복합사업의 경우에는 100분의 50을 초과한 경우를 포함한다)를 출자(공동으로 출자한 경우를 포함한다)하여 「부동산투자회사법」에 따라 설립한 부동산투자회사

02 하

공공주택 특별법령상 공공임대주택의 임대의무기간으로 옳은 것을 모두 고른 것은? 제23회

ㄱ. 영구임대주택: 50년	ㄴ. 행복주택: 30년
ㄷ. 장기전세주택: 30년	ㄹ. 국민임대주택: 20년

① ㄱ, ㄴ
② ㄱ, ㄷ
③ ㄱ, ㄹ
④ ㄴ, ㄷ
⑤ ㄴ, ㄹ

해설

① 공공임대주택의 임대의무기간 중 장기전세주택은 20년, 국민임대주택은 30년이다. 제16회에도 출제된 바 있다.

03 상 **공공주택 특별법령상 공공주택에 관한 설명으로 옳은 것을 모두 고른 것은?** 제21회

> ㄱ. 국가 및 지방자치단체는 주거지원 필요계층의 주거안정을 위하여 공공주택의 건설·취득 또는 관리와 관련한 국세 또는 지방세를 「조세특례제한법」, 「지방세특례제한법」, 그 밖에 조세 관계 법률 및 조례로 정하는 바에 따라 감면할 수 있다.
> ㄴ. 다른 법령에 따른 개발사업을 하려는 자가 임대주택을 계획하는 경우 공공임대주택을 우선 고려하여야 한다.
> ㄷ. 장기전세주택이란 국가나 지방자치단체의 재정이나 주택도시기금의 자금을 지원받아 전세계약의 방식으로 공급하는 공공임대주택을 말한다.
> ㄹ. 국토교통부장관은 공공주택의 건설, 매입 또는 임차에 주택도시기금을 배정하기에 앞서 국가의 재정을 우선적으로 배정하여야 한다.

① ㄱ, ㄴ ② ㄷ, ㄹ ③ ㄱ, ㄴ, ㄷ
④ ㄱ, ㄴ, ㄹ ⑤ ㄴ, ㄷ, ㄹ

해설

③ ㄱ, ㄴ, ㄷ이 옳은 지문이다. ㄹ. 주택도시기금을 우선적으로 배정하여야 한다.

04 중 **공공주택 특별법령상 공공주택지구**(이하 "주택지구"라 한다)**의 조성에 관한 설명으로 옳지 않은 것은?** 제26회

① 공공주택사업자는 주택지구의 조성 또는 공공주택건설을 위하여 필요한 경우에는 토지 등을 수용 또는 사용할 수 있다.
② 공공주택사업자는 주택지구로 조성된 토지가 판매시설용지 등 영리를 목적으로 사용될 토지에 해당하는 경우 수의계약의 방법으로 공급할 수 있다.
③ 공공주택사업자는 지구조성사업을 효율적으로 시행하기 위하여 지구계획의 범위에서 주택지구 중 일부지역에 한정하여 준공검사를 신청할 수 있다.
④ 공공주택사업자는 「주택법」에 따른 국민주택의 건설용지로 사용할 토지를 공급할 때 그 가격을 조성원가 이하로 할 수 있다.
⑤ 주택지구 안에 있는 국가 또는 지방자치단체 소유의 토지로서 지구조성사업에 필요한 토지는 지구조성사업 외의 목적으로 매각하거나 양도할 수 없다.

해설

② 공공주택사업자는 주택지구로 조성된 토지가 판매시설용지 등 영리를 목적으로 사용될 토지에 해당하는 경우 경쟁입찰의 방법으로 공급해야 한다.

Answer

01 ② 02 ① 03 ③ 04 ②

05 상

공공주택 특별법령상 공공주택의 임대조건 등에 관한 설명으로 옳은 것을 모두 고른 것은? 제17회 수정

ㄱ. 임대료 중 임대보증금이 증액되는 경우 임차인은 대통령령으로 정하는 바에 따라 그 증액분을 분할하여 납부할 수 있다.
ㄴ. 공공임대주택의 임대료(임대보증금 및 월임대료를 말한다) 등 임대조건에 관한 기준은 대통령령으로 정한다.
ㄷ. 공공임대주택의 임대료 등 임대조건을 정하는 경우에는 임차인의 소득수준 및 공공임대주택의 규모 등을 고려하여 차등적으로 정할 수 있다.
ㄹ. 공공주택사업자는 임대 후 분양전환을 할 목적으로 건설한 공공건설임대주택을 임대의무기간이 지난 후 분양전환하는 경우에는 분양전환 당시까지 거주한 무주택자, 국가기관 또는 법인으로서 대통령령으로 정한 임차인에게 우선 분양전환하여야 한다.

① ㄱ, ㄷ　② ㄴ, ㄹ　③ ㄱ, ㄷ, ㄹ
④ ㄴ, ㄷ, ㄹ　⑤ ㄱ, ㄴ, ㄷ, ㄹ

해설

⑤ ㄱ, ㄴ, ㄷ, ㄹ 모두 옳은 지문이다.

06 상

공공주택 특별법령상 공공주택사업자가 임대 후 분양전환할 목적으로 건설한 공공건설임대주택을 임대의무기간이 지난 후 분양전환하는 경우에 우선 분양전환을 받을 수 있는 임차인에 해당하는 자를 모두 고른 것은? 제14회

ㄱ. 입주일 이후부터 분양전환 당시까지 해당 임대주택에 거주한 무주택자인 임차인
ㄴ. 선착순의 방법으로 입주자로 선정된 경우에는 분양전환 당시까지 거주한 무주택자인 임차인
ㄷ. 분양전환 당시 해당 임대주택의 임차인인 국가기관
ㄹ. 분양전환 당시 해당 임대주택의 임차인인 법인
ㅁ. 공공건설임대주택에 입주한 후 경매로 다른 주택을 소유하게 된 경우 분양전환 당시까지 거주한 자로서 그 주택을 처분하여 무주택자가 된 임차인

① ㄱ, ㄴ, ㄷ　② ㄱ, ㄴ, ㄹ　③ ㄱ, ㄴ, ㄷ, ㄹ
④ ㄴ, ㄷ, ㅁ　⑤ ㄴ, ㄷ, ㄹ, ㅁ

해설

ㅁ. 공공건설임대주택에 입주한 후 상속·판결 또는 혼인으로 인하여 다른 주택을 소유하게 된 경우 분양전환 당시까지 거주한 자로서 그 주택을 처분하여 무주택자가 된 임차인

07 공공주택 특별법령상 공공주택의 운영 · 관리에 관한 설명으로 옳지 않은 것은?

중 제21회

① 공공주택사업자는 임차인의 보육수요 충족을 위하여 필요하다고 판단하는 경우 해당 공공임대주택의 일부 세대를 10년 이내의 범위에서 「영유아보육법」에 따른 가정어린이집을 설치 · 운영하려는 자에게 임대할 수 있다.
② 공공주택사업자는 임차인이 월임대료를 3개월 이상 연속하여 연체한 경우에는 임대차계약을 해제 또는 해지하거나 재계약을 거절할 수 있다.
③ 「혁신도시 조성 및 발전에 관한 특별법」에 따라 이전하는 기관 또는 그 기관에 종사하는 사람이 해당 기관이 이전하기 이전에 공공임대주택을 공급받아 전대(轉貸)하는 경우로서 공공주택사업자의 동의를 받은 경우에는 그 공공임대주택을 전대할 수 있다.
④ 공공주택사업자는 특별수선충당금을 사용하려면 미리 해당 공공임대주택의 주소지를 관할하는 시장 · 군수 또는 구청장과 협의하여야 한다.
⑤ 공공임대주택의 임대료 등 임대조건을 정하는 경우에는 임차인의 소득수준 및 공공임대주택의 규모 등을 고려하여 차등적으로 정할 수 있다.

해설

① 해당 공공임대주택의 일부 세대를 6년 이내의 범위에서 「영유아보육법」에 따른 가정어린이집을 설치 · 운영하려는 자에게 임대할 수 있다.

Answer

05 ⑤ 06 ③ 07 ①

08 상

공공주택 특별법령상 공공주택의 운영 · 관리에 관한 설명으로 옳은 것은? 제24회

① 공공임대주택의 임차인이 이혼으로 공공임대주택에서 퇴거하고, 해당 주택에 계속 거주하려는 배우자가 자신으로 임차인을 변경할 경우로서 공공주택사업자의 동의를 받은 경우, 임차인은 임차권을 양도할 수 있다.
② 공공주택사업자는 공공임대주택의 임대조건 등 임대차계약에 관한 사항에 대하여 시장 · 군수 또는 구청장의 허가를 받아야 한다.
③ 공공주택사업자가 임차인에게 우선 분양전환을 통보한 날부터 3개월 이내에 임차인이 우선 분양전환 계약을 하지 아니한 경우 공공주택사업자는 해당 임대주택을 제3자에게 매각할 수 있다.
④ 공공주택사업자가 임대차계약을 체결할 때 임대차 계약기간이 끝난 후 임대주택을 그 임차인에게 분양전환할 예정이라도 임대차 계약기간을 2년 이내로 할 수 없다.
⑤ 공공주택사업자의 귀책사유 없이 임차인이 표준임대차계약서상의 계약기간이 시작된 날부터 2개월 이내에 입주하지 아니한 경우 공공주택사업자는 임대차계약을 해지할 수 있다.

해설

② 임대차계약에 관한 사항에 대하여 시장 · 군수 또는 구청장에게 신고하여야 한다.
③ 3개월 ⇨ 6개월 (임대의무기간이 10년인 경우 12개월) 이내에 임차인이 우선 분양전환 계약을 하지 아니한 경우 공공주택사업자는 해당 임대주택을 제3자에게 매각할 수 있다.
④ 공공주택사업자가 임대차계약을 체결할 때 임대차 계약기간이 끝난 후 임대주택을 그 임차인에게 분양전환할 예정이면 임대차 계약기간을 2년 이내로 할 수 있다.
⑤ 공공주택사업자의 귀책사유 없이 임차인이 표준임대차계약서상의 계약기간이 시작된 날부터 3개월 이내에 입주하지 아니한 경우 공공주택사업자는 임대차계약을 해지할 수 있다.

09 하

공공주택 특별법령상 공공주택의 운영·관리에 관한 설명으로 옳지 않은 것은? 제20회

① 공공주택사업자는 공공임대주택의 임대조건 등 임대차계약에 관한 사항을 시장·군수 또는 구청장에게 신고하여야 한다.

② 공공주택사업자가 공공임대주택에 대한 임대차계약을 체결할 때 임대차 계약기간이 끝난 후 임대주택을 그 임차인에게 분양전환할 예정이면 임대차 계약기간을 2년 이내로 할 수 있다.

③ 공공분양주택 입주예정자가 입주의무기간 이내에 소유권이전등기를 완료한 상태에서 입주를 하지 아니한 경우에는 공공주택사업자가 해당 주택을 취득할 수 있다.

④ 공공주택사업자는 공공주택사업자의 귀책사유 없이 임대차 계약기간이 시작된 날부터 2개월 이내에 임차인이 입주하지 아니한 경우, 임대차계약을 해제 또는 해지할 수 있다.

⑤ 공공건설임대주택의 임차인이 임대의무기간이 종료한 후 공공주택사업자가 임차인에게 분양전환을 통보한 날부터 6개월 이상 우선 분양전환에 응하지 아니하는 경우에는 공공주택사업자는 해당 공공건설임대주택을 제3자에게 매각할 수 있다.

해설

④ 공공주택사업자는 공공주택사업자의 귀책사유 없이 임대차 계약기간이 시작된 날부터 3개월 이내에 임차인이 입주하지 아니한 경우, 임대차계약을 해제 또는 해지할 수 있다.

Answer

08 ① 09 ④

10 상

공공주택 특별법령상 특별수선충당금에 관한 설명으로 옳은 것은? 제25회

① 1997년 3월 1일 전에 주택건설사업계획의 승인을 받은 공공임대주택이라도 300세대 이상의 공동주택이라면 특별수선충당금을 적립하여야 한다.

② 특별수선충당금은 사용검사일이 속하는 달부터 매달 적립한다.

③ 국민임대주택의 경우 특별수선충당금의 적립요율은 국토교통부장관이 고시하는 표준건축비의 1만분의 1이다.

④ 특별수선충당금의 적립요율은 시장・군수 또는 구청장의 허가를 받아 변경할 수 있다.

⑤ 공공주택사업자는 특별수선충당금을 사용하려면 미리 해당 공공임대주택의 주소지를 관할하는 시장・군수 또는 구청장과 협의하여야 한다.

해설

① 1997년 3월 1일 전에 주택건설사업계획의 승인을 받은 공공임대주택은 특별수선충당금 적립 대상에서 제외된다.
② 사용검사일로부터 1년이 지난 날이 속하는 달부터 매달 적립한다.
③ 표준건축비의 1만분의 4이다.
④ 특별수선충당금의 적립요율은 공공주택 특별법령으로 변경한다.

Answer

10 ⑤

주관식 단답형 문제

01 하

「공공주택 특별법 시행령」 제2조(공공임대주택)에 따른 공공임대주택의 종류에 관한 내용이다. (　　)에 들어갈 용어를 쓰시오. 제22회

> (　　　　)(이)란 국가나 지방자치단체의 재정이나 주택도시기금의 자금을 지원받아 대학생, 사회초년생, 신혼부부 등 젊은 층의 주거안정을 목적으로 공급하는 공공임대주택이다.

02 상

「공공주택 특별법」 제2조(정의) 규정의 일부이다. (　　)에 들어갈 용어와 아라비아 숫자를 쓰시오. 제24회

> "(ㄱ) 분양주택"이란 제4조에 따른 공공주택사업자가 직접 건설하거나 매매 등으로 취득하여 공급하는 공공분양주택으로서 주택을 공급받은 자가 20년 이상 (ㄴ)년 이하의 범위에서 대통령령으로 정하는 기간 동안 공공주택사업자와 주택의 소유권을 공유하면서 대통령령으로 정하는 바에 따라 소유 지분을 적립하여 취득하는 주택을 말한다.

03 하

「공공주택 특별법 시행령」 제3조(공공주택의 건설비율) 규정의 일부이다. (　　)에 들어갈 숫자를 순서대로 쓰시오. 제20회

> 공공주택지구의 공공주택 비율은 다음 각 호의 구분에 따른다. 이 경우 제1호 및 제2호의 주택을 합한 주택이 공공주택지구 전체 주택 호수의 100분의 50 이상이 되어야 한다.
> 1. 공공임대주택: 전체 주택 호수의 100분의 (　　) 이상
> 2. 공공분양주택: 전체 주택 호수의 100분의 (　　) 이하

Answer

01 행복주택
02 ㄱ: 지분적립형, ㄴ: 30
03 35, 30

04 상

「공공주택 특별법」 제6조의2(특별관리지역의 지정 등) **제1항 규정이다. (   )에 들어갈 용어와 아라비아 숫자를 쓰시오.** 제26회

> 국토교통부장관은 제6조 제1항에 따라 주택지구를 해제할 때 국토교통부령으로 정하는 일정 규모 이상으로서 체계적인 관리계획을 수립하여 관리하지 아니할 경우 (ㄱ)(이)가 우려되는 지역에 대하여 (ㄴ)년의 범위에서 특별관리지역으로 지정할 수 있다.

05 하

「공공주택 특별법 시행령」 제47조(재계약의 거절 등) **제1항 규정의 일부이다. (   )에 들어갈 숫자를 쓰시오.** 제23회

> 법 제49조의3 제1항 제6호에서 "기간 내 입주의무, 임대료 납부 의무, 분납금 납부 의무 등 대통령령으로 정하는 의무를 위반한 경우"란 다음 각 호의 어느 하나에 해당하는 경우를 말한다.
> 1. 공공주택사업자의 귀책사유 없이 법 제49조의2에 따른 표준임대차계약서상의 임대차 계약기간이 시작된 날부터 (ㄱ)개월 이내에 입주하지 아니한 경우
> 2. <생략>
> 3. 분납임대주택의 분납금(분할하여 납부하는 분양전환금을 말한다)을 (ㄴ)개월 이상 연체한 경우

06 중

「공공주택 특별법」 제49조(공공임대주택의 임대조건 등) **규정의 일부이다. (   ) 안에 들어갈 숫자를 순서대로 각각 쓰시오.** 제19회

> 공공임대주택의 공공주택사업자가 임대료 증액을 청구하는 경우(재계약을 하는 경우를 포함한다)에는 임대료의 100분의 (   ) 이내의 범위에서 주거비 물가지수, 인근 지역의 주택 임대료 변동률 등을 고려하여 증액하여야 한다. 이 경우 증액이 있은 후 (   )년 이내에는 증액하지 못한다.
> (단, 소득수준 등의 변화로 임대료가 변경되는 경우는 고려하지 않음)

07 ●●하

「공공주택 특별법」 제49조(공공임대주택의 임대조건 등) 제2항 규정의 일부이다. (　)에 들어갈 아라비아 숫자를 쓰시오. 제25회

> 공공임대주택의 공공주택사업자가 임대료 증액을 청구하는 경우에는 임대료의 100분의 5 이내의 범위에서 주거비 물가지수, 인근 지역의 주택 임대료 변동률 등을 고려하여 증액하여야 한다. 이 경우 증액이 있은 후 (　)년 이내에는 증액하지 못한다.

08 ●중●

「공공주택 특별법령」상의 규정이다. (　)안에 들어갈 공통된 용어를 쓰시오. 제18회

> 공공임대주택의 임차인은 임차권을 다른 사람에게 양도(매매, 증여, 그 밖에 권리변동이 따르는 모든 행위를 포함하되, 상속의 경우는 제외한다)하거나 공공임대주택을 다른 사람에게 (　)할 수 없다. 다만, 근무·생업·질병치료 등 대통령령으로 정하는 경우로서 공공주택사업자의 동의를 받은 경우에는 양도하거나 (　)할 수 있다.

09 상●●

「공공주택 특별법령」상 (　)안에 들어갈 숫자를 순서대로 각각 쓰시오. 제16회

> 「신행정수도 후속대책을 위한 연기·공주지역 행정중심복합도시 건설을 위한 특별법」에 따라 이전하는 기관 또는 그 기관에 종사하는 사람이 해당 기관이 이전하기 이전에 공공임대주택을 공급받아 적법하게 전대하는 경우, 해당 기관의 이전이 완료된 경우에는 전대차 계약기간이 종료된 후 (ㄱ)개월 이내에 입주자를 입주시키거나 입주하여야 하고, 이 경우 전대차 계약기간은 (ㄴ)년을 넘을 수 없다.

Answer

04 ㄱ: 난개발, ㄴ: 10	**05** ㄱ: 3, ㄴ: 3
06 5, 1	**07** 1
08 전대	**09** ㄱ: 3, ㄴ: 2

10
●●하

「공공주택 특별법령」상 공공임대주택의 임대의무기간에 관한 규정의 일부이다. (　)에 들어갈 숫자를 순서대로 쓰시오. 제22회

- 제50조의2(공공임대주택의 매각제한) ① 공공주택사업자는 공공임대주택을 5년 이상의 범위에서 대통령령으로 정한 임대의무기간이 지나지 아니하면 매각할 수 없다.
- 시행령 제54조 ① 법 제50조의2 제1항에서 “대통령령으로 정한 임대의무기간”이란 그 공공임대주택의 임대개시일부터 다음 각 호의 기간을 말한다.
  1. 영구임대주택: 50년
  2. 국민임대주택: (ㄱ)년
  3. <생략>
  4. 장기전세주택: (ㄴ)년
  5. ~ 6. <생략>

11
●중●

「공공주택 특별법」 제50조의3(공공임대주택의 우선 분양전환 등) **제2항 규정이다. (　)에 들어갈 아라비아 숫자를 쓰시오.** 제27회

공공주택사업자는 공공건설임대주택의 임대의무기간이 지난 후 해당 주택의 임차인에게 제1항에 따른 우선 분양전환 자격, 우선 분양전환 가격 등 우선 분양전환에 관한 사항을 통보하여야 한다. 이 경우 우선 분양전환 자격이 있다고 통보받은 임차인이 우선 분양전환에 응하려는 경우에는 그 통보를 받은 후 (　)개월(임대의무기간이 10년인 공공건설임대주택의 경우에는 12개월을 말한다) 이내에 우선 분양전환 계약을 하여야 한다.

12 「공공주택 특별법」 제50조의4 규정의 일부이다. (   )안에 공통적으로 들어갈 용어를 쓰시오. 하

제19회

- 300세대 이상의 공동주택 등 대통령령으로 정하는 규모에 해당하는 공공임대주택의 공공주택사업자는 주요 시설을 교체하고 보수하는 데에 필요한 (   )을(를) 적립하여야 한다.
- 공공주택사업자가 임대의무기간이 지난 공공건설임대주택을 분양전환하는 경우에는 (   )을(를) 「공동주택관리법」 제11조에 따라 최초로 구성되는 입주자대표회의에 넘겨주어야 한다.

Answer

10 ㄱ: 30, ㄴ: 20　　**11** 6

12 특별수선충당금

Part

05 건축법

01 총 설

연계학습: 기본서 p.424~460

01 중

건축법령상 용어의 정의로서 옳지 않은 것은? 제17회

① "건축"이란 건축물을 신축·증축·개축·재축(再築)하거나 건축물을 이전하는 것을 말한다.

② "건축물의 용도"란 건축물의 종류를 유사한 구조, 이용 목적 및 형태별로 묶어 분류한 것을 말한다.

③ "거실"이란 건축물 안에서 거주, 집무, 작업, 집회, 오락, 그 밖에 이와 유사한 목적을 위하여 사용되는 방을 말한다.

④ "지하층"이란 건축물의 바닥이 지표면 아래에 있는 층으로서 바닥에서 지표면까지 평균높이가 해당 층 높이의 2분의 1 이상인 것을 말한다.

⑤ "공사감리자"란 자기의 책임(보조자의 도움을 받는 경우를 포함한다)으로 설계도서를 작성하고 그 설계도서에서 의도하는 바를 해설하며, 지도하고 자문에 응하는 자를 말한다.

해설

⑤ "설계자"에 대한 설명이며, "공사감리자"란 자기의 책임(보조자의 도움을 받는 경우를 포함한다)으로 이 법으로 정하는 바에 따라 건축물, 건축설비 또는 공작물이 설계도서의 내용대로 시공되는지를 확인하고, 품질관리·공사관리·안전관리 등에 대하여 지도·감독하는 자를 말한다.

02
중

건축법령상 용어의 정의에 관한 설명으로 옳은 것은? 제19회

① "건축"이란 건축물을 신축 · 증축 · 재축하는 것을 말하며, 건축물을 이전하는 것은 건축에 해당하지 않는다.

② 건축물의 기능 향상을 위하여 일부 증축하는 행위는 리모델링에 해당하나, 동일한 목적을 위한 대수선은 리모델링이 아니다.

③ 현장 관리인을 두어 스스로 건축설비의 설치 공사를 하는 자는 건축주가 아니다.

④ 층수가 30층 미만이고 높이가 120미터 이상인 건축물은 고층건축물에 해당한다.

⑤ 기둥, 최하층 바닥, 보, 차양, 옥외 계단은 건축물의 주요구조부에 해당하지 않는다.

해설

① "건축"이란 건축물을 신축 · 증축 · 개축 · 재축하거나 이전하는 것을 말한다.

② "리모델링"이란 건축물의 노후화를 억제하거나 기능 향상 등을 위하여 대수선하거나 일부 증축 또는 개축하는 행위를 말한다.

③ "건축주"란 건축물의 건축 · 대수선 · 용도변경, 건축설비의 설치 또는 공작물의 축조(이하 "건축물의 건축등"이라 한다)에 관한 공사를 발주하거나 현장 관리인을 두어 스스로 그 공사를 하는 자를 말한다.

⑤ "주요구조부"란 내력벽 · 기둥 · 바닥 · 보 · 주계단 및 지붕틀을 말한다. 다만, 사잇기둥 · 최하층 바닥 · 작은 보 · 차양 · 옥외 계단, 그 밖에 이와 유사한 것으로서 건축물의 구조상 중요하지 아니한 부분을 제외한다.

03
중

건축법령상 용어의 정의로서 옳지 않은 것은? 제18회

① "고층건축물"이란 층수가 30층 이상이거나 높이가 120미터 이상인 건축물을 말한다.

② "건축"이란 건축물을 신축 · 증축 · 개축 · 재축(再築)하거나 건축물을 이전하는 것을 말한다.

③ "부속건축물"이란 건축물의 내부와 외부를 연결하는 완충공간으로서 전망이나 휴식 등의 목적으로 건축물 외벽에 접하여 부가적(附加的)으로 설치되는 공간을 말한다.

④ "지하층"이란 건축물의 바닥이 지표면 아래에 있는 층으로서 바닥에서 지표면까지 평균높이가 해당 층 높이의 2분의 1 이상인 것을 말한다.

⑤ "재축"이란 건축물이 천재지변이나 그 밖의 재해(災害)로 멸실된 경우 그 대지에 종전과 같은 규모의 범위에서 다시 축조하는 것을 말한다.

해설

③ "발코니"에 대한 설명이다. "부속건축물"이란 같은 대지에서 주된 건축물과 분리된 부속용도의 건축물로서 주된 건축물을 이용 또는 관리하는 데에 필요한 건축물을 말한다.

Answer

01 ⑤ 02 ④ 03 ③

04 상

건축법령상 다중이용건축물이 아닌 것은? 제18회

① 바닥면적의 합계가 5천제곱미터인 숙박시설 중 관광숙박시설
② 바닥면적의 합계가 6천제곱미터인 종교시설
③ 바닥면적의 합계가 7천제곱미터인 판매시설
④ 바닥면적의 합계가 8천제곱미터인 동물원
⑤ 층수가 18층인 건축물

해설

④ 바닥면적의 합계가 5천제곱미터 이상인 건축물로서 문화 및 집회시설의 경우 동물원 및 식물원은 제외한다.

1. 다음의 어느 하나에 해당하는 용도로 쓰는 바닥면적의 합계가 5천제곱미터 이상인 건축물
   (1) 문화 및 집회시설(동물원 및 식물원은 제외한다)
   (2) 종교시설
   (3) 판매시설
   (4) 운수시설 중 여객용 시설
   (5) 의료시설 중 종합병원
   (6) 숙박시설 중 관광숙박시설
2. 16층 이상인 건축물

05 상

건축법령상 건축물과 분리하여 축조할 때 특별자치시장 · 특별자치도지사 또는 시장 · 군수 · 구정창에게 신고를 해야 하는 공작물이 아닌 것은? (단, 특례 및 조례는 고려하지 않음) 제27회

① 높이 3미터 첨탑
② 주거지역에 설치하는 높이 8미터 통신용 철탑
③ 높이 6미터의 「신에너지 및 재생에너지 개발 · 이용 · 보급 촉진법」에 따른 태양에너지를 이용하는 발전설비
④ 높이 7미터의 굴뚝
⑤ 높이 9미터의 고가수조

해설

① 첨탑 · 광고판 · 광고탑 · 장식탑 · 기념탑은 높이 4미터 초과될 경우 신고대상이다.
② 주거지역 · 상업지역에 설치하는 통신용 철탑, 골프연습장용 철탑 및 ④의 굴뚝은 높이 6미터 초과될 경우 신고대상이고, ③의 태양에너지를 이용하는 발전설비는 높이 5미터 초과될 경우 신고대상이며, ⑤의 고가수조는 높이 8미터 초과될 경우 신고대상이니까 옳은 지문이다. 제15회에도 출제된 바 있다.

06

중

건축법상 「건축법」 적용 제외 건축물이 아닌 것은? 제27회

① 고속도로 통행료 징수시설
② 철도의 선로 부지에 있는 플랫폼
③ 궤도의 선로 부지에 있는 운전보안시설
④ 「자연유산의 보존 및 활용에 관한 법률」에 따라 지정된 임시지정명승
⑤ 「산업집적활성화 및 공장설립에 관한 법률」에 따른 공장의 용도가 아닌 건축물의 대지에 설치하는 것으로서 이동이 쉬운 컨테이너를 이용한 간이창고

해설

⑤ 공장의 용도로만 사용되는 건축물의 대지에 설치하는 것이다.

07

상

건축법령상 건축물의 대수선에 해당하지 않는 것은? (단, 증축·개축 또는 재축에 해당하지 않음을 전제로 함) 제20회 수정

① 내력벽의 벽면적을 30제곱미터 이상 수선 또는 변경하는 것
② 기둥을 증설 또는 해체하는 것
③ 방화벽을 위한 바닥 등을 증설 또는 해체하거나 수선 또는 변경하는 것
④ 건축물의 내부에 사용하는 마감재료를 증설 또는 해체하는 것
⑤ 다가구주택의 가구 간 경계벽을 수선 또는 변경하는 것

해설

④ 건축물의 외벽에 사용하는 마감재료를 증설 또는 해체하거나 벽면적 30제곱미터 이상 수선 또는 변경하는 것이 대수선이다.

08

중

건축법령상 건축신고대상인 대수선의 범위에 해당하지 않는 것은? 제17회

① 주요구조부의 해체없이 내력벽의 면적을 20제곱미터 이상 수선하는 것
② 주요구조부의 해체없이 기둥을 세 개 수선하는 것
③ 주요구조부의 해체없이 보를 세 개 수선하는 것
④ 주요구조부의 해체없이 지붕틀을 세 개 수선하는 것
⑤ 주요구조부의 해체없이 방화벽을 수선하는 것

해설

① 주요구조부의 해체없이 내력벽의 면적을 30제곱미터 이상 수선하는 것이 신고대상이다.

Answer

04 ④ 05 ① 06 ⑤ 07 ④ 08 ①

09 건축법령상 제1종 근린생활시설이 아닌 것은? 제14회

중

① 대피소 ② 의원
③ 마을회관 ④ 일반음식점
⑤ 변전소

해설
④ 일반음식점은 제2종 근린생활시설에 해당한다.

10 건축법령상 제2종 근린생활시설에 해당하는 것은? 제17회

중

① 미용원 ② 독서실
③ 마을회관 ④ 변전소
⑤ 의원

해설
①③④⑤는 제1종 근린생활시설이다.

11 건축법령상 용도별 건축물의 종류에 관한 설명으로 옳은 것은? 제16회

상

① 단독주택 또는 공동주택에 해당하는 노인복지시설은 노유자시설이다.
② 휴게음식점으로서 같은 건축물에 해당 용도로 쓰는 바닥면적의 합계가 300제곱미터인 것은 제1종 근린생활시설에 해당된다.
③ 자동차학원 및 무도학원은 교육연구시설에 속한다.
④ 경마장의 경우 관람석의 바닥면적의 합계가 1천제곱미터 이상인 것은 문화 및 집회시설에 속한다.
⑤ 치과의원과 한의원은 의료시설에 속한다.

해설
① 단독주택이나 공동주택에 노인복지시설은 포함한다. 다만, 노인복지주택은 제외한다.
② 휴게음식점으로서 같은 건축물에 해당 용도로 쓰는 바닥면적의 합계가 300제곱미터 이상은 제2종 근린생활시설에 해당된다.
③ 자동차학원은 자동차 관련 시설에 속하고, 무도학원은 위락시설에 속한다.
⑤ 치과의원과 한의원은 제1종 근린생활시설에 속한다.

12 건축법령상 용도별 건축물의 종류에 관한 설명으로 옳지 않은 것은? 제27회

하

① 동물 전용의 장례식장은 '장례시설'이다.

② 주택으로 쓰는 1개 동의 바닥면적 합계가 660제곱미터 이하이고 층수가 4개 층 이하인 주택은 '연립주택'이다.

③ 단란주점으로서 제2종 근린생활시설에 해당하지 아니하는 것은 '위락시설'이다.

④ 안마시술소와 노래연습장은 같은 건축물에 해당 용도로 쓰는 바닥면적의 합계가 150제곱미터를 초과하더라도 '제2종 근린생활시설'이다.

⑤ 층수가 3개 층 이하인 주택이더라도 주택으로 쓰는 1개 동의 바닥면적의 합계가 660제곱미터를 초과하면 '다가구주택'이 아니다.

해설

② 주택으로 쓰는 1개 동의 바닥면적 합계가 660제곱미터 이하이고 층수가 4개 층 이하인 주택은 '다세대주택'이다. '연립주택'은 주택으로 쓰는 1개 동의 바닥면적 합계가 660제곱미터 초과이고 층수가 4개 층 이하인 주택을 말한다.

13 건축법령상 주거업무시설군에 속하는 건축물의 용도가 아닌 것은? 제25회

상

① 단독주택
② 공동주택
③ 업무시설
④ 운동시설
⑤ 교정시설, 국방·군사시설

해설

④ 운동시설은 영업시설군에 해당한다.

Answer

09 ④ 10 ② 11 ④ 12 ② 13 ④

14 상

건축법령상 사용승인을 받은 건축물의 용도를 변경하려는 경우 특별자치시장 · 특별자치도지사 또는 시장 · 군수 · 구청장의 허가를 받아야 하는 사항은? 제18회

① 운동시설을 업무시설로 용도 변경하는 경우
② 공동주택을 제1종 근린생활시설로 용도 변경하는 경우
③ 문화 및 집회시설을 판매시설로 용도 변경하는 경우
④ 종교시설을 수련시설로 용도 변경하는 경우
⑤ 교육연구시설을 교정시설 또는 국방 · 군사시설로 용도 변경하는 경우

해설

허가사항은 ②이며, ①③④⑤는 신고사항이다.

용도변경의 시설군	건축물의 용도
1. 자동차 관련 시설군	자동차 관련 시설
2. 산업 등 시설군	운수시설, 공장, 창고시설, 위험물저장 및 처리시설, 자원순환관련시설, 묘지관련시설, 장례시설
3. 전기통신시설군	방송통신시설, 발전시설
4. 문화집회시설군	문화 및 집회시설, 종교시설, 관광휴게시설, 위락시설
5. 영업시설군	운동시설, 판매시설, 숙박시설, 다중생활시설(제2종 근린생활시설)
6. 교육 및 복지시설군	교육연구시설, 노유자시설, 수련시설, 의료시설, 야영장시설
7. 근린생활시설군	제1종 근린생활시설, 제2종 근린생활시설(다중생활시설은 제외)
8. 주거업무시설군	단독주택, 공동주택, 업무시설, 교정시설, 국방 · 군사시설
9. 그 밖의 시설군	동물 및 식물 관련 시설

허가 (↑) / 신고 (↓)

건축물대장의 기재사항 변경 신청

15 상

건축법령상 A시에 소재한 단독주택의 용도를 다음 각 시설의 용도로 변경하려는 경우, A시장의 허가를 받아야 하는 것을 모두 고른 것은? (단, 공용건축물에 대한 특례 및 조례는 고려하지 않음) 제24회

> ㄱ. 제1종 근린생활시설　　ㄴ. 공동주택
> ㄷ. 업무시설　　ㄹ. 공장
> ㅁ. 노유자시설

① ㄱ, ㄴ, ㄷ　② ㄱ, ㄴ, ㄹ　③ ㄱ, ㄹ, ㅁ
④ ㄴ, ㄷ, ㅁ　⑤ ㄷ, ㄹ, ㅁ

해설

③ ㄱ, ㄹ, ㅁ이 허가대상이다. ㄴ, ㄷ은 건축물대장의 기재사항 변경신청에 해당한다.

16 상●●

건축법령상 건축관계자가 허가권자에게 건축법 기준을 완화하여 적용할 것을 허가권자에게 요청할 수 있다. 이 경우 사용승인을 받은 후 15년 이상이 되어 리모델링이 필요한 건축물에 완화하여 적용하는 기준에 해당하지 않는 것은? 제17회

① 건축물의 내화구조와 방화벽
② 대지의 조경
③ 건축선의 지정
④ 건축물의 용적률
⑤ 건축물의 건폐율

해설

① 완화되는 규정은 ②③④⑤ 외에도 공개공지 등의 확보, 대지 안의 공지, 건축물의 높이제한, 일조 등의 확보를 위한 건축물의 높이제한 규정이 있다.

17 상●●

건축법령상 건축관계자가 업무를 수행할 때 「건축법」 제56조(건축물의 용적률)**의 기준을 완화하여 적용할 것은 허가권자에게 요청할 수 있는 건축물을 모두 고른 것은?** (단, 특례 및 조례는 고려하지 않음) 제27회

ㄱ. 초고층 건축물
ㄴ. 수면 위에 건축하는 건축물
ㄷ. 사용승인을 받은 후 15년 이상이 되어 리모델링이 필요한 건축물
ㄹ. 경사진 대지에 계단식으로 건축하는 공동주택으로서 지면에서 직접 각 세대가 있는 층으로의 출입이 가능하고, 위층 세대가 아래층 세대의 지붕을 정원 등으로 활용하는 것이 가능한 형태의 건축물

① ㄱ
② ㄱ, ㄹ
③ ㄴ, ㄷ
④ ㄴ, ㄷ, ㄹ
⑤ ㄱ, ㄴ, ㄷ, ㄹ

해설

③ ㄴ, ㄷ이 옳은 항목이다. ㄱ, ㄹ은 건폐율만 완화적용 요청할 수 있으며, ㄴ은 용적률뿐만 아니라 건폐율, 대지의 안전, 토지굴착부분에 대한 조치 등, 대지의 조경, 대지와 도로의 관계, 도로의 지정·변경·폐지, 건축선의 지정, 건폐율, 대지의 분할제한, 공개공지 등의 확보, 건축물의 높이제한·일조 등의 확보를 위한 건축물의 높이제한 규정을 완화적용 요청할 수 있다. ㄷ도 용적률뿐만 아니라 대지 안의 조경, 공개공지 등의 확보, 건축선의 지정, 건폐율, 대지 안의 공지, 건축물의 높이제한·일조 등의 확보를 위한 건축물의 높이제한 규정을 완화적용 요청할 수 있다.

Answer

14 ② 15 ③ 16 ① 17 ③

02 건축물의 건축

연계학습: 기본서 p.461~497

18 상●●

건축법령상 건축허가에 관한 설명으로 옳은 것은? (단, 공용건축물에 대한 특례 및 조례는 고려하지 않음) 제24회 수정

① 연면적의 합계가 10만제곱미터인 공장을 특별시에 건축하려는 자는 특별시장의 허가를 받아야 한다.

② 허가권자는 숙박시설에 해당하는 건축물의 건축허가신청에 대하여 해당 대지에 건축하려는 규모가 교육환경을 고려할 때 부적합하다고 인정되는 경우에는 건축위원회의 심의를 거쳐 건축허가를 하지 아니할 수 있다.

③ 공동주택의 건축허가를 받은 자가 허가를 받은 날부터 1년 이내에 공사에 착수하지 아니한 경우, 허가권자는 건축허가를 취소하여야 한다.

④ 바닥면적의 합계가 85제곱미터인 단층건물을 개축하려는 자는 건축허가를 받아야 한다.

⑤ 분양을 목적으로 하는 공동주택의 경우, 건축주가 대지를 사용할 수 있는 권원을 확보한 때에는 해당 대지의 소유권을 확보하지 못하였더라도 건축허가를 받을 수 있다.

해설

① 연면적의 합계가 10만제곱미터인 공장을 특별시에 건축하려는 자는 구청장의 허가를 받아야 한다.

③ 2년 이내에 공사에 착수하지 아니한 경우, 허가권자는 건축허가를 취소하여야 한다.

④ 바닥면적의 합계가 85제곱미터 이내의 증축・개축・재축은 신고대상이다.

⑤ 건축주가 대지를 사용할 수 있는 권원을 확보한 때에는 해당 대지의 소유권을 확보하지 못하였더라도 건축허가를 받을 수 있다. 다만, 분양을 목적으로 하는 공동주택은 제외한다.

19 중

건축법령상 건축허가와 건축신고에 관한 설명으로 옳지 않은 것은? 제20회

① 허가권자는 건축허가를 신청한 숙박시설의 규모 또는 형태가 교육환경을 고려할 때 부적합하다고 인정되는 경우에는 건축위원회의 심의를 거쳐 건축허가를 하지 아니할 수 있다.

② 건축위원회의 심의를 받은 자가 심의결과를 통지 받은 날부터 2년 이내에 건축허가를 신청하지 아니하면 건축위원회 심의의 효력이 상실된다.

③ 특별시나 광역시가 아닌 시에 21층 이상의 건축물을 건축하려면 도지사의 허가를 받아야 한다.

④ 연면적의 합계가 100제곱미터 이하인 건축물을 신축하는 경우 건축신고를 하면 건축허가를 받은 것으로 본다.

⑤ 단층 건축물을 바닥면적의 합계가 85제곱미터 이내로 재축하는 경우 건축신고를 하면 건축허가를 받은 것으로 본다.

해설

③ 특별시나 광역시가 아닌 시에 21층 이상의 건축물을 건축하려면 미리 도지사의 승인을 받아야 한다.

20 상

A는 연면적의 합계가 98제곱미터인 건축물인 창고를 신축하기 위해 건축신고를 하였고 그 신고가 수리되었다. 건축법령상 이에 관한 설명으로 옳지 않은 것은? 제22회

① A는 건축허가를 받은 것으로 본다.

② A의 창고가 「농지법」에 따른 농지전용허가의 대상인 경우에는 건축신고 외에 별도의 농지전용허가를 받아야 한다.

③ A가 창고의 신축공사에 착수하려면 허가권자에게 공사계획을 신고하여야 한다.

④ A가 건축에 착수한 이후 건축주를 B로 변경하는 경우 신고를 하여야 한다.

⑤ A가 창고 신축을 완료하여 창고를 사용하려면 사용승인을 신청하여야 한다.

해설

② 건축신고에 관하여는 건축허가를 받은 경우에 다른 법령에 따라 허가 등을 받거나 신고 등을 한 것으로 간주되는 「건축법」 제11조 제5항과 관계 행정기관의 장의 사전협의에 관한 규정인 제11조 제6항을 준용한다. 즉 건축허가의 의제사항을 준용한다. 따라서 A의 창고가 「농지법」에 따른 농지전용허가의 대상인 경우에는 건축신고 외에 별도의 농지전용허가를 받을 필요가 없다.

Answer

18 ② 19 ③ 20 ②

21 상

건축법령상 건축허가와 건축신고에 관한 설명으로 옳은 것은? 제15회

① 층수 20층, 연면적 8만제곱미터인 공장의 경우 시장·군수가 허가함에 있어서 도지사의 승인을 필요로 한다.

② 건축물을 건축하거나 대수선하려는 자가 허가권자로부터 건축허가를 받았다면 「국토의 계획 및 이용에 관한 법률」에 따른 개발행위허가를 받은 것으로 본다.

③ 국토교통부장관은 지역계획이나 도시·군계획에 특히 필요하다고 인정하면 시장·군수·구청장의 건축허가나 허가 받은 건축물의 착공이 제한할 수 있으며, 제한 기간은 4년으로 한다.

④ 주요구조부가 아닌 비내력벽의 면적을 20제곱미터 수선하는 것은 시장·군수·구청장에게 신고하면 건축허가를 받은 것으로 본다.

⑤ 재해복구·흥행 등 대통령령으로 정하는 용도의 가설건축물을 축조하려는 자는 특별자치도지사 또는 시장·군수·구청장에게 착공한 다음 신고하여야 한다.

해설

① 층수 21층, 연면적 합계 10만제곱미터인 건축물(공장, 창고, 지방건축위원회 심의를 거친 건축물은 제외) 도지사의 사전승인대상이다.

③ 특별시장·광역시장·도지사는 지역계획이나 도시·군계획에 특히 필요하다고 인정하면 시장·군수·구청장의 건축허가나 허가 받은 건축물의 착공을 제한할 수 있으며, 제한 기간은 2년으로 한다.

④ 주요구조부의 해체가 없는 대수선 중 신고대상은 내력벽의 면적 30제곱미터 이상 수선 또는 변경이다.

⑤ 가설건축물을 축조하려는 자는 신고한 후 착공하여야 한다.

22 상

건축법령상 도시 · 군계획시설예정지에서 가설건축물을 축조하려는 자가 특별자치시장 · 특별자치도지사 또는 시장 · 군수 · 구청장에게 신고한 후 착공하여야 하는 경우가 아닌 것은? (단, 조례 및 공용건축물에 대한 특례는 고려하지 않음)

제26회

① 유원지에서 한시적인 문화행사를 목적으로 천막을 설치하는 것
② 조립식 구조로 된 경비용으로 쓰는 가설건축물로서 연면적이 10제곱미터 이하인 것
③ 조립식 경량구조로 된 외벽이 없는 임시 자동차 차고
④ 야외흡연실 용도로 쓰는 가설건축물로서 연면적이 75제곱미터 이상인 것
⑤ 도시지역 중 주거지역에 설치하는 농업용 비닐하우스로서 연면적이 100제곱미터 이상인 것

해설

④ 야외흡연실 용도로 쓰는 가설건축물로서 연면적이 50제곱미터 이하인 것

23 상

건축법령상 건축물의 건축 등을 위한 설계를 건축사가 아니라도 할 수 있는 경우에 해당하는 것은? (단, 건축물의 소재지는 읍 · 면지역이 아니며, 가설건축물은 고려하지 않음)

제26회

① 바닥면적의 합계가 85제곱미터인 건축물의 증축
② 바닥면적의 합계가 100제곱미터인 건축물의 개축
③ 바닥면적의 합계가 150제곱미터인 건축물의 재축
④ 연면적이 150제곱미터이고 층수가 2층인 건축물의 대수선
⑤ 연면적이 200제곱미터이고 층수가 4층인 건축물의 대수선

해설

④ 건축사가 아니라도 설계를 할 수 있는 것은 바닥면적의 합계가 85제곱미터 미만인 건축물의 증축 · 개축 또는 재축, 연면적이 200제곱미터 미만이고 층수가 3층 미만인 건축물의 대수선, 그 밖에 대통령령으로 정하는 건축물 등이 있다.

Answer

21 ②　22 ④　23 ④

24 상

건축법상 건축물 안전영향평가(이하 "안전영향평가"라 한다)**에 관한 설명으로 옳지 않은 것은?** 제26회

① 초고층 건축물은 안전영향평가의 대상이다.
② 안전영향평가에서는 건축물의 구조, 지반 및 풍환경(風環境) 등이 건축물의 구조안전과 인접 대지의 안전에 미치는 영향 등을 평가한다.
③ 안전영향평가 결과는 지방의회의 동의를 얻어 시·도지사가 확정한다.
④ 안전영향평가 대상 건축물의 건축주는 건축허가 신청시 제출하여야 하는 도서에 안전영향평가 결과를 반영하여야 한다.
⑤ 허가권자는 건축위원회의 심의 결과 및 안전영향평가 내용을 즉시 공개하여야 한다.

해설
③ 안전영향평가 결과는 건축위원회 심의를 거쳐 허가권자가 확정한다.

25 중

건축법령상 건축물의 사용승인에 관한 설명으로 옳은 것은? 제22회

① 건축주가 공사감리자를 지정한 경우에는 공사감리자가 사용승인을 신청하여야 한다.
② 도시·군계획시설에서 가설건축물 건축을 위한 허가를 받은 경우에는 따로 건축물 사용승인을 받지 않고 사용할 수 있다.
③ 임시사용승인의 기간은 3년 이내로 하며, 1회에 한하여 연장할 수 있다.
④ 허가권자로부터 건축물의 사용승인을 받은 경우에는 「전기안전관리법」에 따른 전기설비의 사용전 검사를 받은 것으로 본다.
⑤ 허가권자인 구청장이 건축물의 사용승인을 하려면 관할 특별시장 또는 광역시장의 동의를 받아야 한다.

해설
① 건축주가 허가권자에게 사용승인을 신청하여야 한다.
② 건축주가 허가를 받았거나 신고를 한 건축물, 도시·군계획시설에서 가설건축물 건축을 위한 허가를 받은 경우에도 사용승인을 받아야 한다.
③ 임시사용승인의 기간은 2년 이내로 하며, 대형건축물 또는 암반공사 등으로 인하여 공사기간이 긴 건축물에 대하여는 그 기간을 연장할 수 있다.
⑤ 법령에 규정이 없는 내용이다.

03 건축물의 대지 및 도로

연계학습: 기본서 p.498~507

26 상

건축법령상 건축공사에 수반하는 토지를 깊이 1.5미터 이상 굴착하는 경우에는 그 경사도가 일정 비율 이하이면 토압에 대하여 안전한 구조의 흙막이를 설치하지 않아도 되는 것으로 규정하고 있다. 이 경우 토질에 따른 경사도가 완만한 것부터 급한 것 순으로 옳게 나열한 것은? 제21회

① 모래 – 모래질흙 – 호박돌이 섞인 점성토 – 경암
② 점토 – 모래 – 호박돌이 섞인 점성토 – 호박돌이 섞인 모래질흙
③ 모래질흙 – 모래 – 연암 – 점토
④ 호박돌이 섞인 모래질흙 – 호박돌이 섞인 점성토 – 연암 – 경암
⑤ 호박돌이 섞인 점성토 – 사력질흙 – 연암 – 경암

해설

⑤ 토질에 따른 경사도가 완만한 것부터 급한 것의 순서는 다음과 같다.
호박돌이 섞인 점성토(1 : 1.5) – 사력질흙(1 : 1.2) – 연암(1 : 1.0) – 경암(1 : 0.5)

토 질	경사도
모래	1 : 1.8
암괴 또는 호박돌이 섞인 점성토	1 : 1.5
모래질흙, 사력질흙, 암괴 또는 호박돌이 섞인 모래질흙, 점토, 점성토	1 : 1.2
연암	1 : 1.0
경암	1 : 0.5

27 상

건축법령상 대지에 조경 등의 조치를 하여야 하는 건축물은? (단, 「건축법」상 적용 제외 규정, 특별건축구역의 특례 및 건축조례는 고려하지 않음) 제22회

① 녹지지역인 면적 5천제곱미터인 대지에 건축하는 건축물
② 도시·군계획시설예정지에서 건축하는 연면적 합계가 2천제곱미터인 가설건축물
③ 상업지역인 면적 1천제곱미터인 대지에 건축하는 숙박시설
④ 농림지역인 면적 3천제곱미터인 대지에 건축하는 축사
⑤ 관리지역인 면적 1천 500제곱미터인 대지에 건축하는 공장

해설

①④⑤ 녹지지역·농림지역·관리지역은 조경의무가 없으며, ② 가설건축물은 조경의무가 없다.

Answer

24 ③ 25 ④ 26 ⑤ 27 ③

28 중

다음은 건축법령상 예외적으로 대지에 조경 등의 조치를 하지 아니할 수 있는 건축물에 관한 규정의 일부이다. ( )안에 들어갈 숫자를 순서대로 나열한 것은? 제16회

> 1. 녹지지역에 건축하는 건축물
> 2. 면적 ( )제곱미터 미만인 대지에 건축하는 공장
> 3. 연면적의 합계가 ( )제곱미터 미만인 공장
> 4. 「산업집적활성화 및 공장설립에 관한 법률」 제2조 제14호에 따른 산업단지의 공장
> 5. 대지에 염분이 함유되어 있는 경우 또는 건축물용도의 특성상 조경 등의 조치를 하기가 곤란하거나 조경 등의 조치를 하는 것이 불합리한 경우로서 건축조례로 정하는 건축물

① 3,000 − 1,000 ② 3,000 − 1,500 ③ 5,000 − 1,000
④ 5,000 − 1,500 ⑤ 5,000 − 3,000

해설

2. 면적 5천제곱미터 미만인 대지에 건축하는 공장
3. 연면적의 합계가 1천 500제곱미터 미만인 공장

29 중

건축법령상 대지에 관한 설명 중 옳지 않은 것은? 제15회

① 대지란 「공간정보의 구축 및 관리 등에 관한 법률」에 따라 각 필지로 나눈 토지를 말한다. 다만, 대통령령으로 정하는 토지에 대하여는 둘 이상의 필지를 하나의 대지로 하거나, 하나 이상의 필지의 일부를 하나의 대지로 할 수 있다.

② 대지는 인접한 도로면보다 낮아서는 아니 된다. 다만, 대지의 배수에 지장이 없거나 건축물의 용도상 방습의 필요가 없는 경우에는 인접한 도로면보다 낮아도 된다.

③ 대지에는 빗물과 오수를 배출하거나 처리하기 위하여 필요한 하수관, 하수구, 저수탱크, 그 밖에 이와 유사한 시설을 하여야 한다.

④ 상업지역에 바닥면적의 합계가 5천제곱미터 이상인 종교시설인 건축물의 대지에는 공개공지 또는 공개공간을 확보하여야 한다.

⑤ 대지에 도시・군계획시설인 도로・공원 등이 있는 경우 그 도시・군계획시설에 포함되는 대지면적은 대지의 수평투영면적으로 산입한다.

해설

⑤ 대지에 도시・군계획시설인 도로・공원 등이 있는 경우 그 도시・군계획시설에 포함되는 대지면적은 산입하지 않는다.

30 중

건축법령상 용도지역 중 공개공지등을 설치하지 않아도 되는 지역은? (단, 도시화의 가능성이 크거나 노후 산업단지의 정비가 필요하다고 인정되는 지역은 아니며, 건축물의 종류 · 용도 · 규모는 고려하지 않음) 제25회

① 일반주거지역 ② 준주거지역 ③ 녹지지역
④ 상업지역 ⑤ 준공업지역

해설

③ 녹지지역은 공개공지등을 설치대상이 아닌 지역이다.

31 중

건축법령상 건축물의 대지와 도로에 관한 설명으로 옳은 것은? (단, 「건축법」 제3조에 따른 적용 제외, 제73조에 따른 적용 특례, 건축협정 및 조례는 고려하지 않음) 제24회

① 면적 3천제곱미터인 대지에 건축하는 공장에 대하여는 조경 등의 조치를 하여야 한다.
② 공개공지등을 설치하는 경우 건축물의 용적률은 완화하여 적용할 수 있으나, 건축물의 높이제한은 완화하여 적용할 수 없다.
③ 공개공지등의 면적은 대지면적의 최대 100분의 15이다.
④ 상업지역에 설치하는 공개공지는 필로티의 구조로 설치할 수 있다.
⑤ 건축물의 주변에 유원지가 있는 경우, 건축물의 대지는 6미터 이상이 도로에 접하여야 한다.

해설

① 면적 5천제곱미터 미만인 대지에 건축하는 공장에 대하여는 조경을 하지 않을 수 있다.
② 공개공지등을 설치하는 경우 건폐율, 용적률, 건축물의 높이제한을 완화하여 적용할 수 있다.
③ 공개공지등의 면적은 대지면적의 최대 100분의 10이다.
⑤ 건축물의 주변에 유원지가 있는 경우는 대지가 도로에 접하지 않아도 된다.

Answer

28 ④ 29 ⑤ 30 ③ 31 ④

32 ●●하

건축법령상 건축물의 대지가 도로(자동차만의 통행에 사용되는 도로는 제외)**에 접해야 하는 경우 연면적의 합계가 5천제곱미터인 공장의 대지가 접하여야 하는 도로의 기준으로 옳은 것은?** 제16회

① 너비 4미터 이상의 도로에 2미터 이상 접하여야 한다.
② 너비 4미터 이상의 도로에 4미터 이상 접하여야 한다.
③ 너비 6미터 이상의 도로에 4미터 이상 접하여야 한다.
④ 너비 6미터 이상의 도로에 6미터 이상 접하여야 한다.
⑤ 너비 10미터 이상의 도로에 6미터 이상 접하여야 한다.

해설

③ 연면적 합계가 3천제곱미터 이상 공장의 대지는 너비 6미터 이상의 도로에 4미터 이상 접하여야 한다.

33 ●중●

건축법령상 건축물의 대지와 도로에 관한 설명으로 옳지 않은 것은? (단, 「건축법」상 적용 제외 규정 및 건축협정에 따른 특례는 고려하지 않음) 제20회

① 건축물의 대지는 건축물의 용도상 방습(防濕)의 필요가 없는 경우에는 인접한 도로면보다 낮아도 된다.
② 건축물의 대지에 확보하여야 하는 공개공지등의 면적은 대지면적의 100분의 10 이하의 범위에서 건축조례로 정한다.
③ 건축물의 대지에 확보하는 공개공지는 필로티의 구조로 설치할 수 없다.
④ 해당 건축물의 출입에 지장이 없다고 인정되는 경우 건축물의 대지는 도로(자동차만의 통행에 사용되는 도로는 제외)에 2미터 이상 접할 것이 요구되지 아니한다.
⑤ 지표 아래 부분을 제외하고는 건축물과 담장은 건축선의 수직면을 넘어서는 아니된다.

해설

③ 공개공지는 필로티의 구조로 설치할 수 있다.

34 상●●

건축법령상 건축물의 대지와 도로에 관한 설명으로 옳은 것은? (단, 「건축법」 제3조에 따른 적용 제외는 고려하지 않음) 제19회

① 허가권자는 주민이 오랫동안 통행로로 이용하고 있는 사실상의 통로로서 해당 지방자치단체의 조례로 정한 경우에는 이해관계인의 동의와 건축위원회의 심의를 거쳐 도로로 지정하여야 한다.

② 「국토의 계획 및 이용에 관한 법률」에 따른 도시지역 외의 지역에서 도로의 교차각이 90°이며 해당 도로와 교차되는 도로의 너비가 각각 6미터라면 도로경계선의 교차점으로부터 도로경계선에 따라 각 3미터를 후퇴한 두 점을 연결한 선이 건축선이 된다.

③ 도로면으로부터 높이 4.5미터 이하에 있는 출입구, 창문, 그 밖에 이와 유사한 구조물은 열고 닫을 때 건축선의 수직면을 넘는 구조로 할 수 있다.

④ 건축물의 주변에 건축이 가능한 녹지가 있다면, 건축물의 대지가 2미터 미만으로 도로에 접하여도 건축법령을 위반한 것은 아니다.

⑤ 건축물과 담장, 지표 아래의 창고시설은 건축선의 수직면을 넘어서는 아니된다.

해설

② 도로의 교차각이 90°이며 해당 도로와 교차되는 도로의 너비가 각각 6미터라면 다음 표에서 3미터가 되는데, 도로경계선의 교차점으로부터 도로경계선에 따라 각 3미터를 후퇴한 두 점을 연결한 선이 건축선이 된다. 맞는 지문이다.

도로의 교차각	해당 도로의 너비		교차되는 도로의 너비
	6m 이상 8m 미만	4m 이상 6m 미만	
90° 미만	4m	3m	6m 이상 8m 미만
	3m	2m	4m 이상 6m 미만
90° 이상 120° 미만	3m	2m	6m 이상 8m 미만
	2m	2m	4m 이상 6m 미만

① 이해관계인의 동의는 받지 아니한다.

③ 도로면으로부터 높이 4.5미터 이하에 있는 출입구, 창문, 그 밖에 이와 유사한 구조물은 열고 닫을 때 건축선의 수직면을 넘지 아니하는 구조로 하여야 한다.

④ 다음의 하나에 해당하면 2m 이상을 도로에 접하지 아니하여도 된다.

1. 해당 건축물의 출입에 지장이 없다고 인정되는 경우
2. 건축물의 주변에 광장 · 공원 · 유원지 그 밖에 관계 법령에 따라 건축이 금지되고 공중의 통행에 지장이 없는 공지로서 허가권자가 인정한 경우
3. 「농지법」 제2조 제1호 나목에 따른 농막을 건축하는 경우

⑤ 건축물과 담장은 건축선의 수직면을 넘어서는 아니된다. 다만, 지표 아래 부분은 그러하지 아니하다.

Answer

32 ③ 33 ③ 34 ②

04 건축물의 구조 및 재료 등

연계학습 : 기본서 p.508~532

35 상

건축법령상 건축물의 구조와 재료에 관한 설명으로 옳은 것은? (단, 「건축법」 제3조에 따른 적용 제외는 고려하지 않음) 제19회

① 방화지구 안에 있더라도 도매시장의 용도로 쓰는 건축물로서 그 주요구조부가 불연재료로 된 건축물은 주요구조부와 외벽을 내화구조로 하지 않을 수 있다.

② 방화지구 안의 공작물로서 건축물의 지붕 위에 설치되어 있는 모든 간판, 광고탑은 주요부를 난연(難燃)재료로 하여야 한다.

③ 인접 대지경계선으로부터 직선거리 3미터에 이웃 주택의 내부가 보이는 창문을 설치하고자 한다면, 차면시설(遮面施設)을 설치하여야 한다.

④ 출입이 가능한 옥상광장에 높이 1미터의 난간을 설치한 경우 건축법령에 저촉되지 아니한다.

⑤ 5층 이상인 층을 식물원의 용도로 쓰는 경우에는 피난 용도로 쓸 수 있는 광장을 옥상에 설치하여야 한다.

해설

② 방화지구 안의 공작물로서 간판, 광고탑, 그 밖에 대통령령으로 정하는 공작물 중 건축물의 지붕 위에 설치하는 공작물이나 높이 3미터 이상의 공작물은 주요부를 불연(不燃)재료로 하여야 한다.

③ 인접 대지경계선으로부터 직선거리 2미터 이내에 이웃 주택의 내부가 보이는 창문을 설치하는 경우에는 차면시설을 설치하여야 한다.

④ 옥상광장 또는 2층 이상의 층에 있는 노대나 그 밖에 이와 비슷한 것의 주위에는 높이 1.2m 이상의 난간을 설치하여야 한다.

⑤ 5층 이상의 층이 제2종 근린생활시설 중 공연장·종교집회장·인터넷게임시설제공업소(해당용도로 쓰는 바닥면적의 합계가 각각 300제곱미터 이상인 경우만 해당한다), 문화 및 집회시설(전시장 및 동·식물원을 제외한다), 종교시설, 판매시설, 위락시설 중 주점영업 또는 장례시설의 용도로 쓰는 경우에는 피난의 용도에 쓸 수 있는 광장을 옥상에 설치하여야 한다.

36 상

건축법령상 건축물의 구조 및 재료 등에 관한 설명으로 옳지 않은 것은? 제21회

① 지방자치단체의 장은 구조 안전 확인 대상 건축물에 대하여 대수선 허가를 하는 경우 내진성능 확보 여부를 확인하여야 한다.

② 국토교통부장관은 지진으로부터 건축물의 구조 안전을 확보하기 위하여 건축물의 용도, 규모 및 설계구조의 중요도에 따라 내진등급을 설정하여야 한다.

③ 불연재료란 불에 타지 아니하는 성질을 가진 재료로서 국토교통부령으로 정하는 기준에 적합한 재료를 말한다.

④ 아파트로서 3층 이상인 층의 각 세대가 2개 이상의 직통계단을 사용할 수 없는 경우에는 발코니에 인접 세대와 공동으로 또는 각 세대별로 건축법령의 요건을 모두 갖춘 피난안전구역을 하나 이상 설치하여야 한다.

⑤ 구조안전 확인 대상 건축물이 아니거나 내진능력 산정이 곤란한 건축물로서 대통령령으로 정하는 건축물은 내진능력을 공개하지 아니한다.

해설

④ 아파트로서 4층 이상인 층의 각 세대가 2개 이상의 직통계단을 사용할 수 없는 경우에는 발코니에 인접 세대와 공동으로 또는 각 세대별로 일정 요건을 모두 갖춘 대피공간을 하나 이상 설치하여야 한다.

37 중

건축법령상 건축설비 설치의 원칙으로 옳지 않은 것은? 제23회

① 공동주택에는 방송수신에 지장이 없도록 방송 공동수신설비를 설치하여야 한다.

② 건축설비는 건축물의 안전·방화, 위생, 에너지 및 정보통신의 합리적 이용에 지장이 없도록 설치하여야 한다.

③ 건축물에 설치하는 건축설비의 설치에 관한 기술적 기준은 국토교통부령으로 정하되, 에너지 이용 합리화와 관련한 건축설비의 기술적 기준에 관하여는 산업통상자원부장관과 협의하여 정한다.

④ 연면적이 400제곱미터 미만인 건축물의 대지에도 전기를 배전(配電)하는 데 필요한 전기설비를 설치할 수 있는 공간을 확보하여야 한다.

⑤ 배관피트 및 닥트의 단면적과 수선구의 크기를 해당 설비의 수선에 지장이 없도록 하는 등 설비의 유지·관리가 쉽게 설치하여야 한다.

해설

④ 연면적이 500제곱미터 이상인 건축물의 대지에는 전기를 배전(配電)하는 데 필요한 전기설비를 설치할 수 있는 공간을 확보하여야 한다.

Answer

35 ① 36 ④ 37 ④

38 상

건축법령상 가구 · 세대 등 간 소음 방지를 위하여 국토교통부령으로 정하는 기준에 따라 층간바닥(화장실의 바닥은 제외)을 설치하여야 하는 건축물이 아닌 것은? (단, 특별건축구역의 적용특례는 고려하지 않음) 제20회

① 다중주택
② 다가구주택
③ 오피스텔
④ 숙박시설 중 다중생활시설
⑤ 제2종 근린생활시설 중 다중생활시설

해설
① 다중주택은 층간바닥 기준을 적용하지 않는다.

39 상

건축법령상 건축설비에 관한 설명으로 옳은 것은? 제22회

① 층수가 30층 이상인 건축물에는 건축물에 설치하는 승용승강기 중 1대 이상을 피난용승강기로 설치하여야 한다,
② 공동주택에는 방송수신에 지장이 없도록 위성방송수신설비를 설치하여야 한다.
③ 지능형건축물로 인증을 받은 건축물에 대해서는 건폐율을 100분의 115의 범위에서 완화하여 적용할 수 있다.
④ 높이 31미터인 8층의 건축물에는 비상용승강기를 1대 이상 설치하여야 한다.
⑤ 대지면적이 500제곱미터 이상인 건축물에는 「전기사업법」에 따른 전기사업자가 전기를 배전하는 데 필요한 전기설비를 설치할 수 있는 공간을 확보하여야 한다.

해설
② 공동주택, 바닥면적의 합계가 5천제곱미터 이상으로서 업무시설이나 숙박시설의 용도로 쓰는 건축물에는 방송공동수신설비를 설치하여야 한다.
③ 지능형건축물로 인증을 받은 건축물에 대해서는 용적률 및 건축물의 높이제한을 100분의 115의 범위에서 완화하여 적용할 수 있다.
④ 높이 31미터 초과 건축물에는 비상용승강기를 1대 이상 설치하여야 한다.
⑤ 연면적이 500제곱미터 이상인 건축물에는 「전기사업법」에 따른 전기사업자가 전기를 배전하는 데 필요한 전기설비를 설치할 수 있는 공간을 확보하여야 한다.

40 상

건축법령상 피난용승강기의 설치에 관한 설명으로 옳지 않은 것은? (단, 특수구조 건축물은 고려하지 않음) 제25회

① 고층건축물에는 승용승강기 외에 2대 이상의 피난용승강기를 추가로 설치하여야 한다.
② 승강장의 바닥면적은 승강기 1대당 6제곱미터 이상으로 하여야 한다.
③ 예비전원으로 작동하는 조명설비를 설치하여야 한다.
④ 각 층으로부터 피난층까지 이르는 승강로를 단일구조로 연결하여 설치하여야 한다.
⑤ 승강장의 출입구 부근의 잘 보이는 곳에 해당 승강기가 피난용승강기임을 알리는 표지를 설치하여야 한다.

해설

① 고층건축물에는 승용승강기 중 1대 이상을 피난용승강기로 설치하여야 한다.

41 중

건축법령상 피난시설로서 건축물로부터 바깥쪽으로 나가는 출구를 설치하여야 하는 건축물이 아닌 것은? (단, 특례 및 조례는 고려하지 않음) 제27회

① 문화 및 집회시설(전시장 및 동·식물원만 해당한다)
② 승강기를 설치하여야 하는 건축물
③ 연면적이 5천제곱미터 이상인 창고시설
④ 교육연구시설 중 학교
⑤ 제2종 근린생활시설 중 인터넷컴퓨터게임시설제공업소(해당 용도로 쓰는 바닥면적의 합계가 300제곱미터 이상인 경우만 해당한다)

해설

① 문화 및 집회시설 중 전시장 및 동·식물원은 제외한다.

Answer

38 ① 39 ① 40 ① 41 ①

42 상

건축법령상 방화문의 구분과 그에 대한 설명으로 옳은 것은? 제25회

① 180분 + 방화문: 연기 및 열을 차단할 수 있는 시간이 180분 이상이고, 불꽃을 차단할 수 있는 시간이 60분 이상인 방화문

② 120분 + 방화문: 연기 및 불꽃을 차단할 수 있는 시간이 120분 이상이고, 열을 차단할 수 있는 시간이 60분 이상인 방화문

③ 60분 + 방화문: 연기 및 열을 차단할 수 있는 시간이 60분 이상인 방화문

④ 60분 방화문: 연기 및 열을 차단할 수 있는 시간이 60분이고, 불꽃을 차단할 수 있는 시간이 30분인 방화문

⑤ 30분 방화문: 연기 및 불꽃을 차단할 수 있는 시간이 30분 이상 60분 미만인 방화문

해설

⑤이 옳은 지문이다. ①②은 규정에 없는 지문이고, ③은 연기 및 불꽃을 차단할 수 있는 시간이 60분 이상이고, 열을 차단할 수 있는 시간이 30분 이상인 방화문 ④은 연기 및 불꽃을 차단할 수 있는 시간이 60분 이상인 방화문이다.

43 중

건축법령상 지능형건축물의 인증에 관한 내용으로 옳은 것은? (단, 다른 조건과 예외 및 다른 법령과 조례는 고려하지 않음) 제23회

① 시·도지사는 지능형건축물의 건축을 활성화하기 위하여 지능형건축물 인증제도를 실시하여야 한다.

② 지능형건축물의 인증을 받으려는 자는 시·도지사에게 인증을 신청하여야 한다.

③ 지능형건축물 인증기준에는 인증기준 및 절차, 인증표시 홍보기준, 유효기간, 수수료, 인증 등급 및 심사기준 등이 포함된다.

④ 지능형건축물로 인증을 받은 건축물에 대해서는 조경설치면적을 100분의 50까지 완화하여 적용할 수 있다.

⑤ 지능형건축물로 인증을 받은 건축물에 대해서는 용적률 및 건축물의 높이를 100분의 115를 초과하는 범위로 완화하여 적용할 수 있다.

해설

① 국토교통부장관은 지능형건축물의 건축을 활성화하기 위하여 지능형건축물 인증제도를 실시하여야 한다.
② 지능형건축물의 인증을 받으려는 자는 인증기관에 인증을 신청하여야 한다.
④ 조경설치면적을 100분의 85까지 완화하여 적용할 수 있다.
⑤ 용적률 및 건축물의 높이를 100분의 115 범위에서 완화하여 적용할 수 있다.

05 지역 · 지구 · 구역에서의 건축제한

연계학습: 기본서 p.533~551

44 중

건축법령상 건축물의 면적 등의 산정방법에 관한 설명으로 옳은 것은? 제22회

① 지하층은 건축물의 층수에 산입한다.

② 건축물 지상층에 일반인이 통행할 수 있도록 설치한 보행통로는 건축면적에 산입한다.

③ 공동주택으로서 지상층에 설치한 어린이놀이터의 면적은 바닥면적에 산입한다.

④ 지하층의 면적은 용적률을 산정할 때에는 연면적에 포함한다.

⑤ 생활폐기물보관시설은 건축면적에 산입하지 않는다.

해설

① 지하층은 건축물의 층수에 산입하지 않는다.
② 건축물 지상층에 일반인이 통행할 수 있도록 설치한 보행통로는 건축면적에 산입하지 않는다.
③ 공동주택으로서 지상층에 설치한 어린이놀이터의 면적은 바닥면적에 산입하지 않는다.
④ 지하층의 면적은 용적률을 산정할 때에는 연면적에 포함하지 않는다.

45 상

건축법령상 건축면적의 산정대상인 것은? 제18회

① 건축물 지상층에 일반인이나 차량이 통행할 수 있도록 설치한 보행통로나 차량통로

② 지하주차장의 경사로

③ 건축물 지하층의 출입구 상부(출입구 너비에 상당하는 규모의 부분)

④ 생활폐기물보관시설(음식물쓰레기, 의류 등의 수거함)

⑤ 태양열을 주된 에너지원으로 이용하는 주택

해설

⑤ 태양열을 주된 에너지원으로 이용하는 주택의 건축면적과 단열재를 구조체의 외기측에 설치하는 단열공법으로 건축된 건축물의 건축면적은 건축물의 외벽 중 내측 내력벽의 중심선을 기준으로 한다.

Answer

42 ⑤ 43 ③ 44 ⑤ 45 ⑤

46 상

건축법령상 건축물의 면적 등의 산정방법에 관한 설명으로 옳은 것은? 제15회

① 벽·기둥의 구획이 없는 건축물은 그 지붕 끝부분으로부터 수평거리 1미터를 후퇴한 선으로 둘러싸인 수평투영면적을 건축면적으로 한다.

② 바닥면적은 원칙적으로 건축물의 외벽의 중심선으로 둘러싸인 부분의 수평투영면적으로 한다.

③ 건축물 지상층에 일반인이나 차량이 통행할 수 있도록 설치한 보행통로나 차량통로 및 지하주차장의 경사로는 건축면적에 산입하지 아니한다.

④ 연면적은 하나의 건축물 각 층(지하층을 포함한다)의 건축면적의 합계로 한다.

⑤ 공동주택으로서 지상층에 설치한 기계실, 전기실, 어린이놀이터, 조경시설, 생활폐기물보관시설의 면적은 바닥면적에 산입한다.

해설

① 건축면적 ⇨ 바닥면적
② 바닥면적 ⇨ 건축면적
④ 건축면적 ⇨ 바닥면적
⑤ 바닥면적에 산입하지 아니한다.

06 특별건축구역 등

연계학습: 기본서 p.552~573

47 중

건축법령상 국토교통부장관이 도시나 지역의 일부에 대해 특별건축구역으로 지정할 수 없는 지역 · 지구 · 구역은?

제12회

① 「도로법」에 따른 접도구역
② 「도시 및 주거환경정비법」에 따른 정비구역
③ 「도시개발법」에 따른 도시개발구역
④ 「택지개발촉진법」에 따른 택지개발사업구역
⑤ 「공공주택 건설 등에 관한 특별법」에 따른 공공주택지구

해설

①과 개발제한구역, 자연공원, 보전산지는 지정할 수 없는 지역이다.

48 중

건축법령상 건축협정을 체결할 수 있는 지역 또는 구역에 해당하지 않는 것은?

제23회

① 「국토의 계획 및 이용에 관한 법률」 제51조에 따라 지정된 지구단위계획구역
② 「도시 및 주거환경정비법」 제2조 제2호 가목에 따른 주거환경개선사업을 시행하기 위하여 같은 법 제8조에 따라 지정 · 고시된 정비구역
③ 「도시재정비 촉진을 위한 특별법」 제2조 제6호에 따른 존치지역
④ 「도시재생 활성화 및 지원에 관한 특별법」 제2조 제1항 제5호에 따른 도시재생 활성화지역
⑤ 「건축법」 제77조의4 제1항 제5호에 따라 국토교통부장관이 도시 및 주거환경개선이 필요하다고 인정하여 지정하는 구역

해설

⑤ 건축협정대상구역은 ①②③④ 외에도 그 밖에 시 · 도지사 및 시장 · 군수 · 구청장(이하 "건축협정인가권자"라 한다)이 도시 및 주거환경개선이 필요하다고 인정하여 해당 지방자치단체의 조례로 정하는 구역이 있다.

Answer

46 ③ 47 ① 48 ⑤

07 보칙 및 벌칙

연계학습: 기본서 p.574~579

49 상

건축법령상 위반 건축물에 대한 조치 및 이행강제금에 관한 설명으로 옳은 것은? 제20회

① 시정명령을 받고 이행하지 아니한 건축물이 바닥면적의 합계가 400제곱미터 미만인 농업용 창고인 경우, 허가권자는 그 건축물에 대하여 다른 법령에 따른 영업이나 그 밖의 행위를 허가·면허·인가·등록·지정 등을 하지 아니하도록 요청할 수 있다.

② 시정명령을 받고 이행하지 아니한 건축물에 대하여 허가권자가 다른 법령에 따른 영업을 허가하지 아니하도록 요청한 경우 그 요청을 받은 자는 특별한 이유가 없으면 요청에 따라야 한다.

③ 허가권자는 시정명령을 받은 자가 이를 이행하면 새로운 이행강제금의 부과 및 이미 부과된 이행강제금의 징수를 즉시 중지하여야 한다.

④ 신축 또는 증축을 하지 않더라도 임대 등 영리를 목적으로 허가 없이 다세대주택의 세대수를 3세대 증가시킨 경우 허가권자는 이행강제금의 금액을 100분의 100의 범위에서 가중할 수 있다.

⑤ 허가권자는 동일인이 최근 3년 내에 2회 이상 법 또는 법에 따른 명령이나 처분을 위반한 경우에는 위반행위 후 소유권이 변경된 경우에도 이행강제금의 금액을 100분의 100의 범위에서 가중할 수 있다.

해설

① 허가권자는 허가나 승인이 취소된 건축물 또는 시정명령을 받고 이행하지 아니한 건축물에 대하여는 다른 법령에 따른 영업이나 그 밖의 행위를 허가·면허·인가·등록·지정 등을 하지 아니하도록 요청할 수 있다. 다만, 허가권자가 기간을 정하여 그 사용 또는 영업, 그 밖의 행위를 허용한 주택과 대통령령으로 정하는 다음의 경우에는 그러하지 아니하다. 이 경우 요청을 받은 자는 특별한 사유가 없으면 요청에 따라야 한다.

바닥면적의 합계가 400m² 미만인 축사와 바닥면적의 합계가 400m² 미만인 농업용·임업용·축산업용 또는 수산업용 창고

③ 허가권자는 시정명령을 받은 자가 이를 이행하면 새로운 이행강제금의 부과를 즉시 중지 하되, 이미 부과된 이행강제금은 징수하여야 한다.

④⑤ 허가권자는 영리목적을 위한 위반이나 상습적 위반 등 대통령령으로 정하는 경우에 해당금액을 100분의 100의 범위에서 가중할 수 있다. 즉, 다음의 어느 하나에 해당하는 경우를 말한다. 다만, 위반행위 후 소유권이 변경된 경우는 제외한다.

> 1. 임대 등 영리를 목적으로 용도변경을 한 경우(위반면적이 50제곱미터를 초과하는 경우로 한정한다)
> 2. 임대 등 영리를 목적으로 허가나 신고 없이 신축 또는 증축한 경우(위반면적이 50제곱미터를 초과하는 경우로 한정한다)
> 3. 임대 등 영리를 목적으로 허가나 신고 없이 다세대주택의 세대수 또는 다가구주택의 가구수를 증가시킨 경우(5세대 또는 5가구 이상 증가시킨 경우로 한정한다)
> 4. 동일인이 최근 3년 내에 2회 이상 법 또는 법에 따른 명령이나 처분을 위반한 경우
> 5. 위의 1.부터 4.까지의 규정과 비슷한 경우로서 건축조례로 정하는 경우

50

상●●

건축법령상 용적률을 초과하여 건축된 건축물에 부과하는 이행강제금의 산정방식이다. (　　)에 들어갈 내용으로 옳은 것은? (단, 가중·감경 특례 및 조례는 고려하지 않음)

제24회

> 「지방세법」에 따라 해당 건축물에 적용되는 1제곱미터의 시가표준액의 100분의 50에 해당하는 금액에 위반면적을 곱한 금액 이하의 범위에서 100분의 (　　)을 곱한 금액

① 60　　② 70　　③ 80
④ 90　　⑤ 100

해설

1. 건폐율을 초과하여 건축한 경우 : 100분의 80
2. 용적률을 초과하여 건축한 경우 : 100분의 90
3. 허가를 받지 아니하고 건축한 경우 : 100분의 100
4. 신고를 하지 아니하고 건축한 경우 : 100분의 70

Answer

49 ②　50 ④

51 건축법령상 이행강제금 부과 · 징수절차에 관한 내용으로 옳은 것은? 제23회

상●●

① 이행강제금을 부과하기 전에 이행강제금을 부과 · 징수한다는 뜻을 미리 구두로 계고(戒告)하여야 한다.
② 이행강제금은 금액, 부과 사유, 납부기한, 수납기관, 이의제기 방법 및 이의제기 기관 등을 구체적으로 밝히는 경우 구두로 부과할 수 있다.
③ 최초의 시정명령이 있었던 날을 기준으로 하여 1년에 2회 이내의 범위에서 해당 지방자치단체의 조례로 정하는 횟수만큼 그 시정명령이 이행될 때까지 반복하여 이행강제금을 부과 · 징수할 수 있다.
④ 시정명령을 받은 자가 이를 이행하면 새로운 이행강제금의 부과는 즉시 중지하고, 이미 부과된 이행강제금은 징수할 수 없다.
⑤ 이행강제금 부과처분을 받은 자가 이행강제금을 납부기한까지 내지 아니하면 「국세징수법」상 국세체납의 예에 따라 징수한다.

해설

① 이행강제금을 부과하기 전에 미리 문서로 계고(戒告)하여야 한다.
② 이행강제금은 문서로 부과하여야 한다.
④ 이행하면 새로운 이행강제금의 부과는 즉시 중지하고, 이미 부과된 이행강제금은 징수하여야 한다.
⑤ 이행강제금을 납부기한까지 내지 아니하면 「지방행정제재 · 부과금의 징수 등에 관한 법률」에 따라 징수한다.

52 건축법령상 과태료의 부과기준에 관한 설명으로 옳지 않은 것은? 제21회

상●●

① 위반행위의 횟수에 따른 과태료의 부과기준은 최근 1년간 같은 위반행위로 과태료를 부과받은 경우에 적용한다.
② 과태료 부과시 위반행위가 둘 이상인 경우에는 부과금액이 많은 과태료를 부과한다.
③ 과태료를 늘려 부과하는 경우 「건축법」 규정에 따른 과태료 금액의 상한의 2배까지 부과할 수 있다.
④ 위반행위자가 법 위반상태를 바로 정정하거나 시정하여 해소한 경우, 개별기준에 따른 과태료 금액의 2분의 1 범위에서 그 금액을 줄일 수 있다.
⑤ 감경 사유가 여러 개 있는 경우라도 감경의 범위는 과태료 금액의 2분의 1을 넘을 수 없다.

해설

③ 부과권자는 위반의 정도, 동기와 그 결과 등을 고려하여 개별기준에 따른 과태료 금액의 2분의 1 범위에서 그 금액을 늘릴 수 있다.

Answer

51 ③ 52 ③

주관식 단답형 문제

01 상

「건축법령」상 (　　)안에 공통으로 들어갈 용어를 쓰시오. 제17회

> 이 법은 건축물의 대지·구조·설비 기준 및 용도 등을 정하여 건축물의 (　　)·기능 ·(　　) 및 미관을 향상시킴으로써 공공복리의 증진에 이바지하는 것을 목적으로 한다.

02 하

다음에서 설명하고 있는 「건축법령」상의 용어를 쓰시오. 제16회

> 건축물이 천재지변이나 그 밖의 재해(災害)로 멸실된 경우 그 대지에 종전과 같은 규모의 범위에서 다시 축조하는 것을 말한다.

03 상

「건축법」 제2조(정의) 규정의 일부이다. (　　)에 들어갈 단어를 순서에 관계없이 쓰시오. 제21회

> ① 이 법에서 사용하는 용어의 뜻은 다음과 같다.
> 1. ~ 13. <생략>
> 14. "설계도서"란 건축물의 건축등에 관한 공사용 도면, (　　　　), (　　　　), 그 밖에 국토교통부령으로 정하는 공사에 필요한 서류를 말한다.

04 하

「건축법」 제2조(정의) 제15호의 내용이다. (　　)안에 들어갈 용어를 쓰시오. 제19회

> "(　　)"(이)란 자기의 책임(보조자의 도움을 받는 경우를 포함한다)으로 건축법이 정하는 바에 따라 건축물, 건축설비 또는 공작물이 설계도서의 내용대로 시공되는지를 확인하고, 품질관리·공사관리·안전관리 등에 대하여 지도·감독하는 자를 말한다.

Answer

01 안전, 환경　　02 재축

03 구조계산서, 시방서　　04 공사감리자

05 중

「건축법」 제2조(정의)에서 다음 설명에 해당하는 용어를 쓰시오. 제17회

> 건축물의 구조・설비 등 건축물과 관련된 전문기술자격을 보유하고 설계와 공사감리에 참여하여 설계자 및 공사감리자와 협력하는 자를 말한다.

06 중

「건축법 시행령」 제2조(정의) 규정의 일부이다. (　　)에 공통으로 들어갈 용어를 쓰시오. 제23회

> (　　)(이)란 건축물의 내부와 외부를 연결하는 완충공간으로서 전망이나 휴식 등의 목적으로 건축물 외벽에 접하여 부가적(附加的)으로 설치되는 공간을 말한다. 이 경우 주택에 설치되는 (　　)(으)로서 국토교통부장관이 정하는 기준에 적합한 (　　)(은)는 필요에 따라 거실・침실・창고 등의 용도로 사용할 수 있다.

07 상

「건축법 시행령」 제2조(정의) 규정의 일부이다. (　　)에 들어갈 용어를 쓰시오. 제26회

> "발코니"란 건축물의 내부와 외부를 연결하는 (ㄱ)(으)로서 전망이나 휴식 등의 목적으로 건축물 (ㄴ)에 접하여 부가적(附加的)으로 설치되는 공간을 말한다.

08 중

「건축법 시행령」 [별표1]의 용도별 건축물의 종류에 관한 규정의 일부이다. (ㄱ)에 공통으로 들어갈 용어와 (ㄴ)에 들어갈 숫자를 쓰시오. 제23회

> 2. 공동주택[공동주택의 형태를 갖춘 가정어린이집・공동생활가정・지역아동센터・공동육아나눔터・작은도서관・노인복지시설(노인복지주택은 제외한다) 및 「주택법 시행령」 제10조 제1항 제1호에 따른 소형 주택을 포함한다] 다만, 가목이나 나목에서 층수를 산정할 때 1층 전부를 (ㄱ) 구조로 하여 주차장으로 사용하는 경우에는 (ㄱ) 부분을 층수에서 제외하고, <생략>
> 가. 아파트 : <생략>
> 나. 연립주택 : 주택으로 쓰는 1개 동의 바닥면적(2개 이상의 동을 지하주차장으로 연결하는 경우에는 각각의 동으로 본다) 합계가 (ㄴ)제곱미터를 초과하고, 층수가 4개 층 이하인 주택
> 다. 다세대주택 : <생략>

09 중

「건축법」 제2조(정의) 규정의 일부이다. ( )에 들어갈 용어를 쓰시오. 제27회

> "( )구조물"이란 건축물의 안전·기능·환경 등을 향상시키기 위하여 건축물에 추가적으로 설치하는 환기시설물 등 대통령령으로 정하는 구조물을 말한다.

10 중

「건축법 시행령」 [별표 1]의 용도별 건축물의 종류에 관한 규정의 일부이다. ( )에 들어갈 용어와 아라비아 숫자를 쓰시오 제25회

> - 연립주택: 주택으로 쓰는 1개 동의 (ㄱ) 합계가 660제곱미터를 초과하고, 층수가 4개 층 이하인 주택
> - 일반기숙사: 학교 또는 공장 등의 학생 또는 종업원 등을 위하여 쓰는 것으로서 해당 기숙사의 공동취사시설 이용 세대 수가 전체의 (ㄴ)퍼센트 이상인 것

11 중

「건축법」 제8조(리모델링에 대비한 특례 등) 규정의 일부이다. (ㄱ)에 공통으로 들어갈 용어와 (ㄴ)에 들어갈 숫자를 쓰시오. 제23회

> 리모델링이 쉬운 구조의 (ㄱ)의 건축을 촉진하기 위하여 (ㄱ)(을)를 대통령령으로 정하는 구조로 하여 건축허가를 신청하면 제56조, 제60조 및 제61조에 따른 기준을 100분의 (ㄴ)의 범위에서 대통령령으로 정하는 비율로 완화하여 적용할 수 있다.

12 하

「건축법」 제14조(건축신고) 규정의 일부이다. ( )에 들어갈 숫자를 쓰시오. 제20회

> 건축신고를 한 자가 신고일부터 ( )년 이내에 공사에 착수하지 아니하면 그 신고의 효력은 없어진다. 다만, 건축주의 요청에 따라 허가권자가 정당한 사유가 있다고 인정하면 1년의 범위에서 착수기한을 연장할 수 있다.

Answer

05 관계전문기술자	**06** 발코니
07 ㄱ: 완충공간, ㄴ: 외벽	**08** ㄱ: 필로티, ㄴ: 660
09 부속	**10** ㄱ: 바닥면적, ㄴ: 50
11 ㄱ: 공동주택, ㄴ: 120	**12** 1

13 ●●하

「건축법」 제42조(대지의 조경)**의 규정의 일부이다. (　　)안에 들어갈 숫자를 쓰시오.** 제18회

> 면적이 (　　)제곱미터 이상인 대지에 건축을 하는 건축주는 용도지역 및 건축물의 규모에 따라 해당 지방자치단체의 조례로 정하는 기준에 따라 대지에 조경이나 그 밖에 필요한 조치를 하여야 한다.

14 ●●하

「건축법 시행령」 제28조(대지와 도로와의 관계) **규정의 일부이다. (　　)에 들어갈 숫자를 순서대로 쓰시오.** 제22회

> 법 제44조 제2항에 따라 연면적의 합계가 2천제곱미터(공장인 경우에는 3천제곱미터) 이상인 건축물(축사, 작물 재배사, 그 밖에 이와 비슷한 건축물로서 건축조례로 정하는 규모의 건축물은 제외한다)의 대지는 너비 (　　)미터 이상의 도로에 (　　)미터 이상 접하여야 한다.

15 ●●하

「건축법령」상 (　　)안에 공통으로 들어갈 용어를 쓰시오. 제16회

> 건축물과 담장은 (　　　　)의 수직면을 넘어서는 아니되며, [다만, 지표(地表) 아래 부분은 그러하지 아니하다], 도로면으로부터 높이 4.5미터 이하에 있는 출입구, 창문, 그 밖에 이와 유사한 구조물은 열고 닫을 때 (　　　　)의 수직면을 넘지 아니하는 구조로 하여야 한다.

16 상●●

건축물의 구조 및 재료 등에 관한 「건축법」 제48조의2의 규정이다. (　　)안에 들어갈 용어를 쓰시오. 제17회

> 국토교통부장관은 지진으로부터 건축물의 구조 안전을 확보하기 위하여 건축물의 용도, 규모 및 설계구조의 중요도에 따라 (　　　　)을(를) 설정하여야 한다.

17 상

「건축법 시행령」 제34조(직통계단의 설치) **제1항 규정의 일부이다. (　　)에 들어갈 용어와 아라비아 숫자를 쓰시오.** 제25회

> 건축물(지하층에 설치하는 것으로서 바닥면적의 합계가 300제곱미터 이상인 공연장 · 집회장 · 관람장 및 전시장은 제외한다)의 (ㄱ)이(가) 내화구조 또는 불연재료로 된 건축물은 그 보행거리가 (ㄴ)미터(층수가 16층 이상인 공동주택의 경우 16층 이상인 층에 대해서는 40미터) 이하가 되도록 설치할 수 있으며, 자동화 생산시설에 스프링클러 등 자동식 소화설비를 설치한 공장으로서 국토교통부령으로 정하는 공장인 경우에는 그 보행거리가 75미터 이하가 되도록 설치할 수 있다.

18 중

「건축법 시행령」 제37조(지하층과 피난층 사이의 개방공간 설치) **규정이다. (　　) 안에 들어갈 숫자를 쓰시오.** 제19회

> 바닥면적의 합계가 (　　)제곱미터 이상인 공연장 · 집회장 · 관람장 또는 전시장을 지하층에 설치하는 경우에는 각 실에 있는 자가 지하층 각 층에서 건축물 밖으로 피난하여 옥외 계단 또는 경사로 등을 이용하여 피난층으로 대피할 수 있도록 천장이 개방된 외부 공간을 설치하여야 한다.

19 상

「건축법 시행령」 제64조 규정의 일부이다. (　　)에 들어갈 용어를 쓰시오. 제24회

> 제64조(방화문의 구분) ① 방화문은 다음 각 호와 같이 구분한다.
> 1. (ㄱ) 방화문: 연기 및 불꽃을 차단할 수 있는 시간이 60분 이상이고, (ㄴ)을(를) 차단할 수 있는 시간이 30분 이상인 방화문
> 2. 60분 방화문: <생략>
> 3. 30분 방화문: <생략>

Answer

13 200	**14** 6, 4
15 건축선	**16** 내진등급
17 ㄱ: 주요구조부, ㄴ: 50	**18** 3,000
19 ㄱ: 60분+, ㄴ: 열	

20 상

「건축법」 제53조의2(건축물의 범죄예방) **규정의 일부이다. (　　)에 들어갈 용어를 순서에 관계없이 쓰시오.** 제21회

> 국토교통부장관은 범죄를 예방하고 안전한 생활환경을 조성하기 위하여 (　　), 건축설비 및 (　　)에 관한 범죄예방 기준을 정하여 고시할 수 있다.

21 상

「건축법」 제50조(건축물의 내화구조와 방화벽) **제1항 규정이다. (　　)에 들어갈 공통적인 용어를 쓰시오.** 제26회

> 문화 및 집회시설, 의료시설, 공동주택 등 대통령령으로 정하는 건축물은 국토교통부령으로 정하는 기준에 따라 (　　)(와)과 지붕을 내화(耐火)구조로 하여야 한다. 다만, 막구조 등 대통령령으로 정하는 구조는 (　　)에만 내화구조로 할 수 있다.

22 상

다음은 「건축법령」상 건축설비의 원칙에 관한 설명이다. (　　)안에 들어갈 용어를 쓰시오. 제16회

> 건축설비는 건축물의 안전·방화, 위생, 에너지 및 정보통신의 합리적 이용에 지장이 없도록 설치하여야 하고, 배관피트 및 닥트의 단면적과 (　　　　)의 크기를 해당 설비의 수선에 지장이 없도록 하는 등 설비의 유지·관리가 쉽게 설치하여야 한다.

23 하

「건축법」 제64조(승강기) **규정의 일부이다. (　　)안에 들어갈 숫자를 쓰시오.** 제19회

> 건축주는 6층 이상으로서 연면적이 (　　)제곱미터 이상인 건축물(대통령령으로 정하는 건축물은 제외한다)을 건축하려면 승강기를 설치하여야 한다. 이 경우 승강기의 규모 및 구조는 국토교통부령으로 정한다.

24 중

「건축법」 제64조(승강기) 제2항의 규정이다. ( )에 들어갈 아라비아 숫자를 쓰시오.

제24회

> 높이 ( )미터를 초과하는 건축물에는 대통령령으로 정하는 바에 따라 제1항에 따른 승강기뿐만 아니라 비상용승강기를 추가로 설치하여야 한다. 다만, 국토교통부령으로 정하는 건축물의 경우에는 그러하지 아니하다.

25 중

건축물의 대지가 지역 · 지구 · 구역에 걸치는 경우의 조치에 대한「건축법」 제54조 제2항의 규정이다. 다음 ( )에 알맞은 용어를 쓰시오.

제15회

> 하나의 건축물이 방화지구와 그 밖의 구역에 걸치는 경우에는 그 전부에 대하여 방화지구 안의 건축물에 관한 이 법의 규정을 적용한다. 다만, 건축물의 방화지구에 속한 부분과 그 밖의 구역에 속한 부분의 경계가 ( )으로 구획되는 경우 그 밖의 구역에 있는 부분에 대하여는 그러하지 아니하다.

26 상

「건축법」 제58조(대지 안의 공지) 규정이다. ( )에 들어갈 용어와 아라비아 숫자를 쓰시오.

제26회

> 건축물을 건축하는 경우에는「국토의 계획 및 이용에 관한 법률」에 따른 용도지역 · 용도지구, 건축물의 용도 및 규모 등에 따라 (ㄱ) 및 인접 대지경계선으로부터 (ㄴ)미터 이내의 범위에서 대통령령으로 정하는 바에 따라 해당 지방자치단체의 조례로 정하는 거리 이상을 띄워야 한다.

Answer

20 건축물, 대지
21 주요구조부
22 수선구
23 2,000
24 31
25 방화벽
26 ㄱ: 건축선, ㄴ: 6

27 ●중●

「건축법 시행령」 제119조(면적 등의 산정방법) **제1항 규정의 일부이다. (　　)에 공통으로 들어갈 용어를 쓰시오.** 제24회

> 법 제84조에 따라 건축물의 면적·높이 및 층수 등은 다음 각 호의 방법에 따라 산정한다.
> 1. 대지면적: <생략>
> 2. 건축면적: 건축물의 외벽(외벽이 없는 경우에는 외곽 부분의 기둥을 말한다)의 중심선으로 둘러싸인 부분의 (　　)(으)로 한다. <이하 생략>
> 3. 바닥면적: 건축물의 각 층 또는 그 일부로서 벽, 기둥, 그 밖에 이와 비슷한 구획의 중심선으로 둘러싸인 부분의 (　　)(으)로 한다. <이하 생략>

28 ●●하

「건축법령」상 대지면적에 대한 연면적(대지에 건축물이 둘 이상 있는 경우에는 이들 연면적의 합계로 함)**의 비율을 지칭하는 용어를 쓰시오.** 제19회

해설

용적률이란 대지면적에 대한 건축물의 연면적의 비율을 말한다. 대지에 둘 이상의 건축물이 있는 경우에는 이들 연면적의 합계로 한다.

29 상●●

「건축법령」상 아래와 같은 조건을 갖는 건축물의 용적률은 몇 퍼센트(%)인가? 제13회 수정

> - 대지면적: 20,000m^2
> - 지하 2층: 주차장(12,000m^2), 전기실·기계실 등 공용시설(2,000m^2)
> - 지하 1층: 제1종 근린생활시설(8,000m^2), 주차장(6,000m^2)
> - 지상 1층: 필로티구조로 전부를 상층부 공동주택의 부속용도인 주차장으로 사용(4,000m^2)
> - 지상 2층 ~ 지상 9층: 공동주택(각 층 4,000m^2)

해설

용적률을 산정할 때 연면적에서 지하층의 면적과 지상층의 부속용도로 사용하는 주차장의 면적은 제외한다. 따라서 지상 2층에서 지상 9층까지의 각 층의 바닥면적의 합은 8개 층 곱하기 4,000m^{2}을 하면 32,000m^{2}가 된다. 용적률은 대지면적에 대한 연면적의 비율이므로 20,000m^{2}분의 32,000m^{2}을 백분율로 표시하면 160%가 된다.

30 중

「건축법」 제61조(일조 등의 확보를 위한 건축물의 높이 제한) **제1항 규정이다. (　)에 들어갈 용어를 쓰시오.** 제25회

> 전용주거지역과 일반주거지역 안에서 건축하는 건축물의 높이는 일조 등의 확보를 위하여 정북방향(正北方向)의 인접 (　)(으)로부터의 거리에 따라 대통령령으로 정하는 높이 이하로 하여야 한다.

31 중

「건축법」 제61조(일조 등의 확보를 위한 건축물의 높이 제한) **규정의 일부이다. (　)에 들어갈 용어를 순서대로 쓰시오.** 제21회

> ① (　　　)과(와) 일반주거지역 안에서 건축하는 건축물의 높이는 일조 등의 확보를 위하여 정북방향의 인접 대지경계선으로부터의 거리에 따라 대통령령으로 정하는 높이 이하로 하여야 한다.
> ② 다음 각 호의 어느 하나에 해당하는 공동주택[일반상업지역과 (　　　)에 건축하는 것은 제외한다]은 채광 등의 확보를 위하여 대통령령으로 정하는 높이 이하로 하여야한다.
> 1. 인접 대지경계선 등의 방향으로 채광을 위한 창문 등을 두는 경우
> 2. 하나의 대지에 두 동(棟) 이상을 건축하는 경우

32 하

다음에서 설명하고 있는 「건축법령」상의 용어를 쓰시오. 제15회

> 조화롭고 창의적인 건축물의 건축을 통하여 도시경관의 창출, 건설기술 수준향상 및 건축 관련 제도개선을 도모하기 위하여 이 법 또는 관계 법령에 따라 일부 규정을 적용하지 아니하거나 완화 또는 통합하여 적용할 수 있도록 특별히 지정하는 구역을 말한다.

Answer

27 수평투영면적	**28** 용적률
29 160%	**30** 대지경계선
31 전용주거지역, 중심상업지역	**32** 특별건축구역

33 중

「건축법령」상 특별건축구역에서 건축기준 등의 특례사항을 적용하여 건축할 수 있는 건축물에 관한 내용이다. (　)안에 들어갈 숫자를 쓰시오. 제18회

용 도	규모(연면적)
문화 및 집회시설, 판매시설, 운수시설, 의료시설, 교육연구시설, 수련시설	(　)천제곱미터 이상

34 중

「건축법」 제77조의15 규정의 일부이다. (　)에 들어갈 용어를 쓰시오. 제22회

> ① 다음 각 호의 어느 하나에 해당하는 지역에서 대지간의 최단거리가 100미터 이내의 범위에서 대통령령으로 정하는 범위에 있는 2개의 대지의 건축주가 서로 합의한 경우 2개의 대지를 대상으로 (　　)을 할 수 있다.
> 1. 「국토의 계획 및 이용에 관한 법률」 제36조에 따라 지정된 상업지역
> 2. 「역세권의 개발 및 이용에 관한 법률」 제4조에 따라 지정된 역세권개발구역
> 3. ~ 4. <생략>

35 하

「건축법」 제80조의 규정의 일부이다. (　)안에 들어갈 용어를 쓰시오. 제18회

> 허가권자는 제79조 제1항에 따라 시정명령을 받은 후 시정기간 내에 시정명령을 이행하지 아니한 건축주등에 대하여는 그 시정명령의 이행에 필요한 상당한 이행기한을 정하여 그 기한까지 시정명령을 이행하지 아니하면 (　　　)을(를) 부과한다.

36 상●●

「건축법」 제80조(이행강제금)**와 「건축법 시행령」 제115조의3**(이행강제금의 탄력적 운영)**의 규정에 따를 때, 허가를 받지 아니하고 건축된 건축물에 부과하는 이행강제금의 산정방식이다. (　　)에 들어갈 용어와 아라비아 숫자를 쓰시오.** (단, 특례 및 조례는 고려하지 않음)

제27회

> 「지방세법」에 따라 해당 건축물에 적용되는 1제곱미터의 시가표준액의 100분의 50에 해당하는 금액에 (ㄱ)(을)를 곱한 금액 이하의 범위에서 100분의 (ㄴ)을 곱한 금액

Answer

33 2	**34** 결합건축
35 이행강제금	**36** ㄱ: 위반면적, ㄴ: 100

Part

06 도시 및 주거환경정비법

01 총설 및 기본계획 등

연계학습: 기본서 p.588~609

01 중

도시 및 주거환경정비법령상 다음의 설명에 해당하는 용어는? 제16회

> 도시저소득주민이 집단거주하는 지역으로서 정비기반시설이 극히 열악하고 노후・불량 건축물이 과도하게 밀집한 지역의 주거환경을 개선하거나 단독주택 및 다세대주택이 밀집한 지역에서 정비기반시설과 공동이용시설의 확충을 통하여 주거환경을 보전・정비・개량하기 위한 사업

① 재건축사업
② 재개발사업
③ 주거환경개선사업
④ 가로주택정비사업
⑤ 도시환경정비사업

해설

③ 주거환경개선사업은 도시저소득주민이 집단거주하는 지역으로서 정비기반시설이 극히 열악하고 노후・불량 건축물이 과도하게 밀집한 지역의 주거환경을 개선하거나 단독주택 및 다세대주택이 밀집한 지역에서 정비기반시설과 공동이용시설의 확충을 통하여 주거환경을 보전・정비・개량하기 위한 사업이다.

02 중 **도시 및 주거환경정비법령상 도시·주거환경정비기본계획**(이하 “기본계획”이라 한다)**에 관한 설명으로 옳지 않은 것은?** 제17회

① 특별시장·광역시장·특별자치시장·특별자치도지사 또는 시장은 5년마다 그 타당성 여부를 검토하여야 한다.

② 대도시가 아닌 경우 도지사가 기본계획을 수립할 필요가 없다고 인정하는 시에 대하여는 기본계획을 수립하지 아니할 수 있다.

③ 특별시장·광역시장·특별자치시장·특별자치도지사 또는 시장은 기본계획을 수립시 중앙도시계획위원회의 심의를 거쳐야 한다.

④ 특별시장·광역시장·특별자치시장·특별자치도지사 또는 시장이 수립하는 기본계획에는 역사적 유물 및 전통건축물의 보존계획이 포함된다.

⑤ 대도시의 시장이 아닌 시장은 기본계획을 수립 또는 변경한 때에는 도지사의 승인을 받아야 한다.

해설

③ 지방도시계획위원회의 심의를 거쳐야 한다.

03 중 **도시 및 주거환경정비법상 정비계획의 내용에 포함되어야 할 사항이 아닌 것은?** (단, 조례는 고려하지 않음) 제21회

① 건축물의 주용도·건폐율·용적률·높이에 관한 계획

② 환경보전 및 재난방지에 관한 계획

③ 정비구역 주변의 교육환경 보호에 관한 계획

④ 정비사업비의 추산액에 관한 관리처분계획

⑤ 도시·군계획시설의 설치에 관한 계획

해설

④ 정비계획에는 관리처분계획이 포함되지 않는다.

Answer

01 ③ 02 ③ 03 ④

04 중

도시 및 주거환경정비법령상 재건축사업의 안전진단 및 시행여부 결정에 관한 설명이다. ( )안에 들어갈 것으로 옳은 것은? 제19회

> 정비예정구역을 지정하지 아니한 지역에서 재건축사업을 시행하려는 자가 사업예정구역에 있는 건축물 및 그 부속토지의 소유자 (   ) 이상의 동의를 받아 안전진단 실시를 요청하는 경우 정비계획입안권자는 안전진단을 실시하여야 한다.

① 2분의 1
② 3분의 1
③ 3분의 2
④ 4분의 3
⑤ 10분의 1

해설

⑤ 정비예정구역을 지정하지 아니한 지역에서 재건축사업을 시행하려는 자가 사업예정구역에 있는 건축물 및 그 부속토지의 소유자 10분의 1 이상의 동의를 받아 안전진단 실시를 요청하는 경우 정비계획입안권자는 안전진단을 실시하여야 한다.

05 상

도시 및 주거환경정비법령상 정비예정구역 또는 정비구역의 해제사유가 아닌 것은? 제18회

① 재개발사업 · 재건축사업으로서 조합설립인가를 받은 날부터 2년이 되는 날까지 사업시행계획인가를 신청하지 아니하는 경우
② 재개발사업으로서 토지등소유자가 정비구역으로 지정 · 고시된 날부터 2년이 되는 날까지 조합설립추진위원회의 승인을 신청하지 아니하는 경우
③ 재건축사업으로서 추진위원회가 추진위원회 승인일부터 2년이 되는 날까지 조합설립인가를 신청하지 아니하는 경우
④ 재개발사업 · 재건축사업으로서 토지등소유자가 정비구역으로 지정 · 고시된 날부터 3년이 되는 날까지 조합설립인가를 신청하지 아니하는 경우(공공지원을 시행하려는 경우로서 추진위원회를 구성하지 아니하는 경우로 한정한다)
⑤ 정비예정구역에 대하여 기본계획에서 정한 정비구역 지정 예정일부터 3년이 되는 날까지 특별자치시장, 특별자치도지사, 시장 또는 군수가 정비구역을 지정하지 아니하거나 구청장 등이 정비구역 지정을 신청하지 아니하는 경우

해설

① 재개발사업 · 재건축사업으로서 조합설립인가를 받은 날부터 3년이 되는 날까지 사업시행계획인가를 신청하지 아니하는 경우

02 정비사업의 시행

연계학습: 기본서 p.610~659

06 상

도시 및 주거환경정비법령상 정비사업의 시공자의 선정 등에 관한 설명으로 옳지 않은 것은?

제15회 수정

① 사업시행자는 선정된 시공자와 공사에 관한 계약을 체결할 때에는 기존 건축물의 철거공사에 관한 사항을 포함시켜야 한다.

② 사업시행자는 공공지원민간임대주택을 원활히 공급하기 위하여 국토교통부장관이 정하는 경쟁입찰의 방법 또는 수의계약(2회 이상 경쟁입찰이 유찰된 경우로 한정한다)의 방법으로 「민간임대주택에 관한 특별법」에 따른 임대사업자를 선정할 수 있다.

③ 주민대표회의 또는 토지등소유자 전체회의가 시공자를 추천한 경우 사업시행자는 추천받은 자를 시공자로 선정하여야 한다.

④ 시장·군수등이 직접 정비사업을 시행하거나 토지주택공사등 또는 지정개발자를 사업시행자로 지정한 경우 사업시행자는 사업시행계획인가를 받은 후 경쟁입찰 또는 수의계약의 방법으로 건설업자 또는 등록사업자를 시공자로 선정하여야 한다.

⑤ 재개발사업을 토지등소유자가 시행하는 경우에는 사업시행계획인가를 받은 후 규약에 따라 건설업자 또는 등록사업자를 시공자로 선정하여야 한다.

해설

④ 시장·군수등이 직접 정비사업을 시행하거나 토지주택공사등을 사업시행자로 지정한 경우 사업시행자는 사업시행자 지정·고시 후 건설업자 또는 등록사업자를 시공자로 선정하여야 한다.

Answer

04 ⑤ 05 ① 06 ④

07 상

도시 및 주거환경정비법령상 재건축사업을 위하여 조합을 설립하는 경우 토지등소유자의 동의자 수 산정 방법으로 옳지 않은 것은? 제27회

① 토지의 소유권을 여럿이서 공유하는 경우 공유하는 여럿을 각각 토지등소유자로 산정한다.
② 1인이 둘 이상의 소유권을 소유하고 있는 경우 소유권의 수에 관계없이 토지등소유자를 1인으로 산정한다.
③ 둘 이상의 소유권을 소유한 공유자가 동일한 경우에는 그 공유자 여럿을 대표하는 1인을 토지등소유자로 한다.
④ 조합의 설립에 동의한 자로부터 건축물을 취득한 자는 조합의 설립에 동의한 것으로 본다.
⑤ 국・공유지에 대해서는 그 재산관리청 각각을 토지등소유자로 산정한다.

해설

① 토지의 소유권을 여럿이서 공유하는 경우 그 여럿을 대표하는 1인을 토지등소유자로 산정한다. 제14회 시험에도 출제된 바 있다.

08 상

도시 및 주거환경정비법령상 재개발사업의 시행자인 조합에 관한 설명으로 옳지 않은 것은? 제24회

① 시장・군수등이 정비사업에 대하여 공공지원을 하려는 경우에는 조합설립을 위한 추진위원회를 구성하지 아니할 수 있다.
② 조합설립을 위한 추진위원회를 구성하는 경우에는 시장・군수등의 승인을 받아야 한다.
③ 조합이 인가받은 사항을 변경하고자 하는 때에는 총회에서 조합원의 2분의 1 이상의 찬성으로 의결하고, 시장・군수등의 인가를 받아야 한다.
④ 조합은 법인으로 하고, 그 명칭에 "정비사업조합"이라는 문자를 사용하여야 한다.
⑤ 조합은 조합설립인가를 받은 날부터 30일 이내에 주된 사무소의 소재지에서 대통령령으로 정하는 사항을 등기하는 때에 성립한다.

해설

③ 조합이 인가받은 사항을 변경하고자 하는 때에는 총회에서 조합원의 3분의 2 이상의 찬성으로 의결하고, 시장・군수등의 인가를 받아야 한다.

09 도시 및 주거환경정비법령상 조합에 관한 내용으로 옳은 것은? 제23회

상

① 조합임원의 사임, 해임 또는 임기만료 후 6개월 이상 조합임원이 선임되지 아니한 경우에는 시장·군수등이 조합임원 선출을 위한 총회를 소집할 수 있다.

② 대의원회는 정비사업전문관리업자의 선정 및 변경에 관한 총회의 권한을 대행할 수 있다.

③ 조합임원은 같은 목적의 정비사업을 하는 다른 조합의 임원 또는 직원을 겸할 수 있다.

④ 조합장이 아닌 조합임원은 대의원이 될 수 있다.

⑤ 재개발사업의 추진위원회가 조합을 설립하려면 토지등소유자의 2분의 1 이상 및 토지 면적의 4분의 3 이상의 토지소유자의 동의를 받아야 한다.

해설

② 대의원회는 정비사업전문관리업자의 선정 및 변경에 관한 총회의 권한을 대행할 수 없다.
③ 조합임원은 같은 목적의 정비사업을 하는 다른 조합의 임원 또는 직원을 겸할 수 없다.
④ 조합장이 아닌 조합임원은 대의원이 될 수 없다.
⑤ 재개발사업의 추진위원회가 조합을 설립하려면 토지등소유자의 4분의 3 이상 및 토지 면적의 2분의 1 이상의 토지소유자의 동의를 받아야 한다.

10 도시 및 주거환경정비법령상 조합의 이사에 관한 설명으로 옳지 않은 것은? 제17회

상

① 이사의 수는 3명 이상으로 한다. 다만, 토지등소유자의 수가 100명을 초과하는 경우에는 이사의 수를 5명 이상으로 한다.

② 도시 및 주거환경정비법을 위반하여 벌금 100만원 이상의 형을 선고 받고 10년이 지나지 아니한 자는 이사가 될 수 없다.

③ 조합은 총회 의결을 거쳐 추진위원회 위원 또는 조합임원의 선출에 관한 선거관리를 「선거관리위원회법」에 따른 선거관리위원회에 위탁할 수 있다.

④ 조합장 또는 이사의 자기를 위한 조합과의 계약이나 소송에 관하여는 감사가 조합을 대표한다.

⑤ 조합원의 발의로 이사 해임을 위한 총회가 소집된 경우 그 소집 및 진행에 있어 감사는 조합장의 권한을 대행하여야 한다.

해설

⑤ 조합임원의 해임은 조합원 10분의 1 이상의 요구로 소집된 총회에서 조합원 과반수의 출석과 출석 조합원 과반수의 동의를 얻어 할 수 있다. 이 경우 요구자 대표로 선출된 자가 해임 총회의 소집 및 진행에 있어 조합장의 권한을 대행한다.

Answer

07 ① 08 ③ 09 ① 10 ⑤

11 도시 및 주거환경정비법령상 재개발사업에 관한 설명으로 옳은 것은? 제20회 수정

상

① 재개발사업의 경우 "토지등소유자"는 정비구역에 위치한 토지 또는 건축물의 소유자를 말하며, 그 지상권자는 포함되지 않는다.

② 재개발사업은 관리처분계획에 따라 주택, 부대·복리시설 등을 건설·공급하는 방법으로 하여야 하며, 환지로 공급하는 방법에 의할 수는 없다.

③ 재개발사업은 조합을 설립하여 시행하거나 토지등소유자가 직접 시행할 수 없다.

④ 재개발사업의 시행여부를 결정하려면 안전진단을 실시하여야 한다.

⑤ 재개발조합 설립인가 후 토지의 매매로 인하여 조합원의 권리가 이전된 경우의 조합원의 신규가입은 조합원의 동의없이 시장·군수에게 신고하고 변경할 수 있다.

해설

① 재개발사업의 경우 "토지등소유자"는 정비구역 안에 소재한 토지 또는 건축물의 소유자 또는 그 지상권자도 포함된다.
② 재개발사업은 관리처분계획에 따라 주택, 부대·복리시설 등을 건설·공급하는 방법 또는 환지로 공급하는 방법에 따라 시행할 수 있다.
③ 재개발사업은 조합을 설립하여 시행하거나 토지등소유자 20명 미만인 경우 직접 시행할 수 있다.
④ 안전진단의 실시는 재건축사업에만 해당된다.

12 도시 및 주거환경정비법령상 재건축사업에 관한 설명으로 옳은 것은? 제22회

상

① 재건축사업은 정비기반시설이 열악하고 노후·불량 건축물이 밀집한 지역에서 주거환경을 개선하기 위한 사업이다.

② 재건축사업에 있어 토지등소유자는 정비구역에 위치한 건축물의 소유자 및 임차인을 말한다.

③ 재건축사업은 주택단지를 대상으로 하며, 주택단지가 아닌 지역을 정비구역에 포함할 수 없다.

④ 조합설립을 위한 동의자 수 산정에 있어, 1인이 둘 이상의 소유권을 소유하고 있는 경우에는 소유권의 수에 관계없이 토지등소유자를 1인으로 산정한다.

⑤ 재건축사업의 경우 재건축사업에 동의하지 않은 토지등소유자도 정비사업의 조합원이 될 수 있다.

해설

① 재건축사업은 정비기반시설은 양호하나 노후·불량 건축물에 해당하는 공동주택이 밀집한 지역에서 주거환경을 개선하기 위한 사업이다.
② 재건축사업에 있어 토지등소유자는 정비구역에 위치한 건축물 및 부속토지의 소유자를 말한다.
③ 재건축사업은 주택단지를 대상으로 하며, 주택단지가 아닌 지역을 정비구역에 포함할 수 있다.
⑤ 재건축사업의 경우 재건축사업에 동의하지 않은 토지등소유자는 정비사업의 조합원이 될 수 없다.

13 상

도시 및 주거환경정비법상 사업시행계획서에 포함되어야 하는 사항을 모두 고른 것은? (단, 조례는 고려하지 않음) 제26회

> ㄱ. 분양대상자별 종전의 토지 또는 건축물 명세
> ㄴ. 정비구역부터 200미터 이내의 교육시설의 교육환경 보호에 관한 계획
> ㄷ. 현금으로 청산하여야 하는 토지등소유자별 기존의 토지 · 건축물에 대한 청산방법
> ㄹ. 사업시행기간 동안 정비구역 내 가로등 설치, 폐쇄회로 텔레비전 설치 등 범죄예방대책

① ㄱ, ㄷ ② ㄱ, ㄹ ③ ㄴ, ㄹ
④ ㄱ, ㄴ, ㄷ ⑤ ㄴ, ㄷ, ㄹ

해설

③ ㄴ, ㄹ이 사업시행계획서에 포함되어야 하는 사항이다.
ㄱ, ㄷ은 관리처분계획의 내용에 해당한다.

14 중

도시 및 주거환경정비법령상 인가를 받아야 하는 관리처분계획에 포함되어야 하는 사항이 아닌 것은? (단, 조례는 고려하지 않음) 제25회

① 도시 · 군계획시설의 설치에 관한 계획
② 분양대상자별 분양예정인 대지 또는 건축물의 추산액
③ 정비사업비의 추산액
④ 분양대상자별 종전의 토지 또는 건축물 명세
⑤ 기존 건축물의 철거 예정시기

해설

① 도시 · 군계획시설의 설치에 관한 계획은 정비계획의 내용에 해당한다.

Answer

11 ⑤ 12 ④ 13 ③ 14 ①

15 중

도시 및 주거환경정비법령상 재건축사업의 사업시행자가 관리처분계획을 수립할 때 그 기준으로 옳지 않은 것은? 제16회

① 정비구역 지정 후 분할된 토지를 취득한 자에 대하여는 현금으로 청산할 수 없다.
② 분양설계에 관한 계획은 분양신청기간이 만료되는 날을 기준으로 하여 수립한다.
③ 2인 이상이 1토지를 공유한 경우로서 시·도조례로 주택 공급에 관하여 따로 정하고 있는 경우에는 시·도조례로 정하는 바에 따라 주택을 공급할 수 있다.
④ 지나치게 좁거나 넓은 토지 또는 건축물은 넓히거나 좁혀 대지 또는 건축물이 적정규모가 되도록 한다.
⑤ 과밀억제권역에 위치하지 아니한 재건축사업의 토지등소유자에게는 소유한 주택 수 만큼 공급할 수 있다.

해설

① 너무 좁은 토지 또는 건축물이나 정비구역 지정 후 분할된 토지를 취득한 자에 대하여는 현금으로 청산할 수 있다.

16 중

도시 및 주거환경정비법령상 재건축사업의 시행자가 기존의 건축물을 철거할 수 있는 원칙적인 시기는? 제13회

① 분양신청 공고일 후
② 관리처분계획의 인가를 받은 후
③ 사업시행의 인가를 받은 후
④ 조합설립의 인가를 받은 후
⑤ 정비구역 지정·고시를 받은 후

해설

② 관리처분계획 인가를 받은 후 기존건축물을 철거하여야 한다.

17 상

도시 및 주거환경정비법령상 정비기반시설 및 토지 등의 귀속에 관한 내용으로 옳지 않은 것은?

제14회

① 정비사업의 시행자는 관리청에 귀속될 정비기반시설과 사업시행자에게 귀속 또는 양도될 재산의 종류와 세목을 정비사업의 준공 전에 관리청에 통지하여야 한다.

② 시장·군수등 또는 토지주택공사등이 정비사업의 시행으로 새로 설치된 정비기반시설은 그 시설을 관리할 국가 또는 지방자치단체에 무상으로 귀속된다.

③ 시장·군수등 또는 토지주택공사등이 아닌 사업시행자가 정비사업의 시행으로 새로 설치한 정비기반시설은 그 시설을 관리할 국가 또는 지방자치단체에 무상으로 귀속된다.

④ 정비사업의 시행으로 인하여 용도가 폐지되는 국가 또는 지방자치단체 소유의 정비기반시설은 시장·군수등 또는 토지주택공사등이 아닌 사업시행자가 새로 설치한 정비기반시설의 설치면적에 상당하는 범위 안에서 사업시행자에게 무상으로 양도된다.

⑤ 시장·군수등 또는 토지주택공사등이 정비사업의 시행으로 기존의 정비기반시설에 대체되는 정비기반시설을 설치한 경우에는 「국유재산법」 또는 「공유재산 및 물품관리법」에도 불구하고 종래의 정비기반시설은 사업시행자에게 무상으로 귀속된다.

해설

④ 정비사업의 시행으로 인하여 용도가 폐지되는 국가 또는 지방자치단체 소유의 정비기반시설은 시장·군수등 또는 토지주택공사등이 아닌 사업시행자가 새로이 설치한 정비기반시설의 설치비용에 상당하는 범위 안에서 사업시행자에게 무상으로 양도된다.

Answer

15 ① 16 ② 17 ④

주관식 단답형 문제

01 ●●하

「도시 및 주거환경정비법령」상 정비사업에 관한 설명이다. ( )에 들어갈 용어를 쓰시오. 제24회

> 정비사업이란 「도시 및 주거환경정비법」에서 정한 절차에 따라 도시기능을 회복하기 위하여 정비구역에서 정비기반시설을 정비하거나 주택 등 건축물을 개량 또는 건설하는 사업으로서, ( )사업, 재개발사업, 재건축사업을 말한다.

02 ●●하

「도시 및 주거환경정비법」 제2조(정의) **규정의 일부이다. ( )에 들어갈 용어를 쓰시오.** 제20회

> "( )"(이)란 도로・상하수도・구거(도랑)・공원・공용주차장・공동구(「국토의 계획 및 이용에 관한 법률」 제2조 제9호의 규정에 의한 공동구를 말한다) 그 밖에 주민의 생활에 필요한 열・가스 등의 공급시설로서 대통령령으로 정하는 시설을 말한다.

03 상●●

「도시 및 주거환경정비법」 제10조(임대주택 및 주택규모별 건설비율) **제1항 규정의 내용이다. ( )에 들어갈 숫자를 순서대로 쓰시오.** 제21회

> 정비계획의 입안권자는 주택수급의 안정과 저소득 주민의 입주기회 확대를 위하여 정비사업으로 건설하는 주택에 대하여 다음 각 호의 구분에 따른 범위에서 국토교통부장관이 정하여 고시하는 임대주택 및 주택규모별 건설비율 등을 정비계획에 반영하여야 한다.
>
> 1. 「주택법」 제2조 제6호에 따른 국민주택규모의 주택이 전체 세대수의 100분의 ( ) 이하에서 대통령령으로 정하는 범위
> 2. 임대주택(공공임대주택 및 「민간임대주택에 관한 특별법」에 따른 민간임대주택을 말한다)이 전체 세대수 또는 전체 연면적의 100분의 ( ) 이하에서 대통령령으로 정하는 범위

04 중

「도시 및 주거환경정비법」 제38조(조합의 법인격 등) **규정의 일부이다. (   )에 들어갈 아라비아 숫자와 용어를 쓰시오.** 제27회

1. <생략>
2. 조합은 조합설립인가를 받은 날부터 (ㄱ)일 이내에 주된 사무소의 소재지에서 대통령령으로 정하는 사항을 등기하는 때에 성립한다.
3. 조합은 명칭에 "(ㄴ)"(이)라는 문자를 사용하여야 한다.

05 중

「도시 및 주거환경정비법」 제60조(지정개발자의 정비사업비의 예치 등) **규정의 일부이다. (   )안에 들어갈 숫자를 쓰시오.** 제19회

시장・군수등은 재개발사업의 사업시행인가를 하고자 하는 경우 해당 정비사업의 사업시행자가 지정개발자(지정개발자가 토지등소유자인 경우로 한정한다)인 때에는 정비사업비의 100분의 (   )의 범위 이내에서 시・도조례로 정하는 금액을 예치하게 할 수 있다.

06 상

「도시 및 주거환경정비법」 제61조(임시거주시설・임시상가의 설치 등) **규정의 일부이다. (   )에 들어갈 용어와 아라비아 숫자를 쓰시오.** 제26회

- 사업시행자는 주거환경개선사업 및 재개발사업의 시행으로 철거되는 주택의 소유자 또는 (ㄱ)에게 해당 정비구역 안과 밖에 위치한 임대주택 등의 시설에 임시로 거주하게 하거나 주택자금의 융자를 알선하는 등 임시거주에 상응하는 조치를 하여야 한다.
- 사업시행자는 정비사업의 공사를 완료한 때에는 완료한 날부터 (ㄴ)일 이내에 임시거주시설을 철거하고, 사용한 건축물이나 토지를 원상회복하여야 한다.

Answer

01 주거환경개선
02 정비기반시설
03 90, 30
04 ㄱ: 30, ㄴ: 정비사업조합
05 20
06 ㄱ: 세입자, ㄴ: 30

07 중

「도시 및 주거환경정비법」상 시공자의 선정 등에 관한 내용이다. 다음 ( )에 알맞은 용어를 쓰시오. 제15회

> 조합은 조합( )를 받은 후 조합총회에서 경쟁입찰 또는 수의계약의 방법으로 건설업자 또는 등록사업자를 시공자로 선정하여야 한다.

08 하

「도시 및 주거환경정비법」 제80조 규정의 일부이다. ( )에 들어갈 용어를 쓰시오. 제22회

> 사업시행자가 토지주택공사등인 경우에는 분양대상자와 사업시행자가 공동 소유하는 방식으로 주택(이하 "( )주택"이라 한다)을 공급할 수 있다.

09 하

「도시 및 주거환경정비법 시행령」 제70조(지분형주택의 공급) **제1항 규정의 일부이다. ( )에 들어갈 숫자를 쓰시오.** 제23회

> 지분형주택의 규모는 주거전용면적 ( )제곱미터 이하인 주택으로 한정한다.

10 상

「도시 및 주거환경정비법」 제131조(재건축사업의 안전진단 재실시) **규정의 일부이다. ( )에 들어갈 용어와 아라비아 숫자를 쓰시오.** 제25회

> 시장·군수등은 정비구역이 지정·고시된 날부터 (ㄱ)년이 되는 날까지 제50조에 따른 (ㄴ)을(를) 받지 아니하고 다음 각 호의 어느 하나에 해당하는 경우에는 안전진단을 다시 실시하여야 한다.
> 3. 「공동주택관리법」 제37조 제3항에 따라 공동주택의 구조안전에 중대한 하자가 있다고 인정하여 안전진단을 실시하는 경우

Answer

07 설립인가	**08** 지분형
09 60	**10** ㄱ: 10, ㄴ: 사업시행계획인가

Part

07 도시재정비 촉진을 위한 특별법

연계학습: 기본서 p.665~687

01 중

도시재정비 촉진을 위한 특별법상 재정비촉진사업에 해당하는 것은? 제26회 수정

> ㄱ. 「도시 및 주거환경정비법」에 따른 정비사업
> ㄴ. 「빈집 및 소규모주택 정비에 관한 특례법」에 따른 가로주택정비사업, 소규모재건축사업, 소규모재개발사업
> ㄷ. 「전통시장 및 상점가 육성을 위한 특별법」에 따른 시장정비사업
> ㄹ. 「국토의 계획 및 이용에 관한 법률」에 따른 도시·군계획시설사업

① ㄱ ② ㄱ, ㄴ ③ ㄷ, ㄹ
④ ㄴ, ㄷ, ㄹ ⑤ ㄱ, ㄴ, ㄷ, ㄹ

해설

⑤ ㄱ, ㄴ, ㄷ, ㄹ 모두 재정비촉진사업에 해당한다. 재정비촉진사업은 ㄱ, ㄴ, ㄷ, ㄹ 이외에도 도시개발사업, 혁신지구재생사업, 도심 공공주택 복합사업이 있다. 제21회 시험에도 출제된 바 있다.

02 중

도시재정비 촉진을 위한 특별법상 재정비촉진지구 등에 관한 설명으로 옳지 않은 것은? 제27회

① 재정비촉진지구는 지구의 특성에 따라 주거지형, 중심지형, 고밀복합형으로 구분한다.
② 재정비촉진지구에서 시행되는 「공공주택 특별법」에 따른 도심 공공주택 복합사업은 '재정비촉진사업'에 해당한다.
③ 「도시개발법」에 따른 도시개발사업의 경우, 재정비촉진구역에 있는 건축물의 소유자는 '토지등소유자'에 해당한다.
④ 재정비촉진지구는 2개 이상의 재정비촉진사업을 포함하여 지정하여야 한다.
⑤ 재정비촉진지구의 지정이 해제된 경우 재정비촉진계획 결정의 효력은 상실된 것으로 본다.

해설

③ 「도시개발법」에 따른 도시개발사업의 경우, 재정비촉진구역에 있는 토지소유자와 그 지상권자는 '토지등소유자'에 해당한다.

03

하

도시재정비 촉진을 위한 특별법령상 재정비촉진지구 등에 관한 설명으로 옳지 않은 것은? 제12회

① 재정비촉진사업에는 재정비촉진지구 안에서 시행되는 국토의 계획 및 이용에 관한 법률에 의한 도시·군계획시설사업도 포함된다.

② 재정비촉진지구의 유형은 주거지형, 중심지형, 뉴타운형으로 구분한다.

③ 재정비촉진계획이란 재정비촉진지구의 재정비촉진사업을 계획적이고 체계적으로 추진하기 위한 토지이용, 기반시설의 설치 등에 관한 계획을 말한다.

④ 재정비촉진지구의 지정권자는 특별시장·광역시장·특별자치시장·도지사 또는 특별자치도지사(이하 "시·도지사"라 한다) 또는 대도시 시장이다.

⑤ 재정비촉진지구를 지정하는 때에는 이를 지체없이 해당 지방자치단체의 공보에 고시하여야 한다.

해설

② 재정비촉진지구의 유형은 주거지형, 중심지형, 고밀복합형으로 구분한다.

04

하

도시재정비 촉진을 위한 특별법령상 재정비촉진구역 중 재정비촉진사업의 활성화, 소형주택 공급 확대, 주민 이주대책 지원 등을 위하여 다른 구역에 우선하여 개발하는 구역으로서 재정비촉진계획으로 결정되는 구역의 명칭은? 제13회

① 이주택지
② 고밀복합지구
③ 우선사업구역
④ 주상복합지구
⑤ 주거환경개선구역

해설

③ "우선사업구역"에 대한 설명이다.

Answer

01 ⑤ 02 ③ 03 ② 04 ③

05 중

도시재정비 촉진을 위한 특별법령상 재정비촉진지구를 지정할 수 있는 경우로 규정하고 있지 않는 것은? 제16회

① 투기과열지구에서 조성되는 공공택지 중에서 주택에 대한 투기가 성행할 우려가 있거나 공공택지의 주택공급의 공공성을 강화하기 위하여 필요한 경우

② 상업지역, 공업지역 등으로서 토지의 효율적 이용과 도심 또는 부도심 등의 도시기능의 회복이 필요한 경우

③ 주요 역세권, 간선도로의 교차지 등 양호한 기반시설을 갖추고 있어 대중교통 이용이 용이한 지역으로서 도심 내 소형주택의 공급 확대, 토지의 고도이용과 건축물의 복합개발이 필요한 경우

④ 노후·불량 주택과 건축물이 밀집한 지역으로서 주로 주거환경의 개선과 기반시설의 정비가 필요한 경우

⑤ 국가 또는 지방자치단체의 계획에 따라 이전되는 대규모 시설의 기존 부지를 포함한 지역으로서 도시기능의 재정비가 필요한 경우

해설

① 재정비촉진지구를 지정대상지역은 ②③④⑤이다.

06 중

도시재정비 촉진을 위한 특별법령상 재정비촉진계획의 수립 및 결정에 관한 설명으로 옳지 않은 것은? 제15회

① 재정비촉진사업 관계 법률에 따라 재정비촉진구역 지정의 효력이 상실된 경우에는 해당 재정비촉진구역에 대한 재정비촉진계획 결정의 효력도 상실된 것으로 본다.

② 존치정비구역이란 재정비촉진구역의 지정 요건에 해당하지 아니하거나 기존의 시가지로 유지·관리할 필요가 있는 구역을 말한다.

③ 재정비촉진계획에 따른 기반시설의 설치계획은 재정비촉진사업을 서로 연계하여 광역적으로 수립하여야 하고, 재정비촉진지구 안의 존치지역과 재정비촉진사업의 추진가능시기 등을 종합적으로 고려하여 수립하여야 한다.

④ 재정비촉진계획에는 기반시설의 비용분담계획, 상가의 분포 및 수용계획 등이 포함된다.

⑤ 시장·군수·구청장은 재정비촉진계획을 수립하여 특별시장·광역시장 또는 도지사에게 결정을 신청하여야 한다.

해설

② 존치관리구역이란 재정비촉진구역의 지정 요건에 해당하지 아니하거나 기존의 시가지로 유지·관리할 필요가 있는 구역을 말한다.

07 중

도시재정비 촉진을 위한 특별법령에 관한 내용으로 옳지 않은 것은? 제18회

① 특별시장·광역시장 또는 도지사는 재정비촉진지구의 지정을 신청받은 경우에는 관계 행정기관의 장과 협의를 거쳐 지방도시계획위원회의 심의를 거쳐 재정비촉진지구를 지정한다.

② 총괄사업관리자는 지방자치단체의 장을 대행하여 도로 등 기반시설의 설치 업무를 수행한다.

③ 재정비촉진계획에 따라 설치되는 기반시설의 설치비용은 도시재정비 촉진을 위한 특별법에 특별한 규정이 있는 경우를 제외하고는 사업시행자가 부담하는 것을 원칙으로 한다.

④ 재정비촉진계획 수립권자는 사업협의회 위원의 3분의 1 이상이 요청하는 경우에 사업협의회를 개최하여야 한다.

⑤ 국토교통부장관은 총괄계획가의 업무수행에 관하여 필요한 사항을 정할 수 있다.

해설

④ 사업협의회 위원의 2분의 1 이상이 요청하는 경우에 사업협의회를 개최한다.

Answer

05 ① 06 ② 07 ④

08 상

도시재정비 촉진을 위한 특별법령에 관한 내용으로 옳은 것은? 제17회

① 우선사업구역의 재정비촉진사업은 관계 법령에도 불구하고 토지등소유자의 3분의 1 이상의 동의를 받아 특별자치시장, 특별자치도지사, 시장・군수・구청장이 직접 시행하여야 한다.

② 재정비촉진구역이 10곳 이상인 경우 사업협의회는 20인 이내의 위원으로 구성한다.

③ 한국토지주택공사가 사업시행자로 지정된 경우 시공자는 주민대표회의가 선정한다.

④ 재정비촉진계획 수립권자는 사업을 효율적으로 추진하기 위하여 재정비촉진계획 수립단계에서부터 한국토지주택공사 또는 지방공사를 총괄사업관리자로 지정할 수 있다.

⑤ 주민대표회의가 시공자를 선정할 경우 경쟁입찰의 방법으로 하여야 하나 1회 유찰되면 수의계약의 방법으로 한다.

해설

① 우선사업구역의 재정비촉진사업은 관계 법령에도 불구하고 토지등소유자의 과반수의 동의를 받아 특별자치시장, 특별자치도지사, 시장・군수・구청장이 직접 시행하거나 총괄사업관리자를 사업시행자로 지정하여 시행하도록 하여야 한다.

② 사업협의회는 20인 이내(재정비촉진구역이 10곳 이상인 경우에는 30인 이내)의 위원으로 구성한다.

③⑤ 특별자치시장, 특별자치도지사, 시장・군수・구청장이 재정비촉진사업을 직접 시행하거나 한국토지주택공사 또는 지방공사가 사업시행자로 지정되는 경우 사업시행자는 「지방자치단체를 당사자로 하는 계약에 관한 법률」 또는 「공공기관의 운영에 관한 법률」에도 불구하고 주민대표회의에서 대통령령으로 정하는 경쟁입찰의 방법에 따라 추천한 자를 시공자로 선정할 수 있다.

Answer

08 ④

주관식 단답형 문제

01 하

「도시재정비 촉진을 위한 특별법」 제2조(정의) **규정의 일부이다. (　　)에 들어갈 용어를 쓰시오.**

제20회

> 1. "재정비촉진지구"란 도시의 낙후된 지역에 대한 주거환경의 개선, 기반시설의 확충 및 도시기능의 회복을 광역적으로 계획하고 체계적 · 효율적으로 추진하기 위하여 제5조에 따라 지정하는 지구(地區)를 말한다. 이 경우 지구의 특성에 따라 다음 각 목의 유형으로 구분한다.
>   다. (　　)형 : 주요 역세권, 간선도로의 교차지 등 양호한 기반시설을 갖추고 있어 대중교통 이용이 용이한 지역으로서 도심 내 소형주택의 공급 확대, 토지의 고도이용과 건축물의 복합개발이 필요한 지구

02 중

「도시재정비 촉진을 위한 특별법」 제7조(재정비촉진지구 지정의 효력 상실 등) **규정의 일부이다. (ㄱ)에 공통으로 들어갈 숫자와 (ㄴ)에 들어갈 용어를 쓰시오.**

제23회

> 제5조에 따라 재정비촉진지구 지정을 고시한 날부터 (ㄱ)년이 되는 날까지 제12조에 따른 (ㄴ)(이)가 결정되지 아니하면 그 (ㄱ)년이 되는 날의 다음 날에 재정비촉진지구 지정의 효력이 상실된다.

03 중

「도시재정비 촉진을 위한 특별법」 제26조(비용 부담의 원칙) **규정이다. (　　)안에 들어갈 용어를 쓰시오.**

제19회

> 재정비촉진계획에 따라 설치되는 기반시설의 설치비용은 이 법에 특별한 규정이 있는 경우를 제외하고는 (　　)가(이) 부담하는 것을 원칙으로 한다.

Answer

01 고밀복합　　**02** ㄱ : 2, ㄴ : 재정비촉진계획

03 사업시행자

04 중

「도시재정비 촉진을 위한 특별법」 제31조 규정의 일부이다. ( )에 들어갈 아라비아 숫자를 쓰시오. 제24회

> 제31조(임대주택의 건설) ① 사업시행자는 세입자의 주거안정과 개발이익의 조정을 위하여 해당 재정비촉진사업으로 증가되는 용적률의 (ㄱ)퍼센트 범위에서 대통령령으로 정하는 바에 따라 임대주택 및 분양주택(이하 이 조에서 "임대주택등"이라 한다)을 공급하여야 한다.
>
> <이하 생략>
>
> ② 제1항에 따라 건설되는 임대주택등 중 주거전용면적이 (ㄴ)제곱미터를 초과하는 주택의 비율은 50퍼센트 이하의 범위에서 대통령령으로 정한다.

05 중

「도시재정비 촉진을 위한 특별법」 제31조(임대주택의 건설) **제1항 규정의 일부이다. ( )에 들어갈 아라비아 숫자를 쓰시오.** 제25회

> 사업시행자는 세입자의 주거안정과 개발이익의 조정을 위하여 해당 재정비촉진사업으로 증가되는 용적률의 ( )퍼센트 범위에서 대통령령으로 정하는 바에 따라 임대주택 및 분양주택(이하 이 조에서 "임대주택등"이라 한다)을 공급하여야 한다.

Answer

04 ㄱ: 75, ㄴ: 85　　**05** 75

Part

08 시설물의 안전 및 유지관리에 관한 특별법

연계학습: 기본서 p.693~723

01 중

시설물의 안전 및 유지관리에 관한 특별법령상 시설물의 안전관리에 관한 설명으로 옳지 않은 것은? 제25회

① 안전점검 등을 실시하는 자는 건축물의 구조안전에 중대한 영향을 미치는 것으로 인정되는 기둥・보 또는 내력벽의 내력(耐力) 손실을 발견하는 경우에는 지체 없이 그 사실을 관리주체 및 관할 시장・군수・구청장에게 통보하여야 한다.

② 관리주체는 시설물의 붕괴・전도 등이 발생할 위험이 있다고 판단하는 경우 긴급안전점검을 실시하여야 한다.

③ 국토교통부장관이 소속 공무원으로 하여금 긴급안전점검을 하게 한 경우 그 긴급안전점검을 종료한 날부터 15일 이내에 그 결과를 해당 관리주체에게 서면으로 통보하여야 한다.

④ 제3종 시설물의 경우 관리주체가 실시하여야 하는 안전점검의 수준은 정기안전점검 및 정밀안전점검이다.

⑤ 국가는 지방자치단체에 대하여 제3종 시설물의 지정과 안전점검 등에 필요한 지원을 할 수 있다.

해설

④ 제3종 시설물에 대한 정밀안전점검은 정기안전점검 결과 해당 시설물의 안전등급이 D등급(미흡) 또는 E등급(불량)인 경우에 한정하여 실시한다.

02 중

시설물의 안전 및 유지관리에 관한 특별법령의 내용으로 옳지 않은 것은? 제23회

① 정밀안전점검이란 시설물의 물리적·기능적 결함을 발견하고 그에 대한 신속하고 적절한 조치를 하기 위하여 구조적 안전성과 결함의 원인 등을 조사·측정·평가하여 보수·보강 등의 방법을 제시하는 행위를 말한다.

② 구조상 안전 및 유지관리에 고도의 기술이 필요한 대규모 시설물로서 21층 이상 또는 연면적 5만제곱미터 이상의 건축물은 제1종 시설물에 해당한다.

③ 제1종 시설물 외에 사회기반시설 등 재난이 발생할 위험이 높거나 재난을 예방하기 위하여 계속적으로 관리할 필요가 있는 시설물로서 16층 이상 또는 연면적 3만제곱미터 이상의 건축물은 제2종 시설물에 해당한다.

④ 관리주체는 소관 시설물의 안전과 기능을 유지하기 위하여 정기적으로 안전점검을 실시하여야 한다.

⑤ 준공 또는 사용승인 후부터 최초 안전등급이 지정되기 전까지의 기간에 실시하는 정기안전점검은 반기에 1회 이상 실시한다.

해설

① 정밀안전진단이란 시설물의 물리적·기능적 결함을 발견하고 그에 대한 신속하고 적절한 조치를 하기 위하여 구조적 안전성과 결함의 원인 등을 조사·측정·평가하여 보수·보강 등의 방법을 제시하는 행위를 말한다.

03 중

시설물의 안전 및 유지관리에 관한 특별법령의 내용으로 옳지 않은 것은? 제15회

① 해당 시설물의 소유자와의 관리계약 등에 의하여 시설물의 관리책임을 진 자는 이를 관리주체로 본다.

② 관리주체는 공공관리주체와 민간관리주체로 구분한다.

③ 국토교통부장관은 시설물이 안전하게 유지관리될 수 있도록 하기 위하여 10년마다 시설물의 안전 및 유지관리에 관한 기본계획을 수립·시행하여야 한다.

④ 국토교통부장관은 기본계획을 수립할 때에는 미리 관계 중앙행정기관의 장과 협의하여야 한다.

⑤ 국토교통부장관은 기본계획을 수립하기 위하여 필요하다고 인정되면 관계 중앙행정기관의 장 및 지방자치단체의 장에게 관련자료의 제출을 요구할 수 있다.

해설

③ 국토교통부장관은 시설물이 안전하게 유지관리될 수 있도록 하기 위하여 5년마다 시설물의 안전 및 유지관리에 관한 기본계획을 수립·시행하여야 한다.

Answer

01 ④ 02 ① 03 ③

04 상

시설물의 안전 및 유지관리에 관한 특별법령에 관한 설명으로 옳지 않은 것은? 제16회 수정

① 민간관리주체는 특별자치시장 · 특별자치도지사 · 시장 · 군수 또는 자치구 구청장(이하 "시장 · 군수 · 구청장"이라 한다)에게 시설물의 안전 및 유지관리계획을 매년 2월 15일까지 제출하여야 한다.

② 16층 이상의 공동주택은 제2종 시설물에 해당한다.

③ 관리주체는 하자담보책임기간 내에는 그 시설물을 시공한 자로 하여금 유지관리하게 할 수 있다.

④ 안전점검 등의 대행에 필요한 비용의 산정기준은 시 · 도지사가 국토교통부장관의 승인을 받아 정한다.

⑤ 긴급안전점검결과에 따른 조치명령 등으로 시설물의 보수 · 보강 등 필요한 조치를 끝낸 관리주체는 그 결과를 국토교통부장관 및 관계 행정기관의 장에게 통보하여야 한다.

해설

④ 국토교통부장관은 안전점검 등의 대행에 필요한 비용의 산정기준을 정하여 고시하여야 한다.

05 상

시설물의 안전 및 유지관리에 관한 특별법령상 시설물의 안전점검 및 정밀안전진단에 관한 설명으로 옳지 않은 것은? 제15회

① 안전점검은 정기안전점검 · 정밀안전점검으로 구분한다.

② 관리주체는 시설물의 하자담보책임기간이 끝나기 전에 마지막으로 실시하는 정밀안전점검의 경우에는 안전진단전문기관이나 국토안전관리원에 의뢰하여 실시하여야 한다.

③ 관리주체는 「지진 · 화산재해대책법」 제14조 제1항에 따른 내진설계 대상 시설물 중 내진성능평가를 받지 않은 시설물에 대하여 정밀안전진단을 실시하는 경우에는 해당 시설물에 대한 내진성능평가를 포함하여 실시하여야 한다.

④ 대통령령으로 정하는 시설물에 대한 정밀안전진단은 안전진단전문기관이 대행한다.

⑤ 안전진단전문기관은 타인에게 안전진단전문기관 등록증을 대여하여서는 아니된다.

해설

④ 대통령령으로 정하는 시설물에 대한 정밀안전진단은 국토안전관리원에만 대행하게 하여야 한다.

06 중

시설물의 안전 및 유지관리에 관한 특별법령 시설물의 유지관리에 관한 설명으로 옳지 않은 것은? 제18회

① 국토교통부장관은 10년마다 시설물의 안전 및 유지관리에 관한 기본계획을 수립·시행하여야 한다.

② 민간관리주체는 안전 및 유지관리계획을 시장·군수·구청장에게 제출하여야 한다.

③ 시설물의 종류에 따른 안전점검의 수준, 안전점검의 실시시기, 안전점검의 실시 절차 및 방법, 안전점검을 실시할 수 있는 자의 자격 등 안전점검 실시에 필요한 사항은 대통령령으로 정한다.

④ "안전점검"이란 경험과 기술을 갖춘 자가 육안이나 점검기구 등으로 검사하여 시설물에 내재(內在)되어 있는 위험요인을 조사하는 행위를 말하며, 점검목적 및 점검수준을 고려하여 국토교통부령으로 정하는 바에 따라 정기안전점검 및 정밀안전점검으로 구분한다.

⑤ 국토교통부장관은 시설물의 안전 및 유지관리에 관한 기본계획을 수립할 때에는 미리 관계 중앙행정기관의 장과 협의하여야 한다.

해설

① 국토교통부장관은 5년마다 시설물의 안전 및 유지관리에 관한 기본계획을 수립·시행하여야 한다.

Answer

04 ④ 05 ④ 06 ①

07 중

시설물의 안전 및 유지관리에 관한 특별법령상 안전점검 및 정밀안전진단에 관한 기술 중 옳지 않은 것은? 제16회

① 공동주택의 정기안전점검은 공동주택관리법령에 따른 안전점검으로 갈음한다.

② 시설물의 하자담보책임기간이 끝나기 전에 마지막으로 실시하는 정밀안전점검의 경우에는 관리주체가 직접 실시한다.

③ 안전점검 등을 하는 자는 안전점검 등에 관한 지침에서 정하는 안전점검 등의 실시 방법 및 절차 등에 따라 성실하게 업무를 수행하여야 한다.

④ 관리주체는 「지진 · 화산재해대책법」 제14조 제1항에 따른 내진설계대상 시설물 중 내진성능평가를 받지 않은 시설물에 대하여 정밀안전진단을 실시하는 경우에는 해당 시설물에 대한 내진성능평가를 포함하여 실시하여야 한다.

⑤ 하자담보책임기간 내에 시공자가 책임져야 할 사유로 정밀안전진단을 실시하여야 하는 경우 그에 드는 비용은 시공자가 부담한다.

해설

② 관리주체는 시설물의 하자담보책임기간이 끝나기 전에 마지막으로 실시하는 정밀안전점검의 경우에는 안전진단전문기관이나 국토안전관리원에 의뢰하여 실시하여야 한다.

08 상

시설물의 안전 및 유지관리에 관한 특별법령상 시설물의 안전점검 등에 관한 설명으로 옳은 것을 모두 고른 것은? 제26회

ㄱ. 제3종 시설물에 대한 정밀안전점검은 정기안전점검 결과 해당 시설물의 안전등급이 D등급(미흡) 또는 E등급(불량)인 경우에 한정하여 실시한다.
ㄴ. 정밀안전점검, 긴급안전점검 및 정밀안전진단의 실시 완료일이 속한 반기에 실시하여야 하는 정기안전점검은 생략할 수 있다.
ㄷ. 관리주체로부터 안전점검 등의 실시에 관한 도급을 받은 안전진단전문기관은 전문기술이 필요한 경우 총 도급금액의 100분의 60 이하의 범위에서 한 차례만 하도급할 수 있다.

① ㄱ
② ㄴ
③ ㄱ, ㄴ
④ ㄴ, ㄷ
⑤ ㄱ, ㄴ, ㄷ

해설

ㄷ. 관리주체로부터 안전점검 등의 실시에 관한 도급을 받은 안전진단전문기관은 전문기술이 필요한 경우 총 도급금액의 100분의 50 이하의 범위에서 한 차례만 하도급할 수 있다.

09 상

시설물의 안전 및 유지관리에 관한 특별법령상 안전점검 및 정밀안전진단에 관한 설명으로 옳은 것은? 제20회 수정

① 관리주체가 소관 시설물에 대하여 실시하는 안전점검은 정기안전점검과 긴급안전점검의 두 가지로 구분된다.

② 시설물의 하자담보책임기간이 끝나기 전에 마지막으로 실시하는 정밀점검의 경우에는 관리주체가 직접 실시할 수 없으며, 안전점검전문기관으로 하여금 실시하게 하여야 한다.

③ 관리주체는 제2종 시설물에 대하여 정기적으로 정밀안전진단을 실시하여야 한다.

④ 민간관리주체가 어음・수표의 지급 불능으로 인한 부도 등 부득이한 사유로 인하여 안전점검을 실시하지 못하게 될 때에는 관할 시장・군수・구청장이 민간관리주체를 대신하여 안전점검을 실시할 수 있고, 이 경우 안전점검에 드는 비용은 그 민간관리주체에게 부담하게 할 수 없다.

⑤ 국토안전관리원이나 안전진단전문기관이 정밀안전진단을 실시할 때에는 관리주체의 승인을 받아 다른 안전진단전문기관과 공동으로 정밀안전진단을 실시할 수 있다.

해설

① 안전점검은 정기안전점검 및 정밀안전점검으로 구분한다.
② 시설물의 하자담보책임기간이 끝나기 전에 마지막으로 실시하는 정밀안전점검의 경우에는 안전진단전문기관이나 국토안전관리원에 의뢰하여 실시하여야 한다.
③ 관리주체는 제1종 시설물에 대하여 정기적으로 정밀안전진단을 실시하여야 한다.
④ 관할 시장・군수・구청장이 민간관리주체를 대신하여 안전점검을 실시할 수 있다. 이 경우 안전점검에 드는 비용은 그 민간관리주체에게 부담하게 할 수 있다.

Answer

07 ② 08 ③ 09 ⑤

10 상

시설물의 안전 및 유지관리에 관한 특별법령상 시설물의 유지관리에 관한 설명으로 옳지 않은 것은? 제17회 수정

① 관리주체는 대통령령으로 정하는 유지관리를 시행한 경우에는 대통령령으로 정하는 바에 따라 그 결과보고서를 작성하고 이를 국토교통부장관에게 제출하여야 한다.
② 관리주체는 건설사업자 또는 그 시설물을 시공한 자로 하여금 시설물의 유지관리를 대행하게 할 수 있다.
③ 시설물의 유지관리에 드는 비용은 관리주체가 부담한다.
④ 관리주체는 도로, 철도, 항만, 댐 등 대통령령으로 정하는 시설물의 성능평가를 국토안전관리원과 안전진단전문기관에게 대행하게 할 수 있다.
⑤ 시설물의 유지관리업무를 성실하게 수행하지 아니함으로써 시설물에 중대한 손괴를 야기하여 공공의 위험을 발생하게 한 자에게는 1억원 이하의 과태료를 부과한다.

해설

⑤ 시설물의 유지관리업무를 성실하게 수행하지 아니함으로써 시설물에 중대한 손괴를 야기하여 공공의 위험을 발생하게 한 자에게는 1년 이상 10년 이하의 징역에 처한다.

11 상

시설물의 안전 및 유지관리에 관한 특별법령상 과태료가 부과되는 경우가 아닌 것은? 제19회

① 안전진단전문기관이 타인에게 안전진단전문기관 등록증을 대여(貸與)한 경우
② 관리주체가 기본계획에 따라 소관 시설물에 대한 안전 및 유지관리계획을 수립하지 않은 경우
③ 안전진단전문기관이 재개업 신고를 하지 않은 경우
④ 안전진단전문기관이 휴업 신고를 하지 않은 경우
⑤ 안전점검을 실시하지 않은 경우

해설

① 2년 이하의 징역 또는 2천만원 이하의 벌금형에 해당된다.
⑤는 1,000만원 이하의 과태료, ②③④는 500만원 이하의 과태료 부과대상이다.

12 상

시설물의 안전 및 유지관리에 관한 특별법령상 시설물의 관리주체가 실시하는 안전점검 등의 실시시기에 관한 설명으로 옳은 것은? 제27회

① 제1종 및 제2종 시설물 중 D · E등급 시설물의 정기안전점검은 해빙기 · 우기 · 동절기 전 각각 2회 이상 실시한다.

② 최초로 실시하는 정밀안전점검은 시설물의 준공일을 기준으로 5년 이내(건축물은 3년 이내)에 실시한다.

③ 정기안전점검 결과 안전등급이 D등급(미흡)으로 지정된 제3종 시설물의 최초 정밀안전점검은 해당 정기안전점검을 완료한 날부터 6개월 이내에 실시하여야 한다.

④ 정밀안전점검, 긴급안전점검 및 정밀안전진단의 실시 완료일이 속한 반기에 실시하여야 하는 정기안전점검은 생략할 수 있다.

⑤ 증축을 위하여 공사 중인 시설물로서, 사용되지 않는 시설물에 대해서는 행정안전부장관과 협의하여 정밀안전점검을 생략하거나 그 시기를 조정할 수 있다.

해설

④이 옳은 지문이다.

① 해빙기 · 우기 · 동절기 전 각각 1회씩 연 3회 이상 실시한다.

② 시설물의 준공일을 기준으로 3년 이내(건축물은 4년 이내)에 실시한다.

③ 정기안전점검 결과 안전등급이 D등급(미흡) 또는 E등급(불량)으로 지정된 제3종 시설물의 최초 정밀안전점검은 해당 정기안전점검을 완료한 날부터 1년 이내에 실시하여야 한다.

⑤ 증축, 개축 및 리모델링 등을 위하여 공사 중인 시설물이거나 철거예정인 시설물로서 사용되지 않는 시설물에 대해서는 국토교통부장관과 협의하여 안전점검, 정밀안전진단 및 성능평가의 실시를 생략하거나 그 시기를 조정할 수 있다.

Answer

10 ⑤ 11 ① 12 ④

13 상

시설물의 안전 및 유지관리에 관한 특별법령상 제1종 시설물인 X의 관리주체인 지방공기업 A에 관한 설명으로 옳지 않은 것을 모두 고른 것은? 제22회

> ㄱ. A는 X에 대하여 정기적으로 정밀안전진단을 실시하여야 한다.
> ㄴ. A는 X의 구조상 공중의 안전한 이용에 미치는 영향이 중대하여 긴급한 조치가 필요하다고 인정되는 경우에는 시설물의 사용제한 · 사용금지 · 철거, 주민대피 등의 안전조치를 하여야 한다.
> ㄷ. A는 긴급안전점검을 실시한 경우 그 결과보고서를 행정안전부장관에게 제출하여야 한다.
> ㄹ. A는 X에 대한 시설물관리계획을 수립하는 경우 시설물의 보수 · 보강 등 유지관리 및 그에 필요한 비용에 관한 사항을 생략할 수 있다.

① ㄱ, ㄷ
② ㄱ, ㄹ
③ ㄴ, ㄷ
④ ㄴ, ㄹ
⑤ ㄷ, ㄹ

해설

ㄷ. A는 긴급안전점검을 실시한 경우 그 결과보고서를 국토교통부장관에게 제출하여야 한다.
ㄹ. 제3종 시설물 중 의무관리대상 공동주택이 아닌 공동주택 등 민간관리주체 소관 시설물 중 대통령령으로 정하는 시설물의 경우에는 시장 · 군수 · 구청장이 수립하여야 하는데, 이 경우에만 시설물관리계획을 수립하는 경우 시설물의 보수 · 보강 등 유지관리 및 그에 필요한 비용에 관한 사항을 생략할 수 있다.

14 상

시설물의 안전 및 유지관리에 관한 특별법령상 시설물의 유지관리 등에 관한 설명으로 옳지 않은 것을 모두 고른 것은? 제24회

> ㄱ. 연면적이 3만제곱미터인 21층의 업무시설인 건축물은 제2종 시설물에 해당한다.
> ㄴ. 시 · 도지사는 3년마다 시설물의 안전 및 유지관리에 관한 기본계획을 수립 · 시행하여야 한다.
> ㄷ. 국토교통부장관은 성능평가비용산정기준을 정하여 고시하려는 경우 기획재정부장관과 협의하여야 한다.
> ㄹ. 시설물을 시공한 자는 시설물의 유지관리에 드는 비용을 부담하지만, 시설물의 유지관리를 대행할 수는 없다.

① ㄱ, ㄴ
② ㄷ, ㄹ
③ ㄱ, ㄴ, ㄹ
④ ㄴ, ㄷ, ㄹ
⑤ ㄱ, ㄴ, ㄷ, ㄹ

해설

ㄱ. 21층 이상 건축물은 제2종 시설물이 아니라 제1종 시설물에 해당한다.

ㄴ. 국토교통부장관은 5년마다 시설물의 안전 및 유지관리에 관한 기본계획을 수립 · 시행하여야 한다.

ㄹ. 관리주체는 건설사업자 또는 그 시설물을 시공한 자[하자담보책임기간(동일한 시설물의 각 부분별 하자담보책임기간이 다른 경우에는 가장 긴 하자담보책임기간을 말한다) 내인 경우에 한정한다]로 하여금 시설물의 유지관리를 대행하게 할 수 있다.

15 상●●

시설물의 안전 및 유지관리에 관한 특별법령상의 내용으로 옳은 것은? 제21회

① 안전진단전문기관은 등록된 기술인력이 변경된 때에는 그 날부터 60일 이내에 시 · 도지사에게 신고하여야 한다.

② 위험표지의 글씨의 색상은 노랑으로 하되, 붕괴위험지역은 빨강으로 한다.

③ 준공 또는 사용승인 후부터 최초 안전등급이 지정되기 전까지의 기간에 실시하는 정기안전점검은 매년 1회 실시하여야 한다.

④ 국토교통부장관은 사망자 또는 실종자가 3명 이상이거나 사상자가 10명 이상인 인명피해가 발생한 시설물의 사고조사 등을 위하여 필요하다고 인정되는 때에는 중앙시설물사고조사위원회를 구성 · 운영할 수 있다.

⑤ 안전진단전문기관이 소속 임직원인 기술자가 수행하여야 할 안전점검 등 또는 성능평가 업무를 소속 임직원이 아닌 기술자에게 수행하게 한 경우 시 · 도지사는 그 등록을 취소하여야 한다.

해설

① 안전진단전문기관은 등록된 기술인력이 변경된 때에는 그 날부터 30일 이내에 시 · 도지사에게 신고하여야 한다.

② 위험표지의 글씨의 색상은 검정으로 하되, 붕괴위험지역은 빨강으로 한다.

③ 준공 또는 사용승인 후부터 최초 안전등급이 지정되기 전까지의 기간에 실시하는 정기안전점검은 반기에 1회 이상 실시한다.

⑤ 안전진단전문기관이 소속 임직원인 기술자가 수행하여야 할 안전점검 등 또는 성능평가 업무를 소속 임직원이 아닌 기술자에게 수행하게 한 경우 시 · 도지사는 그 등록을 취소하거나 1년 이내의 기간을 정하여 영업정지를 명할 수 있다.

Answer

13 ⑤ 14 ③ 15 ④

주관식 단답형 문제

01 ●중●

「시설물의 안전 및 유지관리에 관한 특별법」 제7조(시설물의 종류) **규정의 일부이다. ( )에 들어갈 숫자를 순서대로 쓰시오.** 제22회

> 제1종 시설물: 공중의 이용편의와 안전을 도모하기 위하여 특별히 관리할 필요가 있거나 구조상 안전 및 유지관리에 고도의 기술이 필요한 대규모 시설물로서 다음 각 목의 어느 하나에 해당하는 시설물 등 대통령령으로 정하는 시설물
> 가. ~ 라. <생략>
> 마. ( )층 이상 또는 연면적 (   )제곱미터 이상의 건축물
> 바. ~ 사. <생략>

02 ●중●

「시설물의 안전 및 유지관리에 관한 특별법」 제2조(정의) **규정의 일부이다. ( )에 들어갈 용어를 쓰시오.** 제23회

> • (ㄱ)(이)란 시설물의 붕괴·전도 등으로 인한 재난 또는 재해가 발생할 우려가 있는 경우에 시설물의 물리적·기능적 결함을 신속하게 발견하기 위하여 실시하는 점검을 말한다.
> • (ㄴ)(이)란 지진으로부터 시설물의 안전성을 확보하고 기능을 유지하기 위하여 「지진·화산재해대책법」 제14조 제1항에 따라 시설물별로 정하는 내진설계기준(耐震設計基準)에 따라 시설물이 지진에 견딜 수 있는 능력을 평가하는 것을 말한다.

03 상●●

「시설물의 안전 및 유지관리에 관한 특별법」 제2조(정의) **및 제12조**(정밀안전진단의 실시) **규정의 일부이다. ( )에 들어갈 단어를 순서대로 쓰시오.** 제21회

> • "정밀안전진단"이란 시설물의 물리적·기능적 결함을 발견하고 그에 대한 신속하고 적절한 조치를 하기 위하여 구조적 안전성과 결함의 원인 등을 조사·측정·( )하여 보수·보강 등의 방법을 제시하는 행위를 말한다.
> • 관리주체는 ( )에 대하여 정기적으로 정밀안전진단을 실시하여야 한다.

04 중

「시설물의 안전 및 유지관리에 관한 특별법」 제7조(시설물의 종류) **규정의 일부이다. (　　)에 들어갈 아라비아 숫자를 쓰시오.** 제26회

> 제2종 시설물: 제1종 시설물 외에 사회기반시설 등 재난이 발생할 위험이 높거나 재난을 예방하기 위하여 계속적으로 관리할 필요가 있는 시설물로서 다음 각 목의 어느 하나에 해당하는 시설물 등 대통령령으로 정하는 시설물
> 가. ~ 라. <생략>
> 마. (ㄱ)층 이상 또는 연면적 (ㄴ)만제곱미터 이상의 건축물
> 바. ~ 사. <생략>

05 상

「시설물의 안전 및 유지관리에 관한 특별법 시행령」 제11조(긴급안전점검의 실시 등) **규정의 일부이다. (　　)에 들어갈 용어와 아라비아 숫자를 쓰시오.** 제27회

> 1. 국토교통부장관 및 관계 행정기관의 장은 법 제13조 제2항에 따라 긴급안전점검을 실시할 때는 미리 긴급안전점검 대상 시설물의 (ㄱ)에게 긴급안전점검의 목적·날짜 및 대상 등을 서면으로 통지하여야 한다. 다만, 서면 통지로는 긴급안전점검의 목적을 달성할 수 없는 경우에는 구두(口頭)로 또는 전화 등으로 통지할 수 있다.
> 2. 국토교통부장관 또는 관계 행정기관의 장은 법 제13조 제6항에 따라 긴급안전점검을 종료한 날부터 (ㄴ)일 이내에 그 결과를 해당 (ㄱ)에게 서면으로 통보하여야 한다.
> 3. <생략>

Answer

01 21, 50,000
02 ㄱ: 긴급안전점검, ㄴ: 내진성능평가
03 평가, 제1종 시설물
04 ㄱ: 16, ㄴ: 3
05 ㄱ: 관리주체, ㄴ: 15

06
중

「시설물의 안전 및 유지관리에 관한 특별법」 제12조 제2항 규정의 일부이다. (   )에 들어갈 용어를 쓰시오. 제24회

> 관리주체는 제11조에 따른 안전점검 또는 제13조에 따른 긴급안전점검을 실시한 결과 재해 및 재난을 예방하기 위하여 필요하다고 인정되는 경우에는 (   )을(를) 실시하여야 한다.

07
중

「시설물의 안전 및 유지관리에 관한 특별법」 제12조의 일부내용이다. (   )에 들어갈 용어를 쓰시오. 제20회 수정

> 관리주체는 「지진·화산재해대책법」 제14조 제1항에 따른 내진설계대상 시설물 중 내진성능평가를 받지 않은 시설물에 대하여 정밀안전진단을 실시하는 경우에는 해당 시설물에 대한 (   )를 포함하여 실시하여야 한다.

08
중

「시설물의 안전 및 유지관리에 관한 특별법」의 일부 내용이다. (   )안에 들어갈 용어를 쓰시오. 제18회

> 안전점검등과 성능평가에 드는 비용은 관리주체가 부담한다. 다만, (   ) 기간 내에 시공자가 책임져야 할 사유로 정밀안전진단을 실시하여야 하는 경우 그에 드는 비용은 시공자가 부담한다.

09 상

「시설물의 안전 및 유지관리에 관한 특별법」 제23조(긴급안전조치) 규정의 일부이다. (   )에 들어갈 용어를 쓰시오 제25회

- 시장 · 군수 · 구청장은 시설물의 중대한결함등을 통보받는 등 시설물의 구조상 공중의 안전한 이용에 미치는 영향이 중대하여 긴급한 조치가 필요하다고 인정되는 경우에는 관리주체에게 시설물의 사용제한 · 사용금지 · 철거, 주민대피 등의 안전조치를 명할 수 있다. 이 경우 관리주체는 신속하게 안전조치명령을 이행하여야 한다.
- 시장 · 군수 · 구청장은 안전조치명령을 받은 자가 그 명령을 이행하지 아니하는 경우에는 그에 대신하여 필요한 안전조치를 할 수 있다. 이 경우 「(   )법」을 준용한다.

Answer

06 정밀안전진단	07 내진성능평가
08 하자담보책임	09 행정대집행

09 Part 소방기본법

연계학습 : 기본서 p.729~753

01 하

소방기본법상 용어의 정의로 틀린 것은? 제11회 수정

① 소방대상물이란 건축물, 차량, 항해 중인 선박, 선박건조구조물, 산림, 그 밖의 공작물 또는 물건을 말한다.
② 관계지역이란 소방대상물이 있는 장소 및 그 이웃지역으로서 화재의 예방·경계·진압, 구조·구급 등의 활동에 필요한 지구를 말한다.
③ 관계인이란 소방대상물의 소유자·점유자 또는 관리자를 말한다.
④ 소방본부장이란 특별시·광역시·특별자치시·도 또는 특별자치도에서 화재의 예방·경계·진압·조사 및 구조·구급 등의 업무를 담당하는 부서의 장을 말한다.
⑤ 소방대장이란 소방본부장 또는 소방서장 등 화재, 재난·재해, 그 밖의 위급한 상황이 발생한 현장에서 소방대를 지휘하는 자를 말한다.

해설

① 소방대상물이란 건축물, 차량, 선박(「선박법」에 따른 선박으로서 항구 안에 매어둔 선박만 해당한다), 선박건조구조물, 산림, 그 밖의 공작물 또는 물건을 말한다.

02 상

소방기본법령상 특별시·광역시 또는 도의 소방본부에 설치된 종합상황실의 실장이 소방청의 종합상황실에 서면·모사전송 또는 컴퓨터통신 등으로 지체 없이 보고하여야 하는 상황에 해당하는 것을 모두 고른 것은? 제17회

ㄱ. 사상자가 10인 이상 발생한 화재
ㄴ. 재산피해액이 50억원 이상 발생한 화재
ㄷ. 이재민이 100인 이상 발생한 화재
ㄹ. 건축법령상 층수가 10층 이상인 건축물

① ㄱ, ㄴ, ㄷ
② ㄱ, ㄴ, ㄹ
③ ㄱ, ㄷ, ㄹ
④ ㄴ, ㄷ, ㄹ
⑤ ㄱ, ㄴ, ㄷ, ㄹ

해설

ㄹ. 건축법령상 층수가 11층 이상인 건축물이 이에 해당한다.

03 상

소방기본법령상 소방력(消防力) 및 소방용수시설 등에 관한 설명으로 옳지 않은 것은? 제22회

① 소방기관이 소방업무를 수행하는 데에 필요한 인력과 장비 등을 소방력이라 한다.

② 시・도지사는 소방력의 기준에 따라 관할 구역의 소방력을 확충하기 위하여 필요한 계획을 수립하여 시행하여야 한다.

③ 소방활동에 필요한 소화전・급수탑・저수조를 소방용수시설이라 한다.

④ 소방본부장 또는 소방서장은 소방활동에 필요한 소방용수시설을 설치하고 유지・관리하여야 한다.

⑤ 소방본부장 또는 소방서장은 소방활동을 할 때에 긴급한 경우에는 이웃한 소방본부장 또는 소방서장에게 소방업무의 응원(應援)을 요청할 수 있다.

해설

④ 시・도지사는 소방활동에 필요한 소방용수시설을 설치하고 유지・관리하여야 한다.

04 중

소방기본법령상 주거지역에 소방용수시설을 설치하는 경우, 소방대상물과의 수평거리는 최대 얼마까지 될 수 있는가? 제13회

① 60미터
② 80미터
③ 100미터
④ 120미터
⑤ 140미터

해설

③ 주거지역・상업지역 및 공업지역에 설치하는 경우에는 소방대상물과의 수평거리를 100미터 이하가 되도록 하여야 하며, 나머지 지역에 설치하는 경우에는 소방대상물과의 수평거리를 140미터 이하가 되도록 설치하여야 한다.

Answer

01 ① 02 ① 03 ④ 04 ③

05 상

소방기본법령상 소방활동 등에 관한 설명으로 옳은 것은? 제16회

① 소방대가 방송제작 또는 촬영 관련 지원활동을 하는 것은 소방지원활동에 속하지 아니한다.

② 유관기관·단체 등의 요청에 따른 소방지원활동에 드는 비용은 지원요청을 한 유관기관·단체 등에게 부담하게 할 수 없다.

③ 소방대상물에 화재가 발생한 경우 소방활동 종사명령에 따라 소방활동에 종사한 그 소방대상물의 관계인은 시·도지사로부터 소방활동의 비용을 지급받을 수 있다.

④ 소방대장은 폭발 등으로 화재가 확대되는 것을 막기 위하여 가스·전기 또는 유류 등의 시설에 대하여 위험물질의 공급을 차단하는 등 필요한 조치를 할 수 있으며, 이로 인해 손실을 입은 자가 있더라도 손실보상을 받지 못한다.

⑤ 소방자동차의 우선 통행에 관하여는 이 법에서 규정한 것 외에는 「도로교통법」에서 정하는 바에 따른다.

해설

① 소방지원활동 군·경찰 등 유관기관에서 실시하는 훈련지원활동, 소방시설 오작동 신고에 따른 조치활동, 방송제작 또는 촬영 관련 지원활동이 포함된다.

② 유관기관·단체 등의 요청에 따른 소방지원활동에 드는 비용은 지원요청을 한 유관기관·단체 등에게 부담하게 할 수 있다.

③ 소방대상물에 화재, 재난, 재해, 그 밖의 위급한 상황이 발생한 경우 그 관계인 및 고의 또는 과실로 화재 또는 구조·구급활동이 필요한 상황을 발생시킨 사람, 화재 또는 구조·구급현장에서 물건을 가져간 사람은 소방활동의 비용을 지급받을 수 없다.

④ 해당 조치로 인하여 손실을 입은 자가 있으면 그 손실을 보상하여야 한다.

06 중

소방기본법상 일정한 지역에서 화재로 오인할 만한 우려가 있는 불을 피우려는 자는 관할 소방본부장 또는 소방서장에게 신고하여야 한다. 이에 해당하지 않는 지역은? (단, 시·도 조례로 정하는 지역 또는 장소는 고려하지 않음) 제25회

① 목조건물이 밀집한 지역

② 위험물의 저장 및 처리시설이 밀집한 지역

③ 소방시설·소방용수시설 또는 소방출동로가 없는 지역

④ 공장·창고가 밀집한 지역

⑤ 석유화학제품을 생산하는 공장이 있는 지역

해설

③ 소방시설·소방용수시설 또는 소방출동로가 없는 지역은 소방시설의 화재예방강화지구 지정 대상지역이다.

07 중

소방기본법령상 화재활동, 소방활동 또는 소방훈련을 위하여 사용되는 소방신호의 종류로 명시되지 않은 것은? 제17회

① 예비신호 ② 훈련신호 ③ 발화신호
④ 경계신호 ⑤ 해제신호

해설
① 소방신호의 종류는 경계신호・발화신호・해제신호・훈련신호가 있다.

08 상

소방기본법령상 내용에 관한 설명으로 옳은 것은? 제19회 수정

① 소방대상물의 점유자는 관계인에 포함되지 아니한다.
② 소방청장은 소방업무에 필요한 기본계획을 5년마다 수립・시행하여야 한다.
③ 수도법에 따라 소화전을 설치하는 일반수도사업자는 관할 소방서장과 사전 협의를 거친 후 소화전을 설치하여야 한다.
④ 시장지역 등에서 화재로 오인할 만한 우려가 있는 불을 피우거나 연막(煙幕) 소독을 하려는 자는 관할 시・도지사에게 신고하여야 한다.
⑤ 한국소방안전원이 정관을 변경하려면 관할 시・도지사의 인가를 받아야 한다.

해설
① "관계인"이란 소방대상물의 소유자・관리자 또는 점유자를 말한다.
② 소방청장은 화재, 재난・재해, 그 밖의 위급한 상황으로부터 국민의 생명・신체 및 재산을 보호하기 위하여 소방업무에 관한 종합계획을 5년마다 수립・시행하여야 한다.
④ 관할 소방본부장 또는 소방서장에게 신고하여야 한다.
⑤ 한국소방안전원이 정관을 변경하려면 소방청장의 인가를 받아야 한다.

09 중

소방기본법령상 소방청장・소방본부장 또는 소방서장이 신고에 따라 소방대를 출동시켜 하게 하는 생활안전활동에 해당하지 않는 것은? 제24회

① 낙하가 우려되는 고드름의 제거활동
② 위해동물의 포획 활동
③ 소방시설 오작동 신고에 따른 조치활동
④ 단전사고시 조명의 공급
⑤ 끼임에 따른 구출 활동

해설
③ 소방시설 오작동 신고에 따른 조치활동은 소방지원활동에 해당한다.

Answer
05 ⑤ 06 ③ 07 ① 08 ③ 09 ③

10 중

소방기본법령의 내용으로 옳지 않은 것은? 제18회

① 소방대는 화재, 재난 · 재해, 그 밖의 위급한 상황이 발생한 현장에 신속하게 출동하기 위하여 긴급한 경우라도 일반적인 통행에 쓰이지 아니하는 도로 위로 통행할 수 없다.
② “관계인”이란 소방대상물의 소유자 · 관리자 또는 점유자를 말한다.
③ 소방본부장이나 소방서장은 소방활동을 할 때에 긴급한 경우에는 이웃한 소방본부장 또는 소방서장에게 소방업무의 응원을 요청할 수 있다.
④ 금고 이상의 형의 집행유예를 선고받고 그 유예기간 중에 있는 사람은 소방안전교육사가 될 수 없다.
⑤ 소방본부장, 소방서장 또는 소방대장은 화재, 재난 · 재해, 그 밖의 위급한 상황이 발생하여 사람의 생명을 위험하게 할 것으로 인정할 때에는 일정한 구역을 지정하여 그 구역에 있는 사람에게 그 구역 밖으로 피난할 것을 명령을 할 때 필요하면 관할 경찰서장 또는 자치경찰단장에게 협조를 요청할 수 있다.

해설
① 소방대는 화재, 재난 · 재해, 그 밖의 위급한 상황이 발생한 현장에 신속하게 출동하기 위하여 긴급할 때에는 일반적인 통행에 쓰이지 아니하는 도로 · 빈터 또는 물 위로 통행할 수 있다.

11 중

소방기본법령상 소방활동 등에 관한 설명으로 옳지 않은 것은? 제26회

① 소방서장은 공공의 안녕질서 유지 또는 복리증진을 위하여 필요한 경우 소방활동 외에 방송제작 또는 촬영 관련 소방지원활동을 하게 할 수 있다.
② 화재발생 현장에서 소방활동 종사 명령에 따라 소방활동에 종사한 소방대상물의 점유자는 시 · 도지사로부터 소방활동의 비용을 지급받을 수 있다.
③ 소방대장은 화재 발생을 막기 위하여 가스 · 전기 또는 유류 등의 시설에 대하여 위험물질의 공급을 차단할 수 있다.
④ 시장지역에서 화재로 오인할 만한 우려가 있는 불을 피우려는 자는 시 · 도의 조례로 정하는 바에 따라 관할 소방본부장 또는 소방서장에게 신고하여야 한다.
⑤ 경찰공무원은 소방대가 화재발생 현장의 소방활동구역에 있지 아니한 경우 소방활동에 필요한 사람으로서 대통령령으로 정하는 사람 외에는 그 구역의 출입을 제한할 수 있다.

해설
② 화재발생 현장에서 소방활동 종사 명령에 따라 소방활동에 종사한 소방대상물의 관계인, 고의 또는 과실로 화재 또는 구조 · 구급활동이 필요한 상황을 발생시킨 사람, 화재 또는 구조 · 구급현장에서 물건을 가져간 사람은 소방활동의 비용을 지급받을 수 없다.

12 상

소방기본법령상 벌칙에 관한 설명으로 옳은 것은? 제19회 수정

① 위력(威力)을 사용하여 출동한 소방대의 화재진압을 방해한 경우 200만원 이하의 과태료 부과대상이다.

② 목조건물이 밀집한 지역에서 화재로 오인할 만한 우려가 있는 불을 피우고도 관할 소방본부장 또는 소방서장에게 신고하지 아니하여 소방자동차를 출동하게 한 경우 20만원 이하의 과태료 부과대상이다.

③ 출동한 소방대원에게 폭행 또는 협박을 행사하여 화재진압·인명구조 또는 구급활동을 방해한 경우 500만원 이하의 과태료 부과대상이다.

④ 제19조를 위반하여 화재 또는 구조·구급이 필요한 상황을 거짓으로 알린 사람은 200만원 이하의 과태료 부과대상이다.

⑤ 소방자동차전용구역에서 무단으로 주차한 경우 100만원 이하의 벌금형에 처해진다.

해설

① 5년 이하의 징역 또는 5천만원 이하의 벌금형
③ 5년 이하의 징역 또는 5천만원 이하의 벌금형
④ 500만원 이하의 과태료 부과
⑤ 100만원 이하의 과태료 부과

주관식 단답형 문제

01 하

다음에서 설명하고 있는 「소방기본법」상의 용어를 쓰시오. 제16회

> 소방대상물이 있는 장소 및 그 이웃 지역으로서 화재의 예방·경계·진압, 구조·구급 등의 활동에 필요한 지역을 말한다.

02 중

「소방기본법」 제7조(소방의 날 제정과 운영 등) **제1항 규정이다. ( )에 들어갈 아라비아 숫자를 쓰시오.** 제27회

> 국민의 안전의식과 화재에 대한 경각심을 높이고 안전문화를 정착시키기 위하여 매년 (ㄱ)월 (ㄴ)일을 소방의 날로 정하여 기념행사를 한다.

Answer

10 ①　11 ②　12 ② / 01 관계지역　02 ㄱ: 11, ㄴ: 9

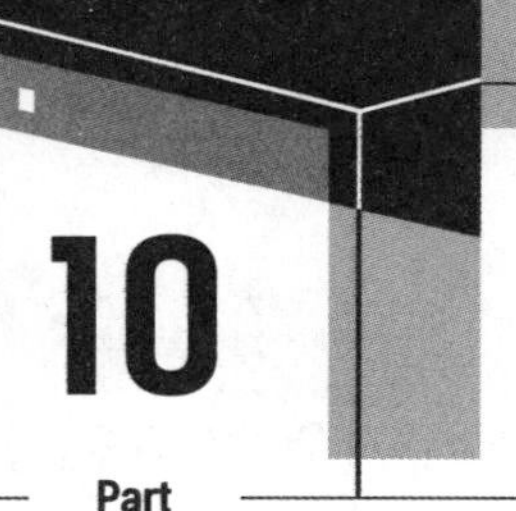

Part 10 소방시설 설치 및 관리에 관한 법률

연계학습: 기본서 p.759~788

01 중

소방시설 설치 및 관리에 관한 법률상 소방시설이란 소화설비, 경보설비, 피난구조설비, 소화용수설비, 그 밖에 소화활동설비로서 대통령령으로 정하는 것을 말한다. 각 소방시설과 그에 속하는 기계·기구설비를 옳게 연결하지 않은 것은? 제21회

① 소화설비: 분말자동소화장치, 화재조기진압용 스프링클러설비
② 경보설비: 자동화재탐지설비, 자동화재속보설비
③ 피난구조설비: 방열복, 인공소생기
④ 소화용수설비: 상수도소화용수설비, 저수조
⑤ 소화활동설비: 제연설비, 옥외소화전설비

해설
⑤ 옥외소화전설비는 소화설비에 해당한다.

02 중

소방시설 설치 및 관리에 관한 법령상 방염대상물품이 아닌 것은? 제15회

① 제조 또는 가공공정에서 방염처리를 한 카페트
② 제조 또는 가공공정에서 방염처리를 한 무대용 합판
③ 제조 또는 가공공정에서 방염처리를 한 전시용 섬유판
④ 제조 또는 가공공정에서 방염처리를 한 벽지류로서 두께가 2밀리미터 미만인 종이벽지
⑤ 제조 또는 가공공정에서 방염처리를 한 암막·무대막

해설
④ 종이벽지는 제외된다.

03 중 **소방시설 설치 및 관리에 관한 법률상 특정소방대상물에 관한 설명으로 옳지 않은 것은?** 제15회 수정

① 특정소방대상물은 소방시설을 설치하여야 하는 소방대상물로서 대통령령으로 정하는 것을 말한다.
② 아파트와 기숙사는 특정소방대상물이다.
③ 특정소방대상물의 관계인은 그 대상물에 설치되어 있는 소방시설 등이 이 법이나 이 법에 따른 명령 등에 적합하게 설치·관리되고 있는지에 대하여 자체점검하게 하여야 한다.
④ 자체점검 실시결과 보고서를 제출받거나 스스로 자체점검을 실시한 관계인은 자체점검이 끝난 날부터 15일 이내에 소방시설 등 자체점검 실시결과 보고서에 소방본부장 또는 소방서장에게 서면이나 소방청장이 지정하는 전산망을 통하여 보고해야 한다.
⑤ 특정소방대상물에 소화기구를 설치하려는 자는 지진이 발생할 경우 소방시설이 정상적으로 작동될 수 있도록 소방청장이 정하는 내진설계기준에 맞게 소방시설을 설치하여야 한다.

해설

⑤ 「지진·화산재해대책법」 제14조 제1항 각 호의 시설 중 대통령령으로 정하는 특정소방대상물에 대통령령으로 정하는 소방시설, 즉, 옥내소화전설비, 스프링클러설비, 물분무등 소화설비를 설치하려는 자는 지진이 발생할 경우 소방시설이 정상적으로 작동될 수 있도록 소방청장이 정하는 내진설계기준에 맞게 소방시설을 설치하여야 한다.

04 중 **소방시설 설치 및 관리에 관한 법률상 「건축법」에 따른 단독주택 또는 공동주택의 소유자가 주택용소방시설을 설치하지 않아도 되는 것은?** 제26회

① 기숙사
② 연립주택
③ 다세대주택
④ 다중주택
⑤ 다가구주택

해설

① 공동주택 중 기숙사 또는 아파트는 제외한다.

Answer

01 ⑤ 02 ④ 03 ⑤ 04 ①

05 상●●

소방시설 설치 및 관리에 관한 법령상 특정소방대상물에 소방시설을 설치하려는 경우 성능위주설계를 하여야 하는 것이 아닌 것은? (단, 신축하는 경우를 전제로 함)

제20회

① 건축물의 높이가 120미터인 아파트
② 연면적 5만제곱미터인 공항시설
③ 연면적 4만제곱미터인 도시철도 시설
④ 지하층을 포함한 층수가 30층인 종합병원
⑤ 하나의 건축물에 영화 및 비디오물의 진흥에 관한 법률에 따른 영화상영관이 10개인 극장

해설

① 높이 120미터 이상의 특정소방대상물 중 아파트 등은 제외한다.

06 ●중●

소방시설 설치 및 관리에 관한 법령상 소방용품의 내용연수에 관한 내용이다. ( )에 들어갈 숫자로 옳은 것은? (단, 사용기한을 연장하는 경우는 고려하지 않음)

제22회

특정소방대상물의 관계인은 내용연수가 경과한 소방용품을 교체하여야 한다. 이 경우 내용연수를 설정하여야 하는 소방용품은 분말형태의 소화약제를 사용하는 소화기로 하며, 그 소방용품의 내용연수는 ( )년으로 한다.

① 3
② 5
③ 7
④ 10
⑤ 15

해설

④ 소방용품의 내용연수는 10년으로 한다.

07 상

소방시설 설치 및 관리에 관한 법령상 연소우려가 있는 건축물의 구조에 관한 내용이다. (   )안에 들어갈 내용이 순서대로 옳은 것은? 제17회

> "행정안전부령으로 정하는 연소 우려가 있는 구조"란 다음 각 호의 기준에 모두 해당하는 구조를 말한다.
> ㄱ. 건축물대장의 건축물 현황도에 표시된 대지경계선 안에 (   ) 이상의 건축물이 있는 경우
> ㄴ. 각각의 건축물이 다른 건축물의 외벽으로부터 수평거리가 1층의 경우에는 (   )미터 이하, 2층 이상의 층의 경우에는 (   )미터 이하인 경우
> ㄷ. 개구부가 다른 건축물을 향하여 설치되어 있는 경우

① 둘, 5, 10
② 둘, 6, 10
③ 셋, 6, 12
④ 셋, 8, 10
⑤ 셋, 8, 12

해설

② 둘, 6, 10이 정답이다.

08 중

소방시설 설치 및 관리에 관한 법령상 소방용품의 품질관리에 관한 내용으로 옳지 않은 것은? 제18회

① 대통령령으로 정하는 소방용품을 제조하거나 수입하려는 자는 소방청장의 형식승인을 받아야 한다. 다만, 연구개발 목적으로 제조하거나 수입하는 소방용품은 그러하지 아니하다.
② 소방용품의 형상・구조・재질・성분・성능 등의 형식승인 및 제품검사의 기술기준 등에 관한 사항은 소방청장이 정하여 고시한다.
③ 소방청장은 제조자 또는 수입자 등의 요청이 있는 경우 소방용품에 대하여 성능인증을 할 수 있다.
④ 우수품질인증의 유효기간은 10년의 범위에서 행정안전부령으로 정한다.
⑤ 소방청장은 소방용품의 품질관리를 위하여 필요하다고 인정할 때에는 유통 중인 소방용품을 수집하여 검사할 수 있다.

해설

④ 우수품질인증의 유효기간은 5년의 범위에서 행정안전부령으로 정한다.

Answer

05 ① 06 ④ 07 ② 08 ④

주관식 단답형 문제

01 ●●하

「소방시설 설치 및 관리에 관한 법률」 제2조(정의) 규정의 일부이다. (　　)에 들어갈 용어를 쓰시오. 제27회

> "(　　)"(이)란 건축물 등의 규모·용도 및 수용인원 등을 고려하여 소방시설을 설치하여야 하는 소방대상물로서 대통령령으로 정하는 것을 말한다.

02 ●●하

「소방시설 설치 및 관리에 관한 법률 시행령」 제2조(정의) 규정의 일부이다. (　　)에 들어갈 용어를 쓰시오. 제23회

> (　　　　)(이)란 곧바로 지상으로 갈 수 있는 출입구가 있는 층을 말한다.

03 ●중●

「소방시설 설치 및 관리에 관한 법률 시행령」 제2조(정의) 규정의 일부이다. (　　)에 들어갈 숫자를 순서대로 쓰시오. 제21회

> "무창층"(無窓層)이란 지상층 중 다음 각 목의 요건을 모두 갖춘 개구부(건축물에서 채광·환기·통풍 또는 출입 등을 위하여 만든 창·출입구, 그 밖에 이와 비슷한 것을 말한다)의 면적의 합계가 해당 층의 바닥면적(「건축법 시행령」 제119조 제1항 제3호에 따라 산정된 면적을 말한다)의 (ㄱ)분의 1 이하가 되는 층을 말한다.
> 가. 크기는 지름 (ㄴ)센티미터 이상의 원이 통과할 수 있을 것
> 나. 해당 층의 바닥면으로부터 개구부 밑부분까지의 높이가 1.2미터 이내일 것
> 다. 도로 또는 차량이 진입할 수 있는 빈터를 향할 것
> 라. 화재시 건축물로부터 쉽게 피난할 수 있도록 창살이나 그 밖의 장애물이 설치되지 않을 것
> 마. 내부 또는 외부에서 쉽게 부수거나 열 수 있을 것

04 ●중●

「소방시설 설치 및 관리에 관한 법령」상 (　　)안에 들어갈 용어를 쓰시오. 제16회

> 「건축법」에 따른 단독주택 및 공동주택(아파트 및 기숙사는 제외한다)의 소유자는 소화기 및 (　　　　)을(를) 설치하여야 한다.

05

상

「소방시설 설치 및 관리에 관한 법률 시행령」 제2조 및 법률 제14조의 일부 내용이다. (　)안에 들어갈 용어와 숫자를 각각 쓰시오. 제17회 수정

- (ㄱ)(이)란 곧바로 지상으로 갈 수 있는 출입구가 있는 층을 말한다.
- 소방청장은 건축 환경 및 화재위험특성 변화사항을 효과적으로 반영할 수 있도록 제1항에 따른 소방시설 규정을 (ㄴ)년에 1회 이상 정비하여야 한다.

06

상

「소방시설 설치 및 관리에 관한 법령」상의 임시소방시설의 종류에 관한 내용이다. (　)에 들어갈 용어를 쓰시오. 제22회

임시소방시설의 종류
가. 소화기
나. 간이소화장치: <생략>
다. 비상경보장치: <생략>
라. 가스누설경보기: <생략>
마. (　　　): 화재가 발생한 경우 피난구 방향을 안내할 수 있는 장치로서 소방청장이 정하는 성능을 갖추고 있을 것

07

중

「소방시설 설치 및 관리에 관한 법률」 제39조(형식승인의 취소 등) 규정의 일부이다. (　)안에 들어갈 숫자를 쓰시오. 제19회

소방용품의 형식승인이 취소된 자는 그 취소된 날부터 (　)년 이내에는 형식승인이 취소된 동일 품목에 대하여 형식승인을 받을 수 없다.

Answer

01 특정소방대상물
02 피난층
03 ㄱ: 30, ㄴ: 50
04 단독경보형감지기
05 ㄱ: 피난층, ㄴ: 3
06 간이피난유도선
07 2

Part

11 화재의 예방 및 안전관리에 관한 법률

연계학습: 기본서 p.793~825

01 화재의 예방 및 안전관리에 관한 법령상 소방관서장이 명령하거나 취할 수 있는 화재의 예방조치 등에 해당하지 않는 것은? (중) 제20회

① 화재예방상 위험하다고 인정되는 흡연을 하고 있는 사람에 대한 흡연의 금지
② 시장지역 중 화재발생 우려가 높은 지역에 대한 화재예방강화지구 지정
③ 화기가 있을 우려가 있는 재를 관리자로 하여금 처리하도록 하는 것
④ 불에 탈 수 있음에도 함부로 버려둔 위험물의 소유자에게 그 물건을 옮기게 하는 조치
⑤ 불에 탈 수 있는 물건의 소유자·관리자 또는 점유자의 주소와 성명을 알 수 없어서 필요한 명령을 할 수 없을 때 소속 공무원으로 하여금 그 물건을 옮기도록 하는 것

해설
② 화재예방강화지구는 시·도지사가 지정한다.

02 화재의 예방 및 안전관리에 관한 법령상 소방관서장이 화재의 예방상 위험하다고 인정되는 행위를 하는 사람이나 소화(消火) 활동에 지장이 있다고 인정되는 물건의 소유자·관리자 또는 점유자에게 금지나 제한을 명령할 수 있는 행위를 모두 고른 것은? (중) 제23회

ㄱ. 흡연	ㄴ. 불장난
ㄷ. 모닥불	ㄹ. 풍등 날리기
ㅁ. 화기(火氣) 취급	

① ㄱ, ㄹ
② ㄴ, ㄷ, ㅁ
③ ㄱ, ㄴ, ㄹ, ㅁ
④ ㄱ, ㄷ, ㄹ, ㅁ
⑤ ㄱ, ㄴ, ㄷ, ㄹ, ㅁ

해설
⑤ 소화활동에 지장이 있다고 인정되는 물건의 소유자·관리자 또는 점유자에게 금지나 제한을 명령할 수 있는 행위는 ㄱ, ㄴ, ㄷ, ㄹ, ㅁ 모두 해당한다.

03 상

화재의 예방 및 안전관리에 관한 법령상 화재예방강화지구에 관한 설명으로 옳은 것은?

제13회 수정

① 화재예방강화지구 안의 소방대상물에 대한 화재안전조사 결과에 따른 소방시설등의 설치명령을 위반한 자는 200만원 이하의 벌금에 처한다.
② 소방본부장 또는 소방서장은 목조건물이 밀집한 지역으로 화재가 발생할 우려가 높은 지역을 화재예방강화지구로 지정할 수 있다.
③ 소방관서장은 화재예방강화지구 안의 관계인에 대하여 소방상 필요한 훈련 및 교육을 연 1회 이상 실시할 수 있다.
④ 소방관서장은 화재예방강화지구 안의 소방대상물의 위치·구조 및 설비 등에 대한 화재안전조사를 연 2회 이상 실시하여야 한다.
⑤ 소방관서장은 소방상 필요한 훈련을 실시하려면 화재예방강화지구 안의 관계인에게 훈련 2주일 전까지 그 사실을 통보하여야 한다.

해설

① 화재예방강화지구 안의 소방대상물에 대한 화재안전조사 결과에 따른 소방시설 등의 설치명령을 위반한 자는 200만원 이하의 과태료를 부과한다.
② 화재예방강화지구의 지정권자는 시·도지사이다.
④ 소방관서장은 화재예방강화지구 안의 소방대상물의 위치·구조 및 설비 등에 대한 화재안전조사를 연 1회 이상 실시하여야 한다.
⑤ 소방관서장은 소방상 필요한 훈련 및 교육을 실시하고자 하는 때에는 화재예방강화지구 안의 관계인에게 훈련 또는 교육 10일 전까지 그 사실을 통보하여야 한다.

04 상

화재의 예방 및 안전관리에 관한 법령상 특정소방대상물(소방안전관리대상물은 제외한다)**의 관계인과 소방안전관리대상물의 소방안전관리자의 업무에 해당하지 않는 것은?**

제24회

① 소방안전 특별관리시설물의 소방안전 특별관리
② 화기 취급의 감독
③ 자위소방대 및 초기대응체계의 구성·운영·교육
④ 피난계획에 관한 사항 등이 포함된 소방계획서의 작성 및 시행
⑤ 소방시설이나 그 밖의 소방관련시설의 관리

해설

① 소방안전 특별관리시설물의 소방안전 특별관리는 소방청장의 의무이다.

Answer

01 ② 02 ⑤ 03 ③ 04 ①

05 상

화재의 예방 및 안전관리에 관한 법률상 수행하여야 하는 소방안전관리자의 업무 중 소방안전관리대상물의 경우에만 해당하는 것을 모두 고른 것은? 제25회

ㄱ. 화기(火氣) 취급의 감독
ㄴ. 자위소방대 및 초기대응체계의 구성・운영・교육
ㄷ. 소방시설이나 그 밖의 소방 관련 시설의 유지・관리
ㄹ. 「소방시설 설치 및 관리에 관한 법률」에 따른 피난시설, 방화구획 및 방화시설의 유지・관리

① ㄱ　② ㄴ　③ ㄱ, ㄷ
④ ㄴ, ㄹ　⑤ ㄷ, ㄹ

해설
② 소방안전관리자의 업무 중 ㄴ이 소방안전관리대상물의 경우에만 해당한다.

06 중

화재의 예방 및 안전관리에 관한 법령상 화재예방강화지구에 관한 설명으로 옳지 않은 것은? 제21회

① 시・도지사는 소방시설・소방용수시설 또는 소방출동로가 없는 지역 중 화재가 발생할 우려가 높거나 화재가 발생하는 경우 그로 인하여 피해가 클 것으로 예상되는 지역을 화재예방강화지구로 지정할 수 있다.
② 소방관서장은 대통령령으로 정하는 바에 따라 화재예방강화지구 안의 소방대상물의 위치・구조 및 설비 등에 대하여 화재안전조사를 연 1회 이상 실시하여야 한다.
③ 소방관서장은 화재안전조사를 한 결과 화재의 예방과 경계를 위하여 필요하다고 인정할 때에는 관계인에게 소방용수시설, 소화기구, 그 밖에 소방에 필요한 설비의 설치를 명할 수 있다.
④ 시・도지사는 화재예방강화지구 안의 관계인에 대하여 대통령령으로 정하는 바에 따라 소방상 필요한 훈련 및 교육을 연 1회 이상 실시하여야 한다.
⑤ 시・도지사는 대통령령으로 정하는 바에 따라 화재예방강화지구의 지정 현황, 화재안전조사의 결과, 소방설비 설치 명령 현황, 소방교육의 현황 등이 포함된 화재예방강화지구에서의 화재예방 및 경계에 필요한 자료를 매년 작성・관리하여야 한다.

해설
④ 소방관서장은 화재예방강화지구 안의 관계인에 대하여 대통령령으로 정하는 바에 따라 소방상 필요한 훈련 및 교육을 연 1회 이상 실시할 수 있다.

07 중

화재의 예방 및 안전관리에 관한 법령상 소방대상물의 안전관리에 관한 내용으로 옳은 것은? 제23회

① 30층 이상(지하층을 포함한다)이거나 지상으로부터 높이가 120미터 이상인 아파트는 소방안전관리자를 선임하여야 하는 1급 소방안전관리대상물에 해당한다.

② 50층 이상(지하층을 포함한다)이거나 지상으로부터 높이가 200미터 이상인 아파트는 소방안전관리자를 선임하여야 하는 특급 소방안전관리대상물에 해당한다.

③ 소방안전관리대상물의 관계인이 소방안전관리자를 선임한 경우에는 선임한 날부터 30일 이내에 소방본부장이나 소방서장에게 신고하여야 한다.

④ 소방안전관리자를 두어야 하는 특정소방대상물 중 300세대 이상인 아파트는 소방안전관리보조자를 선임하여야 한다.

⑤ 특정소방대상물의 관계인은 소방안전관리보조자를 해임한 경우 소방안전관리보조자를 해임한 날의 다음날부터 30일 이내에 소방안전관리보조자를 선임하여야 한다.

해설

① 30층 이상(지하층을 제외한다)
② 50층 이상(지하층을 제외한다)
③ 선임한 날부터 14일 이내에 소방본부장이나 소방서장에게 신고하여야 한다.
⑤ 특정소방대상물의 관계인은 소방안전관리보조자를 해임한 경우 소방안전관리보조자를 해임한 날부터 30일 이내에 소방안전관리보조자를 선임하여야 한다.

08 중

화재의 예방 및 안전관리에 관한 법령상 지상으로부터 높이가 135미터인 40층 아파트가 해당되는 소방안전관리대상물은? 제25회

① 특급 소방안전관리대상물
② 공동 소방안전관리대상물
③ 1급 소방안전관리대상물
④ 2급 소방안전관리대상물
⑤ 3급 소방안전관리대상물

해설

③ 고층아파트(높이 120미터 이상, 30층 이상)는 1급 소방안전관리대상물에 해당한다.

Answer

05 ② 06 ④ 07 ④ 08 ③

09 상

화재의 예방 및 안전관리에 관한 법령상 소방안전관리대상물 등에 관한 설명으로 옳은 것은? 제27회

① 「건축법 시행령」상 건축물 용도가 아파트인 경우에는 세대수와 무관하게 소방안전관리보조자를 추가로 선임하여야 한다.

② 특급 소방안전관리대상물의 경우에는 소방안전관리자를 2명 이상 선임하여야 한다.

③ 지하층을 포함해서 30층 이상인 아파트는 특급 소방안전관리대상물에 해당한다.

④ 소방안전관리대상물의 관계인은 화기(火氣) 취급의 감독 업무를 수행한다.

⑤ 건축물대장의 건축물현황도에 표시된 대지경계선 안의 지역에 소방안전관리자를 두어야 하는 특정소방대상물이 둘 이상 있는 경우, 그 관리에 관한 권원을 가진 자가 동일인일 때에는 이를 하나의 특정소방대상물로 본다.

해설

⑤이 옳은 지문이다.

① 아파트 중 300세대 이상인 경우에는 소방안전관리보조자를 선임하여야 한다.

② 특급 소방안전관리대상물의 경우에는 소방안전관리자를 1명 이상 선임하여야 한다.

③ 지하층을 제외한 50층 이상이거나 높이 200미터 이상인 아파트가 특급소방안전관리대상물에 해당한다. 특급소방안전관리대상물은 이외에도 30층 이상(지하층 포함)이거나 높이 120미터 이상 특정소방대상물(아파트는 제외), 연면적 10만제곱미터 이상 특정소방대상물(아파트는 제외)이 있다.

④ 특정소방대상물(소방안전관리대상물은 제외한다)의 관계인은 화기(火氣) 취급의 감독 업무를 수행한다.

Answer

09 ⑤

주관식 단답형 문제

01 (하)

「화재의 예방 및 안전관리에 관한 법률」 제2조의 규정의 일부이다. (   )안에 들어갈 용어를 쓰시오.

제18회, 제25회

> (   )란(이란) 특별시장 · 광역시장 · 특별자치시장 · 도지사 또는 특별자치도지사(이하 "시 · 도지사"라 한다)가 화재발생 우려가 크거나 화재가 발생할 경우 피해가 클 것으로 예상되는 지역에 대하여 화재의 예방 및 안전관리를 강화하기 위해 지정 · 관리하는 지역을 말한다.

02 (상)

「화재의 예방 및 안전관리에 관한 법률 시행령」 [별표4]의 내용의 일부이다. (   ) 안에 들어갈 숫자를 쓰시오.

제17회 수정

> 특급 소방안전관리대상물의 관계인은 소방공무원으로 최소 (   )년 이상 근무한 경력이 있는 사람을 소방안전관리자로 선임할 수 있다.

03 (중)

「화재의 예방 및 안전관리에 관한 법률」 제35조의 일부 규정이다. (   )에 들어갈 아라비아 숫자와 용어를 쓰시오.

제24회 수정

> 법 제35조(관리의 권원이 분리된 특정소방대상물의 소방안전관리) ① 다음 각 호의 어느 하나에 해당하는 특정소방대상물로서 그 관리의 권원(權原)이 분리되어 있는 특정소방대상물의 경우 그 관리의 권원별 관계인은 대통령령으로 정하는 바에 따라 제24조 제1항에 따른 소방안전관리자를 선임하여야 한다. <생략>
>
> 1. 복합건축물(지하층을 제외한 층수가 (   )층 이상 또는 연면적 3만제곱미터 이상인 건축물)
> 2. (   )(지하의 인공구조물 안에 설치된 상점 및 사무실, 그 밖에 이와 비슷한 시설이 연속하여 지하도에 접하여 설치된 것과 그 지하도를 합한 것을 말한다)
> 3. 그 밖에 대통령령으로 정하는 특정소방대상물

Answer

01 화재예방강화지구 **02** 20

03 11, 지하가

Part 12 전기사업법

연계학습 : 기본서 p.832~875

01 하

전기사업법령의 내용으로 옳지 않는 것은? 제18회

① 전기사업을 하려는 자는 전기사업의 종류별로 산업통상자원부장관 또는 시 · 도지사의 허가를 받아야 한다.
② 한국전력거래소는 주된 사무소의 소재지에서 설립등기를 함으로써 성립한다.
③ "발전사업"이란 전기를 생산하여 이를 전력시장을 통하여 전기판매사업자에게 공급하는 것을 주된 목적으로 하는 사업을 말한다.
④ 발전사업자 및 전기판매사업자등은 정당한 사유 없이 전기의 공급을 거부하여서는 아니된다.
⑤ 산업통상자원부장관은 전력산업기반조성계획은 5년 단위로 수립 · 시행한다.

해설

⑤ 전력산업기반조성계획은 3년 단위로 수립 · 시행한다.

02 중

전기사업법령상 전기사업자 및 전기사용자에 관한 설명으로 옳은 것은? 제22회

① 배전사업자는 전기판매사업을 겸업할 수 있다.
② 전기판매사업자는 발전용 전기설비의 정기적인 보수기간 중 전기 공급의 요청이 있는 경우에는 전기의 공급을 거부할 수 있다.
③ 전기판매사업자는 기본공급약관을 작성하여 산업통상자원부장관의 허가를 받아야 한다.
④ 전기사업자의 지위가 승계되더라도 종전의 전기사업자에 대한 사업정지처분의 효과는 그 지위를 승계받은 자에게 승계되지 않는다.
⑤ 전력시장에서 전력을 직접 구매하는 전기사용자는 시간대별로 전력거래량을 측정할 수 있는 전력량계를 설치하지 않아도 된다.

해설

② 발전사업자는 발전용 전기설비의 정기적인 보수기간 중 전기 공급의 요청이 있는 경우에는 전기의 공급을 거부할 수 있다.
③ 전기판매사업자는 기본공급약관을 작성하여 산업통상자원부장관의 인가를 받아야 한다.
④ 전기사업자의 지위가 승계되더라도 종전의 전기사업자에 대한 사업정지처분의 효과는 그 지위를 승계받은 자에게 승계된다.
⑤ 전력시장에서 전력을 직접 구매하는 전기사용자는 시간대별로 전력거래량을 측정할 수 있는 전력량계를 설치하여야 한다.

03 상

전기사업법령상 전기판매사업자가 전기의 공급을 거부할 수 있는 정당한 사유가 아닌 것은? 제20회

① 전기의 공급을 요청하는 자가 전기판매사업자의 정당한 조건에 따르지 아니하고 다른 방법으로 전기의 공급을 요청하는 경우
② 1만킬로와트 이상 10만킬로와트 미만으로 전기를 사용하려는 자가 사용 예정일 2년 전까지 전기판매사업자에게 미리 전기의 공급을 요청하지 아니하는 경우
③ 발전용 전기설비의 정기적인 보수기간 중 전기의 공급을 요청하는 경우
④ 전기요금을 미납한 전기사용자가 납기일의 다음날부터 공급약관에서 정하는 기한까지 해당 요금을 납부하지 아니하는 경우
⑤ 재난이나 그 밖의 비상사태로 인하여 전기공급이 불가능한 경우

해설

③ 발전용 전기설비의 정기적인 보수기간 중 전기의 공급을 요청하는 경우(발전사업자만 해당한다)

04 중

전기사업법령상 발전사업자 및 전기판매사업자가 전기공급을 거부할 수 있는 사유에 해당하지 않는 것은? 제17회

① 전기요금을 납기일까지 납부하지 아니한 전기사용자가 공급약관에서 정하는 기간까지 해당 요금을 내지 아니하는 경우
② 전기사용자가 법 제18조 제1항에 따른 전기의 품질에 적합하지 아니한 전기의 공급을 요청하는 경우
③ 전기의 공급을 요청하는 자가 불합리한 조건을 제시하거나 전기판매사업자 또는 전기충전사업자의 정당한 조건에 따르지 아니하고 다른 방법으로 전기의 공급을 요청하는 경우
④ 「전기안전관리법」 제12조 제9항 또는 다른 법률에 따라 시장 · 군수 · 자치구의 구청장 또는 그 밖의 행정기관의 장이 전기공급의 정지를 요청하는 경우
⑤ 전기를 대량으로 사용하려는 자가 사용예정일 4년 전에 용량 10만킬로와트 이상 30만킬로와트 미만의 전기를 사업자에게 요청하는 경우

해설

⑤ 사용예정일 4년 전 ⇨ 사용예정일 3년 전

Answer

01 ⑤ 02 ① 03 ③ 04 ⑤

05 상●●

전기사업법령상 전기사업 및 전력시장에 관한 설명으로 옳은 것을 모두 고른 것은? 제24회

ㄱ. 전기신사업이란 전기자동차충전사업, 구역전기사업 및 재생에너지생산사업을 말한다.
ㄴ. 전기판매사업자는 전기요금과 그 밖의 공급조건에 관한 약관을 작성하여 산업통상자원부장관에게 신고하여야 한다.
ㄷ. 수전설비(受電設備)의 용량이 3만킬로볼트암페어 이상인 전기사용자는 전력시장에서 전력을 직접 구매할 수 있다.
ㄹ. 전기판매사업자는 설비용량이 2만킬로와트 이하인 발전사업자가 생산한 전력을 전력시장운영규칙으로 정하는 바에 따라 우선적으로 구매할 수 있다.

① ㄱ, ㄴ ② ㄱ, ㄹ ③ ㄴ, ㄷ ④ ㄴ, ㄹ ⑤ ㄷ, ㄹ

해설

ㄱ. 전기신사업이란 전기자동차충전사업, 소규모전력중개사업, 재생에너지전기공급사업, 통합발전소사업, 재생에너지전기저장판매사업 및 송전제약발생지역전기공급사업을 말한다.
ㄴ. 산업통상자원부장관에게 인가를 받아야 한다.

06 상●●

전기사업법령상 전력거래에 관한 설명으로 옳은 것은? 제26회

① 발전사업자 및 전기판매사업자는 한국전력거래소가 운영하는 전력계통에 연결되어 있지 아니한 도서지역에서 전력을 거래하는 경우 전력시장에서 전력거래를 하여야 한다.
② 태양광 설비를 설치한 자가 해당 설비를 통하여 생산한 전력 중 자기가 사용하고 남은 전력을 거래하는 경우에는 전력시장에서 거래할 수 없다.
③ 전기판매사업자는 설비용량이 3만킬로와트인 발전사업자가 생산한 전력을 전력시장운영규칙으로 정하는 바에 따라 우선적으로 구매할 수 있다.
④ 구역전기사업자는 발전기의 고장, 정기점검 및 보수 등으로 인하여 해당 특정한 공급구역의 수요에 부족한 전력을 전력시장에서 거래할 수 있다.
⑤ 소규모전력중개사업자는 모집한 소규모전력자원에서 생산 또는 저장한 전력을 전력시장에서 거래하지 아니할 수 있다.

해설

① 도서지역에서 전력을 거래하는 경우 전력시장에서 전력거래를 하지 않아도 된다.
② 태양광 설비를 설치한 자가 해당 설비를 통하여 생산한 전력 중 자기가 사용하고 남은 전력을 거래하는 경우에는 전력시장에서 거래할 수 있다.
③ 전기판매사업자는 설비용량이 2만킬로와트 이하인 발전사업자가 생산한 전력을 전력시장운영규칙으로 정하는 바에 따라 우선적으로 구매할 수 있다.
⑤ 소규모전력중개사업자는 모집한 소규모전력자원에서 생산 또는 저장한 전력을 전력시장에서 거래해야 한다.

07 전기사업법령상 전기자동차충전사업에 관한 설명으로 옳은 것은? 제27회

상

① 전기자동차충전사업을 하려는 자는 산업통상자원부장관의 허가를 받아야 한다.

② 전기자동차충전사업자는 충전요금을 표시하는 경우 이동통신단말장치에서 사용되는 애플리케이션에 게시하는 방법으로 할 수 있다.

③ 전기자동차충전사업자는 재생에너지를 이용하여 생산한 전기라도 전력시장을 거치지 아니하고는 전기자동차에 공급할 수 없다.

④ 전기자동차충전사업자는 전기요금과 그 밖의 공급조건에 관한 약관을 작성하여 산업통상자원부장관의 인가를 받아야 한다.

⑤ 전기자동차에 전기를 유상으로 공급하는 것을 주된 목적으로 하는 사업은 '전기판매사업'에 해당한다.

해설

② 전기자동차충전사업자는 법 제96조의5 제1항에 따라 충전요금을 표시하는 경우에는 충전요금 정보를 소비자가 쉽게 알아볼 수 있도록 표시판을 설치하거나 인터넷 홈페이지 또는 이동통신단말장치에서 사용되는 애플리케이션(Application)에 게시하는 방법 등으로 충전요금을 표시하여야 한다.

① 전기자동차충전사업은 전기신사업의 일종이므로 산업통상자원부장관에게 등록을 해야한다.

③ 전기자동차충전사업자는 재생에너지를 이용하여 생산한 전기를 전력시장을 거치지 않고 전기자동차에 공급할 수 있다.

④ 전기자동차충전사업자는 전기요금과 그 밖의 이용조건에 관한 약관을 작성하여 산업통상자원부장관의 신고할 수 있다.

⑤ 전기자동차에 전기를 유상으로 공급하는 것을 주된 목적으로 하는 사업은 '전기자동차충전사업'으로 전기신사업에 해당한다.

Answer

05 ⑤ 06 ④ 07 ②

08 상●●

전기사업법령상 한국전력거래소에 관한 설명으로 옳지 않은 것은? 제19회

① 한국전력거래소는 전력시장 및 전력계통의 운영에 관한 규칙을 정하여야 한다.

② 한국전력거래소의 회원이 아닌 자는 전력시장에서 전력거래를 하지 못한다.

③ 한국전력거래소는 전기사업자 및 수요관리사업자에게 전력계통의 운영을 위하여 필요한 지시를 할 수 있다. 이 경우 발전사업자 및 수요관리사업자에 대한 지시는 전력시장에서 결정된 우선순위에 따라 하여야 한다.

④ 전력시장에서 전력거래를 하는 자가용 전기설비를 설치한 자는 한국전력거래소의 회원이 될 자격이 없다.

⑤ 산업통상자원부장관은 천재지변, 전시·사변, 경제사정의 급격한 변동, 그 밖에 이에 준하는 사태가 발생하여 전력시장에서 전력거래가 정상적으로 이루어질 수 없다고 인정하는 경우에는 전력시장에서의 전력거래의 정지·제한이나 그 밖에 필요한 조치를 할 수 있다.

해설

④ 전력시장에서 전력거래를 하는 자가용 전기설비를 설치한 자는 한국전력거래소의 회원이 된다.

09 상●●

전기사업법령상 산업통상자원부장관은 전력산업기반조성사업을 실시하려는 경우에는 주관기관의 장과 체결하는 협약에 포함되어야 할 사항으로 명시된 것은? 제17회

① 전력산업전문인력의 양성에 관한 사항

② 필요한 자금 및 자금 조달계획

③ 사업시행의 결과 보고 및 그 결과의 활용에 관한 사항

④ 전력분야의 연구기관 및 단체의 육성·지원에 관한 사항

⑤ 전력수요 관리사업에 관한 사항

해설

③ 주관기관의 장과 체결하는 협약 사항(영 제26조)
① 전력산업기반조성계획 사항(법 제47조 제2항)
② 전력산업기반조성계획의 시행계획 사항(영 제24조 제1항)
④ 전력산업기반조성계획 사항(법 제47조 제2항)
⑤ 전력수급기본계획 사항(법 제25조 제6항)

10 중

전기사업법령상 한국전력거래소의 업무가 아닌 것은? 제15회

① 전력시장의 개설·운영에 관한 업무
② 전력거래량의 계량에 관한 업무
③ 회원의 자격심사에 관한 업무
④ 전력거래대금 및 전력거래에 따른 비용의 청구·정산 및 지불에 관한 업무
⑤ 전력시장운영규칙의 제정·변경·또는 폐지의 승인에 관한 업무

해설

⑤ 전력시장운영규칙을 제정·변경·또는 폐지하려는 경우에는 산업통상자원부장관의 승인을 받아야 한다(법 제43조 제2항).

11 상

전기사업법상 토지 등의 사용에 관한 설명으로 옳지 않은 것은? 제25회

① 전기사업자는 전기사업용 전기설비의 설치를 위한 측량을 위하여 필요한 경우에는 「공익사업을 위한 토지 등의 취득 및 보상에 관한 법률」에서 정하는 바에 따라 다른 자의 토지 또는 이에 정착된 건물을 사용할 수 있다.
② 전기사업자는 전기사업용 전기설비의 유지·보수를 위하여 필요한 경우에는 「공익사업을 위한 토지 등의 취득 및 보상에 관한 법률」에서 정하는 바에 따라 다른 자의 식물을 제거할 수 있다.
③ 천재지변으로 전기사업용 전기설비가 파손될 우려가 있는 경우 전기사업자가 주거용으로 사용되고 있는 다른 자의 토지 등을 일시사용하려면 그 사용 일시 및 기간에 관하여 미리 거주자와 협의하여야 한다.
④ 긴급한 사태로 전기사업용 전기설비가 파손되어 전기사업자가 다른 자의 토지 등을 일시사용한 경우에는 즉시 그 점유자나 소유자에게 그 사실을 통지하여야 한다.
⑤ 전기설비의 안전관리를 위하여 다른 자의 토지 등에 출입하려는 전기사업자는 토지 등의 소유자 또는 점유자와 협의를 거친 후 시·도지사에게 신고하여야 한다.

해설

⑤ 전기설비의 안전관리를 위하여 다른 자의 토지 등에 출입하려는 전기사업자는 토지 등의 소유자 또는 점유자와 협의를 거친 후 출입할 수 있으며, 협의가 성립되지 아니 하거나 협의를 할 수 없는 경우에는 시장·군수 또는 구청장의 허가를 받아 토지 등에 출입할 수 있다.

Answer

08 ④ 09 ③ 10 ⑤ 11 ⑤

12 상

전기사업법령상 다른 자의 토지 등의 사용에 관한 설명으로 옳지 않은 것은?

제14회

① 전기사업자는 전기사업용 전기설비의 설치나 이를 위한 실지조사·측량 및 시공 또는 전기사업용 전기설비의 유지·보수를 위하여 필요한 경우에는 「공익사업을 위한 토지 등의 취득 및 보상에 관한 법률」에서 정하는 바에 따라 다른 자의 토지 또는 이에 정착된 건물 그 밖의 공작물을 사용하거나 다른 자의 식물, 그 밖의 장애물을 변경 또는 제거할 수 있다.

② 전기사업자는 전기설비의 설치·유지 및 안전관리를 위하여 필요한 경우에는 다른 자의 토지 등에 출입할 수 있다. 이 경우 전기사업자는 출입방법 및 출입기간 등에 대하여 미리 토지 등의 소유자 또는 점유자와 협의하여야 하며 협의가 성립되지 아니 하거나 협의를 할 수 없는 경우에는 시장·군수 또는 구청장의 허가를 받아 토지 등에 출입할 수 있다.

③ 전기사업자는 국가·지방자치단체, 그 밖의 공공기관이 관리하는 공공용 토지에 전기사업용 전선로를 설치할 필요가 있는 경우에는 그 토지 관리자의 허가없이 사용할 수 있다.

④ 전기사업자는 토지 등의 일시사용이 끝난 경우에는 토지 등을 원상으로 회복하거나 이에 필요한 비용을 토지 등의 소유자 또는 점유자에게 지급하여야 한다.

⑤ 전기사업자는 천재지변·전시·사변, 기타 긴급한 사태로 인하여 전기사업용 전기설비 등이 파손되거나 파손될 우려가 있는 경우 15일 이내에서의 다른 자의 토지 등의 일시사용할 수 있다.

해설

③ 전기사업자는 국가·지방자치단체, 그 밖의 공공기관이 관리하는 공공용 토지에 전기사업용 전선로를 설치할 필요가 있는 경우에는 그 토지 관리자의 허가를 받아 사용할 수 있다(법 제92조 제1항).

Answer

12 ③

주관식 단답형 문제

01 하

「전기사업법」 제2조(정의) 규정의 일부이다. (　　)에 들어갈 용어를 쓰시오. 제25회

> "자가용전기설비"란 전기사업용전기설비 및 (　　)전기설비 외의 전기설비를 말한다.

02 하

「전기사업법 시행규칙」 제2조(정의) 규정의 일부이다. (　　)에 들어갈 숫자를 쓰시오. 제23회

> "저압"이란 직류에서는 (ㄱ)볼트 이하의 전압을 말하고, 교류에서는 (ㄴ)볼트 이하의 전압을 말한다.

03 중

「전기사업법령」상 (　　)에 들어갈 용어를 순서대로 쓰시오. 제21회

> • "(　　)"(이)란 전기의 원활한 흐름과 품질유지를 위하여 전기의 흐름을 통제・관리하는 체제를 말한다.
> • "(　　)"(이)란 수전설비와 구내배전설비를 말한다.

04 중

「전기사업법 시행규칙」 제2조(정의) 규정의 일부이다. (　　)에 들어갈 용어와 아라비아 숫자를 쓰시오. 제27회

> "(ㄱ)"(이)란 다음 각 목의 곳의 전압 (ㄴ)만볼트 이상의 송전선로를 연결하거나 차단하기 위한 전기설비를 말한다.
> 가. 발전소 상호간
> 나. 변전소 상호간
> 다. 발전소와 변전소 간

05 「전기사업법」 제2조(정의) 규정의 일부이다. (   )에 들어갈 용어를 쓰시오.

제22회

(   )(이)란 전기사용자가 언제 어디서나 적정한 요금으로 전기를 사용할 수 있도록 전기를 공급하는 것을 말한다.

06 「전기사업법」 제2조 및 제16조 규정의 일부이다. (   )에 들어갈 용어를 쓰시오.

제24회

- 제2조(정의) 이 법에서 사용하는 용어의 뜻은 다음과 같다.
  14. "(ㄱ)"(이)란 전기의 원활한 흐름과 품질유지를 위하여 전기의 흐름을 통제·관리하는 체제를 말한다.
- 제16조(전기의 공급약관) ③ 전기판매사업자는 그 전기수요를 효율적으로 관리하기 위하여 필요한 범위에서 기본공급약관으로 정한 것과 다른 요금이나 그 밖의 공급조건을 내용으로 정하는 약관[이하 "(ㄴ)"(이)라 한다]을 작성할 수 있으며, 전기사용자는 기본공급약관을 갈음하여 (ㄴ)(으)로 정한 사항을 선택할 수 있다.

07 「전기사업법」 제2조 및 제16조 규정의 일부이다. (   )에 들어갈 용어를 쓰시오.

제26회

제16조(전기의 공급약관) ① 전기판매사업자는 대통령령으로 정하는 바에 따라 전기요금과 그 밖의 공급조건에 관한 약관(이하 "기본공급약관"이라 한다)을 작성하여 산업통상자원부장관의 인가를 받아야 한다.

② 산업통상자원부장관은 제1항에 따른 인가를 하려는 경우에는 (   )의 심의를 거쳐야 한다.

③ ~ ⑤ <생략>

Answer

01 일반용	02 ㄱ: 1,500, ㄴ: 1,000
03 전력계통, 전기수용설비	04 ㄱ: 개폐소, ㄴ: 5
05 보편적 공급	06 ㄱ: 전력계통, ㄴ: 선택공급약관
07 전기위원회	

Memo

13 Part

승강기 안전관리법

연계학습: 기본서 p.881~914

01 (상)

승강기 안전관리법령상 승강기의 안전인증에 관한 내용으로 옳은 것을 모두 고른 것은? 제23회

ㄱ. 승강기의 제조·수입업자는 승강기에 대하여 모델별로 국토교통부장관이 실시하는 안전인증을 받아야 한다.
ㄴ. 국토교통부장관은 수출을 목적으로 승강기를 제조하는 경우에는 승강기안전인증의 전부를 면제할 수 있다.
ㄷ. 승강기안전인증을 받은 승강기의 제조·수입업자는 승강기안전인증을 받은 후 제조하거나 수입하는 같은 모델의 승강기에 대하여 안전성에 대한 자체심사를 하고, 그 기록을 작성·보관하여야 한다.

① ㄷ ② ㄱ, ㄴ ③ ㄱ, ㄷ
④ ㄴ, ㄷ ⑤ ㄱ, ㄴ, ㄷ

해설

ㄱ. 승강기의 제조·수입업자는 승강기에 대하여 모델별로 행정안전부장관이 실시하는 안전인증을 받아야 한다.
ㄴ. 행정안전부장관은 수출을 목적으로 승강기를 제조하는 경우에는 승강기안전인증의 전부를 면제할 수 있다.

02 (중)

승강기 안전관리법령상 자체점검에 관한 설명으로 옳지 않은 것은? 제19회

① 승강기 관리주체는 자체점검을 스스로 할 수 없다고 판단하는 경우에는 유지관리업자에게 대행하도록 할 수 있다.
② 승강기 관리주체는 자체점검의 결과 해당 승강기에 결함이 있다는 사실을 알았을 경우에는 즉시 보수하여야 하며, 보수가 끝날 때까지 운행을 중지하여야 한다.
③ 안전검사가 연기된 승강기에 대하여는 자체점검의 전부 또는 일부를 면제할 수 있다.
④ 승강기 관리주체는 자체점검을 실시하고 그 결과를 양호, 주의관찰 또는 긴급수리로 구분하여 점검기록을 작성한 후 1년간 보존하여야 한다.
⑤ 검사에 불합격된 승강기에 대하여는 자체점검의 전부 또는 일부를 면제할 수 있다.

해설

④ 승강기의 자체점검을 담당하는 사람은 자체점검을 마치면 자체점검 결과를 양호, 주의관찰 또는 긴급수리로 구분하여 관리주체에게 통보해야 하고, 통보받은 관리주체는 자체점검 후 10일 이내에 승강기안전종합정보망에 입력하여야 한다.

03 (중)

승강기 안전관리법령상 승강기의 자체점검 및 안전검사에 관한 내용으로 옳지 않은 것은?

제23회

① 관리주체는 행정안전부장관이 실시하는 안전검사에서 불합격한 승강기에 대해서는 자체점검의 전부 또는 일부를 면제할 수 있다.

② 관리주체는 승강기의 자체점검을 월 1회 이상 하고, 자체점검 결과를 자체점검 후 7일 이내에 승강기안전종합정보망에 입력하여야 한다.

③ 관리주체는 승강기의 제어반 또는 구동기를 교체한 경우에 행정안전부장관이 실시하는 수시검사를 받아야 한다.

④ 관리주체는 설치검사를 받은 날부터 15년이 지난 경우에 해당할 때에는 행정안전부장관이 실시하는 정밀안전검사를 받고, 그 후 3년마다 정기적으로 정밀안전검사를 받아야 한다.

⑤ 관리주체가 안전검사를 받고 자체점검을 한 경우에는 「건축물관리법」 제12조에 따른 승강기의 유지·관리를 한 것으로 본다.

해설

② 관리주체는 승강기의 자체점검을 월 1회 이상 하고, 자체점검 결과를 자체점검 후 10일 이내에 승강기안전종합정보망에 입력하여야 한다.

Answer

01 ① 02 ④ 03 ②

04 승강기 안전관리법령상 승강기의 안전에 관한 설명으로 옳은 것을 모두 고른 것은?

제20회 수정

ㄱ. 관리주체는 승강기에 대하여 행정안전부장관이 실시하는 안전검사를 받아야 한다.
ㄴ. 승강기의 자체점검을 담당하는 사람은 자체점검을 마치면 자체점검을 마치면 자체점검 결과를 양호, 주의관찰 또는 긴급수리로 구분하여 관리주체에게 통보해야 하고, 통보받은 관리주체는 자체점검 후 10일 이내에 승강기안전종합정보망에 입력하여야 한다.
ㄷ. 승강기 관리주체는 설치검사를 받은 날부터 15년이 지난 승강기에 대하여 정밀안전검사를 받아야 한다.
ㄹ. 안전검사가 연기된 경우 정기검사의 검사주기는 연기된 안전검사를 받은 날부터 계산한다.

① ㄱ, ㄷ
② ㄴ, ㄷ
③ ㄷ, ㄹ
④ ㄱ, ㄴ, ㄹ
⑤ ㄱ, ㄴ, ㄷ, ㄹ

해설

⑤ ㄱ, ㄴ, ㄷ, ㄹ 모두 옳은 지문이다.

05 승강기 안전관리법령상 승강기 안전관리자에 관한 설명으로 옳지 않은 것은?

제25회 수정

① 관리하는 승강기로 인하여 사망자가 발생한 사고인 경우 해당 사고를 한국승강기안전공단에 통보하는 것은 승강기 안전관리자의 직무범위에 속한다.
② 승강기 안전관리자가 변경되었을 때에는 관리주체는 3개월 이내에 행정안전부장관에게 그 사실을 통보하여야 한다.
③ 관리주체는 승강기 안전관리자를 선임하였을 때에는 한국승강기안전공단이 실시하는 승강기관리교육을 받게 하여야 한다.
④ 법인인 관리주체가 승강기 안전관리자를 선임하지 않고 직접 승강기를 관리하는 경우에는 그 법인의 대표자가 승강기관리교육을 받아야 한다.
⑤ 승강기관리교육은 집합교육, 현장교육 또는 인터넷 원격교육 등의 방법으로 할 수 있다.

해설

② 승강기 안전관리자가 변경되었을 때에는 관리주체는 30일 이내에 행정안전부장관에게 그 사실을 통보하여야 한다.

06 승강기 안전관리법령상 승강기의 안전검사에 관한 내용이다. (　　)에 들어갈 기간을 순서대로 나열한 것은? 제24회

> • 설치검사를 받은 날부터 25년이 지난 승강기의 경우 정기검사의 검사주기를 직전 정기검사를 받은 날부터 (　　)(으)로 한다.
> • 관리주체는 안전검사에 불합격한 승강기에 대하여 안전검사를 받을 수 없는 사유로 인하여 안전검사가 연기되지 않는 한, 안전검사에 불합격한 날부터 (　　) 이내에 안전검사를 다시 받아야 한다.

① 6개월, 3개월
② 6개월, 4개월
③ 1년, 3개월
④ 1년, 4개월
⑤ 1년, 6개월

해설

• 설치검사를 받은 날부터 25년이 지난 승강기의 경우 정기검사의 검사주기를 직전 정기검사를 받은 날부터 6개월으로 한다.
• 관리주체는 안전검사에 불합격한 승강기에 대하여 안전검사를 받을 수 없는 사유로 인하여 안전검사가 연기되지 않는 한, 안전검사에 불합격한 날부터 4개월 이내에 안전검사를 다시 받아야 한다.

07 승강기 안전관리법령의 내용으로 옳지 않은 것은? 제22회

① 승강기 소유자와의 계약에 따라 승강기를 안전하게 관리할 책임과 권한을 부여받은 자는 승강기의 관리주체에 해당한다.
② 승강기안전인증이 취소된 승강기의 제조·수입업자는 취소된 날부터 1년 이내에는 같은 모델의 승강기에 대한 승강기안전인증을 신청할 수 없다.
③ 승강기의 제조·수입업자는 설치를 끝낸 승강기에 대하여 설치검사를 받아야 한다.
④ 승강기의 관리주체는 안전검사에 불합격한 승강기에 대하여 안전검사에 불합격한 날부터 2개월 이내에 안전검사를 다시 받아야 한다.
⑤ 정밀안전검사를 받아야 하는 승강기에 대해서는 해당 연도의 정기검사를 면제할 수 있다.

해설

④ 승강기의 관리주체는 안전검사에 불합격한 승강기에 대하여 안전검사에 불합격한 날부터 4개월 이내에 안전검사를 다시 받아야 한다.

Answer

04 ⑤　05 ②　06 ②　07 ④

08 하

승강기 안전관리법령상 승강기의 관리와 승강기 유지관리업의 등록에 관한 설명으로 옳지 않은 것은? 제15회

① 승강기수입을 업으로 하는 자는 승강기 관리주체로부터 승강기 유지관리용 부품의 제공을 요청받은 경우 특별한 이유가 없으면 2일 이내에 요청에 따라야 한다.
② 대통령령으로 정하는 비율 이하의 유지관리업무를 다른 유지관리업자에게 하도급하는 경우로서 관리주체가 서면으로 동의한 경우에는 승강기 유지관리업자는 유지관리업무를 다른 유지관리업자 등에게 하도급을 할 수 있다.
③ 승강기 유지관리를 업으로 하려는 자는 시·도지사에게 등록하여야 한다.
④ 승강기 제조·수입업자는 승강기 유지관리용 부품 및 장비등의 원활한 제공을 위해 동일한 형식의 유지관리용 부품 및 장비등을 최종 판매하거나 양도한 날부터 10년 이상 제공할 수 있도록 해야 한다.
⑤ 승강기의 품질보증기간은 2년으로 한다.

해설
⑤ 승강기의 품질보증기간은 3년 이상으로 한다.

09 중

승강기 안전관리법령상 내용에 관한 설명으로 옳지 않은 것은? 제19회

① 승강기 관리주체는 해당 승강기가 설치검사를 받은 날부터 15년이 지난 경우에는 행정안전부장관이 실시하는 정밀안전검사를 받아야 한다.
② 승강기 설치공사업자는 승강기의 설치를 끝냈을 때에는 행정안전부령으로 정하는 바에 따라 행정안전부장관에게 그 사실을 신고하여야 한다.
③ 승강기 유지관리업의 등록을 한 자는 그 사업을 폐업한 경우에는 그 날부터 30일 이내에 시·도지사에게 신고하여야 한다.
④ 행정안전부장관은 승강기 안전관리업무의 질적 향상을 위하여 안전관리우수기업을 선정하고, 그 기업에 대하여 필요한 지원을 할 수 있다.
⑤ 승강기 유지관리업자가 사업정지명령을 받은 후 그 사업정지기간에 유지관리업을 한 경우 시·도지사는 등록을 취소하여야 한다.

해설
② 승강기 설치공사업자는 승강기의 설치를 끝냈을 때에는 행정안전부령으로 정하는 바에 따라 관할 시·도지사에게 그 사실을 신고하여야 한다.

10 중

승강기 안전관리법령상 관리주체가 관리하는 승강기에 중대한 고장이 발생하여 한국승강기안전공단에 통보하여야 하는 경우에 해당하지 않는 것은? 제24회

① 엘리베이터가 최상층을 지나 계속 움직인 경우
② 엘리베이터가 출입문이 열린 상태로 움직인 경우
③ 에스컬레이터가 디딤판이 이탈되어 운행되지 않은 경우
④ 운행 중 정전으로 인하여 정지된 엘리베이터에 이용자가 갇히게 된 경우
⑤ 상승 운행 과정에서 에스컬레이터의 디딤판이 하강 방향으로 역행하는 경우

해설

④ 운행 중 정지된 고장으로서 이용자가 운반구에 갇히게 된 경우. 단, 정전 또는 천재지변으로 발생한 경우는 제외한다.

11 하

승강기 안전관리법령상 한국승강기안전공단(이하 "공단"이라 한다)**에 관한 설명으로 틀린 것은?** 제19회 수정

① 공단은 승강기의 안전에 관한 조사・연구사업을 행한다.
② 공단은 승강기에 관련된 정보의 종합관리를 행한다.
③ 공단에 관하여 이 법 및 「공공기관의 운영에 관한 법률」에 규정된 것 외에는 「민법」 중 사단법인에 관한 규정을 준용한다.
④ 행정안전부장관은 설치검사 및 안전검사를 공단에 대행하게 한다. 다만, 행정안전부장관이 필요하다고 인정하는 경우에는 정기검사의 일부를 행정안전부장관이 지정하는 검사기관에 대행하게 할 수 있다.
⑤ 공단은 주된 사무소의 소재지에서 설립등기를 함으로써 성립한다.

해설

③ 공단에 관하여 이 법 및 「공공기관의 운영에 관한 법률」에 규정된 것 외에는 「민법」 중 재단법인에 관한 규정을 준용한다.

Answer

08 ⑤ 09 ② 10 ④ 11 ③

12 승강기 안전관리법령에 관한 내용으로 옳은 것은? 제17회 수정

① 관리주체는 승강기의 사고로 승강기 이용자 등 다른 사람의 생명·신체 또는 재산상의 손해를 발생하게 하는 경우 그 손해에 대한 배상을 보장하기 위한 보험에 가입할 수 있다.

② 시·도지사는 유지관리업자가 거짓이나 그 밖의 부정한 방법으로 유지관리업의 등록을 한 경우 6개월 이내의 기간을 정하여 그 사업의 전부 또는 일부의 정지를 명할 수 있다.

③ 정밀안전검사에 불합격한 승강기인 경우 임시적으로 3개월까지 운행할 수 있다.

④ 행정안전부장관은 행정안전부령으로 정하는 바에 따라 안전검사를 받을 수 없다고 인정하면 그 사유가 없어질 때까지 안전검사를 연기할 수 있다.

⑤ 승강기 관리주체가 직접 승강기를 관리하더라도 승강기 운행에 대한 지식이 풍부한 자를 승강기 안전관리자로 선임하여 해당 승강기를 관리하도록 하여야 한다.

해설

① 가입할 수 있다 ⇨ 가입하여야 한다.
② 그 등록을 취소하여야 한다.
③ 정밀안전검사에 불합격한 승강기는 운행할 수 없다.
⑤ 승강기 관리주체가 직접 승강기를 관리하는 경우에는 그러하지 아니하다.

13 승강기 안전관리법령상 내용으로 옳지 않는 것은? 제18회 수정

① 행정안전부장관은 승강기안전종합정보망을 구축·운영할 수 있다.

② 승강기의 제조업 또는 수입업을 하려는 자는 행정안전부장관에게 등록하여야 한다.

③ 승강기 설치공사업자는 승강기의 설치를 끝냈을 때에는 관할 시·도지사에게 그 사실을 신고하여야 한다.

④ 승강기 유지관리를 업으로 하려는 자는 행정안전부령으로 정한 바에 따라 시·도지사에게 등록하여야 한다.

⑤ 행정안전부장관은 승강기 관리주체가 정밀안전검사를 받았거나 받아야 하는 경우 해당 연도의 정기검사를 면제할 수 있다.

해설

② 승강기나 승강기부품의 제조업 또는 수입업을 하려는 자는 특별시장·광역시장·특별자치시장·도지사·특별자치도지사에게 등록하여야 한다.

14

상●●

승강기 안전관리법령에 관한 내용으로 옳은 것은? 제26회

① 책임보험의 종류는 승강기 사고배상책임보험 또는 승강기 사고배상책임보험과 같은 내용이 포함된 보험으로 한다.

② 책임보험에 가입한 관리주체는 책임보험 판매자로 하여금 책임보험의 가입사실을 가입한 날부터 30일 이내에 승강기안전종합정보망에 입력하게 해야 한다.

③ 관리주체는 승강기의 안전에 관한 자체점검을 월 2회 이상 하여야 한다.

④ 승강기의 안전검사는 정기검사, 임시검사, 정밀안전검사로 구분되며, 국토교통부장관은 안전검사를 받을 수 없다고 인정하면 그 사유가 없어질 때까지 안전검사를 연기할 수 있다.

⑤ 관리주체는 안전검사에 불합격한 승강기에 대하여 안전검사에 불합격한 날부터 3개월 이내에 안전검사를 다시 받아야 한다.

해설

② 가입한 날부터 14일 이내에 승강기안전종합정보망에 입력하게 해야 한다.
③ 관리주체는 승강기의 안전에 관한 자체점검을 월 1회 이상 하여야 한다.
④ 승강기의 안전검사는 정기검사, 수시검사, 정밀안전검사로 구분되며, 행정안전부장관은 안전검사를 받을 수 없다고 인정하면 그 사유가 없어질 때까지 안전검사를 연기할 수 있다.
⑤ 안전검사에 불합격한 날부터 4개월 이내에 안전검사를 다시 받아야 한다.

Answer

12 ④ 13 ② 14 ①

15 승강기 안전관리법령의 내용으로 옳은 것은? 제21회 수정

상●●

① 승강기 제조업자가 승강기 관리주체로부터 승강기 유지관리용 부품의 제공을 요청받은 경우에는 특별한 이유가 없으면 3일 이내에 요청에 따라야 한다.

② 설치공사업자는 승강기의 설치를 끝냈을 때에는 행정안전부령으로 정하는 바에 따라 관할 시·도지사에게 그 사실을 신고하여야 한다.

③ 승강기 책임보험은 설치검사를 받은 날은 그 다음날에 가입하거나 재가입하여야 한다.

④ 행정안전부장관의 검사연기에 따라 정기검사를 받은 경우 그 정기검사의 검사주기 도래일은 해당 정기검사를 받은 날부터 매 2년이 되는 날로 한다.

⑤ 승강기의 자체점검을 담당하는 사람은 자체점검을 마치면 자체점검을 마치면 자체점검결과를 양호, 주의관찰 또는 긴급수리로 구분하여 관리주체에게 통보해야 하고, 통보받은 관리주체는 자체점검 후 7일 이내에 승강기안전종합정보망에 입력하여야 한다.

해설

① 특별한 이유가 없으면 2일 이내에 요청에 따라야 한다.
③ 승강기 책임보험은 설치검사를 받은 날은 그 날에 가입하거나 재가입하여야 한다.
④ 안전검사가 연기된 경우 해당 정기검사의 검사주기는 연기된 안전검사를 받은 날부터 1년으로 한다.
⑤ 통보받은 관리주체는 자체점검 후 10일 이내에 승강기안전종합정보망에 입력하여야 한다.

16 상●●

승강기 안전관리법령상 승강기의 설치 및 안전관리에 관한 설명으로 옳지 않은 것은? 제27회

① 설치공사업자는 승강기의 설치를 끝냈을 때에는 승강기의 설치를 끝낸 날부터 10일 이내에 한국승강기안전공단에 승강기의 설치신고를 해야 한다.

② 관리주체가 직접 승강기를 관리하는 경우에는 승강기 안전관리자를 따로 선임할 필요가 없다.

③ 관리주체는 승강기의 사고로 승강기 이용자 등 다른 사람의 생명·신체 또는 재산상의 손해를 발생하게 하는 경우 그 손해에 대한 배상을 보장하기 위한 책임보험에 가입하여야 한다.

④ 책임보험의 보상한도액은 사망의 경우에는 1인당 8천만원 이상이나, 사망에 따른 실손해액이 2천만원 미만인 경우에는 2천만원으로 한다.

⑤ 승강기의 자체점검을 담당하는 사람은 자체점검을 마치면 지체 없이 자체점검 결과를 양호, 주의관찰 또는 긴급수리로 구분하여 자체점검 후 15일 이내에 승강기안전종합정보망에 입력해야 한다.

해설

⑤ 자체점검 후 10일 이내에 승강기안전종합정보망에 입력해야 한다.

Answer

15 ② 16 ⑤

주관식 단답형 문제

01 **「승강기 안전관리법」 제32조**(승강기의 안전검사) **제1항 규정의 일부이다. (　　)에 들어갈 용어와 아라비아 숫자를 쓰시오.** 제25회

> 관리주체는 승강기에 대하여 행정안전부장관이 실시하는 다음 각 호의 안전검사를 받아야 한다.
> 1. 정기검사: 설치검사 후 정기적으로 하는 검사. 이 경우 검사주기는 (ㄱ)년 이하로 하되, 행정안전부령으로 정하는 바에 따라 승강기별로 검사주기를 다르게 할 수 있다.
> 3. (ㄴ)안전검사: 다음 각 목의 어느 하나에 해당하는 경우에 하는 검사
>   나. 승강기의 결함으로 제48조 제1항에 따른 중대한 사고 또는 중대한 고장이 발생한 경우

02 **「승강기 안전관리법」상 승강기 정밀안전검사에 관한 설명이다. (　　)에 들어갈 숫자를 순서대로 쓰시오.** 제21회

> 승강기 관리주체는 승강기가 설치검사를 받은 날부터 (ㄱ)년이 지난 경우에 해당하는 때에는 정밀안전검사를 받은 날부터 (ㄴ)년마다 정기적으로 행정안전부장관이 실시하는 정밀안전검사를 받아야 한다.

03 **「승강기 안전관리법령」상의 내용이다. (　　)안에 들어갈 숫자를 쓰시오.** 제18회 수정

> 승강기의 자체점검을 담당하는 사람은 자체점검을 마치면 자체점검결과를 양호, 주의관찰 또는 긴급수리로 구분하여 관리주체에게 통보해야 하고, 통보받은 관리주체는 자체점검 후 (　　)일 이내에 승강기안전종합정보망에 입력하여야 한다.

04 중

「승강기 안전관리법」 제31조(승강기의 자체점검) 규정의 일부이다. (   )에 들어갈 용어를 쓰시오.

제22회

> 승강기 관리주체는 승강기의 안전에 관한 자체점검을 월 1회 이상 하고, 그 결과를 대통령령으로 정하는 기간 이내에 (   )에 입력하여야 한다.

05 상

「승강기 안전관리법」 제28조(승강기의 설치검사) 제2항 규정이다. (   )에 들어갈 용어를 쓰시오.

제26회

> 승강기의 제조·수입업자 또는 (   )(은)는 설치검사를 받지 아니하거나 설치검사에 불합격한 승강기를 운행하게 하거나 운행하여서는 아니 된다.

06 중

「승강기 안전관리법」 제33조(안전검사의 면제) 규정이다. (   )에 들어갈 용어를 쓰시오.

제27회

> 행정안전부장관은 다음 각 호의 구분에 따른 승강기에 대해서는 해당 안전검사를 면제할 수 있다.
> 1. 제18조 제1호부터 제3호까지의 어느 하나에 해당하여 승강기안전인증을 면제받은 승강기: (ㄱ)검사
> 2. 제32조 제1항 제3호에 따른 정밀안전검사를 받았거나 정밀안전검사를 받아야하는 승강기: 해당 연도의 (ㄴ)검사

07 중

「승강기 안전관리법」 제45조 제1항 규정의 일부이다. (   )에 들어갈 용어를 쓰시오.

제20회

> 시·도지사는 제44조 제1항 제3호 또는 제5호부터 제8호까지의 어느 하나에 해당하여 사업정지를 명하여야 하는 경우로서 그 사업의 정지가 이용자 등에게 심한 불편을 주거나 공익을 해칠 우려가 있는 경우에는 사업정지 처분을 갈음하여 1억원 이하의 (   )을 부과할 수 있다.

Answer

01 ㄱ: 2, ㄴ: 정밀
02 ㄱ: 15, ㄴ: 3
03 10
04 승강기안전종합정보망
05 관리주체
06 ㄱ: 안전, ㄴ: 정기
07 과징금

Part 14 집합건물의 소유 및 관리에 관한 법률

연계학습 : 기본서 p.919~948

01 중

집합건물의 소유 및 관리에 관한 법령상 구분소유 등에 관한 설명으로 옳지 않은 것은? 제15회

① 대지사용권이란 구분소유자가 전유부분을 소유하기 위하여 건물의 대지에 대하여 가지는 권리를 말한다.

② 구분소유자는 그가 가지는 전유부분과 분리하여 대지사용권을 처분할 수 없다. 다만, 규약으로써 달리 정한 경우에는 그러하지 아니하다.

③ 공유자가 공용부분에 관하여 다른 공유자에 대하여 가지는 채권은 그 특별승계인에 대하여는 행사할 수 없다.

④ 전유부분이 속하는 1동의 건물의 설치 또는 보존의 흠으로 인하여 다른 자에게 손해를 입힌 경우에는 그 흠은 공용부분에 존재하는 것으로 추정한다.

⑤ 공용부분에 대한 공유자의 지분은 그가 가지는 전유부분의 처분에 따른다.

해설

③ 공유자가 공용부분에 관하여 다른 공유자에 대하여 가지는 채권은 그 특별승계인에 대하여는 행사 할 수 있다.

02 중

집합건물 소유 및 관리에 관한 법령상 공용부분에 관한 설명으로 옳지 않은 것은? 제27회

① 공용부분의 변경에 관한 사항은 관리단집회에서 구분소유자 전원의 동의로써 결정한다.

② 구분소유할 수 있는 건물부분은 규약으로써 공용부분으로 정할 수 있다.

③ 공유자는 그가 가지는 전유부분과 분리하여 공용부분에 대한 지분을 처분할 수 없다.

④ 공용부분에 대한 각 공유자의 지분은 그가 가지는 전유부분의 면적 비율에 따르되, 규약으로써 달리 정할 수 있다.

⑤ 공용부분의 보존행위는 규약으로 달리 정하지 않는 한 각 공유자가 할 수 있다.

해설

① 공용부분의 변경에 관한 사항은 관리단집회에서 구분소유자의 3분의 2 이상 및 의결권의 3분의 2 이상 결의로써 결정한다.

03 상 **집합건물의 소유 및 관리에 관한 법령상 공용부분에 관한 설명으로 옳지 않은 것은?** 제19회

① 공용부분(共用部分)은 구분소유자 전원의 공유(共有)에 속한다. 다만, 일부의 구분소유자만이 공용하도록 제공되는 것임이 명백한 공용부분은 그들 구분소유자의 공유에 속한다.
② 각 공유자의 지분은 그가 가지는 전유부분(專有部分)의 면적 비율에 따른다.
③ 각 공유자는 규약에 달리 정한 바가 없으면 그 지분의 비율에 따라 공용부분의 관리비용과 그 밖의 의무를 부담하며 공용부분에서 생기는 이익을 취득한다.
④ 각 공유자는 공용부분을 그 용도에 따라 사용할 수 없다.
⑤ 공용부분의 변경이 다른 구분소유자의 권리에 특별한 영향을 미칠 때에는 그 구분소유자의 승낙과 관리단집회의 결의를 받아야 한다.

해설
④ 각 공유자는 공용부분을 그 용도에 따라 사용할 수 있다.

04 중 **집합건물의 소유 및 관리에 관한 법률과 내용으로 옳은 것을 모두 고른 것은?** 제16회

ㄱ. 통로, 주차장, 정원, 부속건물의 대지, 그 밖에 전유부분이 속하는 1동의 건물 및 그 건물이 있는 토지와 하나로 관리되거나 사용되는 토지는 규약으로써 건물의 대지로 할 수 있다.
ㄴ. 각 공유자는 규약에 달리 정한 바가 없으면 균등한 비율로 공용부분의 관리비용과 그 밖의 의무를 부담하며 공용부분에서 생기는 이익을 취득한다.
ㄷ. 공용부분에 대한 공유자의 지분은 그가 가지는 전유부분의 처분에 따르며, 공유자는 그가 가지는 전유부분과 분리하여 공용부분에 대한 지분을 처분할 수 없다.
ㄹ. 공유자가 공용부분에 관하여 다른 공유자에 대하여 가지는 채권은 그 특별승계인에 대하여는 행사할 수 없다.

① ㄱ, ㄴ ② ㄱ, ㄷ ③ ㄴ, ㄷ
④ ㄴ, ㄹ ⑤ ㄷ, ㄹ

해설
ㄴ. 균등한 비율로 ⇨ 지분의 비율에 따라
ㄹ. 그 특별승계인에 대하여는 행사할 수 있다.

Answer
01 ③ 02 ① 03 ④ 04 ②

05 하

집합건물의 소유 및 관리에 관한 법령상 관리단에 관한 내용으로 옳지 않은 것은? 제23회

① 건물에 대하여 구분소유 관계가 성립되면 구분소유자 전원을 구성원으로 하여 건물과 그 대지 및 부속시설의 관리에 관한 사업의 시행을 목적으로 하는 관리단이 설립된다.
② 구분소유자가 10인 이상일 때에는 관리단을 대표하고 관리단의 사무를 집행할 관리인을 선임하여야 한다.
③ 관리인은 구분소유자이어야 하며, 그 임기는 2년의 범위에서 규약으로 정한다.
④ 관리인은 관리단을 대표한 재판상 행위에 관한 사항을 매년 1회 이상 구분소유자에게 보고하여야 한다.
⑤ 관리인에게 부정한 행위가 있을 때에는 각 구분소유자는 관리인의 해임을 법원에 청구할 수 있다.

해설
③ 관리인은 구분소유자일 필요가 없으며, 그 임기는 2년의 범위에서 규약으로 정한다.

06 중

집합건물의 소유 및 관리에 관한 법령상 관리단 및 관리단의 기관에 관한 설명으로 옳지 않은 것은? 제25회

① 관리위원회의 의사(議事)는 규약에 달리 정한 바가 없으면 출석위원 과반수의 찬성으로 의결한다.
② 구분소유자가 10인 이상일 때에는 관리단을 대표하고 관리단의 사무를 집행할 관리인을 선임하여야 한다.
③ 관리인은 구분소유자일 필요가 없으며, 그 임기는 2년의 범위에서 규약으로 정한다.
④ 관리인은 규약에 달리 정한 바가 없으면 월 1회 구분소유자에게 관리단의 사무 집행을 위한 분담금액과 비용의 산정방법을 서면으로 보고하여야 한다.
⑤ 건물에 대하여 구분소유 관계가 성립되면 구분소유자 전원을 구성원으로 하여 건물과 그 대지 및 부속시설의 관리에 관한 사업의 시행을 목적으로 하는 관리단이 설립된다.

해설
① 관리위원회의 의사(議事)는 규약에 달리 정한 바가 없으면 재적위원 과반수의 찬성으로 의결한다.

07 하

집합건물의 소유 및 관리에 관한 법령상 관리단 및 관리단의 사무를 집행하는 관리인에 관한 설명으로 옳지 않은 것은? 제20회

① 건물에 대하여 구분소유 관계가 성립되면 구분소유자 전원을 구성원으로 하여 건물과 그 대지 및 부속시설의 관리에 관한 사업의 시행을 목적으로 하는 관리단이 설립된다.
② 관리인은 구분소유자이어야 하며, 그 임기는 3년의 범위에서 규약으로 정한다.
③ 구분소유자의 특별승계인은 승계 전에 발생한 관리단의 채무에 관하여도 책임을 진다.
④ 관리인은 규약에 달리 정한 바가 없으면 월 1회 구분소유자에게 관리단의 사무 집행을 위한 분담금액과 비용의 산정방법을 서면으로 보고하여야 한다.
⑤ 관리인에게 부정한 행위나 그 밖에 그 직무를 수행하기에 적합하지 아니한 사정이 있을 때에는 각 구분소유자는 관리인의 해임을 법원에 청구할 수 있다.

해설

② 관리인은 구분소유자일 필요가 없으며, 그 임기는 2년의 범위에서 규약으로 정한다.

08 중

집합건물의 소유 및 관리에 관한 법령상 관리단에 관한 다음 설명으로 옳은 것은? 제17회

① 관리인은 구분소유자이어야 하며, 그 임기는 2년의 범위에서 규약으로 정한다.
② 관리위원회의 결의로 관리인이 선임되거나 해임되도록 규약으로 정한 경우에는 그에 따른다.
③ 관리인은 관리단의 사업시행에 관련하여 관리단을 대표하여 행하는 재판상 또는 재판 외의 행위를 할 권한이 없다.
④ 관리인의 대표권은 제한할 수 없다.
⑤ 구분소유자의 특별승계인은 승계 전에 발생한 관리단의 채무에 관하여 책임을 지지 않는다.

해설

① 관리인은 구분소유자일 필요가 없으며, 그 임기는 2년의 범위에서 규약으로 정한다.
③ 관리인은 관리단의 사업시행에 관련하여 관리단을 대표하여 행하는 재판상 또는 재판 외의 행위를 할 권한이 있다.
④ 관리인의 대표권은 규약이나 관리단집회의 결의에 의하여 제한할 수 있다. 다만, 그 제한을 가지고 선의의 제3자에게 대항할 수 없다.
⑤ 구분소유자의 특별승계인은 승계 전에 발생한 관리단의 채무에 관하여 책임을 진다.

Answer

05 ③ 06 ① 07 ② 08 ②

09 ●●하

집합건물의 소유 및 관리에 관한 법령상 관리인에 관한 설명으로 옳지 않은 것은? 제24회

① 관리인은 공용부분의 관리 및 변경에 관한 관리단집회 결의를 집행하는 행위를 할 권한과 의무를 가진다.

② 관리인에게 부정한 행위나 그 밖에 그 직무를 수행하기에 적합하지 아니한 사정이 있을 때에는 각 구분소유자는 관리인의 해임을 법원에 청구할 수 있다.

③ 관리인은 관리단을 대표한 재판상 행위에 관한 사항을 매년 1회 이상 구분소유자에게 보고하여야 한다.

④ 관리인의 대표권은 제한할 수 있으나, 이로써 선의의 제3자에게 대항할 수 없다.

⑤ 관리인은 구분소유자일 필요가 없으며, 그 임기는 3년의 범위에서 규약으로 정한다.

해설

⑤ 관리인은 구분소유자일 필요가 없으며, 그 임기는 2년의 범위에서 규약으로 정한다.

10 ●중●

집합건물의 소유 및 관리에 관한 법령상 규약 및 집회에 관한 설명으로 옳지 않은 것은? 제22회

① 규약은 관리인 또는 구분소유자나 그 대리인으로서 건물을 사용하고 있는 자 중 1인이 보관하여야 한다.

② 관리인은 매년 회계연도 종료 후 3개월 이내에 정기관리단집회를 소집하여야 한다.

③ 관리단집회는 3분의 2 이상이 동의하면 소집절차를 거치지 아니하고 소집할 수 있다.

④ 규약 및 관리단집회의 결의는 구분소유자 뿐만이 아니라 특별승계인에게도 효력이 미친다.

⑤ 구분소유자는 결의 내용이 법령 또는 규약에 위배되는 경우 집회 결의 사실을 안 날부터 6개월 이내에, 결의한 날부터 1년 이내에 결의취소의 소를 제기할 수 있다.

해설

③ 관리단집회는 구분소유자 전원이 동의하면 소집절차를 거치지 아니하고 소집할 수 있다.

11 ●●하

집합건물의 소유 및 관리에 관한 법률상 규약 및 집회에 관한 다음 설명으로 옳지 않은 것은?

제18회

① 규약의 설정·변경 및 폐지는 관리단집회에서 구분소유자의 4분의 3 이상 및 의결권의 4분의 3 이상의 찬성을 얻어야 한다.
② 규약은 관리인 또는 구분소유자나 그 대리인으로서 건물을 사용하고 있는 자 중 1인이 보관하여야 한다.
③ 관리인은 매년 회계연도 종료 후 5개월 이내에 정기 관리단집회를 소집하여야 한다.
④ 구분소유자의 5분의 1 이상이 회의의 목적 사항을 구체적으로 밝혀 관리단집회의 소집을 청구하면 관리인은 관리단집회를 소집하여야 한다. 이 정수(定數)는 규약으로 감경할 수 있다.
⑤ 관리단집회의 의사는 이 법 또는 규약에 특별한 규정이 없으면 구분소유자의 과반수 및 의결권의 과반수로써 의결한다.

해설

③ 관리인은 매년 회계연도 종료 후 3개월 이내에 정기 관리단집회를 소집하여야 한다.

12 상●●

집합건물의 소유 및 관리에 관한 법률상 규약 및 집회에 관한 설명으로 옳지 않은 것은?

제26회

① 규약의 설정·변경 및 폐지는 관리단집회에서 구분소유자의 4분의 3 이상 및 의결권의 4분의 3 이상의 찬성을 얻어서 한다.
② 규약은 관리인 또는 구분소유자나 그 대리인으로서 건물을 사용하고 있는 자 중 1인이 보관하여야 한다.
③ 관리단집회는 집회소집 통지한 사항에 관하여만 결의할 수 있다.
④ 관리단집회는 구분소유자 전원이 동의하면 소집절차를 거치지 아니하고 소집할 수 있다.
⑤ 구분소유자는 관리단집회의 결의 내용이 법령 또는 규약에 위배되는 경우 집회 결의 사실을 안 날부터 90일 이내에 결의취소의 소를 제기하여야 한다.

해설

⑤ 구분소유자는 관리단집회의 결의 내용이 법령 또는 규약에 위배되는 경우 집회 결의 사실을 안 날부터 6개월 이내, 결의한 날부터 1년 이내에 결의취소의 소를 제기하여야 한다.

Answer

09 ⑤ 10 ③ 11 ③ 12 ⑤

13 중

집합건물의 소유 및 관리에 관한 법률상 건물의 재건축 결의에 관한 설명으로 옳지 않은 것은? 제21회

① 재건축의 내용이 단지 내 다른 건물의 구분소유자에게 특별한 영향을 미칠 때에는 그 구분소유자의 승낙을 받아야 한다.

② 재건축 결의를 위한 관리단집회의 의사록에는 결의에 대한 각 구분소유자의 찬반 의사를 적어야 한다.

③ 재건축 결의는 구분소유자의 5분의 4 이상 및 의결권의 5분의 4 이상의 결의에 따른다.

④ 재건축을 결의할 때에는 새 건물의 구분소유권의 귀속에 관한 사항은 각 구분소유자 사이에 형평이 유지되도록 정하여야 한다.

⑤ 재건축에 참가할 것인지 여부를 회답할 것을 촉구 받은 구분소유자가 촉구를 받은 날부터 2개월 이내에 회답하지 아니한 경우 재건축에 참가하겠다는 뜻을 회답한 것으로 본다.

해설

⑤ 재건축에 참가할 것인지 여부를 회답할 것을 촉구 받은 구분소유자가 촉구를 받은 날부터 2개월 이내에 회답하지 아니한 경우 재건축에 참가하지 아니하겠다는 뜻을 회답한 것으로 본다.

Answer

13 ⑤

Memo

 제27회 출제경향 분석

이번 제27회 시험은 평이하게 출제되는 문제도 있었지만 법령의 지엽적인 부분과 별표에서 출제되는 문제가 많았고 중상의 난도로 출제되어 제26회 시험보다는 평균점수가 다소 낮아질 것으로 예상됩니다.
행정실무는 높은 출제빈도를 보인 공동주택관리의 개요에서 9문제가 출제되었고 난도 조절을 하기 위해 출제해 왔던 사무관리(노무관리와 사회보험) 문제도 지엽적인 2문제를 포함하여 7문제가 출제되었습니다. 앞으로도 난도 조절을 위해서 출제 문항 수는 7문제에서 8문제 정도로 유지될 것으로 예상됩니다.
기술실무는 공동주택의 건축설비에서 계산문제 1문제를 포함하여 10문제가 출제되었고, 환경관리와 안전관리는 5문제가 출제되어 꾸준히 출제 문제수가 늘어나고 있기 때문에 이에 대한 철저한 준비가 필요합니다.

행정실무	공동주택관리의 개요 18.5%, 입주자관리 7.5%, 사무관리 18%, 대외업무 및 리모델링 1%, 공동주택 회계관리 2.5%
기술실무	건축물 및 시설물관리 8.5%, 하자보수 및 장기수선계획 등 4.5%, 공동주택의 건축설비 31.5%, 환경관리 4.5%, 안전관리 3.5%

박문각
주택관리사

PART

02

공동주택 관리실무

Part 01 행정실무

01 공동주택관리의 개요

연계학습: 기본서 p.32~102

01 **공동주택관리법상 용어의 정의로서 옳은 것은?** **제27회**

① "혼합주택단지"란 분양을 목적으로 한 공동주택과 단독주택(임대주택은 제외한다)이 함께 있는 공동주택단지를 말한다.

② "입주자"란 공동주택의 소유자 또는 그 소유자를 대리하는 배우자 및 직계가족(직계비속은 제외한다)을 말한다.

③ "주택관리사 등"이란 주택관리사와 주택관리법인을 말한다.

④ "사용자"란 공동주택을 임차하여 사용하는 사람(임대주택의 임차인은 제외한다) 등을 말한다.

⑤ "임대주택"이란 「민간임대주택에 관한 특별법」에 따른 민간임대주택을 말하며, 「공공주택 특별법」에 따른 공공임대주택은 이에 포함되지 않는다.

해설

① "혼합주택단지"란 분양을 목적으로 한 공동주택과 임대주택이 함께 있는 공동주택단지를 말한다.

② "입주자"란 공동주택의 소유자 또는 그 소유자를 대리하는 배우자 및 직계존비속을 말한다.

③ "주택관리사 등"이란 주택관리사보와 주택관리사를 말한다.

⑤ "임대주택"이란 「민간임대주택에 관한 특별법」에 따른 민간임대주택 및 「공공주택 특별법」에 따른 공공임대주택을 말한다.

02 주택법령상 사업계획의 승인을 받아 건설되는 세대구분형 공동주택에 관한 설명으로 옳지 않은 것을 모두 고른 것은? 제17회 수정

ㄱ. 세대구분형 공동주택은 공동주택의 주택 내부 공간의 일부를 세대별로 구분하여 생활할 수 없는 구조이다.
ㄴ. 주택단지 공동주택 전체 호수의 3분의 1을 넘지 아니하여야 한다.
ㄷ. 세대구분형 공동주택의 세대별로 구분된 각각의 공간마다 별도의 욕실, 부엌과 현관을 설치하여야 한다.
ㄹ. 하나의 세대가 통합하여 사용할 수 있도록 세대간에 연결문 또는 경량구조의 경계벽 등을 설치하여야 한다.
ㅁ. 세대구분형 공동주택의 세대별로 구분된 각각의 공간의 주거전용면적 합계가 주택단지 전체 주거전용면적 합계의 3분의 1을 넘는 등 국토교통부장관이 정하는 주거전용면적의 비율에 관한 기준을 충족하여야 한다.

① ㄱ, ㄴ ② ㄱ, ㅁ ③ ㄴ, ㄷ
④ ㄷ, ㄹ ⑤ ㄹ, ㅁ

해설

ㄱ. 세대구분형 공동주택은 공동주택의 주택 내부 공간의 일부를 세대별로 구분하여 생활이 가능한 구조이다.
ㅁ. 세대구분형 공동주택의 세대별로 구분된 각각의 공간의 주거전용면적 합계가 주택단지 전체 주거전용면적 합계의 3분의 1을 넘지 아니하는 등 국토교통부장관이 정하는 주거전용면적의 비율에 관한 기준을 충족할 것

Answer

01 ④ 02 ②

03 ●-중-●

공동주택관리법령상 입주자대표회의가 사업자를 선정하고 집행하는 사항은?

제19회

> ㄱ. 청소, 경비, 소독, 승강기유지, 지능형 홈네트워크 등을 위한 용역 및 공사
> ㄴ. 주민공동시설의 위탁, 물품의 구입과 매각
> ㄷ. 하자보수보증금을 사용하여 직접 보수하는 공사
> ㄹ. 장기수선충당금을 사용하는 공사

① ㄱ　② ㄷ　③ ㄹ
④ ㄱ, ㄴ　⑤ ㄷ, ㄹ

해설

관리주체 또는 입주자대표회의는 다음의 구분에 따라 사업자를 선정(계약의 체결을 포함한다)하고 집행하여야 한다.

1. 관리주체가 사업자를 선정하고 집행하는 다음의 사항
   ① 청소, 경비, 소독, 승강기유지, 지능형 홈네트워크, 수선 · 유지(냉방 · 난방시설의 청소를 포함한다)를 위한 용역 및 공사
   ② 주민공동시설의 위탁, 물품의 구입과 매각, 잡수입의 취득(어린이집, 다함께돌봄센터, 공동육아나눔터 임대에 따른 잡수입의 취득은 제외한다), 보험계약 등 국토교통부장관이 정하여 고시하는 사항
2. 입주자대표회의가 사업자를 선정하고 집행하는 다음의 사항
   ① 하자보수보증금을 사용하여 보수하는 공사
   ② 사업주체로부터 지급받은 공동주택 공용부분의 하자보수비용을 사용하여 보수하는 공사
3. 입주자대표회의가 사업자를 선정하고 관리주체가 집행하는 다음의 사항
   ① 장기수선충당금을 사용하는 공사
   ② 전기안전관리를 위한 용역

04 ●-●-하

공동주택관리법령상 공동주택 관리사무소장에 관한 설명으로 옳지 않은 것은?

제18회

① 500세대 미만의 공동주택에는 주택관리사를 갈음하여 주택관리사보를 해당 공동주택의 관리사무소장으로 배치할 수 있다.
② 관리사무소장은 공동주택의 운영 · 관리 · 유지 · 보수 · 교체 · 개량 및 리모델링에 관한 업무와 관련하여 입주자대표회의를 대리하여 재판상 또는 재판 외의 행위를 할 수 없다.
③ 주택관리사 등은 관리사무소장의 업무를 집행하면서 고의 또는 과실로 입주자에게 재산상의 손해를 입힌 경우에는 그 손해를 배상할 책임이 있다.
④ 관리사무소장은 선량한 관리자의 주의로 그 직무를 수행하여야 한다.
⑤ 손해배상 책임을 보장하기 위하여 공탁한 공탁금은 주택관리사 등이 해당 공동주택의 관리사무소장의 직책을 사임하거나 그 직에서 해임된 날 또는 사망한 날부터 3년 이내에는 회수할 수 없다.

해설

② 관리사무소장은 공동주택의 운영·관리·유지·보수·교체·개량 및 리모델링에 관한 업무와 관련하여 입주자대표회의를 대리하여 재판상 또는 재판 외의 행위를 할 수 있다.

05 하

공동주택관리법령상 관리사무소장의 손해배상책임에 관한 설명으로 옳은 것을 모두 고른 것은? 제22회

ㄱ. 주택관리사 등은 관리사무소장의 업무를 집행하면서 고의 또는 과실로 입주자 등에게 재산상의 손해를 입힌 경우에는 그 손해를 배상할 책임이 있다.
ㄴ. 임대주택의 경우 주택관리사 등은 손해배상책임을 보장하기 위한 보증보험 또는 공제에 가입하거나 공탁을 한 후 해당 공동주택의 관리사무소장으로 배치된 날에 임대사업자에게 보증보험 등에 가입한 사실을 입증하는 서류를 제출하여야 한다.
ㄷ. 주택관리사 등이 손해배상책임 보장을 위하여 공탁한 공탁금은 주택관리사 등이 해당 공동주택의 관리사무소장의 직을 사임하거나 그 직에서 해임된 날 또는 사망한 날부터 3년 이내에는 회수할 수 없다.
ㄹ. 주택관리사 등은 보증보험금·공제금 또는 공탁금으로 손해배상을 한 때에는 지체 없이 보증보험 또는 공제에 다시 가입하거나 공탁금 중 부족하게 된 금액을 보전하여야 한다.

① ㄱ
② ㄱ, ㄴ
③ ㄱ, ㄴ, ㄷ
④ ㄴ, ㄷ, ㄹ
⑤ ㄱ, ㄴ, ㄷ, ㄹ

해설

ㄹ. 주택관리사 등은 보증보험금·공제금 또는 공탁금으로 손해배상을 한 때에는 15일 이내에 보증보험 또는 공제에 다시 가입하거나 공탁금 중 부족하게 된 금액을 보전하여야 한다.

Answer

03 ② 04 ② 05 ③

06 하

공동주택관리법령상 관리사무소장의 업무와 손해배상책임에 관한 설명으로 옳지 않은 것은? 제23회

① 관리사무소장은 하자의 발견 및 하자보수의 청구, 장기수선계획의 조정, 시설물 안전관리계획의 수립 및 안전점검업무가 비용지출을 수반하는 경우 입주자대표회의의 의결 없이 이를 집행할 수 있다.
② 관리사무소장은 안전관리계획의 조정을 3년마다 하되, 관리여건상 필요하여 입주자대표회의 구성원 과반수의 서면동의를 받은 경우에는 3년이 지나가기 전에 조정할 수 있다.
③ 주택관리사 등은 관리사무소장의 업무를 집행하면서 고의 또는 과실로 입주자 등에게 재산상의 손해를 입힌 경우에는 그 손해를 배상할 책임이 있다.
④ 관리사무소장은 관리비, 장기수선충당금의 관리업무에 관하여 입주자대표회의를 대리하여 재판상 또는 재판 외의 행위를 할 수 있다.
⑤ 관리사무소장은 입주자대표회의에서 의결하는 공동주택의 운영·관리·유지·보수·교체·개량에 대한 업무를 집행한다.

해설

① 관리사무소장은 하자의 발견 및 하자보수의 청구, 장기수선계획의 조정, 시설물 안전관리계획의 수립 및 건축물의 안전점검업무가 비용지출을 수반하는 사항에 대하여는 입주자대표회의의 의결을 거쳐야 한다.

07 하

공동주택관리법령상 의무관리대상 공동주택의 관리사무소장의 업무 등에 관한 설명으로 옳지 않은 것은? 제25회

① 관리사무소장은 업무의 집행에 사용하기 위해 신고한 직인을 변경한 경우 변경신고를 하여야 한다.
② 관리사무소장은 비용지출을 수반하는 건축물의 안전점검에 관한 업무에 대하여는 입주자대표회의의 의결을 거쳐 집행하여야 한다.
③ 관리사무소장은 입주자대표회의에서 의결하는 공동주택의 유지 업무와 관련하여 입주자대표회의를 대리하여 재판상의 행위를 할 수 없다.
④ 300세대의 공동주택에는 주택관리사를 갈음하여 주택관리사보를 해당 공동주택의 관리사무소장으로 배치할 수 있다.
⑤ 주택관리사는 관리사무소장의 업무를 집행하면서 고의 또는 과실로 입주자 등에게 재산상의 손해를 입힌 경우에는 그 손해를 배상할 책임이 있다.

해설

③ 관리사무소장은 입주자대표회의에서 의결하는 공동주택의 유지 업무와 관련하여 입주자대표회의를 대리하여 재판상의 행위를 할 수 있다.

08 중

공동주택관리법령상 관리사무소장 및 경비원의 업무에 관한 설명으로 옳지 않은 것은?

제26회

① 관리사무소장이 집행하는 업무에는 공동주택단지 안에서 발생한 도난사고에 대한 대응조치의 지휘·총괄이 포함된다.

② 관리사무소장의 업무에 대하여 입주자 등이 관계 법령에 위반되는 지시를 하는 등 부당하게 간섭하는 행위를 한 경우 관리사무소장은 시장·군수·구청장에게 이를 보고하고, 사실 조사를 의뢰할 수 있다.

③ 경비원은 입주자 등에게 수준 높은 근로 서비스를 제공하여야 한다.

④ 주택관리사 등이 관리사무소장의 업무를 집행하면서 입주자 등에게 재산상의 손해를 입힌 경우에 그 손해를 배상할 책임을 지는 것은 고의 또는 중대한 과실이 있는 경우에 한한다.

⑤ 공동주택에 경비원을 배치한 경비업자는 청소와 이에 준하는 미화의 보조 업무에 경비원을 종사하게 할 수 있다.

해설

④ 주택관리사 등은 관리사무소장의 업무를 집행하면서 고의 또는 과실로 입주자 등에게 재산상의 손해를 입힌 경우에는 그 손해를 배상할 책임이 있다.

※ 용어해설

1. 고의: 일정한 결과가 발생하리라는 것을 알면서 이를 행하는 심리상태를 말한다.
2. 과실: 부주의로 인하여 어떤 결과의 발생을 미리 내다보지 못한 일을 말하는 것으로 민법상 과실은 경과실과 중과실로 나뉘어지는데, 경과실이란 일반적인 주의의무(선량한 관리자의 주의의무) 위반을 말하는 것이며, 중과실은 일반인으로서는 이해할 수 없을 정도로 주의의무 위반의 정도가 큰 것을 말한다.

Answer

06 ① 07 ③ 08 ④

09 하

공동주택관리법령상 입주자 등이 관리주체의 동의를 받아야 하는 행위에 해당하지 않는 것은? 제27회

① 장애인 보조견을 사육함으로써 공동주거생활에 피해를 미치는 행위
② 공동주택에 광고물을 부착하는 행위
③ 기계실에 출입하는 행위
④ 방송시설을 사용함으로써 공동주거생활에 피해를 미치는 행위
⑤ 「환경친화적 자동차의 개발 및 보급 촉진에 관한 법률」에 따른 전기자동차의 이동형 충전기를 이용하기 위한 차량무선인식장치[전자태그(RFID tag)를 말한다]를 콘센트 주위에 부착하는 행위

해설

입주자 등은 다음의 어느 하나에 해당하는 행위를 하려는 경우에는 관리주체의 동의를 받아야 한다.

1. 국토교통부령으로 정하는 경미한 행위로서 주택내부의 구조물과 설비를 교체하는 행위
2. 「소방시설 설치 및 관리에 관한 법률」 제16조 제1항에 위배되지 아니하는 범위에서 공용부분에 물건을 적재하여 통행·피난 및 소방을 방해하는 행위
3. 공동주택에 광고물·표지물 또는 표지를 부착하는 행위
4. 가축(장애인 보조견은 제외한다)을 사육하거나 방송시설 등을 사용함으로써 공동주거생활에 피해를 미치는 행위
5. 공동주택의 발코니 난간 또는 외벽에 돌출물을 설치하는 행위
6. 전기실·기계실·정화조시설 등에 출입하는 행위
7. 「환경친화적 자동차의 개발 및 보급 촉진에 관한 법률」에 따른 전기자동차의 이동형 충전기를 이용하기 위한 차량무선인식장치[전자태그(RFID tag)를 말한다]를 콘센트 주위에 부착하는 행위

10 중

공동주택관리법령상 공동주택의 입주자 등이 관리주체의 동의를 받아 할 수 있는 행위에 해당하지 않는 것은? 제25회 수정

① 「소방시설 설치 및 관리에 관한 법률」에 위배되지 아니하는 범위에서 공용부분에 물건을 적재하여 통행·피난 및 소방을 방해하는 행위
② 「주택건설기준 등에 관한 규정」에 따라 세대 안에 냉방설비의 배기장치를 설치할 수 있는 공간이 마련된 공동주택에서 입주자 등이 냉방설비의 배기장치를 설치하기 위하여 공동주택의 발코니 난간에 돌출물을 설치하는 행위
③ 「환경친화적 자동차의 개발 및 보급 촉진에 관한 법률」에 따른 전기자동차의 이동형 충전기를 이용하기 위한 차량무선인식장치[전자태그(RFID tag)를 말한다]를 콘센트 주위에 부착하는 행위
④ 공동주택에 표지를 부착하는 행위
⑤ 전기실·기계실·정화조시설 등에 출입하는 행위

해설

② 「주택건설기준 등에 관한 규정」에 따라 세대 안에 냉방설비의 배기장치를 설치할 수 있는 공간이 마련된 공동주택에서 입주자 등이 냉방설비의 배기장치를 설치하기 위하여 공동주택의 발코니 난간에 돌출물을 설치하는 행위를 해서는 안 된다.

11 중

공동주택관리법령상 의무관리대상 공동주택의 입주자 등이 공동주택을 위탁관리할 것을 정한 경우 입주자대표회의가 주택관리업자를 선정하는 기준 및 방식에 관한 설명으로 옳은 것을 모두 고른 것은? 제24회

ㄱ. 입주자 등은 기존 주택관리사업자의 관리 서비스가 만족스럽지 못한 경우에는 대통령령으로 정하는 바에 따라 새로운 주택관리업자 선정을 위한 입찰에서 기존 주택관리업자의 참가를 제한하도록 입주자대표회의에 요구할 수 있다.
ㄴ. 입주자대표회의는 입주자대표회의의 감사가 입찰과정 참관을 원하는 경우에는 참관할 수 있도록 하여야 한다.
ㄷ. 입주자 등이 새로운 주택관리업자 선정을 위한 입찰에서 기존 주택관리업자의 참가를 제한하도록 입주자대표회의에 요구하려면 전체 입주자 등 3분의 2 이상의 서면동의가 있어야 한다.

① ㄱ ② ㄷ ③ ㄱ, ㄴ
④ ㄴ, ㄷ ⑤ ㄱ, ㄴ, ㄷ

해설

ㄷ. 입주자 등이 새로운 주택관리업자 선정을 위한 입찰에서 기존 주택관리업자의 참가를 제한하도록 입주자대표회의에 요구하려면 전체 입주자 등 과반수 이상의 서면동의가 있어야 한다.

Answer

09 ① 10 ② 11 ③

12 하

공동주택관리법령상 의무관리대상 공동주택의 관리주체에 대한 회계감사 등에 관한 설명으로 옳지 않은 것은? 제27회

① 회계감사는 공동주택 회계의 특수성을 고려하여 제정된 회계감사기준에 따라 실시되어야 한다.

② 입주자대표회의는 입주자등의 10분의 1 이상이 연서하여 감사인의 추천을 요구하는 경우 감사인의 추천을 의뢰한 후 추천을 받은 자 중에서 감사인을 선정하여야 한다.

③ 관리주체는 회계감사를 받은 경우에는 감사보고서 등 회계감사의 결과를 제출받은 날부터 1개월 이내에 입주자대표회의에 보고하고 해당 공동주택 단지의 인터넷 홈페이지 및 동별 게시판에 공개하여야 한다.

④ 300세대 이상인 공동주택으로서 해당 연도에 회계감사를 받지 아니하기로 입주자 등의 과반수의 서면동의를 받은 경우, 그 연도에는 회계감사를 받지 않아도 된다.

⑤ 회계감사의 감사인은 회계감사 완료일부터 1개월 이내에 회계감사 결과를 해당 공동주택을 관할하는 시장·군수·구청장에게 제출하고 공동주택관리정보시스템에 공개하여야 한다.

해설

④ 의무관리대상 공동주택의 관리주체는 「주식회사 등의 외부감사에 관한 법률」에 따른 감사인의 회계감사를 매년 1회 이상 받아야 한다. 다만, 다음의 구분에 따른 연도에는 그러하지 아니하다.

㉠ 300세대 이상인 공동주택: 해당 연도에 회계감사를 받지 아니하기로 입주자 등의 3분의 2 이상의 서면동의를 받은 경우 그 연도

㉡ 300세대 미만인 공동주택: 해당 연도에 회계감사를 받지 아니하기로 입주자 등의 과반수의 서면동의를 받은 경우 그 연도

13 (중)

공동주택관리법령상 공동주택 관리주체의 회계감사 및 회계서류에 관한 설명으로 옳지 않은 것은?

제23회

① 의무관리대상 공동주택의 관리주체는 대통령령으로 정하는 바에 따라 「주식회사 등의 외부감사에 관한 법률」에 따른 감사인의 회계감사를 매년 1회 이상 받아야 한다.

② 500세대인 공동주택의 관리주체는 해당 공동주택 입주자 등의 2분의 1이 회계감사를 받지 아니하기로 서면동의를 한 그 연도에는 회계감사를 받지 않을 수 있다.

③ 관리주체는 회계감사를 받은 경우에는 회계감사의 결과를 제출 받은 날부터 1개월 이내에 입주자대표회의에 보고하여야 한다.

④ 감사인은 관리주체가 회계감사를 받은 날부터 1개월 이내에 관리주체에게 감사보고서를 제출하여야 한다.

⑤ 의무관리대상 공동주택의 관리주체는 관리비 등의 징수 등 모든 거래행위에 관하여 장부를 월별로 작성하여 그 증빙서류와 함께 해당 회계연도 종료일부터 5년간 보관하여야 한다.

해설

② 의무관리대상 공동주택의 관리주체는 대통령령으로 정하는 바에 따라 「주식회사 등의 외부감사에 관한 법률」 제2조 제7호에 따른 감사인의 회계감사를 매년 1회 이상 받아야 한다. 다만, 다음 각 호의 구분에 따른 연도에는 그러하지 아니하다.

㉠ 300세대 이상인 공동주택 : 해당 연도에 회계감사를 받지 아니하기로 입주자 등의 3분의 2 이상의 서면동의를 받은 경우 그 연도

㉡ 300세대 미만인 공동주택 : 해당 연도에 회계감사를 받지 아니하기로 입주자 등의 과반수의 서면동의를 받은 경우 그 연도

Answer

12 ④ 13 ②

14 중 **공동주택관리법령상 공동주택의 관리주체에 관한 설명으로 옳은 것은?** 제27회

① 임대사업자는 관리주체가 될 수 없다.
② 100세대 이상인 공동주택의 관리주체는 관리규약으로 정하는 바에 따라 입주자대표회의의 회의록을 입주자 등에게 공개하여야 한다.
③ 주택내부의 구조물을 교체하는 행위로서 입주자가 창틀을 교체하는 행위는 관리주체의 동의를 받아야 한다.
④ 관리주체는 전체 입주자 3분의 1 이상의 서면동의를 받은 경우에는 3년이 지나기 전에 장기수선계획을 조정할 수 있다.
⑤ 의무관리대상 공동주택의 관리주체는 회계연도마다 사업실적서 및 결산서를 작성하여 회계연도 종료 후 1개월 이내에 입주자대표회의에 제출하여야 한다.

해설
① 임대사업자는 관리주체가 될 수 있다.
② 300세대 이상인 공동주택의 관리주체는 관리규약으로 정하는 범위·방법 및 절차 등에 따라 입주자대표회의의 회의록을 입주자등에게 공개하여야 한다.
④ 입주자대표회의와 관리주체는 주요시설을 신설하는 등 관리여건상 필요하여 전체 입주자 과반수의 서면동의를 받은 경우에는 3년이 지나기 전에 장기수선계획을 조정할 수 있다.
⑤ 의무관리대상 공동주택의 관리주체는 회계연도마다 사업실적서 및 결산서를 작성하여 회계연도 종료 후 2개월 이내에 입주자대표회의에 제출하여야 한다.

15 중 **공동주택관리법령상 공동주택의 관리주체에 대한 회계감사 등에 관한 설명으로 옳은 것을 모두 고른 것은?** 제25회

ㄱ. 재무제표를 작성하는 회계처리기준은 기획재정부장관이 정하여 고시한다.
ㄴ. 회계감사는 공동주택 회계의 특수성을 고려하여 제정된 회계감사기준에 따라 실시되어야 한다.
ㄷ. 감사인은 관리주체가 회계감사를 받은 날부터 3개월 이내에 관리주체에게 감사보고서를 제출하여야 한다.
ㄹ. 회계감사를 받아야 하는 공동주택의 관리주체는 매 회계연도 종료 후 6개월 이내에 회계감사를 받아야 한다.

① ㄴ ② ㄱ, ㄴ ③ ㄷ, ㄹ
④ ㄱ, ㄴ, ㄹ ⑤ ㄱ, ㄷ, ㄹ

해설

ㄱ. 재무제표를 작성하는 회계처리기준은 국토교통부장관이 정하여 고시한다.
ㄷ. 감사인은 관리주체가 회계감사를 받은 날부터 1개월 이내에 관리주체에게 감사보고서를 제출하여야 한다.
ㄹ. 회계감사를 받아야 하는 공동주택의 관리주체는 매 회계연도 종료 후 9개월 이내에 회계감사를 받아야 한다.

16 ●●하

공동주택관리법령상 공동주택의 관리주체 및 관리사무소장의 업무에 관한 설명으로 옳지 않은 것은?

제24회

① 의무관리대상 공동주택의 관리주체는 관리비 등의 징수·보관·예치·집행 등 모든 거래 행위에 관하여 장부를 월별로 작성하여 그 증빙서류와 함께 해당 회계연도 종료일부터 5년간 보관하여야 한다.
② 관리주체는 장기수선충당금을 해당 주택의 소유자로부터 징수하여 적립하여야 한다.
③ 관리사무소장은 입주자대표회의에서 의결하는 공동주택의 운영·관리업무와 관련하여 입주자대표회의를 대리하여 재판상 행위를 할 수 있다.
④ 관리사무소장은 배치 내용과 업무의 집행에 사용할 직인을 시장·군수·구청장에게 신고하여야 하며, 배치된 날부터 30일 이내에 '관리사무소장 배치 및 직인 신고서'를 시장·군수·구청장에게 제출하여야 한다.
⑤ 의무관리대상 공동주택에 취업한 주택관리사 등이 다른 공동주택 및 상가·오피스텔 등 주택 외의 시설에 취업한 경우, 주택관리사 등의 자격취소 사유에 해당한다.

해설

④ 관리사무소장은 배치 내용과 업무의 집행에 사용할 직인을 시장·군수·구청장에게 신고하여야 하며, 배치된 날부터 15일 이내에 '관리사무소장 배치 및 직인 신고서'를 주택관리사단체에게 제출하여야 한다.

Answer

14 ③ 15 ① 16 ④

17 중

공동주택관리법령상 공동주택의 관리방법에 관한 설명으로 옳은 것은? 제27회

① 의무관리대상 공동주택은 입주자 등이 자치관리할 수 없다.

② 의무관리대상 공동주택의 관리방법은 전체 입주자 등의 5분의 1 이상이 서면으로 제안하고 전체 입주자 등의 3분의 1 이상이 찬성하는 방법으로 결정할 수 있다.

③ 입주자대표회의는 해당 공동주택의 관리에 필요하다고 인정하는 경우 공동주택을 300세대 이상의 단위로 나누어 관리하게 할 수 있다.

④ 의무관리대상 공동주택 전환 신고를 하려는 자는 입주자 등의 동의를 받은 날부터 15일 이내에 관할 시・도지사에게 신고하여야 한다.

⑤ 의무관리대상 전환 공동주택의 입주자 등은 관리규약의 제정 신고가 수리된 날부터 3개월 이내에 입주자대표회의를 구성하여야 한다.

해설

① 입주자 등은 의무관리대상 공동주택을 자치관리하거나 주택관리업자에게 위탁하여 관리하여야 한다.

② 의무관리대상 공동주택 관리방법의 결정은 다음의 어느 하나에 해당하는 방법으로 한다.
   ㉠ 입주자대표회의의 의결로 제안하고 전체 입주자 등의 과반수가 찬성
   ㉡ 전체 입주자등의 10분의 1 이상이 서면으로 제안하고 전체 입주자 등의 과반수가 찬성공동주택의 관리방법은 전체 입주자 등의 10분의 1 이상이 서면으로 제안하고 전체 입주자 등의 과반수가 찬성하는 방법으로 결정할 수 있다.

③ 입주자대표회의는 해당 공동주택의 관리에 필요하다고 인정하는 경우 공동주택을 500세대 이상의 단위로 나누어 관리하게 할 수 있다.

④ 의무관리대상 공동주택 전환 신고를 하려는 자는 입주자 등의 동의를 받은 날부터 30일 이내에 관할 시장・군수・구청장에게 신고하여야 한다.

18 하

민간임대주택에 관한 특별법상 주택임대관리업에 관한 설명으로 옳지 않은 것은? 제27회

① 주택임대관리업의 등록기관은 시장・군수・구청장이다.

② 주택임대관리업의 등록기관은 등록 사항의 변경 신고를 받은 때에는 신고를 받은 날부터 10일 이내에 신고수리 여부를 신고인에게 통지하여야 한다.

③ 주택임대관리업의 등록이 말소된 후 2년이 지나지 아니한 자는 주택임대관리업의 등록을 할 수 없다.

④ 거짓으로 주택임대관리업의 등록을 한 경우 주택임대관리업의 등록기관은 그 등록을 말소하여야 한다.

⑤ 임대 목적 주택에 대한 임대차계약의 갱신 및 갱신거절은 주택임대관리업자의 업무범위에 해당한다.

해설

② 주택임대관리업의 등록기관은 등록 사항의 변경 신고를 받은 때에는 신고를 받은 날부터 5일 이내에 신고수리 여부를 신고인에게 통지하여야 한다.

19 상

민간임대주택에 관한 특별법령상 민간임대주택의 관리 및 주택임대관리업 등에 관한 설명으로 옳은 것은? 제20회

① 임대사업자는 민간임대주택이 300세대 이상의 공동주택의 경우에는 공동주택관리법에 따른 주택관리업자에게 관리를 위탁하여야 하며, 자체관리할 수 없다.

② 주택임대관리업은 주택의 소유자로부터 주택을 임차하여 자기책임으로 전대하는 형태의 위탁관리형 주택임대관리업과 주택의 소유자로부터 수수료를 받고 임대료 부과·징수 및 시설물 유지·관리 등을 대행하는 형태의 자기관리형 주택임대관리업으로 구분한다.

③ 지방공기업법에 따라 설립된 지방공사가 주택임대관리업을 하려는 경우 신청서에 대통령령으로 정하는 서류를 첨부하여 시장·군수·구청장에게 제출하여야 한다.

④ 민간임대주택에 관한 특별법에 위반하여 주택임대관리업의 등록이 말소된 후 2년이 지나지 아니한 자는 주택임대관리업의 등록을 할 수 없다.

⑤ 주택임대관리업자는 주택임대관리업자의 현황 중 전문인력의 경우 1개월마다 시장 ·군수·구청장에게 신고하여야 한다.

해설

① 임대사업자는 민간임대주택이 300세대 이상의 공동주택의 경우에는 공동주택관리법에 따른 주택관리업자에게 관리를 위탁하거나 자체관리할 수 있다.

② 주택임대관리업은 주택의 소유자로부터 주택을 임차하여 자기책임으로 전대하는 형태의 자기관리형 주택임대관리업과 주택의 소유자로부터 수수료를 받고 임대료 부과·징수 및 시설물 유지·관리 등을 대행하는 형태의 위탁관리형 주택임대관리업으로 구분한다.

③ 국가, 지방자치단체, 「공공기관의 운영에 관한 법률」에 따른 공공기관, 「지방공기업법」에 따라 설립된 지방공사는 주택임대관리업 등록규정에 제외된다.

⑤ 주택임대관리업자는 주택임대관리업자의 현황 중 전문인력의 경우 분기마다 그 분기가 끝나는 달의 다음달 말일까지 시장·군수·구청장에게 신고하여야 한다.

Answer

17 ⑤ 18 ② 19 ④

20 하

민간임대주택에 관한 특별법령상 주택임대관리업의 등록에 관한 설명으로 옳지 않은 것은? 제25회

① 자기관리형 주택임대관리업을 등록한 경우에는 위탁관리형 주택임대관리업도 등록한 것으로 본다.

② 위탁관리형 주택임대관리업의 등록기준 중에서 자본금은 1억원 이상이어야 한다.

③ 주택임대관리업 등록을 한 자는 등록한 사항 중 자본금이 증가한 경우 시장·군수·구청장에게 변경신고를 하여야 한다.

④ 「공동주택관리법」을 위반하여 형의 집행유예를 선고받고 그 유예기간 중에 있는 사람은 주택임대관리업의 등록을 할 수 없다.

⑤ 시장·군수·구청장은 주택임대관리업자가 거짓이나 그 밖의 부정한 방법으로 등록을 한 경우에는 그 등록을 말소하여야 한다.

해설

③ 주택임대관리업 등록을 한 자가 등록한 사항을 변경하거나 말소하고자 할 경우 시장·군수·구청장에게 신고하여야 한다. 다만, 자본금 또는 전문인력의 수가 증가한 경우에 따른 경미한 사항은 신고하지 아니하여도 된다.

21 하

민간임대주택에 관한 특별법령상 주택임대관리업에 관한 설명으로 옳지 않은 것은? 제22회

① 주택임대관리업을 하려는 자가 자기관리형 주택임대관리업을 등록한 경우에는 위탁관리형 주택임대관리업도 등록한 것으로 본다.

② 주택임대관리업에 등록한 자는 자본금이 증가된 경우 이를 시장·군수·구청장에게 신고하여야 한다.

③ 공동주택관리법을 위반하여 형의 집행유예를 선고받고 그 유예기간 중에 있는 사람은 주택임대관리업의 등록을 할 수 없다.

④ 시장·군수·구청장은 주택임대관리업자가 정당한 사유 없이 최종 위탁계약 종료일의 다음 날부터 1년 이상 위탁계약 실적이 없어 영업정지처분을 하여야 할 경우에는 이에 갈음하여 1천만원 이하의 과징금을 부과할 수 있다.

⑤ 시장·군수·구청장은 주택임대관리업자가 거짓이나 그 밖의 부정한 방법으로 주택임대관리업 등록을 한 경우에는 그 등록을 말소하여야 한다.

해설

② 등록한 자가 등록한 사항을 변경하거나 말소하고자 할 경우 시장·군수·구청장에게 신고하여야 한다. 다만, 자본금 또는 전문인력의 수가 증가한 경우 등의 경미한 사항은 신고하지 아니하여도 된다.

22 중

민간임대주택에 관한 특별법령상 임대주택관리에 관한 설명으로 옳지 않은 것은? 제19회

① 임대사업자는 민간임대주택이 300세대 이상의 공동주택이면 주택관리업자에게 관리를 위탁하거나 자체관리하여야 한다.

② 임대사업자가 20세대 이상의 민간임대주택을 공급하는 공동주택단지에 입주하는 임차인은 임차인대표회의를 구성할 수 있다.

③ 임대사업자는 특별수선충당금 적립 여부, 적립금액 등을 관할 시·도지사에게 보고하여야 한다.

④ 임차인대표회의는 민간임대주택의 동별 세대수에 비례하여 선출한 대표자로 구성한다.

⑤ 임차인대표회의는 그 회의에서 의결한 사항, 임대사업자와의 협의결과 등 주요 업무의 추진 상황을 지체 없이 임차인에게 알리거나 공고하여야 한다.

해설

③ 시장·군수·구청장은 임대사업자의 특별수선충당금 적립 여부, 적립금액 등을 관할 시·도지사에게 보고하여야 하며, 시·도지사는 시장·군수·구청장의 보고를 종합하여 국토교통부장관에게 보고하여야 한다.

Answer

20 ③ 21 ② 22 ③

23 상●●

민간임대주택에 관한 특별법령상 임대주택의 관리에 관한 설명으로 옳은 것은?

제18회 수정

① 임대사업자가 민간임대주택을 양도하는 경우에는 특별수선충당금을 「공동주택관리법」에 따라 최초로 구성되는 입주자대표회의에 넘겨주어야 한다.

② 임차인대표회의는 필수적으로 회장 1명, 부회장 1명, 이사 1명 및 감사 1명을 동별 대표자 중에서 선출하여야 한다.

③ 임대사업자가 임대주택을 자체관리하려면 대통령령으로 정하는 기술인력 및 장비를 갖추고 국토교통부장관에게 신고해야 한다.

④ 임차인대표회의를 소집하려는 경우에는 소집일 3일 전까지 회의의 목적·일시 및 장소 등을 임차인에게 알리거나 공시하여야 한다.

⑤ 임대사업자는 임차인으로부터 임대주택을 관리하는 데에 필요한 경비를 받을 수 없다.

해설

② 임차인대표회의는 필수적으로 회장 1명, 부회장 1명 및 감사 1명을 동별 대표자 중에서 선출하여야 한다.

③ 임대사업자가 임대주택을 자체관리하려면 대통령령으로 정하는 기술인력 및 장비를 갖추고 관할 시장·군수·구청장의 인가를 받아야 한다.

④ 임차인대표회의를 소집하려는 경우에는 소집일 5일 전까지 회의의 목적·일시 및 장소 등을 임차인에게 알리거나 공시하여야 한다.

⑤ 임대사업자는 임차인으로부터 임대주택을 관리하는 데에 필요한 경비를 받을 수 있다.

24 상●●

민간임대주택에 관한 특별법상 임대주택분쟁조정위원회(이하 "조정위원회"라 한다)**에 관한 설명으로 옳은 것은?**

제24회

① 임대료의 증액에 대한 분쟁에 관해서는 조정위원회가 직권으로 조정을 하여야 한다.

② 임차인대표회의는 이 법에 따른 민간임대주택의 관리에 대한 분쟁에 관하여 조정위원회에 조정을 신청할 수 없다.

③ 공무원이 아닌 위원의 임기는 1년으로 하며 연임할 수 있다.

④ 공공주택사업자 또는 임차인대표회의는 공공임대주택의 분양전환승인에 관한 사항의 분쟁에 관하여 조정위원회에 조정을 신청할 수 없다.

⑤ 임차인은 「공공주택 특별법」 제50조의3에 따른 우선 분양전환 자격에 대한 분쟁에 관하여 조정위원회에 조정을 신청할 수 없다.

해설

① 임대료의 증액에 관한 분쟁은 조정위원회의 직권이 아닌 임대사업자 또는 임차인대표회의가 조정을 신청할 수 있다.
② 임차인대표회의는 민간임대주택에 관한 특별법에 따른 민간임대주택의 관리에 대한 분쟁에 관하여 조정위원회에 조정을 신청할 수 있다.
③ 공무원이 아닌 위원의 임기는 2년으로 하며 두 차례만 연임할 수 있다.
⑤ 임차인은 「공공주택 특별법」 제50조의3에 따른 우선 분양전환 자격에 대한 분쟁에 관하여 조정위원회에 조정을 신청할 수 있다.

25 상

민간임대주택에 관한 특별법령상 임대를 목적으로 하는 주택에 대한 주택임대관리업자의 업무(부수적인 업무 포함) **범위에 해당하는 것을 모두 고른 것은?** 제24회

> ㄱ. 시설물 유지 · 보수 · 개량
> ㄴ. 임대차계약의 체결 · 해제 · 해지 · 갱신
> ㄷ. 임대료의 부과 · 징수
> ㄹ. 「공인중개사법」에 따른 중개업
> ㅁ. 임차인의 안전 확보에 필요한 업무

① ㄱ, ㄴ, ㄹ
② ㄱ, ㄹ, ㅁ
③ ㄱ, ㄴ, ㄷ, ㅁ
④ ㄴ, ㄷ, ㄹ, ㅁ
⑤ ㄱ, ㄴ, ㄷ, ㄹ, ㅁ

해설

주택임대관리업자의 업무(부수적인 업무포함)범위는 아래와 같다.

1. 주택임대관리업자는 임대를 목적으로 하는 주택에 대하여 다음의 업무를 수행한다.
   ① 임대차계약의 체결 · 해제 · 해지 · 갱신 및 갱신거절 등
   ② 임대료의 부과 · 징수 등
   ③ 임차인의 입주 및 명도 · 퇴거 등(「공인중개사법」에 따른 중개업은 제외한다)
2. 주택임대관리업자는 임대를 목적으로 하는 주택에 대하여 부수적으로 다음의 업무를 수행할 수 있다.
   ① 시설물 유지 · 보수 · 개량 및 그 밖의 주택관리 업무
   ② 임차인이 거주하는 주거공간의 관리
   ③ 임차인의 안전 확보에 필요한 업무
   ④ 임차인의 입주에 필요한 지원 업무

Answer

23 ①　24 ④　25 ③

26 중

민간임대주택에 관한 특별법령상 임대를 목적으로 하는 주택에 대하여 자기관리형 주택임대관리업자가 업무를 위탁받은 경우 작성하는 위·수탁계약서에 포함되어야 하는 사항이 아닌 것은? 제26회

① 임대료
② 계약기간
③ 관리수수료
④ 전대료(轉貸料) 및 전대보증금
⑤ 주택임대관리업자 및 임대인의 권리·의무에 관한 사항

해설

위·수탁계약서에는 계약기간, 주택임대관리업자의 의무 등 다음 각 호의 사항이 포함되어야 한다.

1. 관리수수료(위탁관리형 주택임대관리업자만 해당한다)
2. 임대료(자기관리형 주택임대관리업자만 해당한다)
3. 전대료(轉貸料) 및 전대보증금(자기관리형 주택임대관리업자만 해당한다)
4. 계약기간
5. 주택임대관리업자 및 임대인의 권리·의무에 관한 사항
6. 그 밖에 주택임대관리업자의 업무 외에 임대인·임차인의 편의를 위하여 추가적으로 제공하는 업무의 내용

27 중

민간임대주택에 관한 특별법령상 주택임대관리업에 관한 설명으로 옳지 않은 것은? 제23회

① 「민간임대주택에 관한 특별법」을 위반하여 금고 이상의 실형을 선고받고 그 집행이 종료된 날부터 3년이 지나지 아니한 사람은 주택임대관리업을 등록할 수 없다.
② 주택임대관리업의 등록이 말소된 후 3년이 지난 자는 주택임대관리업을 등록할 수 있다.
③ 주택임대관리업자는 임대를 목적으로 하는 주택에 대하여 임대차계약의 체결에 관한 업무를 수행한다.
④ 위탁관리형 주택임대관리업자는 보증보험 가입사항을 시장·군수·구청장에게 신고하여야 한다.
⑤ 자기관리형 주택임대관리업자는 전대료 및 전대보증금을 포함한 위·수탁계약서를 작성하여 주택의 소유자에게 교부하여야 한다.

해설

주택임대관리업자가 시장・군수・구청장에게 신고해야 하는 사항은 다음과 같다.
1. 자본금
2. 전문인력
3. 사무실 소재지
4. 위탁받아 관리하는 주택의 호수・세대수 및 소재지
5. 보증보험 가입사항(자기관리형 주택임대관리업자만 해당한다)
6. 계약기간, 관리수수료 등 위・수탁 계약조건에 관한 정보

28 하

민간임대주택에 관한 특별법령상 주택임대관리업의 등록을 반드시 말소하여야 하는 경우는? 제17회

① 보고, 자료의 제출 또는 검사를 거부・방해 또는 기피하거나 거짓으로 보고한 경우
② 등록기준을 갖추지 못한 경우. 다만, 일시적으로 등록기준에 미달하는 등 대통령령으로 정하는 경우는 그러하지 아니하다.
③ 정당한 사유 없이 최종 위탁계약 종료일의 다음 날부터 1년 이상 위탁계약 실적이 없는 경우
④ 고의 또는 중대한 과실로 임대를 목적으로 하는 주택을 잘못 관리하여 임대인 및 임차인에게 재산상의 손해를 입힌 경우
⑤ 최근 3년간 2회 이상의 영업정지처분을 받은 자로서 그 정지처분을 받은 기간이 합산하여 12개월을 초과한 경우

해설

시장・군수・구청장은 주택임대관리업자가 다음 각 호의 어느 하나에 해당하면 그 등록을 말소하여야 한다.
1. 거짓이나 그 밖의 부정한 방법으로 등록을 한 경우
2. 영업정지기간 중에 주택임대관리업을 영위한 경우 또는 최근 3년간 2회 이상의 영업정지처분을 받은 자로서 그 정지처분을 받은 기간이 합산하여 12개월을 초과한 경우
3. 다른 자에게 자기의 명의 또는 상호를 사용하여 이 법에서 정한 사업이나 업무를 수행하게 하거나 그 등록증을 대여한 경우

Answer

26 ③ 27 ④ 28 ⑤

29 중

민간임대주택에 관한 특별법령상 주택임대관리업의 결격사유에 해당하지 않는 것은? 제21회

① 피성년후견인
② 파산선고를 받고 복권되지 아니한 자
③ 민간임대주택에 관한 특별법을 위반하여 형의 집행유예를 선고받고 그 유예기간 중에 있는 사람
④ 민간임대주택에 관한 특별법 제10조에 따라 주택임대관리업의 등록이 말소된 후 2년이 지나지 아니한 자. 이 경우 등록이 말소된 자가 법인인 경우에는 말소 당시의 원인이 된 행위를 한 사람과 대표자를 포함한다.
⑤ 민간임대주택에 관한 특별법을 위반하여 금고 이상의 실형을 선고받고 집행이 종료(집행이 종료된 것으로 보는 경우를 포함한다)되거나 그 집행이 면제된 날부터 3년이 지난 사람

해설

⑤ 민간임대주택에 관한 특별법을 위반하여 금고 이상의 실형을 선고받고 집행이 종료(집행이 종료된 것으로 보는 경우를 포함한다)되거나 그 집행이 면제된 날부터 3년이 지나지 아니한 사람은 주택임대관리업의 결격사유에 해당된다.

30 상

공동주택관리법령상 주택관리사 등에 대한 행정처분기준 중 개별기준에 관한 규정의 일부이다. ㄱ~ㄷ에 들어갈 내용으로 옳은 것은? 제20회

위반행위	행정처분기준		
	1차 위반	2차 위반	3차 위반
중대한 과실로 공동주택을 잘못 관리하여 소유자 및 사용자에게 재산상의 손해를 입힌 경우	ㄱ	ㄴ	ㄷ

① ㄱ: 자격정지 3개월, ㄴ: 자격정지 3개월, ㄷ: 자격정지 6개월
② ㄱ: 자격정지 3개월, ㄴ: 자격정지 3개월, ㄷ: 자격취소
③ ㄱ: 자격정지 3개월, ㄴ: 자격정지 6개월, ㄷ: 자격정지 6개월
④ ㄱ: 자격정지 3개월, ㄴ: 자격정지 6개월, ㄷ: 자격취소
⑤ ㄱ: 자격정지 6개월, ㄴ: 자격정지 6개월, ㄷ: 자격취소

해설

③ 시・도지사는 주택관리사 등이 중대한 과실로 공동주택을 잘못 관리하여 소유자 및 사용자에게 재산상의 손해를 입힌 경우에 1차 위반시 자격정지 3개월, 2차 위반시 자격정지 6개월, 3차 위반시 자격정지 6개월의 행정처분을 한다.

주택관리사 등에 대한 행정처분

기본서 P97 참조

위반행위	행정처분기준		
	1차 위반	2차 위반	3차 위반
고의로 ~ 재산상의 손해를 입힌 경우	6개월	1년	–
금품수수 등 부당이득을 취한 경우	6개월	1년	
중대한 과실로 ~ 손해를 입힌 경우	3개월	6개월	6개월
보고 또는 자료제출 등의 명령을 이행하지 않은 경우	경고	1개월	2개월
조사 또는 검사를 거부 · 방해 또는 기피하거나 거짓으로 보고를 한 경우	경고	2개월	2개월
감사를 거부 · 방해 또는 기피한 경우	경고	2개월	2개월

31 상

공동주택관리법령상 주택관리사 등에 대한 행정처분기준 중 개별기준의 일부이다. (　　)에 들어갈 내용을 옳게 나열한 것은? 제25회

위반행위	근거법조문	행정처분기준		
		1차 위반	2차 위반	3차 위반
고의로 공동주택을 잘못 관리하여 소유자 및 사용자에게 재산상의 손해를 입힌 경우	법 제69조 제1항 제5호	(ㄱ)	(ㄴ)	

① ㄱ: 자격정지 2개월, ㄴ: 자격정지 3개월
② ㄱ: 자격정지 3개월, ㄴ: 자격정지 6개월
③ ㄱ: 자격정지 6개월, ㄴ: 자격정지 1년
④ ㄱ: 자격정지 6개월, ㄴ: 자격취소
⑤ ㄱ: 자격정지 1년, ㄴ: 자격취소

해설

③ 주택관리사 등이 고의로 공동주택을 잘못 관리하여 소유자 및 사용자에게 재산상의 손해를 입힌 경우에 1차 위반시 자격정지 6개월, 2차 위반시 자격정지 1년의 행정처분을 한다.

Answer

29 ⑤　30 ③　31 ③

32 하

공동주택관리법령상 주택관리사 등의 자격을 반드시 취소해야 하는 사유에 해당하지 않는 것은? 제19회

① 거짓이나 그 밖의 부정한 방법으로 자격을 취득한 경우
② 의무관리대상 공동주택에 취업한 주택관리사 등이 다른 공동주택 및 상가・오피스텔 등 주택 외의 시설에 취업한 경우
③ 공동주택의 관리업무와 관련하여 금고 이상의 형을 선고받은 경우
④ 주택관리사 등이 업무와 관련하여 금품수수 등 부당이득을 취한 경우
⑤ 다른 사람에게 자기의 명의를 사용하여 업무를 수행하게 하거나 자격증을 대여한 경우

해설

시・도지사는 주택관리사 등이 다음 각 호의 어느 하나에 해당하면 그 자격을 취소하여야 한다.

1. 거짓이나 그 밖의 부정한 방법으로 자격을 취득한 경우
2. 공동주택의 관리업무와 관련하여 금고 이상의 형을 선고받은 경우
3. 의무관리대상 공동주택에 취업한 주택관리사 등이 다른 공동주택 및 상가・오피스텔 등 주택 외의 시설에 취업한 경우
4. 주택관리사 등이 자격정지기간에 공동주택관리업무를 수행한 경우
5. 다른 사람에게 자기의 명의를 사용하여 이 법에서 정한 업무를 수행하게 하거나 자격증을 대여한 경우

33 중

공동주택관리법령상 주택관리사 자격증을 발급받을 수 있는 주택 관련 실무경력 기준을 충족시키지 못하는 자는? 제22회

① 주택관리사보 시험에 합격하기 전에 한국토지주택공사의 직원으로 주택관리업무에 종사한 경력이 5년인 자
② 주택관리사보 시험에 합격하기 전에 공무원으로 주택관련 인・허가 업무 등에 종사한 경력이 3년인 자
③ 주택관리사보 시험에 합격하기 전에 공동주택관리법에 따른 주택관리사단체의 직원으로 주택 관련 업무에 종사한 경력이 2년이고, 주택관리사보 시험에 합격한 후에 지방공사의 직원으로 주택관리업무에 종사한 경력이 3년인 자
④ 주택관리사보 시험에 합격한 후에 주택법에 따른 사업계획승인을 받아 건설한 100세대인 공동주택의 관리사무소장으로 근무한 경력이 3년인 자
⑤ 주택관리사보 시험에 합격한 후에 공동주택관리법에 따른 주택관리사단체 직원으로 주택 관련 업무에 종사한 경력이 5년인 자

해설

시·도지사는 주택관리사보 자격시험에 합격하기 전이나 합격한 후 다음 각 호의 어느 하나에 해당하는 경력을 갖춘 자에 대하여 주택관리사 자격증을 발급한다.

1. 「주택법」 제15조 제1항에 따른 사업계획승인을 받아 건설한 50세대 이상 500세대 미만의 공동주택(「건축법」 제11조에 따른 건축허가를 받아 주택과 주택 외의 시설을 동일 건축물로 건축한 건축물 중 주택이 50세대 이상 300세대 미만인 건축물을 포함한다)의 관리사무소장으로 근무한 경력 3년 이상
2. 「주택법」 제15조 제1항에 따른 사업계획승인을 받아 건설한 50세대 이상의 공동주택(「건축법」 제11조에 따른 건축허가를 받아 주택과 주택 외의 시설을 동일 건축물로 건축한 건축물 중 주택이 50세대 이상 300세대 미만인 건축물을 포함한다)의 관리사무소의 직원(경비원, 청소원 및 소독원은 제외한다) 또는 주택관리업자의 임직원으로 주택관리업무에 종사한 경력 5년 이상
3. 한국토지주택공사 또는 지방공사의 직원으로 주택관리업무에 종사한 경력 5년 이상
4. 공무원으로 주택관련 지도·감독 및 인·허가 업무 등에 종사한 경력 5년 이상
5. 주택관리사단체와 국토교통부장관이 정하여 고시하는 공동주택관리와 관련된 단체의 임직원으로 주택 관련 업무에 종사한 경력 5년 이상
6. 제1호부터 제5호까지의 경력을 합산한 기간 5년 이상

34 하

공동주택관리법령상 주택관리사등에 관한 설명으로 옳은 것은? 제26회

① 400세대의 의무관리대상 공동주택에는 주택관리사보를 해당 공동주택의 관리사무소장으로 배치할 수 없다.

② 주택관리사보가 공무원으로 주택관련 인·허가 업무에 3년 9개월 종사한 경력이 있다면 주택관리사 자격을 취득할 수 있다.

③ 금고 이상의 형의 집행유예를 선고받고 그 유예기간이 끝난 날부터 1년 6개월이 지난 사람은 주택관리사가 될 수 없다.

④ 주택관리사로서 공동주택의 관리사무소장으로 12년 근무한 사람은 하자분쟁조정위원회의 위원으로 위촉될 수 없다.

⑤ 임원 또는 사원의 3분의 1 이상이 주택관리사인 상사법인은 주택관리업의 등록을 신청할 수 있다.

해설

① 400세대의 의무관리대상 공동주택에는 주택관리사보를 해당 공동주택의 관리사무소장으로 배치할 수 있다.

② 주택관리사보가 공무원으로 주택관련 인·허가 업무 등에 5년 이상 종사한 경력이 있다면 주택관리사 자격을 취득할 수 있다.

③ 금고 이상의 형의 집행유예를 선고받고 그 유예기간 중에 있는 사람은 주택관리사가 될 수 없다.

④ 주택관리사로서 공동주택의 관리사무소장으로 10년 이상 근무한 사람은 하자분쟁조정위원회의 위원으로 위촉될 수 있다.

Answer

32 ④ 33 ② 34 ⑤

35 상

공동주택관리법령상 과태료 부과금액이 가장 높은 경우는? (단, 가중 · 감경사유는 고려하지 않음) 제19회

① 입주자대표회의의 대표자가 장기수선계획에 따라 주요시설을 교체하거나 보수하지 않은 경우
② 입주자대표회의 등이 하자보수보증금을 법원의 재판 결과에 따른 하자보수비용 외의 목적으로 사용한 경우
③ 관리주체가 장기수선계획에 따라 장기수선충당금을 적립하지 않은 경우
④ 관리사무소장으로 배치받은 주택관리사가 시 · 도지사로부터 주택관리의 교육을 받지 않은 경우
⑤ 의무관리대상 공동주택의 관리주체가 주택관리업자 또는 사업자와 계약을 체결한 후 1개월 이내에 그 계약서를 공개하지 아니하거나 거짓으로 공개한 경우

해설

② 하자보수보증금을 공동주택관리법에 따른 용도(아래 5가지) 외의 목적으로 사용한 자는 2천만원 이하의 과태료

1. 송달된 하자 여부 판정서(재심의 결정서를 포함한다) 정본에 따라 하자로 판정된 시설공사 등에 대한 하자보수비용
2. 하자분쟁조정위원회가 송달한 조정서 정본에 따른 하자보수비용
3. 재판상 화해와 동일한 효력이 있는 재정에 따른 하자보수비용
4. 법원의 재판 결과에 따른 하자보수비용
5. 하자진단의 결과에 따른 하자보수비용

① 1천만원 이하의 과태료, ③ · ④ · ⑤ 500만원 이하의 과태료

36 상●●

공동주택관리법령상 지방자치단체의 장의 감사에 관한 설명으로 옳지 않은 것은?

제26회

① 감사 대상이 되는 업무는 입주자대표회의나 그 구성원, 관리주체, 관리사무소장 또는 선거관리위원회나 그 위원 등의 업무이다.

② 공동주택단지 내 분쟁의 조정이 필요한 경우 공동주택의 입주자 등은 지방자치단체의 장에게 감사를 요청할 수 있다.

③ 공동주택의 입주자 등이 감사를 요청하려면 전체 입주자 등의 과반수의 동의를 받아야 한다.

④ 지방자치단체의 장은 공동주택의 입주자 등의 감사 요청이 없더라도 공동주택관리의 효율화와 입주자 등의 보호를 위하여 필요하다고 인정하는 경우에는 감사를 실시할 수 있다.

⑤ 지방자치단체의 장은 감사 요청이 이유가 있다고 인정하는 경우에는 감사를 실시한 후 감사를 요청한 입주자 등에게 그 결과를 통보하여야 한다.

해설

③ 공동주택의 입주자 등이 감사를 요청하려면 전체 입주자 등의 10분의 2 이상의 동의를 받아야 한다.

Answer

35 ②　36 ③

주관식 단답형 문제

01 중

공동주택관리법상 다른 법률과의 관계에 관한 내용이다. ( )에 들어간 용어를 쓰시오. 제25회

> 제4조(다른 법률과의 관계) ① 공동주택의 관리에 관하여 이 법에서 정하지 아니한 사항에 대하여는 「(ㄱ)」(을)를 적용한다.
> ② 임대주택의 관리에 관하여 「민간임대주택에 관한 특별법」 또는 「(ㄴ)」에서 정하지 아니한 사항에 대하여는 이 법을 적용한다.

02 중

다음에서 정의하고 있는 공동주택관리법령상의 용어를 쓰시오. 제19회

> 분양을 목적으로 한 공동주택과 임대주택(「민간임대주택에 관한 특별법」에 따른 민간임대주택 및 「공공주택 특별법」에 따른 공공임대주택을 말한다)이 함께 있는 주택단지를 의미한다.

03 상

건강친화형 주택 건설기준에 관한 용어의 정의 중 일부이다. 기준에서 명시하고 있는 ( )에 들어갈 용어를 쓰시오. 제22회

> '건강친화형 주택'이란 오염물질이 적게 방출되는 건축자재를 사용하고 (ㄱ) 등을 실시하여 새집증후군 문제를 개선함으로써 거주자에게 건강하고 쾌적한 실내환경을 제공할 수 있도록 일정수준 이상의 (ㄴ)과(와) (ㄱ)성능을 확보한 주택으로서 의무기준을 모두 충족하고 …<중략>… 적합한 주택을 말한다.

04 상

민간임대주택에 관한 특별법상 민간임대주택에 관한 내용이다. (   )에 들어갈 용어와 아라비아 숫자를 쓰시오. 제24회

> • 민간임대주택이란 임대 목적으로 제공하는 주택[토지를 임차하여 건설된 주택 및 오피스텔 등 대통령령으로 정하는 (ㄱ) 및 대통령령으로 정하는 일부만을 임대하는 주택을 포함한다]으로서 임대사업자가 제5조에 따라 등록한 주택을 말하며, 민간(ㄴ)임대주택과 민간매입임대주택으로 구분한다.
> • 장기일반민간임대주택이란 임대사업자가 공공지원민간임대주택이 아닌 주택을 (ㄷ)년 이상 임대할 목적으로 취득하여 임대하는 민간임대주택[아파트(「주택법」 제2조 제20호의 도시형 생활주택이 아닌 것을 말한다)를 임대하는 민간매입임대주택은 제외한다]을 말한다.

05 하

민간임대주택에 관한 특별법령상 주택임대관리업의 등록에 관한 내용이다. (   )에 들어갈 아라비아 숫자를 쓰시오. 제26회

> 다음 각 호의 구분에 따른 규모 이상으로 주택임대관리업을 하려는 자는 시장·군수·구청장에게 등록하여야 한다.
> 1. 자기관리형 주택임대관리업의 경우
>   가. 단독주택 : (ㄱ)호
>   나. 공동주택 : (ㄱ)세대
> 2. 위탁관리형 주택임대관리업의 경우
>   가. 단독주택 : (ㄴ)호
>   나. 공동주택 : (ㄴ)세대

Answer

01 ㄱ : 주택법, ㄴ : 공공주택특별법	**02** 혼합주택단지
03 ㄱ : 환기, ㄴ : 실내공기질	**04** ㄱ : 준주택, ㄴ : 건설, ㄷ : 10
05 ㄱ : 100, ㄴ : 300	

06 ●●하

공동주택관리법령상 의무관리대상 공동주택에 관한 설명이다. ( )에 들어갈 숫자를 쓰시오. 제21회

> 건축법 제11조에 따른 건축허가를 받아 주택 외의 시설과 주택을 동일건축물로 건축한 건축물로서 주택이 ( )세대 이상인 건축물은 공동주택관리법령에 따른 의무관리대상 공동주택에 해당된다.

07 ●●하

공동주택관리법령상 의무관리대상 공동주택의 관리사무소장에 관한 내용이다. ( )에 들어갈 아라비아 숫자를 쓰시오. 제27회

> - (ㄱ)세대 미만의 공동주택에는 주택관리사를 갈음하여 주택관리사보를 해당 공동주택의 관리사무소장으로 배치할 수 있다.
> - 관리사무소장은 공동주택의 안전관리계획을 (ㄴ)년마다 조정하되, 관리여건상 필요하여 관리사무소장이 입주자대표회의 구성원 과반수의 서면동의를 받은 경우에는 (ㄴ)년이 지나기 전에 조정할 수 있다.
> - 입주자대표회의는 선임된 자치관리기구 관리사무소장이 해임되거나 그 밖의 사유로 결원이 되었을 때에는 그 사유가 발생한 날부터 (ㄷ)일 이내에 새로운 관리사무소장을 선임하여야 한다.

08 ●중●

공동주택관리법령상 계약서의 공개에 관한 규정이다. ( ) 안에 들어갈 용어와 숫자를 순서대로 각각 쓰시오. 제19회

> 의무관리대상 공동주택의 관리주체 또는 ( )는 선정한 주택관리업자 또는 공사, 용역 등을 수행하는 사업자와 계약을 체결하는 경우 계약 체결일부터 ( )개월 이내에 그 계약서를 해당 공동주택단지의 인터넷 홈페이지 및 동별 게시판에 공개하여야 한다.

09 상●● **공동주택관리법령상 관리주체의 공개 의무에 관한 내용이다. ( )에 들어갈 아라비아 숫자를 쓰시오.** 제26회

> 공동주택의 입주자 등, 관리주체, 입주자대표회의나 그 구성원이「공동주택관리법」을 위반하여 지방자치단체의 장이 공사의 중지, 원상복구 또는 그 밖에 필요한 조치를 명하는 경우, 지방자치단체의 장은 그 내용을 해당 공동주택의 입주자대표회의 및 관리주체에게도 통보하여야 한다. 통보를 받은 관리주체는 통보를 받은 날부터 (ㄱ)일 이내에 그 내용을 공동주택단지의 인터넷 홈페이지 및 동별 게시판에 (ㄴ)일 이상 공개해야 한다.

10 ●●하 **공동주택관리법상 주택관리업자 등의 교육 및 벌칙에 관한 내용이다. ( )에 들어갈 아라비아 숫자를 쓰시오.** 제24회

> 공동주택의 관리사무소장으로 배치받아 근무 중인 주택관리사는 공동주택관리법 제70조 제1항 또는 제2항에 따른 교육을 받은 후 (ㄱ)년마다 국토교통부령으로 정하는 바에 따라 공동주택관리에 관한 교육과 윤리교육을 받아야 하며, 이 교육을 받지 아니한 자에게는 (ㄴ)만원 이하의 과태료를 부과한다.

11 ●●하 **공동주택관리법령상 관리사무소장으로 배치받은 주택관리사 등의 교육에 관한 내용이다. ( )에 들어갈 용어를 쓰시오.** 제26회

> 관리사무소장으로 배치받은 주택관리사 등은 국토교통부령으로 정하는 바에 따라 관리사무소장으로 배치된 날부터 3개월 이내에 공동주택관리에 관한 교육과 ( )교육을 받아야 한다.

Answer

06 150
07 ㄱ: 500, ㄴ: 3, ㄷ: 30
08 입주자대표회의, 1
09 ㄱ: 10, ㄴ: 7
10 ㄱ: 3, ㄴ: 500
11 윤리

12 중

공동주택관리법령상 관리비 등의 사업계획 및 예산안 수립 등에 관한 내용이다. (　) 안에 들어갈 숫자를 순서대로 각각 쓰시오. 제17회

> 관리주체는 다음 회계연도에 관한 관리비 등의 사업계획 및 예산안을 매 회계연도 개시 (　)개월 전까지 입주자대표회의에 제출하여 승인을 받아야 하며, 매 회계연도마다 사업실적서 및 결산서를 작성하여 회계연도 종료 후 (　)개월 이내에 입주자대표회의에 제출하여야 한다.

13 중

공동주택관리법령상 관리주체에 대한 회계감사에 관한 내용이다. (　)에 들어갈 숫자와 용어를 순서대로 쓰시오. 제22회

> 회계감사를 받아야 하는 공동주택의 관리주체는 매 회계연도 종료 후 (　)개월 이내에 다음 각 호의 (　)에 대하여 회계감사를 받아야 한다.
> 1. 재무상태표
> 2. 운영성과표
> 3. 이익잉여금처분계산서(또는 결손금처리계산서)
> 4. 주석(注釋)

14 중

공동주택관리법령상 관리주체에 대한 회계감사에 관한 내용이다. (　)에 들어갈 용어를 쓰시오. 제24회

> 공동주택관리법에 따라 회계감사를 받아야 하는 공동주택의 관리주체는 매 회계연도 종료 후 9개월 이내에 다음의 재무제표에 대하여 회계감사를 받아야 한다.
> • 재무상태표
> • 운영성과표
> • 이익잉여금처분계산서(또는 결손금처리계산서)
> • (　)

15 ●●하

민간임대주택에 관한 특별법령상 주택임대관리업자의 보증상품 가입에 관한 내용이다. ( )에 들어갈 아라비아 숫자를 쓰시오. 제25회

> 시행령 제13조(주택임대관리업자의 보증상품 가입) ① 법 제14조 제1항에 따라 자기관리형 주택임대관리업자는 다음 각 호의 보증을 할 수 있는 보증상품에 가입하여야 한다.
> 1. 임대인의 권리보호를 위한 보증: 자기관리형 주택임대관리업자가 약정한 임대료를 지급하지 아니하는 경우 약정한 임대료의 ( )개월 분 이상의 지급을 책임지는 보증

16 상●●

주택임대관리업자에 관한 설명이다. (ㄱ), (ㄴ)에 들어갈 용어를 순서대로 쓰시오. 제21회

> 민간임대주택에 관한 특별법은 주택임대관리업자의 현황 신고에 관하여 주택임대관리업자는 (ㄱ)마다 그 (ㄱ)(이)가 끝나는 달의 다음 날 말일까지 자본금, 전문인력, 관리 호수 등 대통령령으로 정하는 정보를 (ㄴ)에게 신고하여야 한다.

17 ●중●

민간임대주택에 관한 특별법령상 주택임대관리업자에 대한 행정처분의 내용이다. ( )에 들어갈 용어를 쓰시오. 제23회

> 시장·군수·구청장은 주택임대관리업자가 고의 또는 중대한 과실로 임대를 목적으로 하는 주택을 잘못 관리하여 임대인 및 임차인에게 재산상의 손해를 입힌 경우에는 (ㄱ)(을)를 갈음하여 1천만원 이하의 (ㄴ)(을)를 부과할 수 있다.

Answer

12 1, 2
13 9, 재무제표
14 주석
15 3
16 ㄱ: 분기, ㄴ: 시장·군수·구청장 또는 특별자치시장·특별자치도지사·시장·군수·구청장
17 ㄱ: 영업정지, ㄴ: 과징금

18 중

민간임대주택에 관한 특별법령상 임대주택관리에 관한 규정이다. (ㄱ), (ㄴ)에 알맞은 용어를 쓰시오. 제19회 수정

(ㄱ)는(은) 입주예정자의 과반수가 입주한 때에는 과반수가 입주한 날부터 30일 이내에 입주현황과 임차인대표회의를 구성할 수 있다는 사실 또는 구성하여야 하다는 사실을 입주한 임차인에게 통지하여야 한다. 다만, (ㄱ)가(이) 본문에 따른 통지를 하지 아니하는 경우 (ㄴ)가(이) 임차인대표회의를 구성하도록 임차인에게 통지할 수 있다.

19 하

민간임대주택에 관한 특별법령상 시장 · 군수 · 구청장이 주택임대관리업자에게 영업정지를 갈음하여 부과하는 과징금에 관한 내용이다. (   )에 들어갈 아라비아 숫자를 쓰시오. 제27회

과징금은 영업정지기간 1일당 (ㄱ)만원을 부과하되, 영업정지 1개월은 30일을 기준으로 한다. 이 경우 과징금은 (ㄴ)천만원을 초과할 수 없다.

20 중

공동주택관리법령상 주택관리업에 관한 규정이다. (   ) 안에 들어갈 내용을 순서대로 각각 쓰시오. 제16회

시장 · 군수 또는 구청장이 주택관리업등록의 말소 또는 영업의 정지를 하고자 하는 때에는 처분일 1개월 전까지 당해 주택관리업자가 관리하는 공동주택의 (   )에 그 사실을 통보하여야 하고, 영업정지에 갈음하여 과징금을 부과하고자 하는 경우에는 영업정지기간 1일당 (   )만원을 부과한다.

21 중

공동주택관리법령상 주택관리사 자격증의 교부 등에 관한 내용이다. (   ) 안에 들어갈 숫자를 순서대로 각각 쓰시오. 제18회

> 공동주택관리법 제67조 제2항 제2호에 따라 시 · 도지사는 주택관리사보 자격시험에 합격하기 전이나 합격한 후 다음 각 호의 어느 하나에 해당하는 경력을 갖춘 자에 대하여 주택관리사 자격증을 발급한다.
> - 「주택법」 제15조 제1항에 따른 주택관리업자의 직원으로서 주택관리업무 종사경력 (   )년 이상
> - 공무원으로서 주택관련 지도 · 감독 및 인 · 허가 업무 등의 종사경력 (   )년 이상

해설

시 · 도지사는 주택관리사보 자격시험에 합격하기 전이나 합격한 후 다음의 어느 하나에 해당하는 경력을 갖춘 자에 대하여 주택관리사 자격증을 발급한다.

1. 사업계획승인을 받아 건설한 50세대 이상 500세대 미만의 공동주택(「건축법」 제11조에 따른 건축허가를 받아 주택과 주택 외의 시설을 동일 건축물로 건축한 건축물 중 주택이 50세대 이상 300세대 미만인 건축물을 포함한다)의 관리사무소장으로의 근무경력 3년 이상
2. 사업계획승인을 받아 건설한 50세대 이상의 공동주택(「건축법」 제11조에 따른 건축허가를 받아 주택과 주택 외의 시설을 동일 건축물로 건축한 건축물 중 주택이 50세대 이상 300세대 미만인 건축물을 포함한다)의 관리사무소의 임직원(경비원, 청소원, 소독원은 제외한다) 또는 법 제53조에 따른 주택관리업자의 직원으로서 주택관리업무에의 종사경력 5년 이상
3. 한국토지주택공사 또는 지방공사의 직원으로서 주택관리업무에의 종사경력 5년 이상
4. 공무원으로서 주택관련 지도 · 감독 및 인 · 허가 업무 등에의 종사경력 5년 이상
5. 주택관리사단체와 국토교통부장관이 정하여 고시하는 공동주택관리와 관련된 단체의 임직원으로서 주택 관련 업무에 종사한 경력 5년 이상
6. 제1호부터 제5호까지의 경력을 합산한 기간 5년 이상

Answer

18 ㄱ: 임대사업자, ㄴ: 시장 · 군수 · 구청장 또는 특별자치시장 · 특별자치도지사 · 시장 · 군수 · 구청장
19 ㄱ: 3, ㄴ: 1
20 입주자대표회의, 3
21 5, 5

22 상

공동주택관리법 시행령상 (   ) 안에 들어갈 내용을 순서대로 각각 쓰시오. 제16회

> 공동주택관리법 시행령 별표 8에 의거한 주택관리사 등의 공동주택관리법령 위반행위에 대한 행정처분기준은 다음과 같다.
> • 공동주택관리의 효율화와 입주자 및 사용자의 보호를 위해 대통령령으로 정하는 업무에 관한 사항에 대한 보고명령을 이행하지 아니한 경우의 3차 행정처분기준 : (   )
> • 중대한 과실로 주택을 잘못 관리하여 입주자 및 사용자에게 재산상의 손해를 입힌 경우의 2차 행정처분기준 : (   )

23 상

공동주택관리법령상 주택관리사단체가 제정하는 공제규정에 관한 내용이다. (   )에 들어갈 용어와 아라비아 숫자를 쓰시오. 제25회

> 시행령 제89조(공제규정) 법 제82조 제2항에 따른 공제규정에는 다음 각 호의 사항이 포함되어야 한다.
> 1. <생략>
> 2. 회계기준 : 공제사업을 손해배상기금과 (ㄱ)(으)로 구분하여 각 기금별 목적 및 회계원칙에 부합되는 기준
> 3. 책임준비금의 적립비율 : 공제료 수입액의 100분의 (ㄴ) 이상(공제사고 발생률 및 공제금 지급액 등을 종합적으로 고려하여 정한다)

24 중

공동주택관리법령상 사업주체의 어린이집 등의 임대계약 체결에 관한 내용이다. (   )에 들어갈 용어를 쓰시오. 제25회

> 시행령 제29조의3(사업주체의 어린이집 등의 임대계약 체결) ① 시장·군수·구청장은 입주자대표회의가 구성되기 전에 다음 각 호의 주민공동시설의 임대계약체결이 필요하다고 인정하는 경우에는 사업주체로 하여금 입주예정자 과반수의 서면 동의를 받아 해당 시설의 임대계약을 체결하도록 할 수 있다.
> 1. 「영유아보육법」 제10조에 따른 어린이집
> 2. 「아동복지법」 제44조의2에 따른 다함께돌봄센터
> 3. 「아이돌봄 지원법」 제19조에 따른 (   )

25 ●●하

공동주택관리법령상 관리주체가 주민공동시설을 위탁하기 위한 절차에 관한 내용이다. (　　)에 들어갈 용어를 쓰시오. 제27회

> • 「주택법」 제15조에 따른 사업계획승인을 받아 건설한 건설임대주택의 경우에는 다음 어느 하나를 해당하는 방법으로 제안하고 임차인 과반수의 동의를 받아야 한다.
> 가. (　　)의 요청
> 나. 임차인 10분의 1 이상의 요청

Answer

22 자격정지 2개월, 자격정지 6개월	**23** ㄱ: 복지기금, ㄴ: 10
24 공동육아나눔터	**25** 임대사업자

02 입주자 관리

연계학습: 기본서 p.126~166

01 중

공동주택관리법령상 동별 대표자 선출공고에서 정한 각종 서류제출 마감일을 기준으로 동별 대표자가 될 수 없는 자에 해당되지 않는 사람은? 제20회

① 해당 공동주택 관리주체의 소속 임직원
② 관리비를 최근 3개월 이상 연속하여 체납한 사람
③ 공동주택의 소유자가 서면으로 위임한 대리권이 없는 소유자의 배우자
④ 주택법을 위반한 범죄로 징역 6개월의 집행유예 1년의 선고를 받고 그 유예기간이 종료한 때로부터 2년이 지난 사람
⑤ 동별 대표자를 선출하기 위해 입주자 등에 의해 구성된 선거관리위원회 위원이었으나 1개월 전에 사퇴하였고 그 남은 임기 중에 있는 사람

해설

④ 서류 제출 마감일을 기준으로 금고 이상의 형의 집행유예선고를 받고 그 유예기간 중에 있는 사람은 동별 대표자가 될 수 없으며 그 자격을 상실한다.

02 하

공동주택관리법령상 입주자대표회의의 구성에 관한 설명으로 옳지 않은 것은? 제27회

① 입주자대표회의는 4명 이상으로 구성한다.
② 하나의 공동주택단지를 여러 개의 공구로 구분하여 순차적으로 건설하는 경우, 먼저 입주하여 이미 입주자대표회의를 구성한 공구의 입주자들은 다음 공구의 입주예정자의 과반수가 입주한 때에는 다시 입주자대표회의를 구성하여야 한다.
③ 동별 대표자 선출공고에서 정한 각종 서류 제출 마감일을 기준으로, 해당 동별 대표자에서 해임된 날부터 2년이 지나지 아니한 사람은 동별 대표자가 될 수 없으며 그 자격을 상실한다.
④ 동별 대표자는 선거구별로 1명씩 선출하되, 후보자가 1명인 경우 해당 선거구 전체 입주자 등의 과반수가 투표하고 투표자 과반수의 찬성으로 선출한다.
⑤ 최초의 입주자대표회의를 구성하기 위하여 동별 대표자를 선출하는 경우, 동별 대표자는 동별 대표자 선출공고에서 정한 각종 서류 제출 마감일을 기준으로 해당 공동주택단지 안에서 주민등록을 마친 후 계속하여 3개월 이상 거주하고 있어야 한다.

해설

⑤ 최초의 입주자대표회의를 구성하기 위하여 동별 대표자를 선출하는 경우, 동별 대표자는 동별 대표자 선출공고에서 정한 각종 서류 제출 마감일을 기준으로 해당 공동주택단지 안에서 주민등록을 마친 후 계속하여 3개월 이상 거주요건은 필요하지 않다.

03 공동주택관리법령상 입주자대표회의의 구성에 관한 설명으로 옳지 않은 것은?

●●● 하

제21회 수정

① 선거구는 2개 동 이상으로 묶거나 통로나 층별로 구획하여 관리규약으로 정할 수 있다.

② 입주자대표회의는 3명 이상으로 구성하되, 동별 세대수에 비례하여 관리규약으로 정한 선거구에 따라 선출된 대표자로 구성한다.

③ 입주자대표회의의 구성원은 특별자치시장・특별자치도지사・시장・군수・자치구청장이 실시하는 입주자대표회의의 운영과 관련하여 필요한 교육 및 윤리교육을 성실히 이수하여야 한다.

④ 하나의 공동주택단지를 여러 개의 공구로 구분하여 순차적으로 건설하는 경우(임대주택은 분양전환된 경우를 말한다) 먼저 입주한 공구의 입주자 등은 입주자대표회의를 구성할 수 있으며, 다음 공구의 입주예정자의 과반수가 입주한 때에는 다시 입주자대표회의를 구성하여야 한다.

⑤ 동별 대표자 선출공고에서 정한 각종 서류 제출 마감일을 기준으로 공동주택관리법을 위반한 범죄로 금고 이상의 실형 선고를 받고 그 집행이 끝난 날(집행이 끝난 것으로 보는 경우를 포함한다)부터 2년이 지나지 아니한 사람은 동별 대표자가 될 수 없으며 그 자격을 상실한다.

해설

② 입주자대표회의는 4명 이상으로 구성하되, 동별 세대수에 비례하여 관리규약으로 정한 선거구에 따라 선출된 대표자로 구성한다.

Answer

01 ④ 02 ⑤ 03 ②

04 중

공동주택관리법령상 입주자대표회의에 관한 설명으로 옳은 것은? 제26회

① 입주자대표회의에는 회장 1명, 감사 3명 이상, 이사 2명 이상의 임원을 두어야 한다.
② 서류 제출 마감일을 기준으로 「공동주택관리법」을 위반한 범죄로 금고 8월의 실형선고를 받고 그 집행이 끝난 날부터 16개월이 지난 사람은 동별 대표자로 선출될 수 있다.
③ 입주자대표회의는 그 회의를 개최한 때에는 회의록을 작성하여 입주자대표회의 회장에게 보관하게 하여야 한다.
④ 입주자대표회의 회장은 입주자 등의 10분의 1 이상이 요청하는 때에는 해당일부터 7일 이내에 입주자대표회의를 소집해야 한다.
⑤ 입주자대표회의의 회장 후보자가 2명 이상인 경우에는 전체 입주자 등의 10분의 1 이상이 투표하고 후보자 중 최다득표자를 선출한다.

해설

① 입주자대표회의에는 회장 1명, 감사 2명 이상, 이사 1명 이상의 임원을 두어야 한다.
② 서류 제출 마감일을 기준으로 「공동주택관리법」을 위반한 범죄로 금고 이상의 실형 선고를 받고 그 집행이 끝나거나(집행이 끝난 것으로 보는 경우를 포함한다) 집행이 면제된 날부터 2년이 지나지 아니한 사람은 동별 대표자가 될 수 없으며 그 자격을 상실한다.
③ 입주자대표회의는 그 회의를 개최한 때에는 회의록을 작성하여 관리주체에게 보관하게 하여야 한다.
④ 입주자대표회의 회장은 입주자 등의 10분의 1 이상이 요청하는 때에는 해당일부터 14일 이내에 입주자대표회의를 소집해야 한다.

05 중

공동주택관리법령상 동별 대표자를 선출하기 위한 선거관리위원회 위원이 될 수 있는 사람은? 제21회

① 사용자
② 동별 대표자
③ 피한정후견인
④ 동별 대표자 후보자의 직계존비속
⑤ 동별 대표자에서 해임된 사람으로서 그 남은 임기 중에 있는 사람

해설

다음의 어느 하나에 해당하는 사람은 선거관리위원회 위원이 될 수 없으며 그 자격을 상실한다.

1. 동별 대표자 또는 그 후보자
2. 1.에 해당하는 사람의 배우자 또는 직계존비속
3. 미성년자, 피성년후견인 또는 피한정후견인
4. 동별 대표자를 사퇴하거나 그 지위에서 해임된 사람 또는 동별 대표자가 임기 중에 자격요건을 충족하지 아니하게 된 경우나 결격사유에 해당하게 된 경우에 퇴임한 사람으로서 그 남은 임기 중에 있는 사람
5. 선거관리위원회 위원을 사퇴하거나 그 지위에서 해임 또는 해촉된 사람으로서 그 남은 임기 중에 있는 사람

06 공동주택관리법령상 동별 대표자 등의 선거관리에 관한 설명으로 옳은 것은?

상

제19회

① 동별 대표자 및 선거관리위원회 위원 임기 중에 사퇴한 사람으로서 사퇴할 당시의 임기가 끝나지 아니한 사람은 선거관리위원회 위원이 될 수 있다.

② 300세대인 공동주택은 「선거관리위원회법」에 따른 선거관리위원회 소속 직원 1명을 위원으로 위촉하여야 한다.

③ 선거관리위원회의 구성・운영・업무・경비, 위원의 선임・해임 및 임기 등에 관한 사항은 국토교통부령으로 정한다.

④ 500세대 이상인 공동주택의 선거관리위원회는 그 구성원 과반수의 찬성으로 그 의사를 결정한다.

⑤ 동별 대표자 또는 그 후보자는 선거관리위원회 위원이 될 수 없으나, 그 배우자나 직계존비속은 선거관리위원회 위원이 될 수 있다.

해설

① 동별 대표자 및 선거관리위원회 위원 임기 중에 사퇴한 사람으로서 사퇴할 당시의 임기가 끝나지 아니한 사람은 선거관리위원회 위원이 될 수 없다.

② 500세대 이상인 공동주택은 「선거관리위원회법」에 따른 선거관리위원회 소속 직원 1명을 위원으로 위촉할 수 있다.

③ 선거관리위원회의 구성・운영・업무・경비, 위원의 선임・해임 및 임기 등에 관한 사항은 관리규약으로 정한다.

⑤ 동별 대표자 또는 그 후보자는 선거관리위원회 위원이 될 수 없고, 그 배우자나 직계존비속도 선거관리위원회 위원이 될 수 없다.

Answer

04 ⑤ 05 ① 06 ④

07 중

공동주택관리법령상 선거관리위원회의 위원이 될 수 없는 사람을 모두 고른 것은? 제27회

ㄱ 피성년후견인 또는 피한정후견인
ㄴ 동별 대표자 후보자의 직계존비속
ㄷ 임기 중에 결격사유에 해당하여 동별 대표자에서 퇴임한 사람으로서 그 남은 임기 중에 있는 사람
ㄹ 선거관리위원회 위원에서 해임된 사람으로서 그 남은 임기 중에 있는 사람

① ㄱ ② ㄱ, ㄴ ③ ㄱ, ㄴ, ㄷ
④ ㄴ, ㄷ, ㄹ ⑤ ㄱ, ㄴ, ㄷ, ㄹ

해설

다음의 어느 하나에 해당하는 사람은 선거관리위원회 위원이 될 수 없으며 그 자격을 상실한다.

1. 동별 대표자 또는 그 후보자
2. 제1호에 해당하는 사람의 배우자 또는 직계존비속
3. 미성년자, 피성년후견인 또는 피한정후견인
4. 동별 대표자를 사퇴하거나 그 지위에서 해임된 사람 또는 동별 대표자가 임기 중에 자격요건을 충족하지 아니하게 된 경우나 결격사유에 해당하게 된 경우에 따라 퇴임한 사람으로서 그 남은 임기 중에 있는 사람
5. 선거관리위원회 위원을 사퇴하거나 그 지위에서 해임 또는 해촉된 사람으로서 그 남은 임기 중에 있는 사람

08 중

공동주택관리법령상 입주자대표회의의 구성 및 운영에 관한 설명으로 옳지 않은 것은? 제24회

① 입주자대표회의는 4명 이상으로 구성하되, 동별 세대수에 비례하여 관리규약으로 정한 선거구에 따라 선출된 대표자로 구성한다.
② 사용자는 입주자인 동별 대표자 후보자가 있는 선거구라도 해당 공동주택단지 안에서 주민등록을 마친 후 계속하여 3개월 이상 거주하고 있으면 동별 대표자로 선출될 수 있다.
③ 사용자인 동별 대표자는 입주자인 동별 대표자 중에서 회장 후보자가 없는 경우로서 선출 전에 전체 입주자 과반수의 서면동의를 얻은 경우에는 회장이 될 수 있다.
④ 공동체 생활의 활성화 및 질서유지에 관한 사항은 입주자대표회의의 구성원 과반수의 찬성으로 의결한다.
⑤ 입주자대표회의는 주택관리업자가 공동주택을 관리하는 경우에는 주택관리업자의 직원인사·노무관리 등의 업무수행에 부당하게 간섭해서는 아니 된다.

해설

② 사용자는 입주자인 동별 대표자의 후보자가 없는 선거구에서 이 법에 해당하는 요건을 모두 갖춘 경우에는 동별 대표자가 될 수 있다. 이 경우 입주자인 후보자가 있으면 사용자는 후보자의 자격을 상실한다.

09 하

공동주택관리법령상 입주자대표회의에 관한 설명으로 옳지 않은 것은? 제25회

① 입주자대표회의의 구성원인 동별 대표자의 선거구는 2개 동 이상으로 묶거나 통로나 층별로 구획하여 관리규약으로 정할 수 있다.

② 동별 대표자를 선출할 때 후보자가 1명인 경우에는 해당 선거구 전체 입주자 등의 과반수가 투표하고 투표자 과반수의 찬성으로 선출한다.

③ 감사는 입주자대표회의에서 의결한 안건이 관계 법령 및 관리규약에 위반된다고 판단되는 경우에는 입주자대표회의에 재심의를 요청할 수 있다.

④ 입주자대표회의는 입주자대표회의 구성원 3분의 2의 찬성으로 의결한다.

⑤ 입주자대표회의는 입주자 등의 소통 및 화합의 증진을 위하여 그 이사 중 공동체 생활의 활성화에 관한 업무를 담당하는 이사를 선임할 수 있다.

해설

④ 입주자대표회의는 입주자대표회의 구성원 과반수의 찬성으로 의결한다.

Answer

07 ⑤ 08 ② 09 ④

10 상

다음 사례 중 공동주택관리법령을 위반한 것은? 제16회

① 하나의 공동주택단지를 여러 개의 공구로 구분하여 순차적으로 건설한 단지에서, 먼저 입주한 공구의 입주자 등이 입주자대표회의를 구성하였다가 다음 공구의 입주 예정자의 과반수가 입주한 때에 다시 입주자대표회의를 구성하였다.

② 입주자대표회의 구성원 10명 중 6명의 찬성으로 자치관리기구의 관리사무소장을 선임하였다.

③ 자치관리를 하는 공동주택의 입주자대표회의가 구성원 과반수의 찬성으로 자치관리기구 직원의 임면을 의결하였다.

④ 300세대 전체가 입주한 공동주택에서 2013년 8월 10일에 35세대의 입주자가 요청하여 회장이 2013년 9월 9일에 입주자대표회의를 소집하였다.

⑤ 입주자대표회의 구성원 10명 중 6명의 찬성으로 해당 공동주택에 대한 리모델링의 제안을 의결하였다.

해설

입주자대표회의는 관리규약이 정하는 바에 따라 회장이 소집한다. 다만, 다음 각 호의 어느 하나에 해당하는 때에는 회장은 해당일부터 14일 이내에 입주자대표회의를 소집하여야 하고, 회장이 회의를 소집하지 아니하는 경우에는 관리규약으로 정하는 이사가 그 회의를 소집하고 회장의 직무를 대행한다.

1. 입주자대표회의 구성원 3분의 1 이상이 청구하는 때
2. 입주자 등의 10분의 1 이상이 요청하는 때
3. 전체 입주자의 10분의 1 이상이 요청하는 때[입주자대표회의의 의결사항인 장기수선계획 및 안전관리계획의 수립 또는 조정(비용지출을 수반하는 경우로 한정한다) 중 장기수선계획의 수립 또는 조정에 관한 사항만 해당한다]

11 중

공동주택관리법령상 층간소음에 관한 설명으로 옳지 않은 것은? 제20회 수정

① 공동주택 층간소음의 범위와 기준은 국토교통부와 환경부의 공동부령으로 정한다.

② 층간소음으로 피해를 입은 입주자 등(임대주택의 임차인을 포함한다)은 관리주체에게 층간소음 발생 사실을 알리고, 관리주체가 층간소음 피해를 끼친 해당 입주자 등에게 층간소음 발생을 중단하거나 차음조치를 권고하도록 요청할 수 있다.

③ 관리주체는 필요한 경우 입주자 등을 대상으로 층간소음의 예방, 분쟁의 조정 등을 위한 교육을 실시할 수 있다.

④ 욕실에서 급수·배수로 인하여 발생하는 소음의 경우 공동주택 층간소음의 범위에 포함되지 않는다.

⑤ 관리주체의 조치에도 불구하고 층간소음 발생이 계속될 경우에는 층간소음 피해를 입은 입주자 등은 공동주택관리법에 따른 공동주택관리분쟁조정위원회가 아니라 환경분쟁조정법에 따른 환경분쟁조정위원회에 조정을 신청하여야 한다.

해설

⑤ 관리주체의 조치에도 불구하고 층간소음 발생이 계속될 경우에는 층간소음 피해를 입은 입주자 등은 공동주택 층간소음관리위원회에 조정을 신청할 수 있고, 입주자 등은 관리주체 또는 층간소음관리위원회의 조치에도 불구하고 층간소음 발생이 계속될 경우 공동주택관리 분쟁조정위원회나 「환경분쟁 조정법」에 따른 환경분쟁조정위원회에 조정을 신청할 수 있다.

Answer

10 ④ 11 ⑤

12 상

공동주택 층간소음의 범위와 기준에 관한 규칙상 층간소음의 기준으로 옳은 것은? 제24회 수정

① 직접충격 소음의 1분간 등가소음도는 주간 47dB(A), 야간 43dB(A)이다.
② 직접충격 소음의 최고소음도는 주간 59dB(A), 야간 54dB(A)이다.
③ 공기전달 소음의 5분간 등가소음도는 주간 45dB(A), 야간 40dB(A)이다.
④ 1분간 등가소음도 및 5분간 등가소음도는 측정한 값 중 가장 낮은 값으로 한다.
⑤ 최고소음도는 1시간에 5회 이상 초과할 경우 그 기준을 초과한 것으로 본다.

해설

① 직접충격 소음의 1분간 등가소음도는 주간 39dB(A), 야간 34dB(A)이다.
② 직접충격 소음의 최고소음도는 주간 57dB(A), 야간 52dB(A)이다.
④ 1분간 등가소음도 및 5분간 등가소음도는 측정한 값 중 가장 높은 값으로 한다.
⑤ 최고소음도는 1시간에 3회 이상 초과할 경우 그 기준을 초과한 것으로 본다.

13 중

공동주택관리법령상 관리규약에 관한 설명으로 옳지 않은 것은? 제21회

① 공동체생활의 활성화에 필요한 경비의 일부를 공동주택을 관리하면서 부수적으로 발생하는 수입에서 지원하는 경우, 그 경비의 지원은 관리규약으로 정하거나 관리규약에 위배되지 아니하는 범위에서 입주자대표회의의 의결로 정한다.
② 공동생활의 질서를 문란하게 한 자에 대한 조치는 관리규약준칙에 포함되어야 한다.
③ 관리규약준칙에는 입주자 등이 아닌 자의 기본적인 권리를 침해하는 사항이 포함되어서는 아니 된다.
④ 관리규약의 개정은 전체 입주자 등의 10분의 1 이상이 제안하고 투표자의 과반수가 찬성하는 방법에 따른다.
⑤ 사업주체는 시장・군수・구청장에게 관리규약의 제정을 신고하는 경우 관리규약의 제정 제안서 및 그에 대한 입주자 등의 동의서를 첨부하여야 한다.

해설

관리규약의 개정절차는 다음의 어느 하나에 해당하는 방법으로 한다.
1. 입주자대표회의의 의결로 제안하고 전체 입주자 등의 과반수가 찬성
2. 전체 입주자 등의 10분의 1 이상이 제안하고 전체 입주자 등의 과반수가 찬성

14 상

공동주택관리법령상 공동주택의 관리규약준칙에 포함되어야 할 공동주택의 어린이집 임대계약에 대한 임차인 선정기준에 해당하지 않는 것은? (단, 그 선정기준은 영유아보육법에 따른 국공립어린이집 위탁체 선정관리기준에 따라야 함) 제22회

① 임차인의 신청자격
② 임대기간
③ 임차인 선정을 위한 심사기준
④ 어린이집을 이용하는 입주자 등 중 어린이집 임대에 동의하여야 하는 비율
⑤ 시장·군수·구청장이 입주자대표회의가 구성되기 전에 어린이집 임대계약을 체결하려 할 때 입주예정자가 동의하여야 하는 비율

해설

공동주택의 어린이집 임대계약(지방자치단체에 무상임대하는 것을 포함한다)에 대한 다음 각 목의 임차인 선정기준. 이 경우 그 기준은 「영유아보육법」 제24조 제2항 각 호 외의 부분 후단에 따른 국공립어린이집 위탁체 선정관리 기준에 따라야 한다.
가. 임차인의 신청자격
나. 임차인 선정을 위한 심사기준
다. 어린이집을 이용하는 입주자 등 중 어린이집 임대에 동의하여야 하는 비율
라. 임대료 및 임대기간
마. 그 밖에 어린이집의 적정한 임대를 위하여 필요한 사항

15 하

공동주택관리법상 공동주택의 입주자 등을 보호하고 주거생활의 질서를 유지하기 위하여 대통령령으로 정하는 바에 따라 공동주택의 관리 또는 사용에 관하여 준거가 되는 관리규약의 준칙을 정하여야 하는 주체로 옳지 않은 것은? 제24회

① 서울특별시장
② 부산광역시장
③ 세종특별자치시장
④ 충청남도지사
⑤ 경상북도 경주시장

해설

⑤ 특별시장·광역시장·특별자치시장·도지사 또는 특별자치도지사는 공동주택의 입주자 등을 보호하고 주거생활의 질서를 유지하기 위하여 대통령령으로 정하는 바에 따라 공동주택의 관리 또는 사용에 관하여 준거가 되는 관리규약의 준칙을 정하여야 한다.

Answer

12 ③ 13 ④ 14 ⑤ 15 ⑤

16 상

공동주택관리법령상 공동주택관리의 분쟁조정에 관한 설명을 옳지 않는 것은?

제21회

① 관리비 · 사용료 및 장기수선충당금 등의 징수 · 사용 등에 관한 사항은 공동주택관리 분쟁조정위원회의 심의 · 조정사항에 해당된다.

② 분쟁당사자가 쌍방이 합의하여 중앙 공동주택관리 분쟁조정위원회에 조정을 신청하는 분쟁은 중앙 공동주택관리 분쟁조정위원회의 심의 · 조정사항에 해당된다.

③ 지방 공동주택관리 분쟁조정위원회는 해당 특별자치시 · 특별자치도 · 시 · 군 · 자치구의 관할 구역에서 발생한 분쟁 중 중앙 공동주택관리 분쟁조정위원회의 심의 · 조정 대상인 분쟁 외의 분쟁을 심의 · 조정한다.

④ 조정안을 제시받은 당사자는 그 제시를 받은 날부터 60일 이내에 그 수락 여부를 중앙 공동주택관리 분쟁조정위원회에 서면으로 통보하여야 하며, 60일 이내에 의사표시가 없는 때에는 수락한 것으로 본다.

⑤ 공동주택관리 분쟁(공동주택의 하자담보책임 및 하자보수 등과 관련한 분쟁을 제외한다)을 조정하기 위하여 국토교통부에 중앙 공동주택관리 분쟁조정위원회를 두고, 특별자치시 · 특별자치도 · 시 · 군 · 자치구에 지방 공동주택관리 분쟁조정위원회를 둔다. 다만, 공동주택 비율이 낮은 특별자치시 · 특별자치도 · 시 · 군 · 자치구로서 국토교통부장관이 인정하는 특별자치시 · 특별자치도 · 시 · 군 · 자치구의 경우에는 지방 공동주택관리 분쟁조정위원회를 두지 아니할 수 있다.

해설

④ 조정안을 제시받은 당사자는 그 제시를 받은 날부터 30일 이내에 그 수락 여부를 중앙 공동주택관리 분쟁조정위원회에 서면으로 통보하여야 하며, 30일 이내에 의사표시가 없는 때에는 수락한 것으로 본다.

17 상

공동주택관리법령상 공동주택관리 분쟁조정위원회에 관한 설명으로 옳은 것은?

제22회

① 중앙분쟁조정위원회를 구성할 때에는 성별을 고려하여야 한다.
② 공동주택의 층간소음에 관한 사항은 공동주택관리 분쟁조정위원회의 심의사항에 해당하지 않는다.
③ 국토교통부에 중앙분쟁조정위원회를 두고, 시·도에 지방분쟁조정위원회를 둔다.
④ 300세대인 공동주택단지에서 발생한 분쟁은 중앙분쟁조정위원회에서 관할한다.
⑤ 중앙분쟁조정위원회는 위원장 1명을 제외한 15명 이내의 위원으로 구성한다.

해설

② 공동주택의 층간소음에 관한 사항은 공동주택관리 분쟁조정위원회의 심의사항에 해당된다.
③ 국토교통부에 중앙분쟁조정위원회를 두고, 시·군·구에 지방분쟁조정위원회를 둔다.
④ 500세대 이상인 공동주택단지에서 발생한 분쟁은 중앙분쟁조정위원회에서 관할한다.
⑤ 중앙분쟁조정위원회는 위원장 1명을 포함한 15명 이내의 위원으로 구성한다.

18 하

공동주택관리법령상 공동주택관리 분쟁조정에 관한 설명으로 옳지 않은 것은?

제25회

① 분쟁당사자가 지방분쟁조정위원회의 조정결과를 수락한 경우에는 당사자 간에 조정조서와 같은 내용의 합의가 성립된 것으로 본다.
② 중앙분쟁조정위원회는 조정을 효율적으로 하기 위하여 필요하다고 인정하면 해당 사건들을 분리하거나 병합할 수 있다.
③ 공동주택관리 분쟁조정위원회는 공동주택의 리모델링에 관한 사항을 심의·조정한다.
④ 둘 이상의 시·군·구의 관할 구역에 걸친 분쟁으로서 300세대의 공동주택단지에서 발생한 분쟁은 지방분쟁조정위원회에서 관할한다.
⑤ 중앙분쟁조정위원회로부터 분쟁조정 신청에 관한 통지를 받은 입주자대표회의와 관리주체는 분쟁조정에 응하여야 한다.

해설

④ 둘 이상의 시·군·구의 관할 구역에 걸친 분쟁으로서 300세대의 공동주택단지에서 발생한 분쟁은 중앙분쟁조정위원회에서 관할한다.

Answer

16 ④　17 ①　18 ④

19 상

민간임대주택에 관한 특별법령상 임대주택분쟁조정위원회에 관한 설명으로 옳은 것은? 제20회

① 위원회는 위원장 1명을 포함하여 20명 이내로 구성한다.
② 분쟁조정은 임대사업자와 임차인대표회의의 신청 또는 위원회의 직권으로 개시한다.
③ 공공임대주택의 임차인대표회의는 공공주택사업자와 분영전환승인에 관하여 분쟁이 있는 경우 위원회에 조정을 신청할 수 있다.
④ 위원회의 위원장은 위원 중에서 호선한다.
⑤ 공무원이 아닌 위원의 임기는 2년으로 하되, 두 차례만 연임할 수 있다.

해설

① 위원회는 위원장 1명을 포함하여 10명 이내로 구성한다.
② 분쟁조정은 임대사업자 또는 임차인대표회의의 신청으로 개시한다.
③ 분양전환승인에 관한 사항은 위원회에 조정을 신청할 수 사항에서 제외된다.
④ 위원장은 해당 지방자치단체의 장이 된다.

20 하

민간임대주택에 관한 특별법령상 임대주택분쟁조정위원회의 구성에 관한 내용이다. ( ) 안에 들어갈 용어와 숫자를 순서대로 나열한 것은? 제19회

- 임대주택분쟁조정위원회의 구성은 ( )가(이) 한다.
- 임대주택분쟁조정위원회는 위원장 1명을 포함하여 ( )명 이내로 구성한다.

① 시 · 도지사, 7
② 지방자치단체의 장, 7
③ 국토교통부장관, 10
④ 임차인대표회장, 10
⑤ 시장 · 군수 · 구청장, 10

해설

- 임대주택분쟁조정위원회의 구성은 (시장 · 군수 · 구청장)가(이) 한다.
- 임대주택분쟁조정위원회는 위원장 1명을 포함하여 (10)명 이내로 구성한다.

21 ●●하

민간임대주택에 관한 특별법령상 임대주택관리에 관한 설명으로 옳지 않은 것은?

제19회

① 임대사업자는 민간임대주택이 300세대 이상의 공동주택이면 주택관리업자에게 관리를 위탁하거나 자체관리하여야 한다.

② 임대사업자가 20세대 이상의 민간임대주택을 공급하는 공동주택단지에 입주하는 임차인은 임차인대표회의를 구성할 수 있다.

③ 임대사업자는 특별수선충당금 적립 여부, 적립금액 등을 관할 시·도지사에게 보고하여야 한다.

④ 임차인대표회의는 민간임대주택의 동별 세대수에 비례하여 선출한 대표자로 구성한다.

⑤ 임차인대표회의는 그 회의에서 의결한 사항, 임대사업자와의 협의결과 등 주요 업무의 추진 상황을 지체 없이 임차인에게 알리거나 공고하여야 한다.

해설

③ 시장·군수·구청장은 임대사업자의 특별수선충당금 적립 여부, 적립금액 등을 관할 시·도지사에게 보고하여야 하며, 시·도지사는 시장·군수·구청장의 보고를 종합하여 국토교통부장관에게 보고하여야 한다.

22 ●●하

공동주거관리에서 주민참여의 기능에 관한 설명으로 옳지 않은 것은? 제19회

① 관리사안 결정 및 수행에 주민의 참여가 이루어 질 때 입주자대표회의와 관리주체의 업무처리에 대한 신뢰 구축에 긍정적인 영향을 미친다.

② 주민참여는 의결결정권자인 입주자대표회의를 감독하고 관리업무수행의 주체인 관리주체에 대하여 견제할 수 있다.

③ 모든 관리사안 결정에 주민이 참여하는 경우에는 운영과정상의 효율성이 증대된다.

④ 주민참여는 주민들 간의 이해관계가 보다 쉽게 조정될 수 있는 기회를 부여하기도 한다.

⑤ 주민의 개인적 견해와 자기중심적인 이해가 지나치게 반영될 경우, 주민 전체의 이익과 객관성에 문제가 생길 수 있다.

해설

③ 모든 관리사안 결정에 주민이 참여하는 경우에는 운영과정상의 효율성이 증대되지 않는다.

Answer

19 ⑤ 20 ⑤ 21 ③ 22 ③

23 공동주거관리의 필요성에 관한 다음의 설명에 부합하는 것은? 제20회

상●●

> 지속가능한 주거환경의 정착을 위하여 재건축으로 인한 단절보다는 주택의 수명을 연장시키고 오랫동안 이용하고 거주할 수 있는 관리방식이 요구되고 있다. 특히 공동주택은 건설 시에 대량의 자원과 에너지를 소비하게 되고 제거시에도 대량의 폐기물이 발생되므로 주택의 수명연장이 필수적이다.

① 양질의 사회적 자산형성
② 자원낭비로부터의 환경보호
③ 자연재해로부터의 안전성
④ 공동주거를 통한 자산가치의 향상
⑤ 지속적인 커뮤니티로부터의 주거문화 계승

해설

② 공동주거관리 필요성의 종류는 다음과 같다.

1. 자원낭비로부터의 환경보호: 지속가능한 주거환경의 정착을 위하여 재건축으로 인한 단절보다는 주택의 수명을 연장시키고 오랫동안 이용하고 거주할 수 있는 관리방식이 요구되고 있다. 특히 공동주택은 건설시에 대량의 자원과 에너지를 소비하게 되고, 제거시에도 대량의 폐기물이 발생되므로 주택의 수명연장이 필요하다.
2. 양질의 사회적 자산 형성: 주택은 양적으로나 질적으로 공동사회적 자산가치를 가지므로 생활변화에 대응하면서 쾌적하게 오랫동안 살 수 있는 주택 스톡 대책으로 공동주택의 적절한 유지관리가 필요하다.
   ※ 주택스톡: 주택의 여유분 및 재고를 말함
3. 자연재해로부터의 안전성: 주택은 시간이 흐름에 따라 노후화가 진행되기 때문에 적절한 시기에 점검과 수선 등을 통해 주택의 안전성을 확보하여 지진, 태풍 등의 재해로부터 피해를 받는 일이 없도록 예방해야 할 필요가 있다.
4. 지속적인 커뮤니티로부터의 주거문화 계승: 주거문화의 유형의 대상은 물리적 공간인 주택이고, 무형의 대상은 물리적 공간 내외부에서 일어나는 인간들의 삶의 이야기와 지속적인 커뮤니티라 할 수 있기 때문에 주거문화의 계승은 주거관리 행위가 바람직하게 지속적으로 이루어질 때 형성되기 때문에 필요하다.

24 중

공동주거관리의 의의와 내용에 관한 설명으로 옳지 않은 것은? 제22회

① 지속적인 커뮤니티로부터의 주거문화 계승 측면에서 공동주거관리 행위가 바람직하게 지속적으로 이루어져야 된다.

② 자연재해로부터의 안전성 확보 측면에서 주민들이 생활변화에 대응하면서 쾌적하게 오랫동안 살 수 있는 주택 스톡(stock) 대책으로 공동주택이 적절히 유지관리되어야 한다.

③ 공동주거관리 시스템은 물리적 지원 시스템의 구축, 주민의 자율적 참여유도를 위한 인프라의 구축, 관리주체의 전문성 체계의 구축 측면으로 전개되어야 한다.

④ 자원낭비로부터의 환경 보호 측면에서 지속가능한 주거환경을 정착시키기 위해서는 재건축으로 인한 단절보다는 주택의 수명을 연장시키고 오랫동안 이용하고 거주할 수 있는 관리의 모색이 요구되고 있다.

⑤ 공동주거관리는 주민들의 다양한 삶을 담고 있는 공동체를 위하여 휴먼웨어 관리, 하드웨어 관리, 소프트웨어 관리라는 메커니즘 안에서 거주자가 중심이 되어 관리주체와의 상호 신뢰와 협조를 바탕으로 관리해 나가는 능동적 관리이다.

해설

② 주택 스톡(stock) 대책은 공동주거관리의 필요성 중 자연재해로부터의 안전성 확보가 아닌 양질의 사회적 자산 형성과 관련된 규정으로 주택은 양적으로나 질적으로 공동 사회적 자산 가치를 가지므로 생활환경에 대응하면서 쾌적하게 오랫동안 살 수 있는 공동주택의 적절한 유지관리는 필수적이다.

Answer

23 ② 24 ②

주관식 단답형 문제

01 하

공동주택관리법령상 입주자대표회의의 의결을 위한 소집에 관한 설명이다. ( )에 들어갈 아라비아 숫자와 용어를 쓰시오. 제27회

> 입주자등의 10분의 1 이상이 요청하는 때에는 입주자대표회의의 회장은 해당 일부터 (ㄱ)일 이내에 입주자대표회의를 소집해야 하며, 회장이 회의를 소집하지 않는 경우에는 (ㄴ)(으)로 정하는 이사가 그 회의를 소집하고 회장의 직무를 대행한다.

02 하

공동주택관리법령상 선거관리위원회 구성에 관한 내용이다. ( )에 들어갈 숫자를 순서대로 쓰시오. 제20회

> 500세대 미만인 의무관리대상 공동주택의 경우 선거관리위원회는 입주자 등 중에서 위원장을 포함하여 ( )명 이상 ( )명 이하의 위원으로 구성한다.

03 하

공동주택관리법령상 선거관리위원회 구성원 수에 관한 내용이다. ( )에 들어갈 아라비아 숫자를 쓰시오. 제26회

> 500세대 이상인 공동주택의 동별 대표자 선출을 위한 선거관리위원회는 입주자등(서면으로 위임된 대리권이 없는 공동주택 소유자의 배우자 및 직계존비속이 그 소유자를 대리하는 경우를 포함한다) 중에서 위원장을 포함하여 (ㄱ)명 이상 (ㄴ)명 이하의 위원으로 구성한다.

04 중

민간임대주택에 관한 특별법령상 임차인대표회의에 관한 규정이다. (　　)에 들어갈 숫자와 용어를 순서대로 쓰시오.

제20회 수정

> 「민간임대주택에 관한 특별법 제52조 제1항 및 제2항」
> ① 임대사업자가 (　　)세대 이상의 범위에서 대통령령으로 정하는 세대 이상의 민간임대주택을 공급하는 공동주택단지에 입주하는 임차인은 임차인대표회의를 구성할 수 있다.
> ② 임대사업자는 입주예정자의 과반수가 입주한 때에는 과반수가 입주한 날부터 30일 이내에 (　　)와(과) 임차인대표회의를 구성할 수 있다는 사실 또는 구성하여야 한다는 사실을 입주한 임차인에게 통지하여야 한다.

05 중

민간임대주택에 관한 특별법령상 (　　) 안에 들어갈 내용을 순서대로 각각 쓰시오.

제16회 수정

> 임대사업자가 (　　)세대 이상의 임대주택을 공급하는 공동주택단지에 입주하는 임차인은 임차인대표회의를 구성할 수 있으며, 임차인대표회의가 구성된 경우 임대사업자는 다음 각 호의 사항에 관하여 협의하여야 한다.
> • 임대주택 관리규약의 제정 및 개정
> • 관리비
> • 임대주택의 (　　　　)・부대시설 및 복리시설의 유지・보수
> • 그 밖에 임대주택의 관리에 관한 사항으로서 대통령령으로 정하는 사항

Answer

01 ㄱ: 14, ㄴ: 관리규약	**02** 3, 9
03 ㄱ:5, ㄴ: 9	**04** 20, 입주현황
05 20, 공용부분	

06 상

공동주택 층간소음의 범위와 기준에 관한 규칙에서 층간소음의 기준 중 일부분이다. (　) 안에 들어갈 숫자를 순서대로 각각 쓰시오. 제19회 수정

층간소음의 구분		층간소음의 기준단위[dB(A)]	
		주간 (06 : 00~22 : 00)	야간 (22 : 00~06 : 00)
직접충격 소음 (뛰거나 걷는 동작 등으로 인하여 발생하는 소음)	1분간 등가소음도(Leq)	39	34
	최고소음도(Lmax)	(　)	(　)

07 상

공동주택 층간소음의 범위와 기준에 관한 규칙상 층간소음의 기준에 관한 것이다. (　)에 들어갈 숫자를 쓰시오. 제23회

층간소음의 구분		층간소음의 기준단위[dB(A)]	
		주간 (06 : 00~22 : 00)	야간 (22 : 00~06 : 00)
공기전달 소음 (텔레비전, 음향기기 등의 사용으로 인하여 발생하는 소음)	5분간 등가소음도(Leq)	(ㄱ)	(ㄴ)

08 중

공동주택관리법상 층간소음의 방지 등에 관한 내용이다. (　)에 들어갈 용어를 각각 쓰시오. 제22회

> 공동주택 층간소음의 범위와 기준은 (　)와(과) (　)의 공동부령으로 정한다.

09 중

공동주택관리법 제20조 제5항에 따라 정한 「공동주택 층간소음의 범위와 기준에 관한 규칙」 상 층간소음의 범위에 관한 내용이다. (　　)에 들어갈 용어를 쓰시오.

제24회

공동주택 층간소음의 범위는 입주자 또는 사용자의 활동으로 인하여 발생하는 소음으로서 다른 입주자 또는 사용자에게 피해를 주는 다음의 소음으로 한다. 다만, 욕실, 화장실 및 다용도실 등에서 급수·배수로 인하여 발생하는 소음은 제외한다.
- (ㄱ) 소음: 뛰거나 걷는 동작 등으로 인하여 발생하는 소음
- (ㄴ) 소음: 텔레비전, 음향기기 등의 사용으로 인하여 발생하는 소음

10 중

공동주택관리법령상 사업주체의 어린이집 등의 임대계약 체결에 관한 내용이다. (　　)에 들어갈 용어를 쓰시오.

제25회

시행령 제29조의3(사업주체의 어린이집 등의 임대계약 체결) ① 시장·군수·구청장은 입주자대표회의가 구성되기 전에 다음 각 호의 주민공동시설의 임대계약체결이 필요하다고 인정하는 경우에는 사업주체로 하여금 입주예정자 과반수의 서면 동의를 받아 해당 시설의 임대계약을 체결하도록 할 수 있다.
1. 「영유아보육법」 제10조에 따른 어린이집
2. 「아동복지법」 제44조의2에 따른 다함께돌봄센터
3. 「아이돌봄 지원법」 제19조에 따른 (　　)

Answer

06 57, 52
07 ㄱ: 45, ㄴ: 40
08 국토교통부, 환경부
09 ㄱ: 직접충격, ㄴ: 공기전달
10 공동육아나눔터

11 중

민간임대주택에 관한 특별법령상 임대주택분쟁조정위원회와 관련된 내용이다. ( ) 안에 들어갈 숫자와 용어를 순서대로 각각 쓰시오. 제18회

- 임대주택분쟁조정위원회의 위원장은 해당 지방 자치단체의 장이 되며, 위원장은 회의 개최일 ( )일 전까지는 회의와 관련된 사항을 위원에게 알려야 한다.
- 임대사업자와 임차인대표회의가 임대주택분쟁조정위원회의 조정안을 받아들이면 당사자 간에 ( )와 같은 내용의 합의가 성립된 것으로 본다.

12 중

공동주택관리법령상 공동주택관리에 관한 감독에 대한 내용이다. ( )에 들어갈 숫자를 쓰시오. 제20회

공동주택의 입주자 등은 입주자대표회의 등이 공동주택 관리규약을 위반한 경우 전체 입주자 등의 ( ) 이상의 동의를 받아 지방자치단체의 장에게 입주자대표회의 등의 업무에 대하여 감사를 요청할 수 있다.

13 하

지속가능한 공동주거관리의 방법에 관한 내용이다. ( )에 들어갈 건축법령상 용어를 쓰시오. 제21회

( )은(는) 물리적·기능적으로 노후화된 건축물을 대수선하거나 건축물의 일부를 증축 또는 개축하여 수명을 연장시킬 뿐만 아니라 새로운 사회적 기능을 부여함으로써 건축물 총체적 개념의 자산상승을 유발시키는 행위이다.

Answer

11 2, 조정조서
12 10분의 2 또는 2/10
13 리모델링

03 사무관리

연계학습: 기본서 p.178~287

01 중

공동주택관리와 관련한 문서나 서류 또는 자료의 보존(보관)기간에 관한 설명으로 옳은 것을 모두 고른 것은? 제20회

ㄱ. 공동주택관리법에 의하면 의무관리대상 공동주택의 관리주체는 관리비 등의 징수·보관·예치·집행 등 모든 거래 행위에 관하여 장부를 월별로 작성하여 그 증빙서류와 함께 해당 회계연도 종료일부터 5년간 보관하여야 한다.
ㄴ. 남녀고용평등과 일·가정 양립 지원에 관한 법률에 의하면 직장 내 성희롱 예방 교육을 실시해야 하는 사업주는 직장 내 성희롱 예방 교육을 실시하였음을 확인할 수 있는 서류를 1년간 보관하여야 한다.
ㄷ. 근로기준법에 의하면 동법의 적용을 받는 사용자는 근로자 명부와 근로계약서의 경우 3년간 보존하여야 한다.
ㄹ. 공동주택관리법 시행규칙에 의하면 공동주택단지에 설치된 영상정보처리기기의 촬영된 자료는 20일 이상 보관하여야 한다.

① ㄱ, ㄷ
② ㄱ, ㄹ
③ ㄴ, ㄷ
④ ㄴ, ㄹ
⑤ ㄷ, ㄹ

해설

ㄴ. 남녀고용평등과 일·가정 양립 지원에 관한 법률에 의하면 직장 내 성희롱 예방 교육을 실시해야 하는 사업주는 직장 내 성희롱 예방 교육을 실시하였음을 확인할 수 있는 서류를 3년간 보관하여야 한다.
ㄹ. 공동주택관리법 시행규칙에 의하면 공동주택단지에 설치된 영상정보처리기기의 촬영된 자료는 30일 이상 보관하여야 한다.

Answer

01 ①

02

중

공동주택관리와 관련하여 문서의 보존(보관)기간 기준으로 옳게 연결된 것은?

제18회 수정

① 공동주택관리법령상 의무관리대상 공동주택 관리주체의 관리비 등의 징수·보관·예치·집행 등 모든 거래 행위에 관한 장부 및 그 증빙서류 – 해당 회계연도 종료일부터 3년

② 소방시설 설치 및 관리에 관한 법령상 소방시설 등의 자체점검 실시결과 – 1년

③ 근로기준법령상 근로자 명부 – 해고되거나 퇴직 또는 사망한 날부터 2년

④ 노동조합 및 노동관계조정법령상 노동조합의 회의록 – 2년

⑤ 어린이놀이시설 안전관리법령상 어린이놀이시설의 안전점검실시대장 – 최종 기재일부터 3년

해설

① 공동주택관리법령상 의무관리대상 공동주택 관리주체의 관리비 등의 징수·보관·예치·집행 등 모든 거래 행위에 관한 장부 및 그 증빙서류 – 해당 회계연도 종료일부터 5년
② 소방시설 설치 및 관리에 관한 법령상 소방시설 등 자체점검 실시결과 – 2년
③ 근로기준법령상 근로자 명부 – 해고되거나 퇴직 또는 사망한 날부터 3년
④ 노동조합 및 노동관계조정법령상 노동조합의 회의록 – 3년

03

하

보존대상 문서와 그 법정 보존기간이 잘못 짝지어진 것은?

제16회 수정

① 수도법령상 저수조의 수질검사결과기록 – 2년

② 노동조합 및 노동관계조정법령상 노동조합의 회의록 – 3년

③ 어린이놀이시설 안전관리법령상 어린이놀이시설의 안전점검실시대장 – 최종 기재일부터 3년

④ 남녀고용평등과 일·가정 양립 지원에 관한 법령상 직장 내 성희롱 예방교육을 하였음을 확인할 수 있는 서류 – 2년

⑤ 근로기준법령상 근로계약서 – 근로관계가 끝난 날부터 3년

해설

④ 남녀고용평등과 일·가정 양립 지원에 관한 법령상 직장 내 성희롱 예방교육을 하였음을 확인할 수 있는 서류는 3년간 보관하여야 한다.

04
상

최저임금법령상 최저임금의 적용과 효력에 관한 설명으로 옳지 않은 것은?

제20회

① 신체장애로 근로능력이 현저히 낮은 자에 대해서는 사용자가 고용노동부장관의 인가를 받은 경우 최저임금의 효력을 적용하지 아니한다.

② 임금이 도급제나 그 밖에 이와 비슷한 형태로 정해진 경우에 근로시간을 파악하기 어렵다고 인정되면 해당 근로자의 생산고(生産高) 또는 업적의 일정단위에 의하여 최저임금액을 정한다.

③ 최저임금의 적용을 받는 근로자와 사용자 사이의 근로계약 중 최저임금액에 미치지 못하는 금액을 임금으로 정한 부분은 무효로 하며, 이 경우 무효로 된 부분은 최저임금법으로 정한 최저임금액과 동일한 임금을 지급하기로 한 것으로 본다.

④ 도급으로 사업을 행하는 경우 도급인이 책임져야 할 사유로 수급인이 근로자에게 최저임금액에 미치지 못하는 임금을 지급한 경우 도급인은 해당 수급인과 연대(連帶)하여 책임을 진다.

⑤ 최저임금의 적용을 받는 근로자가 자기의 사정으로 소정의 근로일의 근로를 하지 아니한 경우 근로하지 아니한 일에 대하여 사용자는 최저임금액의 2분의 1에 해당하는 임금을 지급하여야 한다.

해설

⑤ 다음 각 호의 어느 하나에 해당하는 사유로 근로하지 아니한 시간 또는 일에 대하여 사용자가 임금을 지급할 것을 강제하는 것은 아니다.
   1. 근로자가 자기의 사정으로 소정근로시간 또는 소정의 근로일의 근로를 하지 아니한 경우
   2. 사용자가 정당한 이유로 근로자에게 소정근로시간 또는 소정의 근로일의 근로를 시키지 아니한 경우

※ 용어해설

1. 도급 : 당사자 가운데 한쪽이 어떤 일을 완성할 것을 약속하고, 상대편이 그 일의 결과에 대하여 보수를 지급할 것을 약속함으로써 성립하는 계약
2. 생산고 : 일정한 기간 동안 만든 재화의 수량. 또는 그 재화를 값으로 계산한 액수

Answer

02 ⑤ 03 ④ 04 ⑤

05 최저임금법령상 최저임금제도에 관한 설명으로 옳지 않은 것은? 제16회

●●하

① 사용자는 최저임금을 이유로 종전의 임금수준을 낮추어서는 아니 된다.
② 최저임금의 적용을 받는 근로자와 사용자 사이의 근로 계약 중 최저임금액에 미치지 못하는 금액을 임금으로 정한 부분은 무효로 하며, 이 경우 무효로 된 부분은 최저임금액과 동일한 임금을 지급하기로 한 것으로 본다.
③ 도급으로 사업을 행하는 경우 도급인이 책임져야 할 사유로 수급인이 근로자에게 최저임금액에 미치지 못 하는 임금을 지급한 경우 도급인은 해당 수급인과 연대(連帶)하여 책임을 진다.
④ 최저임금은 근로자의 생계비, 유사 근로자의 임금, 노동 생산성 및 소득분배율 등을 고려하여 정한다.
⑤ 최저임금법은 동거하는 친족만을 사용하는 사업에도 적용되지만 가사(家事) 사용인에게는 적용되지 아니한다.

해설

⑤ 최저임금법은 근로자를 사용하는 모든 사업 또는 사업장에 적용한다. 다만, 동거하는 친족만을 사용하는 사업과 가사 사용인에게는 적용하지 않는다.

06 최저임금에 관한 설명으로 옳은 것은? 제21회

상●●

① 최저임금액을 일·주 또는 월을 단위로 하여 최저임금액을 정할 때에는 시간급(時間給)으로도 표시하여야 한다.
② 사용자는 최저임금법에 따른 최저임금을 이유로 종전의 임금수준을 낮출 수 있다.
③ 최저임금의 사업 종류별 구분은 최저임금위원회가 정한다.
④ 사용자를 대표하는 자는 고시된 최저임금안에 대하여 이의를 제기할 수 없다.
⑤ 고시된 최저임금은 다음 연도 3월 1일부터 효력이 발생하나, 고용노동부장관은 사업의 종류별로 임금교섭시기 등을 고려하여 필요하다고 인정하면 효력발생시기를 따로 정할 수 있다.

해설

② 사용자는 최저임금법에 따른 최저임금을 이유로 종전의 임금수준을 낮출 수 없다.
③ 최저임금의 사업의 종류별 구분은 최저임금위원회의 심의를 거쳐 고용노동부장관이 정한다.
④ 근로자를 대표하는 자나 사용자를 대표하는 자는 고시된 최저임금안에 대하여 이의가 있으면 고시된 날부터 10일 이내에 대통령령으로 정하는 바에 따라 고용노동부장관에게 이의를 제기할 수 있다.
⑤ 고시된 최저임금은 다음 연도 1월 1일부터 효력이 발생한다. 다만, 고용노동부장관은 사업의 종류별로 임금교섭시기 등을 고려하여 필요하다고 인정하면 효력발생 시기를 따로 정할 수 있다.

07 상 **최저임금법령상 벌금이나 과태료 부과 사유가 아닌 것은?** 제25회

① 사용자가 최저임금에 매월 1회 이상 정기적으로 지급하는 임금을 포함시키기 위하여 1개월을 초과하는 주기로 지급하는 임금을 총액의 변동 없이 매월 지급하는 것으로 취업규칙을 변경하면서 해당 사업 또는 사업장에 근로자의 과반수로 조직된 노동조합의 의견을 듣지 아니한 경우

② 최저임금의 적용을 받는 사용자가 최저임금의 효력발생 연월일을 법령이 정하는 방법으로 근로자에게 널리 알리지 아니한 경우

③ 고용노동부장관이 임금에 관한 사항의 보고를 하게 하였으나 보고를 하지 아니하거나 거짓으로 보고한 경우

④ 근로감독관의 장부제출 요구 또는 물건에 대한 검사를 거부·방해 또는 기피하거나 질문에 대하여 거짓 진술을 하는 경우

⑤ 고용노동부장관이 고시하는 최저임금안이 근로자의 생활안정에 미치지 못함에도 불구하고 사용자가 고시된 날부터 10일 이내에 이의를 제기하지 아니한 경우

해설

① 500만원 이하의 벌금, ②·③·④는 100만원 이하의 과태료

08 중 **근로기준법령상 부당해고 등의 구제절차에 관한 설명으로 옳은 것은?** 제27회

① 사용자가 근로자에게 부당해고를 하면 노동조합은 부당해고가 있었던 날부터 3개월 이내에 노동위원회에 구제를 신청할 수 있다.

② 노동위원회가 사용자에게 구제명령을 하는 경우 이행기간을 정하여야 하며, 그 이행기한은 사용자가 구제명령을 서면으로 통지받은 날부터 30일 이내로 한다.

③ 중앙노동위원회의 재심판정에 대하여 근로자는 재심판정서를 송달받은 날부터 20일 이내에 행정소송을 제기할 수 있다.

④ 중앙노동위원회의 재심판정은 행정소송 제기에 의하여 그 효력이 정지된다.

⑤ 노동위원회는 최초의 구제명령을 한 날을 기준으로 매년 3회의 범위에서 구제명령이 이행될 때까지 반복하여 이행강제금을 부과·징수할 수 있다.

Answer

05 ⑤ 06 ① 07 ⑤ 08 ②

해설

① 사용자가 근로자에게 부당해고를 하면 근로자는 부당해고가 있었던 날부터 3개월 이내에 노동위원회에 구제를 신청할 수 있다.
③ 중앙노동위원회의 재심판정에 대하여 근로자는 재심판정서를 송달받은 날부터 15일 이내에 행정소송을 제기할 수 있다.
④ 중앙노동위원회의 재심판정은 행정소송 제기에 의하여 그 효력이 정지되지 아니한다.
⑤ 노동위원회는 최초의 구제명령을 한 날을 기준으로 매년 2회의 범위에서 구제명령이 이행될 때까지 반복하여 이행강제금을 부과·징수할 수 있다.

09 상●●

근로기준법령상 부당해고 등의 구제절차에 관한 설명으로 옳은 것은? 제21회

① 사용자가 근로자에게 부당해고 등을 하면 근로자 및 노동조합은 노동위원회에 구제를 신청할 수 있다.
② 부당해고 등에 대한 구제신청은 부당해고 등이 있었던 날부터 6개월 이내에 하여야 한다.
③ 노동위원회의 구제명령, 기각결정 또는 재심판정은 중앙노동위원회에 대한 재심신청이나 행정소송 제기에 의하여 그 효력이 정지되지 아니한다.
④ 노동위원회는 이행강제금을 부과하기 40일 전까지 이행강제금을 부과·징수한다는 뜻을 사용자에게 미리 문서로써 알려주어야 한다.
⑤ 노동위원회는 구제명령을 받은 자가 구제명령을 이행하면 새로운 이행강제금을 부과하지 아니하되, 구제명령을 이행하기 전에 이미 부과된 이행강제금은 징수하지 아니한다.

해설

① 사용자가 근로자에게 부당해고 등을 하면 근로자가 노동위원회에 구제를 신청할 수 있다.
② 부당해고 등에 대한 구제신청은 부당해고 등이 있었던 날부터 3개월 이내에 하여야 한다.
④ 노동위원회는 이행강제금을 부과하기 30일 전까지 이행강제금을 부과·징수한다는 뜻을 사용자에게 미리 문서로써 알려주어야 한다.
⑤ 노동위원회는 구제명령을 받은 자가 구제명령을 이행하면 새로운 이행강제금을 부과하지 아니하되, 구제명령을 이행하기 전에 이미 부과된 이행강제금은 징수하여야 한다.

10

●●하

근로기준법상 구제명령과 이행강제금에 관한 설명으로 옳지 않은 것은? 제25회

① 노동위원회는 부당해고가 성립한다고 판정하면 정년의 도래로 근로자가 원직복직이 불가능한 경우에도 사용자에게 구제명령을 하여야 한다.

② 지방노동위원회의 구제명령에 불복하는 사용자는 구제명령서를 통지받은 날부터 10일 이내에 중앙노동위원회에 재심을 신청할 수 있다.

③ 노동위원회의 구제명령은 중앙노동위원회에 대한 재심 신청에 의하여 그 효력이 정지되지 아니한다.

④ 노동위원회는 구제명령을 받은 자가 구제명령을 이행하면 구제명령을 이행하기 전에 이미 부과된 이행강제금을 징수할 수 없다.

⑤ 근로자는 구제명령을 받은 사용자가 이행기한까지 구제명령을 이행하지 아니하면 이행기한이 지난 때부터 15일 이내에 그 사실을 노동위원회에 알려줄 수 있다.

해설

④ 노동위원회는 구제명령을 받은 자가 구제명령을 이행하면 구제명령을 이행하기 전에 이미 부과된 이행강제금을 징수하여야 한다.

11

상●●

근로기준법령상 근로계약에 관한 설명으로 옳은 것은? 제26회

① 사용자는 전차금(前借金)이나 그 밖에 근로할 것을 조건으로 하는 전대(前貸)채권과 임금을 상계할 수 있다.

② 「근로기준법」에서 정하는 기준에 미치지 못하는 근로조건을 정한 근로계약은 그 계약 전부를 무효로 한다.

③ 사용자는 근로자 명부와 임금대장을 5년간 보존하여야 한다.

④ 노동위원회는 구제명령을 받은 후 이행기한까지 구제명령을 이행하지 아니한 사용자에게 3천만원 이하의 이행강제금을 부과한다.

⑤ 노동위원회의 구제명령, 기각결정 또는 재심판정은 행정소송 제기에 의하여 그 효력이 정지된다.

Answer

09 ③ 10 ④ 11 ④

해설

① 사용자는 전차금(前借金)이나 그 밖에 근로할 것을 조건으로 하는 전대(前貸)채권과 임금을 상계하지 못한다.
② 「근로기준법」에서 정하는 기준에 미치지 못하는 근로조건을 정한 근로계약은 그 부분에 한정하여 무효로 한다.
③ 사용자는 근로자 명부와 임금대장을 3년간 보존하여야 한다.
⑤ 노동위원회의 구제명령, 기각결정 또는 재심판정은 중앙노동위원회에 대한 재심 신청이나 행정소송 제기에 의하여 그 효력이 정지되지 아니한다.

※ 용어해설

1. 전차금: 근로계약시에 근로를 제공할 것을 조건으로 사용자로부터 빌려 차후에 임금으로 변제할 것을 약정한 돈
2. 전대채권: 전차금 이외에 근로할 것을 조건으로 사용자가 근로자 또는 친권자 등에게 지급하는 금전
3. 상계: 채권자와 채무자가 서로 동종의 채권을 가지는 경우 채권, 채무를 대등액으로 소멸케 하는 일방적 의사표시

12 근로기준법상 해고에 관한 설명으로 옳지 않은 것은? 제22회

중

① 사용자가 경영상 이유에 의하여 근로자를 해고하려면 긴박한 경영상의 필요가 있어야 한다.
② 정부는 경영상 이유에 의해 해고된 근로자에 대하여 생계안정, 재취업, 직업훈련 등 필요한 조치를 우선적으로 취하여야 한다.
③ 사용자는 근로자를 해고하려면 해고사유와 해고시기를 서면으로 통지하여야 한다.
④ 사용자는 계속 근로한 기간이 3개월 미만인 근로자를 경영상의 이유에 의해 해고하려면 적어도 15일 전에 예고를 하여야 한다.
⑤ 부당해고의 구제신청은 부당해고가 있었던 날부터 3개월 이내에 하여야 한다.

해설

사용자는 근로자를 해고(경영상 이유에 의한 해고를 포함한다)하려면 적어도 30일 전에 예고를 하여야 하고, 30일 전에 예고를 하지 아니하였을 때에는 30일분 이상의 통상임금을 지급하여야 한다. 다만, 다음의 어느 하나에 해당하는 경우에는 그러하지 아니하다.

1. 근로자가 계속 근로한 기간이 3개월 미만인 경우
2. 천재·사변, 그 밖의 부득이한 사유로 사업을 계속하는 것이 불가능한 경우
3. 근로자가 고의로 사업에 막대한 지장을 초래하거나 재산상 손해를 끼친 경우로서 고용노동부령으로 정하는 사유에 해당하는 경우

13 근로기준법상 해고에 관한 설명으로 옳은 것은?

중 제24회

① 사용자는 근로자를 해고 하려면 적어도 20일 전에 예고를 하여야 한다.
② 근로자에 대한 해고는 해고사유와 해고시기를 밝히면 서면이 아닌 유선으로 통지하여도 효력이 있다.
③ 노동위원회는 부당해고 구제신청에 대한 심문을 할 때에 직권으로 증인을 출석하게 하여 필요한 사항을 질문할 수는 없다.
④ 지방노동위원회의 해고에 대한 구제명령은 행정소송 제기가 있으면 그 효력이 정지된다.
⑤ 노동위원회는 이행강제금을 부과하기 30일 전까지 이행강제금을 부과·징수한다는 뜻을 사용자에게 미리 문서로써 알려 주어야 한다.

해설

① 사용자는 근로자를 해고 하려면 적어도 30일 전에 예고를 하여야 한다.
② 사용자는 근로자를 해고하려면 해고사유와 해고시기를 서면으로 통지하여야 효력이 있다.
③ 노동위원회는 부당해고 구제신청에 대한 심문을 할 때에 직권으로 증인을 출석하게 하여 필요한 사항을 질문할 수는 있다.
④ 지방노동위원회의 해고에 대한 구제명령은 행정소송 제기에 의하여 그 효력이 정지되지 아니한다.

14 근로자퇴직급여 보장법령상 퇴직급여제도에 관한 설명으로 옳지 않은 것은?

중 제17회

① 확정급여형퇴직연금제도의 가입자는 적립금의 운용방법을 스스로 선정할 수 있고, 반기마다 1회 이상 적립금의 운용방법을 변경할 수 있다.
② 사용자가 설정된 퇴직급여제도를 다른 종류의 퇴직급여제도로 변경하려면 근로자의 과반수가 가입한 노동조합이 있는 경우에는 그 노동조합의 동의를 받아야 한다.
③ 퇴직연금제도의 급여를 받을 권리는 무주택자인 가입자가 본인 명의로 주택을 구입하는 경우에 대통령령으로 정하는 한도에서 담보로 제공할 수 있다.
④ 상시 10명 미만의 근로자를 사용하는 사업의 경우 사용자가 개별 근로자의 동의를 받거나 근로자의 요구에 따라 개인형퇴직연금제도를 설정하는 경우에는 해당 근로자에 대하여 퇴직급여제도를 설정한 것으로 본다.
⑤ 사용자는 근로자가 퇴직한 경우에는 그 지급사유가 발생한 날부터 14일 이내에 퇴직금을 지급하여야 한다. 다만, 특별한 사정이 있는 경우에는 당사자 간의 합의에 따라 지급기일을 연장할 수 있다.

Answer

12 ④ 13 ⑤ 14 ①

해설

① 확정기여형퇴직연금제도의 가입자는 적립금의 운용방법을 스스로 선정할 수 있고, 반기마다 1회 이상 적립금의 운용방법을 변경할 수 있다.

15

중

근로자퇴직급여보장법령상 퇴직급여제도에 관한 설명으로 옳지 않은 것은?

제16회

① 퇴직금제도를 설정하려는 사용자는 계속근로기간 1년에 대하여 30일분 이상의 평균임금을 퇴직금으로 퇴직 근로자에게 지급할 수 있는 제도를 설정하여야 한다.

② 퇴직금을 받을 권리는 3년간 행사하지 않으면 시효로 인하여 소멸한다.

③ 사용자가 퇴직금을 미리 정산하여 지급한 경우에는 근로자의 퇴직금 청구권의 소멸시효가 완성되는 날까지 관련 증명 서류를 보존하여야 한다.

④ 최종 3년간의 퇴직금은 사용자의 총재산에 대한 질권 또는 저당권에 의하여 담보된 채권, 조세·공과금 및 다른 채권에 우선하여 변제되어야 한다.

⑤ 퇴직급여 중 확정급여형퇴직연금제도의 급여는 계속 근로기간 1년에 대하여 30일분의 평균임금으로 계산한 금액으로 한다.

해설

③ 퇴직금의 소멸시효는 3년, 퇴직금 중간정산 서류는 퇴직한 후 5년간 보존한다. 그래서 퇴직금 중간정산 서류 보존기간이 퇴직금 소멸시효기간보다 더 길기 때문에 옳지 않은 지문이다.

16

중

근로자퇴직급여 보장법상 확정급여형퇴직연금제도에 관한 설명으로 옳지 않은 것은?

제25회

① 확정급여형퇴직연금제도를 설정하려는 사용자는 근로자대표의 동의를 얻어 확정급여형퇴직연금규약을 작성하여 고용노동부장관의 허가를 받아야 한다.

② 확정급여형퇴직연금규약에는 퇴직연금사업자 선정에 관한 사항이 포함되어야 한다.

③ 급여 수준은 가입자의 퇴직일을 기준으로 산정한 일시금이 계속근로기간 1년에 대하여 30일분 이상의 평균임금이 되도록 하여야 한다.

④ 급여 종류를 연금으로 하는 경우 연금의 지급기간은 5년 이상이어야 한다.

⑤ 퇴직연금사업자는 매년 1회 이상 적립금액 및 운용수익률 등을 고용노동부령으로 정하는 바에 따라 가입자에게 알려야 한다.

해설

① 확정급여형퇴직연금제도를 설정하려는 사용자는 근로자대표의 동의를 얻어 확정급여형퇴직연금규약을 작성하여 고용노동부장관에게 신고하여야 한다.

17 ●●하

노동조합 및 노동관계조정법령상 단체협약에 관한 내용으로 옳지 않은 것은?

제18회 수정

① 행정관청은 단체협약 중 위법한 내용이 있는 경우에는 노동위원회의 의결을 얻어 그 사정을 명할 수 있다.
② 단체협약의 당사자는 단체협약의 체결일부터 30일 이내에 이를 행정관청에게 신고하여야 한다.
③ 단체협약에는 3년을 초과하는 유효기간을 정할 수 없다.
④ 단체협약에 정한 근로조건 기타 근로자의 대우에 관한 기준에 위반하는 근로계약의 부분은 무효로 한다.
⑤ 하나의 사업 또는 사업장에 상시 사용되는 동종의 근로자 반수 이상이 하나의 단체협약의 적용을 받게 된 때에는 당해 사업 또는 사업장에 사용되는 다른 동종의 근로자에 대하여도 당해 단체협약이 적용된다.

해설

② 단체협약의 당사자는 단체협약의 체결일부터 15일 이내에 이를 행정관청에게 신고하여야 한다.

18 상●●

노동조합 및 노동관계조정법상 쟁의행위에 관한 설명으로 옳은 것은? 제25회

① 노동조합의 쟁의행위는 그 조합원의 직접·비밀·무기명투표에 의한 조합원 3분의 2 이상의 찬성으로 결정하지 아니하면 이를 행할 수 없다.
② 사용자는 쟁의행위에 참가하여 근로를 제공하지 아니한 근로자에 대하여는 그 기간 중의 임금을 지급할 의무가 없다.
③ 노동조합은 쟁의행위 기간에 대한 임금의 지급을 요구하여 이를 관철할 목적으로 쟁의행위를 할 수 있다.
④ 사용자는 쟁의행위 기간 중 그 쟁의행위로 중단된 업무를 도급 또는 하도급 줄 수 있다.
⑤ 사용자는 노동조합의 쟁의행위에 대응하기 위하여 노동조합이 쟁의행위를 개시하기 전에 직장폐쇄를 할 수 있다.

해설

① 노동조합의 쟁의행위는 그 조합원의 직접·비밀·무기명투표에 의한 조합원 과반수의 찬성으로 결정하지 아니하면 이를 행할 수 없다.
③ 노동조합은 쟁의행위 기간에 대한 임금의 지급을 요구하여 이를 관철할 목적으로 쟁의행위를 하여서는 아니 된다.
④ 사용자는 쟁의행위 기간 중 그 쟁의행위로 중단된 업무를 도급 또는 하도급 줄 수 없다.
⑤ 사용자는 노동조합이 쟁의행위를 개시한 이후에만 직장폐쇄를 할 수 있다.

Answer

15 ③ 16 ① 17 ② 18 ②

19 중

남녀고용평등과 일 · 가정 양립 지원에 관한 법률에 관한 설명으로 옳지 않은 것은? 제19회

① 사업주는 근로자가 배우자의 출산을 이유로 휴가를 고지하는 경우에 20일의 휴가를 주어야 한다. 이 경우 사용한 휴가기간은 유급으로 한다.
② 가족돌봄휴직 기간은 연간 최장 180일로 하며, 이를 나누어 사용할 수 있다.
③ 사업주는 성희롱 예방 교육을 고용노동부장관이 지정하는 기관에 위탁하여 실시할 수 있다.
④ 사업주는 사업을 계속할 수 없는 경우를 제외하고 육아휴직을 이유로 해고나 그 밖의 불리한 처우를 하여서는 아니 되며, 육아휴직 기간에는 그 근로자를 해고하지 못한다.
⑤ 사업주는 임금 외에 근로자의 생활을 보조하기 위한 금품의 지급 또는 자금의 융자 등 복리후생에서 남녀를 차별하여서는 아니 된다.

해설

② 가족돌봄휴직 기간은 연간 최장 90일로 하며, 이를 나누어 사용할 수 있다. 이 경우 나누어 사용하는 1회의 기간은 30일 이상이 되어야 한다.

20 중

남녀고용평등과 일 · 가정 양립 지원에 관한 법령상 육아휴직에 관한 설명으로 옳지 않은 것은? 제16회 수정

① 사업주는 임신 중인 여성 근로자가 모성을 보호하거나 근로자가 만 8세 이하 또는 초등학교 2학년 이하의 자녀(입양한 자녀를 포함한다)를 양육하기 위하여 휴직을 신청하는 경우에 이를 허용하여야 한다.
② 육아휴직의 기간은 1년 이내로 하며, 그 기간은 근속 기간에 포함한다.
③ 사업주는 사업을 계속할 수 없는 경우를 제외하고 육아 휴직을 이유로 해고나 그 밖의 불리한 처우를 하여서는 아니된다.
④ 사업주는 육아휴직을 마친 후에는 휴직 전과 같은 업무 또는 같은 수준의 임금을 지급하는 직무에 복귀시켜야 한다.
⑤ 기간제근로자 또는 파견근로자의 육아휴직 기간은 기간제 및 단시간근로자 보호 등에 관한 법률에 따른 사용기간 또는 파견근로자보호 등에 관한 법률에 따른 근로자파견기간에 포함한다.

해설

⑤ 기간제근로자 또는 파견근로자의 육아휴직 기간은 기간제 및 단시간근로자 보호 등에 관한 법률에 따른 사용기간 또는 파견근로자보호 등에 관한 법률에 따른 근로자파견기간에 제외한다.

21 중

남녀고용평등과 일 · 가정 양립 지원에 관한 법령상 직장 내 성희롱의 금지 및 예방에 관한 설명으로 옳지 않은 것은?

제24회

① 사업주는 직장 내 성희롱 예방을 위한 교육을 연 1회 이상 하여야 한다.
② 사업주는 성희롱 예방 교육의 내용을 근로자가 자유롭게 열람할 수 있는 장소에 항상 게시하거나 갖추어 두어 근로자에게 널리 알려야 한다.
③ 사업주가 마련해야 하는 성희롱 예방지침에는 직장 내 성희롱 조사절차가 포함되어야 한다.
④ 직장 내 성희롱 발생 사실을 조사한 사람은 해당 조사와 관련된 내용을 사업주에게 보고해서는 아니된다.
⑤ 사업주가 해야 하는 직장 내 성희롱 예방을 위한 교육에는 직장 내 성희롱에 관한 법령이 포함되어야 한다.

해설

④ 직장 내 성희롱 발생 사실을 조사한 사람은 해당 조사와 관련된 내용을 사업주에게 보고하여야 한다.

22 상

남녀고용평등과 일 · 가정 양립 지원에 관한 법령상 일 · 가정의 양립 지원에 관한 설명으로 옳은 것은?

제25회

① 사업주는 육아휴직을 시작하려는 날의 전날까지 해당 사업에서 계속 근로한 기간이 5개월인 근로자가 육아휴직을 신청한 경우에 이를 허용하여야 한다.
② 가족돌봄휴가 기간은 근속기간에 포함하지만, 「근로기준법」에 따른 평균임금 산정기간에서는 제외한다.
③ 사업주가 근로자에게 육아기 근로시간 단축을 허용하는 경우 단축 후 근로시간은 주당 15시간 이상이어야 하고 30시간을 넘어서는 아니 된다.
④ 가족돌봄휴직 기간은 연간 최장 120일로 하며, 이를 나누어 사용할 경우 그 1회의 기간은 30일 이상이 되어야 한다.
⑤ 사업주는 육아기 근로시간 단축을 하고 있는 근로자가 단축된 근로시간 외에 연장근로를 명시적으로 청구하는 경우 주 15시간 이내에서 연장근로를 시킬 수 있다.

Answer

19 ② 20 ⑤ 21 ④ 22 ②

해설

① 사업주는 육아휴직을 시작하려는 날의 전날까지 해당 사업에서 계속 근로한 기간이 6개월 미만인 근로자가 육아휴직을 신청한 경우에는 허용하지 않아도 된다.
③ 사업주가 근로자에게 육아기 근로시간 단축을 허용하는 경우 단축 후 근로시간은 주당 15시간 이상이어야 하고 35시간을 넘어서는 아니 된다.
④ 가족돌봄휴직 기간은 연간 최장 90일로 하며, 이를 나누어 사용할 경우 그 1회의 기간은 30일 이상이 되어야 한다.
⑤ 사업주는 육아기 근로시간 단축을 하고 있는 근로자가 단축된 근로시간 외에 연장근로를 명시적으로 청구하는 경우 주 12시간 이내에서 연장근로를 시킬 수 있다.

23 상

산업재해보상보험법령상 보험급여 결정 등에 대한 심사 청구 및 재심사 청구에 관한 설명으로 옳지 않은 것은? 제21회

① 근로복지공단의 보험급여 결정 등에 불복하는 자는 그 보험급여 결정 등을 한 근로복지공단의 소속 기간을 거쳐 산업재해보상보험 심사위원회에 심사 청구를 할 수 있다.
② 근로복지공단이 심사 청구에 대한 결정을 연장할 때에는 최초의 결정기간이 끝나기 7일 전까지 심사 청구인 및 보험급여 결정 등을 한 근로복지공단의 소속 기관에 알려야 한다.
③ 근로복지공단의 보험급여 결정에 대하여 심사 청구기간이 지난 후에 제기된 심사 청구는 산업재해보상보험 심사위원회의 심의를 거치지 아니할 수 있다.
④ 산업재해보상보험 심사위원회는 위원장 1명을 포함하여 150명 이내의 위원으로 구성하되, 위원 중 2명은 상임으로 한다.
⑤ 업무상 질병판정위원회의 심의를 거친 보험급여에 관한 결정에 불복하는 자는 심사 청구를 하지 아니하고 재심사 청구를 할 수 있다.

해설

① 근로복지공단의 보험급여 결정 등에 불복하는 자는 그 보험급여 결정 등을 한 근로복지공단의 소속 기간을 거쳐 근로복지공단에 심사 청구를 할 수 있다.

24

●●하

산업재해보상보험법상 보험급여에 관한 설명으로 옳지 않은 것은? 제27회

① 직업재활급여는 보험급여의 종류에 해당하지 아니한다.
② 업무상 사유로 인한 부상 또는 질병이 3일 이내의 요양으로 치유될 수 있으면 근로자에게 요양급여를 지급하지 아니한다.
③ 보험급여는 지급 결정일부터 14일 이내에 지급하여야 한다.
④ 유족보상연금 수급자격자인 유족이 사망한 근로자와의 친족 관계가 끝난 경우 그 자격을 잃는다.
⑤ 보험급여로서 지급된 금품에 대하여는 국가나 지방자치단체의 공과금을 부과하지 아니한다.

해설

보험급여의 종류는 다음과 같다.

1. 요양급여
2. 휴업급여
3. 장해급여
4. 간병급여
5. 유족급여
6. 상병보상연금
7. 장례비
8. 직업재활급여

25

상●●

산업재해보상보험법상 보험급여에 관한 설명으로 옳지 않은 것은? 제26회 수정

① 업무상 사유로 인한 부상 또는 질병이 3일 이내의 요양으로 치유될 수 있으면 근로자에게 요양급여를 지급하지 아니한다.
② 장해보상연금 또는 진폐보상연금의 수급권자가 사망한 경우 그 수급권이 소멸한다.
③ 장해보상연금의 수급권자가 재요양을 받는 경우에도 그 연금의 지급을 정지하지 아니한다.
④ 근로자가 사망할 당시 그 근로자의 생계를 같이 하고 있던 유족 중 25세 미만인 자녀는 유족보상연금 수급자격자에 해당한다.
⑤ 유족보상연금 수급자격자인 손자녀가 25세가 된 때에도 그 자격을 잃지 아니한다.

Answer

23 ① 24 ① 25 ⑤

해설

유족보상연금 수급자격자인 유족이 다음 각 호의 어느 하나에 해당하면 그 자격을 잃는다.

1. 사망한 경우
2. 재혼한 때(사망한 근로자의 배우자만 해당하며, 재혼에는 사실상 혼인 관계에 있는 경우를 포함한다)
3. 사망한 근로자와의 친족 관계가 끝난 경우
4. 자녀가 25세가 된 때
5. 손자녀가 25세가 된 때
6. 형제자매가 19세가 된 때
7. 장애인이었던 사람으로서 그 장애 상태가 해소된 경우
8. 근로자가 사망할 당시 대한민국 국민이었던 유족보상연금 수급자격자가 국적을 상실하고 외국에서 거주하고 있거나 외국에서 거주하기 위하여 출국하는 경우
9. 대한민국 국민이 아닌 유족보상연금 수급자격자가 외국에서 거주하기 위하여 출국하는 경우

26 (중)

고용보험법상 용어 정의 및 피보험자의 관리에 관한 설명으로 옳지 않은 것은? (권한의 위임·위탁은 고려하지 않음) 제24회

① 일용근로자란 3개월 미만 동안 고용되는 사람을 말한다.

② 실업의 인정이란 직업안정기관의 장이 이 법에 따른 수급자격자가 실업한 상태에서 적극적으로 직업을 구하기 위하여 노력하고 있다고 인정하는 것을 말한다.

③ 근로자인 피보험자가 이 법에 따른 적용 제외 근로자에 해당하게 된 경우에는 그 적용 제외 대상자가 된 날에 그 피보험자격을 상실한다.

④ 이 법에 따른 적용 제외 근로자였던 사람이 이 법의 적용을 받게 된 경우에는 그 적용을 받게 된 날에 피보험자격을 취득한 것으로 본다.

⑤ 사업주는 그 사업에 고용된 근로자의 피보험자격의 취득 및 상실 등에 관한 사항을 대통령령으로 정하는 바에 따라 고용노동부장관에게 신고하여야 한다.

해설

① 일용근로자란 1개월 미만 동안 고용되는 사람을 말한다.

27 고용보험법상의 내용으로 옳지 않은 것은? 제17회 수정

① 고용보험 및 산업재해보상보험의 보험료징수 등에 관한 법률에 따라 보험에 가입되거나 가입된 것으로 보는 근로자는 피보험자에 해당된다.
② 근로자인 피보험자가 이직하거나 사망한 경우 그 다음 날부터 피보험자격을 상실한다.
③ 근로자인 피보험자가 고용보험 및 산업재해보상보험의 보험료징수 등에 관한 법률에 따라 보험관계가 소멸한 경우에는 그 보험관계가 소멸한 날에 피보험자격을 상실한다.
④ 근로자인 피보험자가 이직으로 피보험자격을 상실한 자는 실업급여의 수급자격의 인정신청을 위하여 종전의 사업주에게 이직확인서의 교부를 청구할 수 있다.
⑤ 근로자가 보험관계가 성립되어 있는 둘 이상의 사업에 동시에 고용되어 있는 경우에는 각 사업의 근로자로서의 피보험자격을 모두 취득한다.

해설

⑤ 근로자가 보험관계가 성립되어 있는 둘 이상의 사업에 동시에 고용되어 있는 경우에는 고용노동부령으로 정하는 바에 따라 그 중 한 사업의 근로자로서의 피보험자격을 취득한다.

28 고용보험법령상 고용보험사업에 관한 설명으로 옳은 것을 모두 고른 것은? 제27회

ㄱ 배우자의 직계존속이 사망한 경우는 육아휴직 급여 신청기간의 연장사유에 해당하지 않는다.
ㄴ 조기재취업 수당의 금액은 구직급여의 소정급여일수 중 미지급일수의 비율에 따라 구직급여일액에 미지급일수의 2분의 1을 곱한 금액으로 한다.
ㄷ 이주비는 구직급여의 종류에 해당한다.
ㄹ 실업급여를 받을 권리는 양도할 수 없지만 담보로 제공할 수는 있다.

① ㄱ
② ㄴ
③ ㄱ, ㄴ
④ ㄷ, ㄹ
⑤ ㄴ, ㄷ, ㄹ

해설

ㄷ. 실업급여는 구직급여와 취업촉진 수당으로 구분하고, 취업촉진 수당의 종류에는 조기(早期)재취업 수당, 직업능력개발 수당, 광역 구직활동비, 이주비가 있다.
ㄹ. 실업급여를 받을 권리는 양도 또는 압류하거나 담보로 제공할 수 없다.

Answer

26 ① 27 ⑤ 28 ③

29 중

고용보험법상 취업촉진 수당의 종류에 해당하는 것을 모두 고른 것은? 제25회

ㄱ. 훈련연장급여	ㄴ. 직업능력개발 수당
ㄷ. 광역 구직활동비	ㄹ. 이주비

① ㄱ, ㄴ
② ㄴ, ㄷ
③ ㄷ, ㄹ
④ ㄱ, ㄴ, ㄷ
⑤ ㄴ, ㄷ, ㄹ

해설

⑤ 취업촉진 수당의 종류에는 조기재취업 수당, 직업능력개발 수당, 광역 구직활동비, 이주비가 있다.

30 하

고용보험법상 고용보험법의 적용 제외 대상인 사람을 모두 고른 것은? 제26회

ㄱ. 「사립학교교직원 연금법」의 적용을 받는 사람
ㄴ. 1주간의 소정근로시간이 15시간 미만인 일용근로자
ㄷ. 「별정우체국법」에 따른 별정우체국 직원

① ㄱ
② ㄴ
③ ㄱ, ㄷ
④ ㄴ, ㄷ
⑤ ㄱ, ㄴ, ㄷ

해설

다음 각 호의 어느 하나에 해당하는 사람에게는 고용보험법을 적용하지 아니한다.

1. 해당 사업에서 1개월간 소정근로시간이 60시간 미만이거나 1주간의 소정근로시간이 15시간 미만인 근로자. 다만, 다음 각 호의 어느 하나에 해당하는 근로자는 고용보험법 적용 대상으로 한다.
   ① 해당 사업에서 3개월 이상 계속하여 근로를 제공하는 근로자
   ② 일용근로자
2. 「국가공무원법」과 「지방공무원법」에 따른 공무원. 다만, 별정직공무원, 「국가공무원법」 및 「지방공무원법」 에 따른 임기제공무원의 경우는 본인의 의사에 따라 고용보험(실업급여에 한정한다)에 가입할 수 있다.
3. 「사립학교교직원 연금법」의 적용을 받는 사람
4. 「별정우체국법」에 따른 별정우체국 직원
5. 농업 · 임업 및 어업 중 법인이 아닌 자가 상시 4명 이하의 근로자를 사용하는 사업에 종사하는 근로자. 다만, 본인의 의사로 고용노동부령으로 정하는 바에 따라 고용보험에 가입을 신청하는 사람은 고용보험에 가입할 수 있다.

31 중

국민건강보험법령상 피부양자의 요건과 자격인정 기준을 충족하는 사람을 모두 고른 것은?

제23회

ㄱ. 직장가입자의 직계존속과 직계비속
ㄴ. 직장가입자의 배우자의 직계존속과 직계비속
ㄷ. 직장가입자의 형제 · 자매
ㄹ. 직장가입자의 형제 · 자매의 직계비속

① ㄱ, ㄴ
② ㄱ, ㄷ
③ ㄱ, ㄴ, ㄷ
④ ㄱ, ㄴ, ㄹ
⑤ ㄴ, ㄷ, ㄹ

해설

피부양자는 다음의 어느 하나에 해당하는 사람 중 직장가입자에게 주로 생계를 의존하는 사람으로서 소득 및 재산이 보건복지부령으로 정하는 기준 이하에 해당하는 사람을 말한다.

1. 직장가입자의 배우자
2. 직장가입자의 직계존속(배우자의 직계존속을 포함한다)
3. 직장가입자의 직계비속(배우자의 직계비속을 포함한다)과 그 배우자
4. 직장가입자의 형제 · 자매

32 상

국민건강보험법령에 관한 설명으로 옳은 것은?

제21회

① 고용기간이 3개월 미만인 일용근로자나 병역법에 따른 현역병(지원에 의하지 아니하고 임용된 하사를 포함한다), 전환복무된 사람 및 군간부후보생은 직장가입자에서 제외된다.

② 가입자는 국적을 잃은 날, 직장가입자의 피부양자가 된 날, 수급권자가 된 날 건강보험자격을 상실한다.

③ 국내에 거주하는 피부양자가 있는 직장가입자가 국외에서 업무에 종사하고 있는 경우에는 보험료를 면제한다.

④ 국민건강보험료는 보험료는 가입자의 자격을 취득한 날이 속하는 달의 다음 달부터 가입자의 자격을 잃은 날의 전날이 속하는 달까지 징수한다. 다만, 가입자의 자격을 매월 1일에 취득한 경우 또는 유공자등 의료보호대상자 중 건강보험의 적용을 보험자에게 신청한 사람이 건강보험 적용 신청으로 가입자의 자격을 취득하는 경우에는 그 달부터 징수한다.

⑤ 과다납부된 본인일부부담금을 돌려받을 권리는 5년 동안 행사하지 아니하면 시효로 소멸한다.

Answer

29 ⑤ 30 ③ 31 ③ 32 ④

해설

① 고용기간이 1개월 미만인 일용근로자나 병역법에 따른 현역병(지원에 의하지 아니하고 임용된 하사를 포함한다), 전환복무된 사람 및 군간부후보생은 직장가입자에서 제외된다.
② 가입자는 국적을 잃은 날의 다음날에, 직장가입자의 피부양자가 된 날에, 수급권자가 된 날에 건강보험자격을 상실한다.
③ 국내에 거주하는 피부양자가 없는 직장가입자가 국외에서 업무에 종사하고 있는 경우에는 보험료를 면제한다.
⑤ 과다납부된 본인일부부담금을 돌려받을 권리는 3년 동안 행사하지 아니하면 시효로 소멸한다.

33 ●●하

국민건강보험법상 가입자에 관한 설명으로 옳지 않은 것은? 제26회

① 가입자는 「의료급여법」에 따른 수급권자가 된 날의 다음 날에 그 자격을 잃는다.
② 「병역법」에 따른 현역병은 직장가입자에서 제외된다.
③ 유공자등 의료보호대상자이었던 사람은 그 대상자에서 제외된 날에 직장가입자 또는 지역가입자의 자격을 얻는다.
④ 가입자는 국내에 거주하지 아니하게 된 날의 다음 날에 그 자격을 잃는다.
⑤ 직장가입자인 근로자등은 그 사용관계가 끝난 날의 다음 날에 그 자격이 변동된다.

해설

가입자는 다음 각 호의 어느 하나에 해당하게 된 날에 그 자격을 잃는다.
1. 사망한 날의 다음 날
2. 국적을 잃은 날의 다음 날
3. 국내에 거주하지 아니하게 된 날의 다음 날
4. 직장가입자의 피부양자가 된 날
5. 수급권자가 된 날
6. 건강보험을 적용받고 있던 사람이 유공자등 의료보호대상자가 되어 건강보험의 적용배제신청을 한 날

34 중

국민건강보험법상 건강보험 가입자의 자격 상실 시기로 옳지 않은 것은? 제27회

① 국내에 거주하지 아니하게 된 날

② 사망한 날의 다음 날

③ 국적을 잃은 날의 다음 날

④ 직장가입자의 피부양자가 된 날

⑤ 건강보험을 적용받고 있던 사람이 유공자등 의료보호대상자가 되어 건강보험의 적용배제신청을 한 날

해설

가입자는 다음의 어느 하나에 해당하게 된 날에 그 자격을 잃는다.

1. 사망한 날의 다음 날
2. 국적을 잃은 날의 다음 날
3. 국내에 거주하지 아니하게 된 날의 다음 날
4. 직장가입자의 피부양자가 된 날
5. 수급권자가 된 날
6. 건강보험을 적용받고 있던 사람이 유공자등 의료보호대상자가 되어 건강보험의 적용배제신청을 한 날

Answer

33 ①　34 ①

주관식 단답형 문제

01 상

최저임금법상 용어의 정의와 최저임금의 결정에 관한 내용이다. (　　)에 들어갈 용어를 쓰시오. 제27회

> 제2조(정의) 이 법에서 "근로자", "사용자" 및 "임금"이란 「(ㄱ)」 제2조에 따른 근로자, 사용자 및 임금을 말한다.
>
> 제4조(최저임금의 결정기준과 구분) ① 최저임금은 근로자의 생계비, 유사 근로자의 임금, 노동생산성 및 소득분배율 등을 고려하여 정한다. 이 경우 사업의 종류별로 구분하여 정할 수 있다.
>
> ② 제1항에 따른 사업의 종류별 구분은 제12조에 따른 (ㄴ)의 심의를 거쳐 고용노동부장관이 정한다.

02 상

최저임금법상 최저임금액과 최저임금의 효력에 관한 내용이다. (　　)에 들어갈 아라비아 숫자와 용어를 쓰시오. 제25회

> 제5조(최저임금액) ① <생략>
>
> ② 1년 이상의 기간을 정하여 근로계약을 체결하고 수습 중에 있는 근로자로서 수습을 시작한 날부터 (ㄱ) 개월 이내인 사람에 대하여는 대통령령으로 정하는 바에 따라 제1항에 따른 최저임금액과 다른 금액으로 최저임금액을 정할 수 있다. 다만, 단순노무업무로 고용노동부장관이 정하여 고시한 직종에 종사하는 근로자는 제외한다.
>
> 제6조(최저임금의 효력) ① <생략>
>
> ② <생략>
>
> ③ 최저임금의 적용을 받는 근로자와 사용자 사이의 근로계약 중 최저임금액에 미치지 못하는 금액을 임금으로 정한 부분은 (ㄴ)(으)로 하며, 이 경우 (ㄴ)(으)로 된 부분은 이 법으로 정한 최저임금액과 동일한 임금을 지급하기로 한 것으로 본다.

03 중

최저임금법령상 수습 중에 있는 근로자에 대한 최저임금액에 관한 내용이다. ( )에 들어갈 아라비아 숫자를 쓰시오. 제26회

> 1년 이상의 기간을 정하여 근로계약을 체결하고 수습 중에 있는 근로자로서 수습을 시작한 날부터 (ㄱ)개월 이내인 사람에 대해서는 시간급 최저임금액(최저임금으로 정한 금액을 말한다)에서 100분의 (ㄴ)을(를) 뺀 금액을 그 근로자의 시간급 최저임금액으로 한다.

04 하

근로기준법령상 부당해고 등의 구제신청에 관한 내용이다. ( ) 안에 들어갈 숫자를 쓰시오. 제18회

> 사용자가 근로자에게 부당해고 등을 하면 근로자는 노동위원회에 구제를 신청할 수 있다. 이에 따른 구제신청은 부당해고 등이 있었던 날부터 ( )개월 이내에 하여야 한다.

05 상

근로기준법상 직장 내 괴롭힘 발생시 조치에 관한 내용이다. ( )에 들어갈 용어를 쓰시오. 제23회

> 사용자는 직장 내 괴롭힘 발생 사실을 인지한 경우에는 지체 없이 그 사실 확인을 위한 조사를 실시하여야 한다. 사용자는 조사기간 동안 직장 내 괴롭힘과 관련하여 피해근로자 등을 보호하기 위하여 필요한 경우 해당 피해근로자 등에 대하여 근무장소의 변경, ( ) 명령 등 적절한 조치를 하여야 한다.

Answer

01 ㄱ: 근로기준법, ㄴ: 최저임금위원회
02 ㄱ: 3, ㄴ: 무효
03 ㄱ: 3, ㄴ: 10
04 3
05 유급휴가

06 하

근로기준법상 이행강제금에 관한 내용이다. (　　)에 들어갈 숫자를 순서대로 쓰시오. 제20회

노동위원회는 최초의 구제명령을 한 날을 기준으로 매년 (　　)회의 범위에서 구제명령이 이행될 때까지 반복하여 이행강제금을 부과·징수할 수 있다. 이 경우 이행강제금은 (　　)년을 초과하여 부과·징수하지 못한다.

07 중

근로기준법령상 용어의 정의이다. (　　) 안에 들어갈 숫자를 순서대로 각각 쓰시오. 제18회

- "평균임금"이란 이를 산정하여야 할 사유가 발생한 날 이전 (　　)개월 동안에 그 근로자에게 지급된 임금의 총액을 그 기간의 총일수로 나눈 금액을 말한다.
- "단시간근로자"란 1주 동안의 소정근로시간이 그 사업장에서 같은 종류의 업무에 종사하는 통상 근로자의 (　　)주 동안의 소정근로시간에 비하여 짧은 근로자를 말한다.

08 상

근로기준법상 여성의 시간 외 근로에 관한 규정이다. (　　) 안에 들어갈 내용을 순서대로 각각 쓰시오. 제17회

사용자는 산후 1년이 지나지 아니한 여성에 대하여는 (　　)이 있는 경우라도 1일에 2시간, 1주일에 6시간, 1년에 (　　)시간을 초과하는 시간 외 근로를 시키지 못한다.

09 중

근로자퇴직급여 보장법령상 퇴직급여제도의 설정에 관한 규정이다. (　　) 안에 들어갈 숫자를 순서대로 각각 쓰시오. 제19회

사용자는 퇴직하는 근로자에게 급여를 지급하기 위하여 퇴직급여제도 중 하나 이상의 제도를 설정하여야 한다. 다만, 계속근로기간이 (　　)년 미만인 근로자, 4주간을 평균하여 1주간의 소정근로시간이 (　　)시간 미만인 근로자에 대하여는 그러하지 아니하다.

10 중 **근로자퇴직급여 보장법의 용어 정의에 관한 내용이다. ( )에 들어갈 용어를 쓰시오.** 제22회

> ( )퇴직연금제도란 가입자의 선택에 따라 가입자가 납입한 일시금이나 사용자 또는 가입자가 납입한 부담금을 적립・운용하기 위하여 설정한 퇴직연금제도로서 급여의 수준이나 부담금의 수준이 확정되지 아니한 퇴직연금제도를 말한다.

11 하 **근로자퇴직급여 보장법상 퇴직급여에 관한 내용이다. ( )에 들어갈 숫자를 쓰시오.** 제23회

> 사용자에게 지급의무가 있는 "퇴직급여 등"은 사용자의 총재산에 대하여 질권 또는 저당권에 의하여 담보된 채권을 제외하고는 조세・공과금 및 다른 채권에 우선하여 변제되어야 한다. 다만, 질권 또는 저당권에 우선하는 조세・공과금에 대하여는 그러하지 아니하다. 그럼에도 불구하고 최종 ( )년간의 퇴직급여 등은 사용자의 총재산에 대하여 질권 또는 저당권에 의하여 담보된 채권, 조세・공과금 및 다른 채권에 우선하여 변제되어야 한다.

12 상 **남녀고용평등과 일・가정 양립 지원에 관한 법령상 육아휴직의 종료에 관한 내용이다. ( )에 들어갈 아라비아 숫자를 쓰시오.** 제27회

> 시행령 제14조(육아휴직의 종료)
> ① 육아휴직 중인 근로자는 다음 각 호의 구분에 따른 사유가 발생하면 그 사유가 발생한 날부터 (ㄱ)일 이내에 그 사실을 사업주에게 알려야 한다.
> 1. 임신 중인 여성 근로자가 육아휴직 중인 경우: 유산 또는 사산
> 2. 제1호 외의 근로자가 육아휴직 중인 경우
>   가. 해당 영유아의 사망
>   나. <생략>
>
> ② 사업주는 제1항에 따라 육아휴직 중인 근로자로부터 영유아의 사망 등에 대한 사실을 통지받은 경우에는 통지받은 날부터 (ㄴ)일 이내로 근무개시일을 지정하여 그 근로자에게 알려야 한다.

Answer

06 2, 2
07 3, 1
08 단체협약, 150
09 1, 15
10 개인형
11 3
12 ㄱ: 7, ㄴ: 30

13 중

남녀고용평등과 일 · 가정 양립 지원에 관한 법률상 모성보호에 관한 내용이다. ( )에 들어갈 용어 또는 숫자를 쓰시오. 제23회 수정

> 사업주는 근로자가 인공수정 또는 체외수정 등 (ㄱ)(을)를 받기 위하여 휴가를 청구하는 경우에 연간 (ㄴ)일 이내의 휴가를 주어야 하며, 이 경우 최초 2일은 유급으로 한다. 다만, 근로자가 청구한 시기에 휴가를 주는 것이 정상적인 사업 운영에 중대한 지장을 초래하는 경우에는 근로자와 협의하여 그 시기를 변경할 수 있다.

14 중

남녀고용평등과 일 · 가정 양립 지원에 관한 법률상 배우자 출산휴가에 관한 내용이다. ( )에 들어갈 아라비아 숫자와 용어를 쓰시오. 제26회

> 제18조의2(배우자 출산휴가) ① 사업주는 근로자가 배우자의 출산을 이유로 휴가(이하 “배우자 출산휴가”라 한다)를 고지하는 경우에 (ㄱ)일의 휴가를 주어야 한다. 이 경우 사용한 휴가기간은 (ㄴ)으로 한다.
> ② 제1항 후단에도 불구하고 출산전후휴가급여등이 지급된 경우에는 그 금액의 한도에서 지급의 책임을 면한다.
> ③ 배우자 출산휴가는 근로자의 배우자가 출산한 날부터 (ㄷ)일이 지나면 사용할 수 없다.

15 상

노동조합 및 노동관계조정법상 부당노동행위에 관한 내용이다. ( )에 들어갈 용어를 쓰시오. 제26회

> 사용자는 근로자가 어느 노동조합에 가입하지 아니할 것 또는 탈퇴할 것을 고용조건으로 하거나 특정한 노동조합의 조합원이 될 것을 고용조건으로 하는 행위를 할 수 없다. 다만, 노동조합이 당해 사업장에 종사하는 근로자의 3분의 2 이상을 대표하고 있을 때에는 근로자가 그 노동조합의 조합원이 될 것을 고용조건으로 하는 ( )의 체결은 예외로 한다.

16 상

노동조합 및 노동관계조정법상 근로자의 구속제한에 관한 내용이다. ( )에 들어갈 용어를 쓰시오. 제27회

> 제29조(근로자의 구속제한) 근로자는 쟁의행위 기간중에는 ( ) 외에는 이 법 위반을 이유로 구속되지 아니한다.

17 하

산업재해보상보험법상 휴업급여에 관한 내용이다. (　　)에 들어갈 숫자를 순서대로 쓰시오.

제22회

> 휴업급여는 업무상 사유로 부상을 당하거나 질병에 걸린 근로자에게 요양으로 취업하지 못한 기간에 대하여 지급하되, 1일당 지급액은 평균임금의 100분의 (　　)에 상당하는 금액으로 한다. 다만, 취업하지 못한 기간이 (　　)일 이내이면 지급하지 아니한다.

18 중

산업재해보상보험법상 장례비에 관한 내용이다. (　　)에 들어갈 아라비아 숫자를 쓰시오.

제24회

> 장례비는 근로자가 업무상의 사유로 사망한 경우에 지급하되, 평균임금의 (ㄱ) 일분에 상당하는 금액을 그 장례를 지낸 유족에게 지급한다. 다만, 장례를 지낼 유족이 없거나 그 밖에 부득이한 사유로 유족이 아닌 사람이 장례를 지낸 경우에는 평균임금의 (ㄴ)일분에 상당하는 금액의 범위에서 실제 드는 비용을 그 장례를 지낸 사람에게 지급한다.

19 상

산업재해보상보험법령상 보험급여 산정에 관한 규정 이다. (　　)에 들어갈 내용을 쓰시오.

제16회

> 보험급여를 산정하는 경우 해당 근로자의 평균임금을 산정하여야 할 사유가 발생한 날부터 1년이 지난 이후에는 매년 전체 근로자의 임금 평균액의 증감률에 따라 평균임금을 증감하되, 그 근로자의 연령이 60세에 도달한 이후에는 (　　　　)에 따라 평균임금을 증감한다.

Answer

13 ㄱ: 난임치료, ㄴ: 6
14 ㄱ: 20, ㄴ: 유급, ㄷ: 120
15 단체협약
16 현행범
17 70, 3
18 ㄱ: 120, ㄴ: 120
19 소비자물가 변동률

20

중

산업재해보상보험법상 보험급여에 관한 내용이다. (   )에 들어갈 용어를 쓰시오.

제25회

> 제66조(   ) ① 요양급여를 받는 근로자가 요양을 시작한 지 2년이 지난 날 이후에 다음 각 호의 요건 모두에 해당하는 상태가 계속되면 휴업급여 대신 (   )(을)를 그 근로자에게 지급한다.
> 1. 그 부상이나 질병이 치유되지 아니한 상태일 것
> 2. 그 부상이나 질병에 따른 중증요양상태의 정도가 대통령령으로 정하는 중증요양상태등급 기준에 해당할 것
> 3. 요양으로 인하여 취업하지 못하였을 것

21

하

고용보험법상 실업급여의 기초가 되는 임금일액에 관한 내용이다. (   )에 들어갈 용어를 쓰시오.

제24회

> 구직급여의 산정 기초가 되는 임금일액은 고용보험법 제43조 제1항에 따른 수급자격의 인정과 관련된 마지막 이직 당시 「근로기준법」 제2조 제1항 제6호에 따라 산정된 (   )(으)로 한다. 다만, 마지막 이직일 이전 3개월 이내에 피보험자격을 취득한 사실이 2회 이상인 경우에는 마지막 이직일 이전 3개월간 (일용근로자의 경우에는 마지막 이직일 이전 4개월 중 최종 1개월을 제외한 기간)에 그 근로자에게 지급된 임금 총액을 그 산정의 기준이 되는 3개월의 총 일수로 나눈 금액을 기초일액으로 한다.

22

중

고용보험법상 구직급여에 관한 내용이다. (   )에 들어갈 아라비아 숫자를 쓰시오.

제25회

> 제48조(수급기간 및 수급일수) ① 구직급여는 이 법에 따로 규정이 있는 경우 외에는 그 구직급여의 수급자격과 관련된 이직일의 다음 날부터 계산하기 시작하여 (ㄱ)개월 내에 제50조 제1항에 따른 소정급여일수를 한도로 하여 지급한다.
>
> 제49조(대기기간) 제44조에도 불구하고 제42조에 따른 실업의 신고일부터 계산하기 시작하여 (ㄴ)일간은 대기기간으로 보아 구직급여를 지급하지 아니한다. 다만, 최종 이식 당시 건설일용근로자였던 사람에 대해서는 제42조에 따른 실업의 신고일부터 계산하여 구직급여를 지급한다.
>
> ※ 제44조(실업의 인정) ① 구직급여는 수급자격자가 실업한 상태에 있는 날 중에서 직업안정기관의 장으로부터 실업의 인정을 받은 날에 대하여 지급한다.

23 ●●하 국민건강보험법상 국민건강보험가입자격에 관한 내용이다. ( )에 들어갈 아라비아 숫자를 쓰시오.

제24회

- 가입자의 자격이 변동된 경우 직장가입자의 사용자와 지역가입자의 세대주는 그 명세를 보건복지부령으로 정하는 바에 따라 자격이 변동된 날부터 (ㄱ) 일 이내에 보험자에게 신고하여야 한다.
- 가입자의 자격을 잃은 경우 직장가입자의 사용자와 지역가입자의 세대주는 그 명세를 보건보직부령으로 정하는 바에 따라 자격을 잃은 날부터 (ㄴ)일 이내에 보험자에게 신고하여야 한다.

24 상●● 국민건강보험법상 보험료에 관한 내용이다. ( )에 들어갈 아라비아 숫자와 용어를 쓰시오.

제25회

제73조(보험료율 등) ① 직장가입자의 보험료율은 1천분의 (ㄱ)의 범위에서 심의위원회의 의결을 거쳐 대통령령으로 정한다.

제78조(보험료의 납부기한) ① 제77조 제1항 및 제2항에 따라 보험료 납부의무가 있는 자는 가입자에 대한 그 달의 보험료를 그 다음 달 (ㄴ)일까지 납부하여야 한다. 다만, 직장가입자의 소득월액보험료 및 지역가입자의 보험료는 보건복지부령으로 정하는 바에 따라 (ㄷ)별로 납부할 수 있다.

Answer

20 상병보상연금	21 평균임금
22 ㄱ: 12, ㄴ: 7	23 ㄱ: 14, ㄴ: 14
24 ㄱ: 80, ㄴ: 10, ㄷ: 분기	

04 대외업무 및 리모델링

연계학습: 기본서 p.306~330

01 (중) **공동주택관리법령상 공동주택의 관리주체가 관할 특별자치시장 · 특별자치도지사 · 시장 · 군수 · 구청장**(자치구의 구청장을 말한다)**의 허가를 받거나 신고를 하여야 하는 행위를 모두 고른 것은?** 제20회

> ㄱ. 급 · 배수관 등 배관설비의 교체
> ㄴ. 지능형 홈네트워크설비의 교체
> ㄷ. 공동주택을 사업계획에 따른 용도 외의 용도에 사용하는 행위
> ㄹ. 공동주택의 효율적 관리에 지장을 주는 공동주택의 용도폐지

① ㄱ, ㄷ　② ㄷ, ㄹ
③ ㄱ, ㄴ, ㄹ　④ ㄱ, ㄷ, ㄹ
⑤ ㄴ, ㄷ, ㄹ

해설

② ㄱ, ㄴ은 시장 · 군수 · 구청장의 허가 또는 신고를 생략하는 규정이고, ㄷ, ㄹ은 시장 · 군수 · 구청장의 허가를 받거나 신고를 하여야 하는 규정이다.

02 (중) **공동주택관리법령상 공동주택의 입주자 등 또는 관리주체가 시장 · 군수 · 구청장의 허가를 받거나 시장 · 군수 · 구청장에게 신고하여야 하는 행위가 아닌 것은?** 제23회

① 공동주택의 용도변경
② 입주자 공유가 아닌 복리시설의 비내력벽 철거
③ 세대구분형 공동주택의 설치
④ 부대시설의 대수선
⑤ 입주자 공유인 복리시설의 증설

해설

② 입주자 공유가 아닌 복리시설의 비내력벽 철거는 시장 · 군수 · 구청장의 허가 또는 신고 규정이 없다.

03 중

공동주택관리법령상 공동주택의 행위허가 또는 신고의 기준 중 허가기준을 정하고 있지 않는 것은?

제19회

① 입주자 공유가 아닌 복리시설의 용도변경
② 복리시설의 철거
③ 입주자 공유가 아닌 복리시설의 용도폐지
④ 부대시설 및 입주자 공유인 복리시설의 대수선
⑤ 공동주택의 대수선

해설

① 입주자 공유가 아닌 복리시설의 용도변경은 신고기준 만을 정하고 있다.

Answer

01 ② 02 ② 03 ①

주관식 단답형 문제

01 상

공동주택관리법령상의 요건을 갖추어 A공동주택의 필로티 부분을 주민공동시설인 입주자집회소로 증축하는 경우의 행위허가 기준에 관한 내용이다. (   )에 들어갈 용어 또는 숫자를 쓰시오. 제23회

> (1) 입주자집회소로 증축하려는 필로티 부분의 면적 합계가 해당 주택단지 안의 필로티 부분 총면적의 100분의 (ㄱ) 이내일 것
> (2) (1)에 따른 입주자집회소의 증축 면적을 A공동주택의 바닥면적에 산입하는 경우 (ㄴ)(이)가 관계 법령에 따른 건축기준에 위반되지 아니할 것

해설

1. 공동주택의 증축 기준 중 공동주택의 필로티 부분을 전체 입주자 3분의 2 이상 및 해당 동 입주자 3분의 2 이상의 동의를 받아 "국토교통부령으로 정하는 범위"에서 주민공동시설로 증축하는 경우로서 통행, 안전 및 소음 등에 지장이 없다고 시장·군수·구청장이 인정하는 경우로서 시장·군수·구청장의 허가를 받아야 증축이 가능하다.
2. 1.의 "국토교통부령으로 정하는 범위"란 다음의 기준을 모두 갖춘 경우를 말한다.
   ① 도서실, 주민교육시설, 주민휴게시설, 독서실, 입주자집회소에 해당하는 주민공동시설일 것
   ② 주민공동시설로 증축하려는 필로티 부분의 면적 합계가 해당 주택단지 안의 필로티 부분 총면적의 100분의 30 이내일 것
   ③ 주민공동시설의 증축 면적을 해당 공동주택의 바닥면적에 산입하는 경우 용적률이 관계 법령에 따른 건축 기준에 위반되지 아니할 것

02 중

주택법령상 수직증축형 리모델링의 허용요건에 관한 내용이다. (   ) 안에 들어갈 숫자를 순서대로 각각 쓰시오. 제19회

> "대통령령으로 정하는 범위"란 (   )개층을 말한다. 다만, 수직으로 증축하는 행위의 대상이 되는 건축물의 기존 층수가 (   )층 이하인 경우에는 2개층을 말한다.

Answer

01 ㄱ: 30, ㄴ: 용적률 02 3, 14

05 공동주택 회계관리

연계학습: 기본서 p.330~337

01 하

공동주택관리법령상 의무관리대상 공동주택의 관리비 등에 관한 설명으로 옳지 않은 것은?

제19회

① 관리주체는 장기수선충당금에 대하여 관리비와 구분하여 징수하여야 한다.
② 관리주체는 주민운동시설, 인양기 등 공용시설물의 사용료를 해당 시설의 사용자에게 따로 부과할 수 있다.
③ 관리주체는 보수를 요하는 시설이 2세대 이상의 공동사용에 제공되는 것인 경우에는 이를 직접 보수하고, 당해 입주자 등에게 그 비용을 따로 부과할 수 있다.
④ 관리주체는 입주자 및 사용자가 납부하는 가스사용료 등을 입주자 및 사용자를 대행하여 그 사용료 등을 받을 자에게 납부할 수 있다.
⑤ 관리주체는 모든 거래 행위에 관하여 장부를 월별로 작성하여 그 증빙서류와 함께 해당 회계연도 종료일부터 3년간 보관하여야 한다.

해설

⑤ 관리주체는 모든 거래 행위에 관하여 장부를 월별로 작성하여 그 증빙서류와 함께 해당 회계연도 종료일부터 5년간 보관하여야 한다.

Answer

01 ⑤

02 ●●하

공동주택관리법령상 공동주택의 관리비 및 회계운영 등에 관한 설명으로 옳지 않은 것은? 제24회

① 의무관리대상이 아닌 공동주택으로서 50세대 이상인 공동주택의 관리인이 관리비 등의 내역을 공개하는 경우, 공동주택관리정보시스템 공개는 생략할 수 있다.

② 관리주체는 해당 공동주택의 공용부분의 관리 및 운영 등에 필요한 경비(관리비 예치금)를 공동주택의 사용자로부터 징수한다.

③ 관리주체는 보수가 필요한 시설이 2세대 이상의 공동사용에 제공되는 것인 경우, 직접 보수하고 해당 입주자 등에게 그 비용을 따로 부과할 수 있다.

④ 관리주체는 주민공동시설, 인양기 등 공용시설물의 이용료를 해당 시설의 이용자에게 따로 부과할 수 있다.

⑤ 지방자치단체인 관리주체가 관리하는 공동주택의 관리비가 체납된 경우 지방자치단체는 지방세 체납처분의 예에 따라 강제징수할 수 있다.

해설

② 관리주체는 해당 공동주택의 공용부분의 관리 및 운영 등에 필요한 경비(관리비 예치금)를 공동주택의 소유자로부터 징수한다.

03 ●●하

공동주택관리법상 관리주체가 관리비와 구분하여 징수하여야 하는 것을 모두 고른 것은? 제24회

ㄱ. 경비비
ㄴ. 장기수선충당금
ㄷ. 위탁관리수수료
ㄹ. 급탕비
ㅁ. 안전진단 실시비용(하자 원인이 사업주체 외의 자에게 있는 경우)

① ㄱ, ㄴ
② ㄴ, ㄷ
③ ㄴ, ㅁ
④ ㄱ, ㄷ, ㄹ
⑤ ㄴ, ㄷ, ㅁ

해설

관리주체는 다음의 비용에 대해서는 관리비와 구분하여 징수하여야 한다.
1. 장기수선충당금
2. 안전진단 실시비용(하자 원인이 사업주체 외의 자에게 있는 경우)

04 ●중●

공동주택관리법령상 의무관리대상 공동주택의 일반관리비 중 인건비에 해당하지 않는 것은?

제25회

① 퇴직금
② 상여금
③ 국민연금
④ 산재보험료
⑤ 교육훈련비

해설

⑤ 일반관리비의 구성명세에는 인건비, 제사무비, 제세공과금, 피복비, 교육훈련비, 차량유지비, 그 밖의 부대비용이 있고, 그 구성명세 중 인건비의 세부 구성명세에는 급여, 제수당, 상여금, 퇴직금, 산재보험료, 고용보험료, 국민연금, 국민건강보험료 및 식대 등 복리후생비가 있다.

05 ●●하

공동주택관리법령상 의무관리대상 공동주택의 관리비 및 회계운영에 관한 설명으로 옳지 않은 것은?

제26회

① 관리주체는 입주자 등이 납부하는 대통령령으로 정하는 사용료 등을 입주자등을 대행하여 그 사용료 등을 받을 자에게 납부할 수 있다.
② 관리주체는 회계감사를 받은 경우에는 감사보고서의 결과를 제출받은 다음 날부터 2개월 이내에 입주자대표회의에 보고하고 해당 공동주택단지의 인터넷 홈페이지에 공개하여야 한다.
③ 공동주택의 소유자가 그 소유권을 상실한 경우 관리주체는 징수한 관리비예치금을 반환하여야 하되, 소유자가 관리비를 미납한 때에는 관리비예치금에서 정산한 후 그 잔액을 반환할 수 있다.
④ 관리주체는 보수가 필요한 시설이 2세대 이상의 공동사용에 제공되는 것인 경우에는 직접 보수하고 해당 입주자 등에게 그 비용을 따로 부과할 수 있다.
⑤ 관리주체는 다음 회계연도에 관한 관리비 등의 사업계획 및 예산안을 매 회계연도 개시 1개월 전까지 입주자대표회의에 제출하여 승인을 받아야 한다.

해설

② 관리주체는 회계감사를 받은 경우에는 감사보고서의 결과를 제출받은 날부터 1개월 이내에 입주자대표회의에 보고하고 해당 공동주택단지의 인터넷 홈페이지 및 동별 게시판에 공개하여야 한다.

Answer

02 ② 03 ③ 04 ⑤ 05 ②

주관식 단답형 문제

01 하

공동주택관리법상 회계서류 등의 작성 · 보관에 관한 설명이다. (　　)에 들어갈 아라비아 숫자를 쓰시오. 제27회

> 의무관리대상 공동주택의 관리주체는 관리비 등의 징수 · 보관 · 예치 · 집행 등 모든 거래 행위에 관하여 월별로 작성한 장부 및 그 증빙서류를 해당 회계연도 종료일부터 (　　)년간 보관하여야 한다. 이 경우 관리주체는 「전자문서 및 전자거래 기본법」 제2조 제2호에 따른 정보처리시스템을 통하여 장부 및 증빙서류를 작성하거나 보관할 수 있다.

Answer

01 5

Part 02 기술실무

01 건축물 및 시설물관리

연계학습 : 기본서 p.364~394

01 건물의 단열에 관한 설명으로 옳지 않은 것은? 제18회

중

① 열전도율이 낮을수록 우수한 단열재이다.
② 부실한 단열은 결로현상이 유발될 수 있다.
③ 알루미늄박(foil)은 저항형 단열재이다.
④ 내단열은 외단열에 비해 열교현상의 가능성이 크다.
⑤ 단열원리상 벽체에는 저항형이 반사형보다 유리하다.

해설

③ 알루미늄박(foil)은 반사율이 좋기 때문에 반사형 단열재로 분류된다.

02 건축물의 표면결로 방지대책에 관한 설명으로 옳지 않은 것은? 제24회

하

① 실내의 수증기 발생을 억제한다.
② 환기를 통해 실내 절대습도를 낮춘다.
③ 외벽의 단열강화를 통해 실내 측 표면온도가 낮아지는 것을 방지한다.
④ 벽체의 실내 측 표면온도를 실내공기의 노점온도보다 낮게 유지한다.
⑤ 외기에 접한 창의 경우 일반유리보다 로이(Low-E) 복층유리를 사용하면 표면결로 발생을 줄일 수 있다.

해설

④ 표면결로를 방지하기 위해서는 벽체의 실내 측 표면온도를 실내공기의 노점온도보다 높게 유지한다.

03 실내 표면결로 현상에 관한 설명으로 옳지 않은 것은? 제17회

중

① 벽체 열저항이 작을수록 심해진다.
② 실내외 온도차가 클수록 심해진다.
③ 열교현상이 발생할수록 심해진다.
④ 실내의 공기온도가 높을수록 심해진다.
⑤ 실내의 절대습도가 높을수록 심해진다.

해설

④ 실내의 공기온도가 낮을수록 심해진다.

04 건축설비의 기본사항에 관한 설명으로 옳지 않은 것은? 제27회

중

① 잠열은 온도변화에 따라 유입 또는 유출되는 열이다.
② 노점온도는 습공기를 냉각하는 경우 포화상태로 되는 온도이다.
③ 열관류율은 건물외피의 단열성능을 나타내며, 단위는 $W/m^2 \cdot K$이다.
④ 압력의 단위로 Pa이 사용된다.
⑤ 열은 매체를 통해 전도나 대류로 전달되지만 진공 중에서도 전달될 수 있다.

해설

① 현열은 상태는 변하지 않고 온도가 변하면서 출입하는 열을 말하며 온수난방에 이용되고, 잠열은 온도는 변하지 않고 상태가 변하면서 출입하는 열을 말하며 증기난방에 이용된다.

Answer

01 ③ 02 ④ 03 ④ 04 ①

05 중

다음은 주택건설기준 등에 관한 규정의 승강기 등에 관한 기준이다. ( )에 들어갈 숫자를 옳게 나열한 것은? 제20회

> ① 6층 이상인 공동주택에는 국토교통부령이 정하는 기준에 따라 대당 (ㄱ) 인승 이상인 승용승강기를 설치하여야 한다. 다만, 「건축법 시행령」 제89조의 규정에 해당하는 공동주택의 경우에는 그러하지 아니하다.
> ② (ㄴ)층 이상인 공동주택의 경우에는 제1항의 승용승강기를 비상용 승강기의 구조로 하여야 한다.
> ③ 10층 이상인 공동주택에는 이사짐 등을 운반할 수 있는 다음 각 호의 기준에 적합한 화물용 승강기를 설치하여야 한다.
> (1. ~ 3. 생략)
> 4. 복도형인 공동주택의 경우에는 (ㄷ)세대까지 1대를 설치하되, (ㄷ) 세대를 넘는 경우에는 (ㄷ)세대마다 1대를 추가로 설치할 것

① ㄱ: 5, ㄴ: 8, ㄷ: 100
② ㄱ: 6, ㄴ: 8, ㄷ: 50
③ ㄱ: 6, ㄴ: 10, ㄷ: 100
④ ㄱ: 8, ㄴ: 10, ㄷ: 50
⑤ ㄱ: 8, ㄴ: 10, ㄷ: 200

해설

③ ㄱ: 6, ㄴ: 10, ㄷ: 100

06 중

주택건설기준 등에 관한 규칙상 주택의 부엌 · 욕실 및 화장실에 설치하는 배기설비에 관한 설명으로 옳지 않은 것은? 제25회

① 배기구는 반자 또는 반자아래 80센티미터이내의 높이에 설치하고, 항상 개방될 수 있는 구조로 한다.
② 세대간 배기통을 서로 연결하고 직접 외기에 개방되도록 설치하여 연기나 냄새의 역류를 방지한다.
③ 배기구는 외기의 기류에 의하여 배기에 지장이 생기지 아니하는 구조로 한다.
④ 배기통에는 그 최상부 및 배기구를 제외하고 개구부를 두지 아니한다.
⑤ 부엌에 설치하는 배기구에는 전동환기설비를 설치한다.

해설

② 세대간 배기통이 서로 연결되지 아니하고 직접 외기에 개방되도록 설치하여 연기나 냄새의 역류를 방지한다.

07 상●●

주차장법 시행규칙상 주차장의 구조 및 설비의 기준에 관한 설명으로 옳지 않은 것은?

제25회

① 노외주차장 내부 공간의 일산화탄소 농도는 주차장을 이용하는 차량이 가장 빈번한 시각의 앞뒤 8시간의 평균치가 100피피엠 이하로 유지되어야 한다.

② 자주식주차장으로서 지하식 노외주차장에서 주차구획(벽면에서부터 50센티미터 이내를 제외한 바닥면)의 최소 조도는 10럭스 이상, 최대 조도는 최소 조도의 10배 이내이어야 한다.

③ 자주식주차장으로서 지하식 노외주차장에서 사람이 출입하는 통로(벽면에서부터 50센티미터 이내를 제외한 바닥면)의 최소 조도는 50럭스 이상이어야 한다.

④ 주차대수 30대를 초과하는 규모의 자주식주차장으로서 지하식 노외주차장에는 관리사무소에서 주차장 내부 전체를 볼 수 있는 폐쇄회로 텔레비전(녹화장치를 포함한다) 또는 네트워크 카메라를 포함하는 방범설비를 설치·관리하여야 한다.

⑤ 주차장 내부 전체를 볼 수 있는 방범설비를 설치·관리하여야 하는 주차장에서 촬영된 자료는 컴퓨터보안시스템을 설치하여 1개월 이상 보관하여야 한다.

해설

① 노외주차장 내부 공간의 일산화탄소 농도는 주차장을 이용하는 차량이 가장 빈번한 시각의 앞뒤 8시간의 평균치가 50피피엠 이하로 유지되어야 한다.

※ 용어해설

1. 노외주차장: 도로의 노면 및 교통광장 외의 장소에 설치된 주차장으로서 일반의 이용에 제공되는 주차장
2. 자주식 주차장: 운전자가 자동차를 직접 운전하여 주차장으로 들어가는 주차장

02 관리실무

Answer

05 ③ 06 ② 07 ①

08 상

주택건설기준 등에 관한 규정에서 정하고 있는 '에너지절약형 친환경 주택의 건설기준'에 적용되는 기술을 모두 고른 것은? 제21회

ㄱ. 고에너지 건물 조성기술	ㄴ. 에너지 고효율 설비기술
ㄷ. 에너지 이용효율 극대화 기술	ㄹ. 신·재생에너지 이용기술

① ㄱ, ㄷ
② ㄴ, ㄹ
③ ㄱ, ㄷ, ㄹ
④ ㄴ, ㄷ, ㄹ
⑤ ㄱ, ㄴ, ㄷ, ㄹ

해설

사업계획승인을 받은 공동주택을 건설하는 경우에는 다음의 어느 하나 이상의 기술을 이용하여 에너지절약형 친환경 주택으로 건설하여야 한다.

1. 저에너지 건물 조성기술
2. 에너지 고효율 설비기술
3. 신·재생에너지 이용기술
4. 생태적 순환기능 확보를 위한 외부환경 조성기술
5. 에너지 이용효율을 극대화하는 기술

09 하

주택건설기준 등에 관한 규정상 공동주택을 건설하는 주택단지 안의 도로에 관한 설명으로 옳지 않은 것은? 제26회

① 유선형(流線型) 도로로 설계하여 도로의 설계속도(도로설계의 기초가 되는 속도를 말한다) 시속 20킬로미터 이하가 되도록 하여야 한다.
② 폭 1.5미터 이상의 보도를 포함한 폭 7미터 이상의 도로(보행자전용도로, 자전거도로는 제외한다)를 설치하여야 한다.
③ 도로노면의 요철(凹凸) 포장 또는 과속방지턱의 설치를 통하여 도로의 설계속도가 시속 20킬로미터 이하가 되도록 하여야 한다.
④ 300세대 이상의 경우 어린이 통학버스의 정차가 가능하도록 어린이 안전보호구역을 1개소 이상 설치하여야 한다.
⑤ 해당 도로를 이용하는 공동주택의 세대수가 100세대 미만이고 해당 도로가 막다른 도로로서 그 길이가 35미터 미만인 경우 도로의 폭을 4미터 이상으로 할 수 있다.

해설

④ 500세대 이상의 경우 어린이 통학버스의 정차가 가능하도록 어린이 안전보호구역을 1개소 이상 설치하여야 한다.

10 하

주택건설기준 등에 관한 규칙상 주택단지에 비탈면이 있는 경우 수해방지에 관한 내용으로 옳지 않은 것은? 제26회

① 사업계획승인권자가 건축물의 안전상 지장이 없다고 인정하지 않은 경우, 비탈면의 높이가 3미터를 넘는 경우에는 높이 3미터 이내마다 그 비탈면의 면적의 5분의 1이상에 해당하는 면적의 단을 만들어야 한다.

② 토양의 유실을 막기 위하여 석재·합성수지재 또는 콘크리트를 사용한 배수로를 설치하여야 한다.

③ 비탈면의 안전을 위하여 필요한 경우에는 돌붙이기를 하거나 콘크리트격자블록 기타 비탈면보호용구조물을 설치하여야 한다.

④ 비탈면 아랫부분에 옹벽 또는 축대(이하 “옹벽 등”이라 한다)가 있는 경우에는 그 옹벽 등과 비탈면 사이에 너비 1미터 이상의 단을 만들어야 한다.

⑤ 비탈면 윗부분에 옹벽 등이 있는 경우에는 그 옹벽 등과 비탈면 사이에 너비 1.5미터 이상으로서 당해 옹벽 등의 높이의 3분의 1이상에 해당하는 너비 이상의 단을 만들어야 한다.

해설

⑤ 비탈면 윗부분에 옹벽 등이 있는 경우에는 그 옹벽 등과 비탈면 사이에 너비 1.5미터 이상으로서 당해 옹벽 등의 높이의 2분의 1이상에 해당하는 너비이상의 단을 만들어야 한다.

11 하

주택건설기준 등에 관한 규칙상 (   )에 들어갈 내용을 옳게 나열한 것은? 제27회

> 제7조(수해방지) ① 주택단지(단지경계선 주변외곽부분을 포함한다)에 비탈면이 있는 경우에는 다음 각 호에서 정하는 바에 따라 수해방지 등을 위한 조치를 하여야 한다.
> 1. <생략>
> 2. 비탈면의 높이가 3미터를 넘는 경우에는 높이 (ㄱ)미터 이내마다 그 비탈면의 면적의 (ㄴ) 이상에 해당하는 면적의 단을 만들 것. 다만, 사업계획승인권자가 그 비탈면의 토질·경사도 등으로 보아 건축물의 안전상 지장이 없다고 인정하는 경우에는 그러하지 아니하다.
> 3. <생략>

① ㄱ: 3, ㄴ: 2분의 1
② ㄱ: 3, ㄴ: 3분의 1
③ ㄱ: 3, ㄴ: 5분의 1
④ ㄱ: 5, ㄴ: 3분의 1
⑤ ㄱ: 5, ㄴ: 5분의 1

Answer

08 ④ 09 ④ 10 ⑤ 11 ③

해설

비탈면의 높이가 3미터를 넘는 경우에는 높이 3미터 이내마다 그 비탈면의 면적의 5분의 1 이상에 해당하는 면적의 단을 만들 것. 다만, 사업계획승인권자가 그 비탈면의 토질 · 경사도 등으로 보아 건축물의 안전상 지장이 없다고 인정하는 경우에는 그러하지 아니하다.

12 상

환경친화적 자동차의 개발 및 보급 촉진에 관한 법률 시행령상 ( )에 들어갈 내용으로 옳은 것은? 제27회

> 제18조의6(전용주차구역의 설치기준) ① …<생략>…. 다만, 2022년 1월 28일 전에 건축허가를 받은 시설(이하 "기축시설"이라 한다) 중 다음 각 호의 자가 소유하고 관리하는 기축시설(이하 "공공기축시설"이라 한다)이 아닌 기축시설의 경우에는 해당 시설의 총주차대수의 ( ) 이상의 범위에서 시 · 도의 조례로 정한다.
> 1. ~ 2. <생략>

① 100분의 1　② 100분의 2
③ 100분의 3　④ 100분의 4
⑤ 100분의 5

해설

환경친화적 자동차 전용주차구역의 수는 해당 시설의 총주차대수의 100분의 5 이상의 범위에서 시 · 도의 조례로 정한다. 다만, 2022년 1월 28일 전에 건축허가를 받은 시설(이하 "기축시설"이라 한다) 중 다음 각 호의 자가 소유하고 관리하는 기축시설(이하 "공공기축시설"이라 한다)이 아닌 기축시설의 경우에는 해당 시설의 총주차대수의 100분의 2 이상의 범위에서 시 · 도의 조례로 정한다.

Answer

12 ②

주관식 단답형 문제

01 상

주택건설기준 등에 관한 규정상 비상급수시설 중 지하저수조에 관한 내용이다. ( )에 들어갈 아라비아 숫자를 쓰시오. 제24회

제35조(비상급수시설) ① ~ ② <생략>
1. <생략>
2. 지하저수조
가. 고가수저수량(매 세대당 (ㄱ)톤까지 산입한다)을 포함하여 매 세대당 (ㄴ)톤(독신자용 주택은 0.25톤) 이상의 수량을 저수할 수 있을 것. 다만, 지역별 상수도 시설용량 및 세대당 수돗물 사용량 등을 고려하여 설치기준의 2분의 1의 범위에서 특별시・광역시・특별자치시・특별자치도・시 또는 군의 조례로 완화 또는 강화하여 정할 수 있다.
나. (ㄷ)세대(독신자용 주택은 100세대)당 1대 이상의 수동식펌프를 설치하거나 양수에 필요한 비상전원과 이에 의하여 가동될 수 있는 펌프를 설치할 것

02 중

주택건설기준 등에 관한 규정상 바닥구조에 관한 내용이다. ( )에 들어갈 아라비아 숫자를 쓰시오. 제24회

제14조의2(바닥구조) 공동주택의 세대 내의 층간바닥(화장실의 바닥은 제외한다. 이하 이 조에서 같다)은 다음 각 호의 기준을 모두 충족하여야 한다.
1. 콘크리트 슬래브 두께는 (ㄱ)밀리미터[라멘구조(보와 기둥을 통해서 내력이 전달되는 구조를 말한다. 이하 이 조에서 같다)의 공동주택은 (ㄴ) 밀리미터] 이상으로 할 것. 다만, 법 제51조 제1항에 따라 인정받은 공업화주택의 층간바닥은 예외로 한다.

Answer

01 ㄱ: 0.25, ㄴ: 0.5, ㄷ: 50 **02** ㄱ: 210, ㄴ: 150

03 중

다음은 주택건설기준 등에 관한 규정의 세대간의 경계벽 등에 관한 기준이다. ( )에 들어갈 숫자를 순서대로 쓰시오. 제20회

> ① 공동주택 각 세대간의 경계벽 및 공동주택과 주택 외의 시설간의 경계벽은 내화구조로서 다음 각 호의 1에 해당하는 구조로 하여야 한다.
> 1. 철근콘크리트조 또는 철골·철근콘크리트조로서 그 두께(시멘트모르터·회반죽·석고프라스터 기타 이와 유사한 재료를 바른 후의 두께를 포함한다)가 ( )센티미터 이상인 것
> 2. 무근콘크리트조·콘크리트블록조·벽돌조 또는 석조로서 그 두께(시멘트모르터·회반죽·석고프라스터 기타 이와 유사한 재료를 바른 후의 두께를 포함한다)가 ( )센티미터 이상인 것

04 하

주택건설기준 등에 관한 규정상 ( )에 들어갈 아라비아 숫자를 쓰시오. 제27회

> 제14조(세대 간의 경계벽 등) ① 공동주택 각 세대 간의 경계벽 및 공동주택과 주택 외의 시설 간의 경계벽은 내화구조로서 다음 각 호의 어느 하나에 해당하는 구조로 해야 한다.
> 1. 철근콘크리트조 또는 철골·철근콘크리트조로서 그 두께(시멘트모르타르, 회반죽, 석고플라스터, 그 밖에 이와 유사한 재료로 바른 후의 두께를 포함한다)가 ( )센티미터 이상인 것
> 2. ~ 4. <생략>
> ② ~ ⑥ <생략>

05 하

주택건설기준 등에 관한 규정상 난간에 관한 내용이다. ( ) 안에 들어갈 숫자를 쓰시오. 제18회

> 난간의 높이는 바닥의 마감면으로부터 ( )센티미터 이상. 다만, 건축물 내부계단에 설치하는 난간, 계단 중간에 설치하는 난간 기타 이와 유사한 것으로 위험이 적은 장소에 설치하는 난간의 경우에는 90센티미터 이상으로 할 수 있다.

06 중

주택건설기준 등에 관한 규정상 수해방지에 관한 내용이다. (   )에 들어갈 용어를 쓰시오.

제25회

> 제30조 (수해방지 등) ① <생략>
> ② <생략>
> ③ 주택단지가 저지대등 침수의 우려가 있는 지역인 경우에는 주택단지안에 설치하는 (   )・전화국선용단자함 기타 이와 유사한 전기 및 통신설비는 가능한 한 침수가 되지 아니하는 곳에 이를 설치하여야 한다.

07 하

주택건설기준 등에 관한 규정상 공동주택 세대 내의 층간바닥 구조에 관한 내용이다. (   )에 들어갈 아라비아 숫자를 쓰시오.

제25회

> 제14조의2(바닥구조) 공동주택의 세대 내의 층간바닥(화장실의 바닥은 제외한다. 이하 이 조에서 같다) 은 다음 각 호의 기준을 모두 충족해야 한다.
> 1. <생략>
> 2. 각 층간 바닥의 경량충격음(비교적 가볍고 딱딱한 충격에 의한 바닥충격음을 말한다) 및 중량충격음(무겁고 부드러운 충격에 의한 바닥충경음을 말한다)이 각각 (   )데시벨 이하인 구조일 것, 다음 각 목의 층간바닥은 그렇지 않다.
>   가. 라멘구조의 공동주택(법 제51조 제1항에 따라 인정받은 공업화주택은 제외한다)의 층간바닥
>   나. 가목의 공동주택 외의 공동주택 중 발코니, 현관 등 국토교통부령으로 정하는 부분의 층간바닥

Answer

03 15, 20	**04** 15
05 120	**06** 수전실
07 49	

08 ●●하

주택건설기준 등에 관한 규칙상 주택단지 안의 도로 중 보도에 관한 내용이다. ( )에 들어갈 아라비아 숫자를 쓰시오. 제26회

> 보도는 보행자의 안전을 위하여 차도면보다 ( )센티미터 이상 높게 하거나 도로에 화단, 짧은 기둥, 그 밖에 이와 유사한 시설을 설치하여 차도와 구분되도록 설치할 것

09 ●●하

건축법령상 용어의 정의이다. ( )에 들어갈 용어를 쓰시오. 제23회

> - (ㄱ)구조란 화재에 견딜 수 있는 성능을 가진 구조로서 국토교통부령으로 정하는 기준에 적합한 구조를 말한다.
> - (ㄴ)구조란 화염의 확산을 막을 수 있는 성능을 가진 구조로서 국토교통부령으로 정하는 기준에 적합한 구조를 말한다.

10 ●●하

주택건설기준 등에 관한 규칙상 ( )에 들어갈 아라비아 숫자를 쓰시오. 제27회

> 제8조(냉방설비 배기장치 설치공간의 기준) ① 영 제37조 제6항에서 "국토교통부령으로 정하는 기준"이란 다음 각 호의 요건을 모두 갖춘 것을 말한다.
> 1. ~ 2. <생략>
> 3. 세대별 주거전용면적이 (ㄱ)제곱미터를 초과하는 경우로서 세대 내 거실 또는 침실이 2개 이상인 경우에는 거실을 포함한 최소 (ㄴ)개의 공간에 냉방설비 배기장치 연결배관을 설치할 것

Answer

08 10
09 ㄱ: 내화, ㄴ: 방화
10 ㄱ: 50, ㄴ: 2

02 하자보수제도 및 장기수선계획 등

연계학습: 기본서 p.410~448

01 중

공동주택관리법령상 하자보수보증금에 관한 설명으로 옳지 않은 것은? 제24회

① 지방공사인 사업주체는 대통령령으로 정하는 바에 따라 하자보수를 보장하기 위하여 하자보수보증금을 담보책임기간 동안 예치하여야 한다.

② 입주자대표회의 등은 하자보수보증금을 하자심사 · 분쟁조정위원회의 하자여부 판정 등에 따른 하자보수비용 등 대통령령으로 정하는 용도로만 사용하여야 한다.

③ 사업주체는 하자보수보증금을 「은행법」에 따른 은행에 현금으로 예치할 수 있다.

④ 입주자대표회의는 하자보수보증서 발급기관으로부터 하자보수보증금을 지급받기 전에 미리 하자보수를 하는 사업자를 선정해서는 아니 된다.

⑤ 입주자대표회의는 하자보수보증금을 사용한 때에는 그 날부터 30일 이내에 그 사용명세를 사업주체에게 통보하여야 한다.

해설

① 사업주체는 하자보수를 보장하기 위하여 하자보수보증금을 담보책임기간(보증기간은 공용부분을 기준으로 기산한다) 동안 예치하여야 한다. 다만, 국가 · 지방자치단체 · 한국토지주택공사 및 지방공사인 사업주체의 경우에는 그러하지 아니하다.

Answer

01 ①

02 ●●하

공동주택관리법령상 담보책임 및 하자보수 등에 관한 설명으로 옳지 않은 것은? 제18회

① 사업주체에 대한 하자보수청구는 입주자 단독으로 할 수 없으며 입주자대표회의를 통하여야 한다.

② 하자보수에 대한 담보책임을 지는 사업주체에는 「건축법」에 따라 건축허가를 받아 분양을 목적으로 하는 공동주택을 건축한 건축주도 포함된다.

③ 한국토지주택공사가 사업주체인 경우에는 공동주택관리법령에 따른 하자보수보증금을 예치하지 않아도 된다.

④ 사업주체는 담보책임기간에 공동주택의 내력구조부에 중대한 하자가 발생한 경우에는 하자 발생으로 인한 손해를 배상할 책임이 있다.

⑤ 시장·군수·구청장은 담보책임기간에 공동주택의 구조안전에 중대한 하자가 있다고 인정하는 경우에는 안전진단기관에 의뢰하여 안전진단을 할 수 있다.

해설

① 사업주체는 담보책임기간에 하자가 발생한 경우에는 해당 공동주택의 입주자, 입주자대표회의, 관리주체(하자보수청구 등에 관하여 입주자 또는 입주자대표회의를 대행하는 관리주체를 말한다), 「집합건물의 소유 및 관리에 관한 법률」에 따른 관리단, 공공임대주택의 임차인 또는 임차인대표회의의 청구에 따라 그 하자를 보수하여야 한다.

03 ●중●

공동주택관리법령상 시설공사별 하자담보책임기간의 연결이 옳지 않은 것은? 제19회

① 소방시설공사 중 자동화재탐지설비공사: 2년

② 지능형 홈네트워크 설비 공사 중 홈네트워크망 공사: 3년

③ 난방·환기, 공기조화 설비공사 중 자동제어설비공사: 3년

④ 대지조성공사 중 포장공사: 5년

⑤ 지붕공사 중 홈통 및 우수관공사: 5년

해설

① 소방시설공사 중 자동화재탐지설비공사의 담보책임기간은 3년이다.

04 중

공동주택관리법령상 공동주택의 하자담보책임기간으로 옳은 것을 모두 고른 것은? 제23회

ㄱ. 지능형 홈네트워크 설비 공사: 3년
ㄴ. 우수관공사: 3년
ㄷ. 저수조(물탱크)공사: 3년
ㄹ. 지붕공사: 5년

① ㄱ, ㄴ, ㄷ　② ㄱ, ㄴ, ㄹ　③ ㄱ, ㄷ, ㄹ
④ ㄴ, ㄷ, ㄹ　⑤ ㄱ, ㄴ, ㄷ, ㄹ

해설

③ ㄱ, ㄷ: 3년, ㄹ: 5년, ㄴ: 5년

05 중

공동주택관리법령상 공동주택의 시설공사별 하자에 대한 담보책임기간으로 옳은 것을 모두 고른 것은? 제26회

ㄱ. 도배공사: 2년　ㄴ. 타일공사: 2년
ㄷ. 공동구공사: 3년　ㄹ. 방수공사: 3년

① ㄱ, ㄴ, ㄷ　② ㄱ, ㄴ, ㄹ　③ ㄱ, ㄷ, ㄹ
④ ㄴ, ㄷ, ㄹ　⑤ ㄱ, ㄴ, ㄷ, ㄹ

해설

① ㄱ・ㄴ: 2년, ㄷ: 3년, ㄹ: 5년

06 상

다음 중 공동주택관리법 시행규칙상 장기수선계획의 수립기준에서 전면교체 수선주기가 가장 긴 것은? 제27회

① 보도블록　② 어린이놀이시설
③ 울타리　④ 조경시설물
⑤ 안내표지판

해설

안내표지판: 5년, 보도블럭・어린이놀이시설・조경시설물: 15년, 울타리: 20년.

Answer

02 ①　03 ①　04 ③　05 ①　06 ③

07 상

공동주택관리법 시행규칙상 장기수선계획의 수립기준으로 전면교체 수선주기가 긴 것에서 짧은 것의 순서로 옳은 것은? 제25회

① 발전기 － 소화펌프 － 피뢰설비
② 발전기 － 피뢰설비 － 소화펌프
③ 소화펌프 － 발전기 － 피뢰설비
④ 피뢰설비 － 소화펌프 － 발전기
⑤ 피뢰설비 － 발전기 － 소화펌프

해설

② 발전기 30년, 피뢰설비 25년, 소화펌프 20년이다.

08 중

공동주택관리법령상 장기수선계획에 관한 설명으로 옳지 않은 것은? 제17회 수정

① 200세대의 지역난방방식의 공동주택을 건설・공급하는 사업주체 또는 리모델링을 하는 자는 그 공동주택의 공용부분에 대한 장기수선계획을 수립하여야 한다.
② 300세대 이상의 공동주택을 건설・공급하는 사업주체 또는 리모델링을 하는 자는 그 공동주택의 공용부분에 대한 장기수선계획을 수립하여야 한다.
③ 400세대의 중앙집중식 난방방식의 공동주택을 건설・공급하는 사업주체 또는 리모델링을 하는 자는 그 공동주택의 공용부분에 대한 장기수선계획을 수립하여야 한다.
④ 사업주체는 장기수선계획을 3년마다 조정하되, 주요시설을 신설하는 등 관리여건상 필요하여 입주자대표회의의 의결을 얻은 경우에는 3년이 지나기 전에 조정할 수 있다.
⑤ 장기수선계획을 수립하는 자는 국토교통부령이 정하는 기준에 따라 장기수선계획을 수립하되, 당해 공동주택의 건설에 소요된 비용을 감안하여야 한다.

해설

④ 입주자대표회의와 관리주체는 장기수선계획을 3년마다 검토하고 필요한 경우 이를 국토교통부령으로 정하는 바에 따라 조정하여야 하며, 수립 또는 조정된 장기수선계획에 따라 주요시설을 교체하거나 보수하여야 한다. 주요시설을 신설하는 등 관리여건상 필요하여 전체 입주자 과반수의 서면동의를 받은 경우에는 장기수선계획을 수립하거나 조정한 날부터 3년이 지나기 전에 장기수선계획을 검토하여 이를 조정할 수 있다.

09 중

공동주택관리법령상 장기수선계획의 조정과 그에 관련된 교육에 관한 설명으로 옳지 않은 것은?

제16회 수정

① 입주자대표회의와 관리주체는 장기수선계획을 2년마다 검토하고 필요한 경우 조정하여야 하며, 주요시설을 신설하는 등 관리여건상 필요하여 전체 입주자 과반수의 서면동의를 받은 경우에는 장기수선계획을 수립하거나 조정한 날부터 2년이 지나기 전에 장기수선계획을 검토하여 이를 조정할 수 있다.

② 입주자대표회의와 관리주체는 장기수선계획의 조정시 에너지이용 합리화법에 따라 산업통상자원부장관에게 등록한 에너지절약전문기업이 제시하는 에너지절약을 통한 주택의 온실가스 감소를 위한 시설 개선 방법을 반영할 수 있다.

③ 관리주체는 장기수선계획을 조정하기 전에 해당 공동 주택의 관리사무소장으로 하여금 시・도지사가 실시하는 장기수선계획의 비용산출 및 공사방법 등에 관한 교육을 받게 할 수 있다.

④ 조정교육수탁기관은 장기수선계획의 조정에 관한 교육 실시 10일 전에 교육의 일시・장소・기간・내용・대상자 그 밖에 교육에 관하여 필요한 사항을 공고하거나 관리주체에게 통보하여야 한다.

⑤ 조정교육수탁기관은 당해 연도의 교육종료 후 1개월 이내에 교육결과보고서를 작성하여 시・도지사에게 보고하여야 한다.

해설

① 입주자대표회의와 관리주체는 장기수선계획을 3년마다 검토하고 필요한 경우 조정하여야 하며, 주요시설을 신설하는 등 관리여건상 필요하여 전체 입주자 과반수의 서면동의를 받은 경우에는 장기수선계획을 수립하거나 조정한 날부터 3년이 지나기 전에 장기수선계획을 검토하여 이를 조정할 수 있다.

Answer

07 ② 08 ④ 09 ①

10 중

공동주택관리법령상 의무관리대상 공동주택의 시설관리에 관한 설명으로 옳지 않은 것은? 제26회

① 관리주체는 장기수선계획에 따라 공동주택의 주요 시설의 교체 및 보수에 필요한 장기수선충당금을 해당 주택의 소유자로부터 징수하여 적립하여야 한다.

② 입주자대표회의와 관리주체는 주요시설을 신설하는 등 관리여건상 필요하여 전체 입주자 3분의 1 이상의 서면동의를 받은 경우에는 장기수선계획을 조정할 수 있다.

③ 공동주택의 안전점검 방법, 안전점검의 실시 시기, 안전점검을 위한 보유 장비, 그 밖에 안전점검에 필요한 사항은 대통령령으로 정한다.

④ 공동주택의 소유자는 장기수선충당금을 사용자가 대신하여 납부한 경우에는 그 금액을 반환하여야 한다.

⑤ 관리주체는 공동주택의 사용자가 장기수선충당금의 납부 확인을 요구하는 경우에는 지체 없이 확인서를 발급해 주어야 한다.

해설

② 입주자대표회의와 관리주체는 주요시설을 신설하는 등 관리여건상 필요하여 전체 입주자 과반수의 서면동의를 받은 경우에는 3년이 지나기 전에 장기수선계획을 조정할 수 있다.

11 하

공동주택관리법령상 공동주택의 장기수선충당금에 관한 설명으로 옳지 않은 것은? 제16회

① 장기수선충당금은 입주자 과반수의 서면동의가 있는 경우에는 하자진단 및 감정에 드는 비용으로 사용할 수 있다.

② 장기수선충당금의 요율은 당해 공동주택의 공용부분의 내구연한 등을 감안하여 공동주택관리규약으로 정하고, 적립금액은 장기수선계획에서 정한다.

③ 임대를 목적으로 하여 건설한 공동주택을 분양전환한 이후 관리업무를 인계하기 전까지의 장기수선충당금 요율은 임대주택법령상 특별수선충당금 적립요율에 따라야 한다.

④ 장기수선충당금은 당해 공동주택의 사용검사일(단지 안의 공동주택의 전부에 대하여 임시사용승인을 얻은 경우에는 임시사용승인일을 말한다)이 속하는 달부터 매월 적립한다.

⑤ 관리주체는 장기수선계획에 따라 장기수선충당금 사용계획서를 작성하고, 입주자대표회의의 의결을 거쳐 장기수선충당금을 사용한다.

해설

④ 장기수선충당금은 당해 공동주택의 사용검사일(단지 안의 공동주택의 전부에 대하여 임시사용승인을 얻은 경우에는 임시사용승인일을 말한다)부터 1년이 경과한 날이 속하는 달부터 매월 적립한다. 다만, 분양전환승인을 받은 건설임대주택의 경우에는 임대사업자가 관리주체에게 관리업무를 인수인계한 날이 속하는 달부터 매월 적립한다.

12 중

공동주택관리법령상 공동주택의 장기수선충당금에 관한 설명으로 옳은 것을 모두 고른 것은?

제21회

ㄱ. 관리주체는 장기수선계획에 따라 공동주택의 주요 시설의 교체 및 보수에 필요한 장기수선충당금을 해당 주택의 소유자로부터 징수하여 적립하여야 한다.
ㄴ. 해당 공동주택의 입주자 과반수의 서면동의가 있더라도 장기수선충당금을 하자진단 및 감정에 드는 비용으로 사용할 수 없다.
ㄷ. 공동주택 중 분양되지 아니한 세대의 장기수선충당금은 사업주체가 부담하여야 한다.
ㄹ. 장기수선충당금은 관리주체가 공동주택관리법 시행령 제31조 제4항 각 호의 사항이 포함된 장기수선충당금 사용계획서를 장기수선계획에 따라 작성하고 입주자대표회의의 의결을 거쳐 사용한다.
ㅁ. 장기수선충당금은 건설임대주택에서 분양전환된 공동주택의 경우에는 임대사업자가 관리주체에게 공동주택의 관리업무를 인계한 날부터 1년이 경과한 날이 속하는 달부터 매달 적립한다.

① ㄱ, ㅁ
② ㄴ, ㄹ
③ ㄱ, ㄷ, ㄹ
④ ㄴ, ㄷ, ㅁ
⑤ ㄴ, ㄹ, ㅁ

해설

ㄴ. 해당 공동주택의 입주자 과반수의 서면동의가 있으면 장기수선충당금을 하자진단 및 감정에 드는 비용으로 사용할 수 있다.
ㅁ. 장기수선충당금은 건설임대주택에서 분양전환된 공동주택의 경우에는 임대사업자가 관리주체에게 공동주택의 관리업무를 인계한 날이 속하는 달부터 적립한다.

Answer

10 ②　11 ④　12 ③

13 상

민간임대주택에 관한 특별법령상 특별수선충당금에 관한 설명으로 옳은 것은?
제16회 수정

① 임대사업자가 민간임대주택을 양도하는 경우에는 특별수선충당금을 「공동주택관리법」에 따라 최초로 구성되는 관리사무소장에게 넘겨주어야 한다.
② 임대사업자가 국가 · 지방자치단체 · 한국토지주택공사 또는 지방공사인 경우에는 특별수선충당금을 단독 명의로 금융회사 등에 예치하여 따로 관리할 수 있다.
③ 임대사업자는 특별수선충당금을 사용하려면 미리 해당 임대주택이 있는 곳을 관할하는 시장 · 군수 또는 구청장의 승인을 받아야 한다.
④ 관리사무소장은 국토교통부령으로 정하는 방법에 따라 임대사업자의 특별수선충당금 적립 여부, 적립금액 등을 관할 시 · 도지사에게 보고하여야 한다.
⑤ 관리사무소장은 특별수선충당금 적립 현황을 매1년 단위로 연1회 적립기간 종료 후 다음 달 말일까지 시 · 도지사에게 보고하여야 한다.

해설
① 「공동주택관리법」에 따라 최초로 구성되는 입주자대표회의에게 넘겨주어야 한다.
③ 임대사업자는 특별수선충당금을 사용하려면 미리 해당 임대주택이 있는 곳을 관할하는 시장 · 군수 또는 구청장과 협의하여야 한다.
④ 시장 · 군수 · 구청장은 국토교통부령으로 정하는 방법에 따라 임대사업자의 특별수선충당금 적립 여부, 적립금액 등을 관할 시 · 도지사에게 보고하여야 하며, 시 · 도지사는 시장 · 군수 · 구청장의 보고를 종합하여 국토교통부장관에게 보고하여야 한다.
⑤ 시장 · 군수 · 구청장은 특별수선충당금 적립 현황 보고서를 매년 1월 31일과 7월 31일까지 관할 특별시장 · 광역시장 · 특별자치시장 · 도지사 또는 특별자치도지사(이하 "시 · 도지사"라 한다)에게 제출하여야 하며, 시 · 도지사는 이를 종합하여 매년 2월 15일과 8월 15일까지 국토교통부장관에게 보고하여야 한다.

Answer
13 ②

주관식 단답형 문제

01 ●●하

공동주택관리법령상 하자보수보증금의 반환에 관한 규정의 일부이다. (   )에 들어갈 숫자를 순서대로 쓰시오. (단, 하자보수보증금을 사용하지 않은 것으로 전제함)

제20회

> 입주자대표회의는 사업주체가 예치한 하자보수보증금을 다음 각 호의 구분에 따라 순차적으로 사업주체에게 반환하여야 한다.
> 1. <생략>
> 2. 사용검사일부터 3년이 경과된 때: 하자보수보증금의 100분의 (   )
> 3. 사용검사일부터 5년이 경과된 때: 하자보수보증금의 100분의 (   )
> 4. <생략>

02 ●●하

공동주택관리법령상 사업주체가 예치한 하자보수보증금을 입주자대표회의가 사업주체에게 반환하여야 하는 비율에 관한 내용이다. (   )에 들어갈 숫자를 쓰시오.

제23회

> • 사용검사일부터 3년이 경과된 때: 하자보수보증금의 100분의 (ㄱ)
> • 사용검사일부터 5년이 경과된 때: 하자보수보증금의 100분의 (ㄴ)
> • 사용검사일부터 10년이 경과된 때: 하자보수보증금의 100분의 (ㄷ)

Answer

01 40, 25

02 ㄱ: 40, ㄴ: 25, ㄷ: 20

03
중

공동주택관리법상 조정 등의 처리기간 등에 관한 내용이다. (   )에 들어갈 용어를 쓰시오. 제26회

> 제45조(조정 등의 처리기간 등) ① 하자분쟁조정위원회는 조정 등의 신청을 받은 때에는 지체 없이 조정 등의 절차를 개시하여야 한다. 이 경우 하자분쟁조정위원회는 그 신청을 받은 날부터 다음 각 호의 구분에 따른 기간(제2항에 따른 흠결보정기간 및 제48조에 따른 하자감정기간은 제외한다) 이내에 그 절차를 완료하여야 한다.
> 1. 하자심사 및 분쟁조정: 60일(공용부분의 경우 90일)
> 2. 분쟁(   ): 150일(공용부분의 경우 180일)

04
중

공동주택관리법령상 장기수선계획에 관한 규정이다. (   )에 들어갈 용어와 숫자를 순서대로 쓰시오. 제20회

> (   )와(과) 관리주체는 장기수선계획을 (   )년마다 검토하고, 필요한 경우 이를 국토교통부령으로 정하는 바에 따라 조정하여야 하며, 수립 또는 조정된 장기수선계획에 따라 주요시설을 교체하거나 보수하여야 한다.

05
중

공동주택관리법령상 장기수선계획 수립에 관한 내용이다. (   ) 안에 들어갈 숫자와 용어를 순서대로 각각 쓰시오. 제18회

> (   )세대 이상의 공동주택을 건설・공급하는 사업주체는 대통령령으로 정하는 바에 따라 그 공동주택의 (   )에 대한 장기수선계획을 수립하여야 한다.

06 상

공동주택관리법 시행규칙 제7조(장기수선계획의 수립기준 등)**에 관한 내용이다. (   )에 들어갈 용어를 쓰시오.** 제23회

> 입주자대표회의와 관리주체는 「공동주택관리법」 제29조 제2항 및 제3항에 따라 장기수선계획을 조정하려는 경우에는 「에너지이용 합리화법」 제25조에 따라 산업통상자원부장관에게 등록한 에너지절약전문기업이 제시하는 에너지절약을 통한 주택의 (   ) 감소를 위한 시설 개선 방법을 반영할 수 있다.

07 상

다음 조건의 공동주택에서 공급면적이 80m²인 세대의 월간 세대별 장기수선충당금을 구하시오. (단, 연간수선비는 매년 일정하다고 가정함) 제17회

> - 총세대수: 500세대(공급면적 60m² 200세대, 공급면적 80m² 300세대)
> - 총공급면적: 36,000m²
> - 장기수선계획기간: 20년
> - 장기수선계획기간 중의 연간 수선비: 162,000,000원

해설

1. 장기수선충당금은 다음의 계산식에 따라 산정한다.
월간 세대별 장기수선충당금 = [장기수선계획기간 중의 수선비총액 ÷ (총공급면적 × 12 × 계획기간(년))] × 세대당 주택공급면적
2. 장기수선계획기간 중의 수선비 총액을 주지 않고 연간 수선비가 주어졌고, 연간 수선비도 매년 일정하다고 가정했기 때문에 계획기간은 계산식에 포함하지 않는다.

$$\frac{\text{연간수선비}}{\text{총공급면적} \times 12} \times \text{세대당 주택공급면적}$$

$$\frac{162{,}000{,}000}{36{,}000 \times 12} \times 80 = 30{,}000$$

Answer

03 재정	**04** 입주자대표회의, 3
05 300, 공용부분	**06** 온실가스
07 30,000	

03 공동주택의 건축설비

연계학습 : 기본서 p.456~620

01 공동주택 지하저수조 설치방법에 관한 설명으로 옳지 않은 것은? 제20회

중

① 저수조에는 청소, 점검, 보수를 위한 맨홀을 설치하고 오염물이 들어가지 않도록 뚜껑을 설치한다.
② 저수조 주위에는 청소, 점검, 보수를 위하여 충분한 공간을 확보한다.
③ 저수조 내부는 위생에 지장이 없는 공법으로 처리한다.
④ 저수조 상부에는 오수배관이나 오염이 염려되는 기기류 설치를 피한다.
⑤ 저수조의 넘침(over flow)관은 일반배수계통에 직접 연결한다.

해설
⑤ 저수조의 넘침(over flow)관은 간접배수방식으로 배관해야 한다.

02 수도법령상 공동주택 저수조의 설치기준에 해당하지 않는 것으로만 짝지어진 것은? 제13회

중

ㄱ. $3m^3$인 저수조에는 청소·위생점검 및 보수 등 유지관리를 위하여 1개의 저수조를 둘 이상의 부분으로 구획하거나, 저수조를 2개 이상 설치하여야 한다.
ㄴ. 소화용수가 저수조에 역류되는 것을 방지하기 위한 역류방지장치가 설치되어야 한다.
ㄷ. 저수조의 공기정화를 위한 통기관과 물의 수위조절을 위한 월류관(越流管)을 설치하고, 관에는 벌레 등 오염물질이 들어가지 아니하도록 녹이 슬지 아니하는 재질의 세목(細木) 스크린을 설치하여야 한다.
ㄹ. 저수조를 설치하는 곳은 분진 등으로 인한 2차 오염을 방지하기 위하여 암·석면을 제외한 다른 적절한 자재를 사용하여야 한다.
ㅁ. 저수조 내부의 높이는 최소 1m 50cm 이상으로 하여야 한다.

① ㄱ, ㄷ　② ㄱ, ㅁ　③ ㄴ, ㄹ
④ ㄴ, ㅁ　⑤ ㄷ, ㄹ

해설
ㄱ. $5m^3$를 초과하는 저수조에는 청소·위생점검 및 보수 등 유지관리를 위하여 1개의 저수조를 둘 이상의 부분으로 구획하거나, 저수조를 2개 이상 설치하여야 한다.
ㅁ. 저수조 내부의 높이는 최소 1m 80cm 이상으로 할 것. 다만, 옥상에 설치한 저수조는 제외한다.

03 건물의 급수설비에 관한 설명으로 옳은 것을 모두 고른 것은? 제19회

●●하

ㄱ. 수격작용을 방지하기 위하여 통기관을 설치한다.
ㄴ. 압력탱크방식은 급수압력이 일정하지 않다.
ㄷ. 체크밸브는 밸브류 앞에 설치하여 배관 내의 흙, 모래 등의 이물질을 제거하기 위한 장치이다.
ㄹ. 토수구 공간을 두는 것은 물의 역류를 방지하기 위함이다.
ㅁ. 슬루스밸브는 스톱밸브라고도 하며 유체에 대한 저항이 큰 것이 결점이다.

① ㄱ, ㄷ ② ㄱ, ㅁ ③ ㄴ, ㄹ
④ ㄴ, ㅁ ⑤ ㄷ, ㄹ

해설

ㄱ. 수격작용을 방지하기 위하여 공기실을 설치한다.
ㄷ. 스트레이너는 밸브류 앞에 설치하여 배관 내의 흙, 모래 등의 이물질을 제거하기 위한 장치이다.
ㅁ. 글로브밸브는 스톱 또는 구형밸브라고도 하며 유체에 대한 저항이 큰 것이 결점이다.

04 수도법 시행규칙상 저수조의 설치기준에 관한 내용으로 옳지 않은 것은? 제27회

●●하

① 저수조의 물이 일정 수중 이상 넘거나 일정 수준 이하로 줄어들 때 울리는 경보장치를 설치하여야 한다.
② 5세제곱미터를 초과하는 저수조는 청소·위생점검 및 보수 등 유지관리를 위하여 1개의 저수조를 둘 이상의 부분으로 구획하거나 저수조를 2개 이상 설치하여야 한다.
③ 저수조의 바닥은 배출구를 향하여 100분의 1 이상의 경사를 두어 설치하는 등 배출이 쉬운 구조로 하여야 한다.
④ 소화용수가 저수조에 역류되는 것을 방지하기 위한 역류방지장치가 설치되어야 한다.
⑤ 저수조의 맨홀부분은 건축물(천정 및 보 등)으로부터 90센티미터 이상 떨어져야 하며, 그 밖의 부분은 60센티미터 이상의 간격을 띄워야 한다.

해설

⑤ 저수조의 맨홀부분은 건축물(천정 및 보 등)으로부터 100센티미터 이상 떨어져야 하며, 그 밖의 부분은 60센티미터 이상의 간격을 띄워야 한다.

Answer

01 ⑤ 02 ② 03 ③ 04 ⑤

05

●●하

다음조건에 따라 계산된 급수 펌프의 양정(Mpa)은? 제22회

- 부스터방식이며 펌프(저수조 낮은 수위)에서 최고 수전까지 높이는 30.0 mAq
- 배관과 기타 부속의 소요양정은 펌프에서 최고 수전까지 높이의 40%
- 수전 최소 필요압력은 7.0mAq
- 수주 1.0 mAq 는 0.01MPa로 한다.
- 그 외의 조건은 고려하지 않는다.

① 0.30 ② 0.37 ③ 0.49
④ 0.58 ⑤ 0.77

해설

③ 7m + 30m + (30m × 0.4) = 49m × 0.01 = 0.49Mpa

06

●●하

공동주택의 최상층 샤워기에서 최저필요수압을 확보하기 위한 급수펌프의 전양정(m)을 다음 조건을 활용하여 구하면 얼마인가? 제23회

- 지하 저수조에서 펌프직송방식으로 급수하고 있다.
- 펌프에서 최상층 샤워기까지의 높이는 50m, 배관마찰, 국부저항 등으로 인한 손실양정은 10m이다.
- 샤워기의 필요압력은 70kPa로 하며, 1mAq = 10kPa로 환산한다.
- 저수조의 수위는 펌프보다 5m 높은 곳에서 항상 일정하다고 가정한다.
- 그 외의 조건은 고려하지 않는다.

① 52 ② 57 ③ 62
④ 67 ⑤ 72

해설

해설 펌프의 전양정 = 실양정 + 마찰손실수두 = (50m + 10m + 7m) − 5m = 62m

07

●●하

유량 360ℓ/min, 전양정 50mAq, 펌프효율 70%인 경우 소요동력(kW)은 약 얼마인가? 제15회

① 4.2 ② 5.2 ③ 6.2
④ 7.2 ⑤ 8.2

해설

펌프의 축동력 $= \dfrac{W \times Q \times H}{6{,}120 \times E} = \dfrac{1{,}000 \times 0.36 \times 50}{6{,}120 \times 0.7} \fallingdotseq 4.2(kW)$

W : 물의 밀도(1,000kg/m^3) Q : 양수량(m^3/min)
H : 전양정(mAq) E : 펌프의 효율(%)

08

●●◉하

건축물의 급수 및 급탕비에 관한 설명으로 옳지 않은 것은? 제24회

① 급수 및 급탕설비에 이용하는 재료는 유해물이 침출되지 않는 것을 사용한다.
② 고층건물의 급수배관을 단일계통으로 하면 하층부보다 상층부의 급수압력이 높아진다.
③ 급수 및 급탕은 위생기구나 장치 등의 기능에 만족하는 수압과 수량(水量)으로 공급한다.
④ 급탕배관에는 관의 온도변화에 따른 팽창과 수축을 흡수할 수 있는 장치를 설치하여야 한다.
⑤ 급수 및 급탕계통에는 역 사이펀 작용에 의한 역류가 발생되지 않아야 한다.

해설

② 고층건물의 급수배관을 단일계통으로 하면 상층부보다 하층부의 급수압력이 높아진다.

09

●●◉하

다음에서 설명하고 있는 펌프는? 제24회

- 디퓨져 펌프라고도 하며 임펠러 주위에 가이드 베인을 갖고 있다.
- 임펠러를 직렬로 장치하면 고양정을 얻을 수 있다.
- 양정은 회전비의 제곱에 비례한다.

① 터빈 펌프
② 기어 펌프
③ 피스톤 펌프
④ 위싱턴 펌프
⑤ 플런지 펌프

해설

① 터빈 펌프를 말한다.

Answer

05 ③ 06 ③ 07 ① 08 ② 09 ①

10 하

급수 및 배수 설비에 관한 설명으로 옳지 않은 것은? 제25회

① 터빈 펌프는 임펠러의 외주에 안내날개(guide vane)가 달려 있지 않다.
② 보일러에 경수를 사용하면 보일러 수명 단축의 원인이 될 수 있다.
③ 급수용 저수조의 오버플로우(overflow)관은 간접배수 방식으로 한다.
④ 결합통기관은 배수수직관과 통기수직관을 연결하는 통기관이다.
⑤ 기구배수부하단위의 기준이 되는 위생기구는 세면기이다.

해설

① 터빈 펌프는 임펠러의 외주에 안내날개(guide vane)가 달려 있다.

11 중

펌프에 관한 설명으로 옳지 않은 것은? 제17회

① 양수량은 회전수에 비례한다.
② 축동력은 회전수의 세제곱에 비례한다.
③ 전양정은 회전수의 제곱에 비례한다.
④ 2대의 펌프를 직렬운전하면 토출량은 2배가 된다.
⑤ 실양정은 흡수면으로부터 토출수면까지의 수직거리이다.

해설

④ 직렬운전시에는 토출량은 동일하고 양정이 2배가 된다.

12 중

펌프에 관한 설명으로 옳지 않은 것은? 제19회

① 펌프의 양수량은 펌프의 회전수에 비례한다.
② 펌프의 흡상높이는 수온이 높을수록 높아진다.
③ 워싱턴펌프는 왕복동식 펌프이다.
④ 펌프의 축동력은 펌프의 양정에 비례한다.
⑤ 볼류트펌프는 원심식 펌프이다.

해설

② 펌프의 흡상높이는 수온이 높을수록 낮아진다.

13 배관내 흐르는 유체의 마찰저항에 관한 설명으로 옳은 것은? 제25회

상

① 배관 내경이 2배 증가하면 마찰저항의 크기는 1/4로 감소한다.
② 배관 길이가 2배 증가하면 마찰저항의 크기는 1.4배 증가한다.
③ 배관내 유체 속도가 2배 증가하면 마찰저항의 크기는 4배 증가한다.
④ 배관 마찰손실계수가 2배 증가하면 마찰저항의 크기는 4배 증가한다.
⑤ 배관내 유체 밀도가 2배 증가하면 마찰저항의 크기는 1/2로 감소한다.

해설

① 배관 내경이 2배 증가하면 마찰저항의 크기는 1/2로 감소한다.
② 배관 길이가 2배 증가하면 마찰저항의 크기는 2배 증가한다.
④ 배관 마찰손실계수가 2배 증가하면 마찰저항의 크기는 2배 증가한다.
⑤ 배관내 유체 밀도가 2배 증가하면 마찰저항의 크기는 2배 증가한다.

14 급수설비에 관한 설명으로 옳지 않은 것은? 제18회

하

① 펌프직송방식이 고가수조방식보다 위생적인 급수가 가능하다.
② 급수관경을 정할 때 관균등표 또는 유량선도가 일반적으로 이용된다.
③ 고층건물일 경우 급수압 조절 및 소음방지 등을 위해 적절한 급수 조닝(zoning)이 필요하다.
④ 급수설비의 오염원인으로 상수와 상수 이외의 물질이 혼합되는 캐비테이션(cavitation)현상이 있다.
⑤ 급수설비 공사 후 탱크류의 누수 유무를 확인하기 위해 만수시험을 한다.

해설

④ 건물 내에는 각종 설비배관이 혼재하고 있어 시공 시 착오로 서로 다른 계통의 배관을 접속하는 경우가 있다. 이 중에 상수로부터의 급수계통과 그 외의 계통이 직접 접속되는 것을 크로스 커넥션이라고 한다. 이렇게 될 경우 급수계통내의 압력이 다른 계통내의 압력보다 낮아지게 되면 다른 계통내의 유체가 급수계통으로 유입되어 물의 오염 원인이 될 수 있다.

Answer

10 ① 11 ④ 12 ② 13 ③ 14 ④

15 하

단물이라고도 불리는 연수(軟水)에 관한 설명으로 옳지 않은 것은? 제18회

① 총경도 120ppm 이상의 물이다.
② 경수보다 표백용으로 적합하다.
③ 경수보다 비누가 잘 풀린다.
④ 경수보다 염색용으로 적합하다.
⑤ 경수보다 보일러 용수로 적합하다.

해설
물의 경도 : 물속에 용해되어 있는 마그네슘이나 칼슘의 양을 이것에 대항하는 탄산칼륨의 백만분률(ppm)로 환산하여 나타낸다. 음용수의 총경도는 300ppm을 넘어서는 안 된다.
1. 극연수 : 증류수, 멸균수 : 0ppm
2. 연수(단물) : 90ppm 이하
3. 적수 : 90~110ppm
4. 경수(센물) : 110ppm 이상

16 중

유량 280L/min, 유속 3m/sec일 때 관(pipe)의 규격으로 가장 적합한 것은? 제15회

① 20A ② 25A ③ 32A
④ 50A ⑤ 65A

해설
$$1.13 \times \sqrt{\frac{\text{유량}(m^3/s)}{\text{유속}(m/s)}} = 1.13 \times \sqrt{\frac{0.0047m^3/s}{3m/s}} = 1.13 \times \sqrt{0.0016} = 1.13 \times 0.04 = 0.0452m$$
관경(d) = 45.2mm이므로 배관의 규격은 50mm 이상을 사용한다.
주) mm를 A로 표시하기도 한다.

17 하

배관의 부속품 중 동일 구경의 배관을 직선으로 연장하기 위한 접합에 사용하는 이음(joint)은? 제16회

① 플러그(plug) ② 리듀서(reducer)
③ 유니언(union) ④ 캡(cap)
⑤ 엘보(elbow)

해설
플러그와 캡은 배관의 말단부에, 리듀서는 구경이 다른 관을 접합할 때, 엘보는 배관이 굴곡진 부분에 사용한다.

18 하

다음은 배관설비의 각종 이음부속의 용도를 분류한 것이다. 옳게 짝지어지지 않은 것은?

제18회 기출

① 분기배관: 티, 크로스
② 동일 지름 직선 연결: 소켓, 니플
③ 관단 막음: 플러그, 캡
④ 방향 전환: 유니온, 이경소켓
⑤ 이경관의 연결: 부싱, 이경니플

해설

- 직관의 접속: 소켓, 유니온, 플랜지, 니플
- 이경관(이형관)의 접속: 리듀서, 부싱, 이경니플, 이경소켓
- 배관의 굴곡부: 엘보, 밴드
- 배관의 말단부: 플러그, 캡
- 분기관을 낼 때: 티, 크로스, 와이(45°, 90°)

19 중

펌프의 공동현상(cavitation)을 방지하기 위해 고려할 사항으로 옳은 것은?

제16회

① 펌프를 저수조 수위보다 높게 설치한다.
② 방진장치를 설치한다.
③ 펌프의 토출 측에 체크밸브를 설치한다.
④ 흡입배관의 마찰손실을 줄여준다.
⑤ 펌프의 흡입 및 토출 측에 플렉시블 이음을 한다.

해설

④ 흡입양정을 낮추고 흡입배관의 지름을 크게 하여 흡입배관의 마찰손실을 줄인다.

Answer

15 ① 16 ④ 17 ③ 18 ④ 19 ④

20 ●●하

밸브나 수전(水栓)류를 급격히 열고 닫을 때 압력변화에 의해 발생하는 현상은? 제17회

① 수격(water hammering)현상
② 표면장력(surface tension)현상
③ 공동(cavitation)현상
④ 사이펀(siphon)현상
⑤ 모세관(capillary tube)현상

해설

① 수격현상은 밸브나 수전류를 급격히 열고 닫을 때 급수배관에 갑작스런 압력상승이 발생하면서 물이 관벽 등에 부딪히며 발생되는 소음 및 진동현상을 말한다.

21 ●●하

다음은 수도법령상 급수관의 상태검사 및 조치 등에서 급수설비 상태검사의 구분 및 방법에 관한 내용이다. 옳지 않은 것을 모두 고른 것은? 제20회 수정

> ㄱ. 기초조사 중 문제점 조사에서는 출수불량, 녹물 등 수질불량 등을 조사한다.
> ㄴ. 급수관 수질검사 중 수소이온농도의 기준은 5.8 이상 8.5 이하이다.
> ㄷ. 급수관 수질검사 중 시료 채취 방법은 건물 내 임의의 냉수 수도꼭지 하나 이상에서 물 0.5리터를 채취한다.
> ㄹ. 현장조사 중 유량은 건물 안의 가장 낮은 층의 냉수 수도꼭지 하나 이상에서 유량을 측정한다.
> ㅁ. 현장조사 중 내시경 관찰은 단수시킨 후 지하저수조 급수배관, 입상관(立上管), 건물 내 임의의 냉수 수도꼭지를 하나 이상 분리하여 내시경을 이용하여 진단한다.

① ㄱ, ㄴ　　② ㄱ, ㄷ　　③ ㄴ, ㅁ
④ ㄷ, ㄹ　　⑤ ㄹ, ㅁ

해설

ㄷ. 급수관 수질검사 중 시료 채취 방법은 건물 내 임의의 냉수 수도꼭지 하나 이상에서 물 1리터를 채취한다.
ㄹ. 현장조사 중 유량은 건물 안의 가장 높은 층의 냉수 수도꼭지 하나 이상에서 유량을 측정한다.

22

하

급배수 위생설비에 관한 내용으로 옳지 않은 것은? 제21회

① 탱크가 없는 부스터방식은 펌프의 동력을 이용하여 급수하는 방식으로 저수조가 필요 없다.

② 수격작용이란 급수전이나 밸브 등을 급속히 폐쇄했을 때 순간적으로 급수관 내부에 충격압력이 발생하여 소음이나 충격음, 진동 등이 일어나는 현상을 말한다.

③ 매시 최대 예상급수량은 일반적으로 매시 평균 예상급수량의 1.5~2.0배 정도로 산정한다.

④ 배수수평주관의 관경이 125mm일 경우 원활한 배수를 위한 배관의 최소구배는 1/150로 한다.

⑤ 결합통기관은 배수수수직관과 통기수직관을 접속하는 것으로 배수수직관 내의 압력변동을 완화하기 위해 설치한다.

해설

① 탱크가 없는 부스터방식은 펌프의 동력을 이용하여 급수하는 방식으로 저수조가 필요하다.

23

중

고가수조방식을 적용하는 공동주택에서 각 세대에 공급되는 급수과정 순서로 옳은 것은? 제22회

ㄱ. 세대 계량기	ㄴ. 상수도본관
ㄷ. 양수장치(급수펌프)	ㄹ. 지하저수조
ㅁ. 고가수조	

① ㄱ ⇨ ㄹ ⇨ ㅁ ⇨ ㄷ ⇨ ㄴ

② ㄴ ⇨ ㄹ ⇨ ㄷ ⇨ ㅁ ⇨ ㄱ

③ ㄴ ⇨ ㅁ ⇨ ㄹ ⇨ ㄷ ⇨ ㄱ

④ ㄹ ⇨ ㄷ ⇨ ㅁ ⇨ ㄴ ⇨ ㄱ

⑤ ㄹ ⇨ ㄴ ⇨ ㅁ ⇨ ㄷ ⇨ ㄱ

해설

② ㄴ. 상수도본관 ⇨ ㄹ. 지하저수조 ⇨ ㄷ. 양수장치(급수펌프) ⇨ ㅁ. 고가수조 ⇨ ㄱ. 세대 계량기 순서이다.

Answer

20 ① 21 ④ 22 ① 23 ②

24 하

양변기의 세정급수 방식을 모두 고른 것은? 제22회

ㄱ. 고가수조식	ㄴ. 로우탱크식
ㄷ. 수도직결식	ㄹ. 세정밸브식

① ㄱ,ㄴ ② ㄱ, ㄷ ③ ㄴ, ㄷ
④ ㄴ, ㄹ ⑤ ㄷ,ㄹ

해설
④ 양변기의 세정급수 방식은 로우탱크식, 세정밸브식이 있다.

25 중

대변기의 세정방식 중 세정밸브식인 것은? 제19회

① 사이펀 볼텍스식 ② 세락식
③ 사이펀식 ④ 블로아웃식
⑤ 사이펀 제트식

해설
④ 블로아웃식은 대변기의 세정방식 중 세정밸브식이다.

26 하

배관 내를 흐르는 냉온수 등에 혼입된 이물질이 펌프 등의 기기에 들어가지 않도록 그 앞부분에 설치하는 것은? 제16회

① 트랩(trap) ② 스트레이너(strainer)
③ 볼조인트(ball joint) ④ 기수혼합밸브
⑤ 정압기(governor)

해설
② 스트레이너(strainer)는 배관 내를 흐르는 냉온수 등에 혼입된 이물질이 펌프 등의 기기에 들어가지 않도록 그 앞부분에 설치하는 장치를 말한다.

27 하

공조설비의 냉온수 공급관과 환수관의 양측압력을 동시에 감지하여 압력 균형을 유지시키는 용도의 밸브는? 제21회

① 온도조절밸브
② 차압조절밸브
③ 공기빼기밸브
④ 안전밸브
⑤ 감압밸브

해설

② 차압조절밸브는 냉온수 공급관과 환수관의 양측압력을 동시에 감지하여 압력 균형을 유지시킨다.

28 중

배관의 부속품으로 사용되는 밸브에 관한 설명으로 옳지 않은 것은? 제23회

① 글로브밸브는 스톱밸브라고도 하며, 게이트밸브에 비해 유체에 대한 저항이 크다.
② 볼탭밸브는 밸브 중간에 위치한 볼의 회전에 의해 유체의 흐름을 조절한다.
③ 게이트밸브는 급수배관의 개폐용으로 주로 사용된다.
④ 체크밸브는 유체의 흐름을 한 방향으로 흐르게 하며, 리프트형 체크밸브는 수평배관에 사용된다.
⑤ 공기빼기밸브는 배관 내 공기가 머물 우려가 있는 곳에 설치된다.

해설

② 볼밸브는 밸브 중간에 위치한 볼의 회전에 의해 유체의 흐름을 조절한다.

Answer

24 ④　25 ④　26 ②　27 ②　28 ②

29 상

다음 그림의 트랩에서 각 부위별 명칭이 옳게 연결된 것은? 제19회

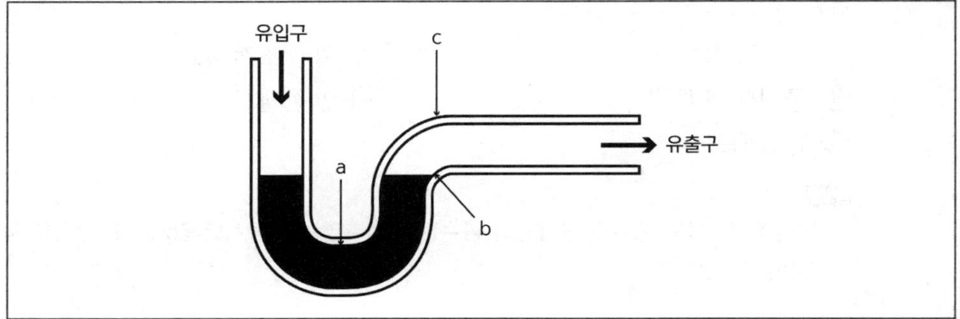

① a: 디프, b: 웨어, c: 크라운
② a: 디프, b: 크라운, c: 웨어
③ a: 웨어, b: 디프, c: 크라운
④ a: 크라운, b: 웨어, c: 디프
⑤ a: 크라운, b: 디프, c: 웨어

해설

① a: 디프, b: 웨어, c: 크라운이다.

30 중

배수트랩에 관한 설명으로 옳지 않은 것은? 제18회

① 배수트랩의 역할 중 하나는 배수관 내에서 발생한 악취가 실내로 침입하는 것을 방지하는 것이다.
② 배수트랩은 봉수가 파괴되지 않은 형태로 한다.
③ 배수트랩 봉수의 깊이는 50~100mm로 하는 것이 보통이다.
④ 배수트랩 중 벨트랩은 화장실 등의 바닥배수에 적합한 트랩이다.
⑤ 배수트랩은 배수수직관 가까이에 설치하여 원활한 배수가 이루어지도록 한다.

해설

⑤ 배수트랩이 배수수직관 가까이에 설치되면 분출작용, 감압에 의한 흡인작용에 의해서 트랩의 봉수가 파괴될 수 있기 때문에 배수수직관과 멀리 설치하는 것이 바람직하다.

31 중

배수계통에 사용되는 트랩으로 옳지 않은 것은? 제18회

① P트랩
② 벨트랩
③ 기구트랩
④ 버킷트랩
⑤ 드럼트랩

해설

④ 버킷트랩은 증기트랩의 일종으로서 버킷의 부력을 이용하여 배수밸브를 자동적으로 개폐하는 형식이며 응축수는 증기압력에 의해 배출된다.

32 중

건축물의 배수 · 통기설비에 관한 설명으로 옳지 않은 것은? 제24회

① 트랩의 적정 봉수깊이는 50mm 이상 100mm 이하로 한다.
② 트랩은 2중 트랩이 되지 않도록 한다.
③ 드럼 트랩은 트랩부의 수량(水量)이 많기 때문에 트랩의 봉수는 파괴되기 어렵지만 침전물이 고이기 쉽다.
④ 각개통기관의 배수관 접속점은 기구의 최고 수면과 배수 수평지관이 수직관에 접속되는 점을 연결한 동수 구배선보다 상위에 있도록 배관한다.
⑤ 크로스 커넥션은 배수 수직관과 통기 수직관을 연결하여 배수의 흐름을 원활하게 하기 위한 접속법이다.

해설

⑤ 크로스 커넥션은 상수로부터의 급수계통과 그 외의 계통이 직접 접속되는 것을 말한다. 이렇게 될 경우 급수계통 내의 압력이 다른 계통 내의 압력보다 낮아지게 되면 다른 계통 내의 유체가 급수계통으로 유입되어 물의 오염원인이 될 수 있다.

33 하

배수용 P트랩의 적정 봉수 깊이는? 제17회

① 50~100 mm
② 110~160 mm
③ 170~220 mm
④ 230~280 mm
⑤ 290~340 mm

해설

① 적정 봉수깊이는 50~100 mm이다.

Answer

29 ① 30 ⑤ 31 ④ 32 ⑤ 33 ①

34 ●●하

국내 아파트의 단위세대에 있는 수평배관이나 수평덕트 중 일반적으로 아래층 천장 속에 설치되는 것은? 제21회

① 거실 환기덕트
② 주방 급수배관
③ 거실 난방배관
④ 욕실 배수배관
⑤ 욕실 환기덕트

해설

④ 욕실 배수배관은 일반적으로 아래층 천장 속에 설치된다.

35 ●●하

배수배관 계통에 설치되는 통기관 설비에 관한 설명으로 옳지 않은 것은? 제27회

① 공용통기관은 최하류 기구 배수관과 배수수직관 사이에 설치된다.
② 신정통기관은 배수수직관 상부에서 관경을 축소하지 않고 연장하여 대기 중에 개구한 통기관이다.
③ 각개통기관은 자기사이펀 작용의 방지 효과가 있다.
④ 결합통기관은 배수수직관과 통기수직관을 연결한 통기관이다.
⑤ 섹스티아 통기방식은 1개의 배수수직관으로 배수와 통기가 이루어지도록 한다.

해설

① 공용통기관이란 맞물림 또는 병렬로 설치한 위생기구의 기구배수관 교차점에 접속하여, 그 양쪽 기구의 트랩봉수를 보호하는 1개의 통기관을 말한다.

36 ●●하

다음에서 설명하고 있는 배수배관의 통기방식은? 제22회

- 봉수보호의 안정도가 높은 방식이다.
- 위생기구마다 통기관을 설치한다.
- 자기사이펀작용의 방지효과가 있다.
- 경제성과 건물의 구조 등 때문에 모두 적용하기 어려운 점이 있다.

① 각개통기방식
② 결합통기방식
③ 루프통기방식
④ 신정통기방식
⑤ 섹스티아방식

해설

① 각개통기방식이다.

37 중

배수배관 계통에 설치되는 트랩과 통기관에 관한 설명으로 옳지 않은 것은?

제23회

① 신정통기관은 가장 높은 곳에 위치한 기구의 물넘침선보다 150mm 이상에서 배수수직관에 연결한다.

② 도피통기관은 배수수평지관의 최하류에서 통기수직관과 연결한다.

③ 트랩은 자기세정이 가능하도록 하고, 적정 봉수의 깊이는 50~100mm 정도로 한다.

④ 장기간 사용하지 않을 때, 모세관 현상이나 증발에 의해 트랩의 봉수가 파괴될 수 있다.

⑤ 섹스티아 통기관에는 배수수평주관에 배수가 원활하게 유입되도록 공기분리 이음쇠가 설치된다.

해설

⑤ 섹스티아 방식은 섹스티아 이음쇠와 섹스티아 벤트관을 사용하여 유수에 선회력을 주어 공기코어를 유지시켜 하나의 관으로 배수와 통기를 겸하는 통기방식이고, 소벤트 방식은 공기혼합이음쇠와 공기분리 이음쇠를 설치하여 하나의 배수수직관으로 배수와 통기를 겸하는 통기방식이다.

38 하

배수설비 배관 계통에 설치되는 트랩 및 통기관에 관한 설명으로 옳지 않은 것은?

제26회

① 트랩의 유효 봉수 깊이가 깊으면 유수의 저항이 증가하여 통수능력이 감소된다.

② 루프통기관은 배수수직관 상부에서 관경을 축소하지 않고 연장하여 대기중에 개구한 통기관이다.

③ 통기관은 배수의 흐름을 원활하게 하는 동시에 트랩의 봉수를 보호한다.

④ 각개통기방식은 각 위생기구의 트랩마다 통기관을 설치하기 때문에 안정도가 높은 방식이다.

⑤ 대규모 설비에서 배수 수직관의 하층부 기구에서는 역압에 의한 분출작용으로 봉수가 파괴되는 현상이 발생한다.

해설

② 신정통기관은 배수수직관 상부에서 관경을 축소하지 않고 연장하여 대기 중에 개구한 통기관을 말한다.

Answer

34 ④ 35 ① 36 ① 37 ⑤ 38 ②

39
●중●

공동주택의 배수설비계통에서 발생하는 발포존에 관한 설명으로 옳지 않은 것은?

제16회

① 배수에 포함된 세제로 인하여 발생한다.
② 발포존에서는 배수수직관과 배수수평지관의 접속을 피하는 것이 바람직하다.
③ 배수수평주관의 길이를 길게 하여 발포존의 발생을 줄일 수 있다.
④ 발포존의 발생 방지를 위하여 저층부와 고층부의 배수계통을 별도로 한다.
⑤ 배수수직관의 압력변동으로 저층부 배수계통의 트랩에서 분출현상이 발생한다.

해설

③ 배수수평주관의 길이를 짧게 하여 발포존의 발생을 줄일 수 있다.

40
●●하

오수 등의 수질지표에 관한 설명으로 옳지 않은 것은?

제22회

① SS – 물 $1cm^3$ 중의 대장균군 수를 개수로 표시하는 것이다.
② BOD – 생물화학적 산소요구량으로 수중 유기물이 미생물에 의해서 분해될 때 필요한 산소량이다.
③ pH – 물이 산성인가 알칼리성인가를 나타내는 것이다.
④ DO – 수중 용존산소량을 나타낸 것이며 이것이 클수록 정화능력도 크다고 할 수 있다.
⑤ COD – 화학적 산소요구량으로 수중 산화되기 쉬운 유기물을 산화제로 산화시킬 때 산화제에 상당하는 산소량이다.

해설

① SS(부유물질)는 물에 녹지 않으면서 오수 중에 떠다니는 부유물질을 말한다.

41
●●하

난방설비에 관한 설명으로 옳지 않은 것은?

제23회

① 방열기의 상당방열면적은 표준상태에서 전 방열량을 표준 방열량으로 나눈 값이다.
② 증기용 트랩으로 열동트랩, 버킷트랩, 플로트트랩 등이 있다.
③ 천장고가 높은 공간에는 복사난방이 적합하다.
④ 보일러의 정격출력은 난방부하 + 급탕부하 + 배관(손실)부하이다.
⑤ 증기난방은 증기의 잠열을 이용하는 방식이다.

해설

④ 보일러의 정격출력은 난방부하 + 급탕부하 + 배관(손실)부하 + 예열부하이다.

42 중

건축물의 설비기준 등에 관한 규칙상 개별난방설비의 기준에 관한 설명으로 옳지 않은 것은? 제24회

① 보일러는 거실 외의 곳에 설치하되, 보일러를 설치하는 곳과 거실사이의 경계벽은 출입구를 제외하고는 내화구조의 벽으로 구획해야 한다.
② 보일러실의 윗부분에는 그 면적이 0.5제곱미터 이상인 환기창을 설치해야 한다. 다만, 전기보일러의 경우에는 그러하지 아니한다.
③ 보일러실과 거실사이의 출입구는 그 출입구가 닫힌 경우에는 보일러가스가 거실에 들어갈 수 없는 구조로 해야 한다.
④ 오피스텔의 경우에는 난방구획을 방화구획으로 구획해야 한다.
⑤ 기름보일러를 설치하는 경우에는 기름저장소를 보일러실 내에 설치해야 한다.

해설

⑤ 기름보일러를 설치하는 경우에는 기름저장소를 보일러실 외의 다른 곳에 설치해야 한다.

43 중

건축물의 설비기준 등에 관한 규칙상 30세대 이상의 신축공동주택 등의 기계환기설비 설치기준에 관한 설명으로 옳지 않은 것은? 제17회

① 공기흡입구 및 배기구와 공기공급체계 및 공기배출체계는 기계환기설비를 지속적으로 작동시키는 경우에도 대상 공간의 사용에 지장을 주지 아니하는 위치에 설치되어야 한다.
② 세대의 환기량 조절을 위해서 환기설비의 정격풍량을 2단계 이상으로 조절할 수 있도록 하여야 한다.
③ 기계환기설비는 주방 가스대 위의 공기배출장치, 화장실의 공기배출 송풍기 등 급속 환기 설비와 함께 설치할 수 있다.
④ 에너지 절약을 위하여 열회수형 환기장치를 설치하는 경우에는 한국산업표준(KS B 6879)에 따라 시험한 열회수형 환기장치의 유효환기량이 표시용량의 90% 이상이어야 한다.
⑤ 외부에 면하는 공기흡입구와 배기구는 교차오염을 방지할 수 있도록 1.5미터 이상의 이격거리를 확보하거나 공기흡입구와 배기구의 방향이 서로 90도 이상 되는 위치에 설치되어야 한다.

해설

② 세대의 환기량 조절을 위하여 환기설비의 정격풍량을 최소·적정·최대의 3단계 또는 그 이상으로 조절할 수 있는 체계를 갖추어야 하고, 적정 단계의 필요 환기량은 신축공동주택 등의 세대를 시간당 0.5회로 환기할 수 있는 풍량을 확보하여야 한다.

Answer

39 ③ 40 ① 41 ④ 42 ⑤ 43 ②

44 하

난방설비에 관한 설명으로 옳은 것은? 제27회

① 증기난방은 현열을 이용하므로 온수난방에 비해 열운반능력이 크다.
② 온수난방은 증기난방에 비해 예열시간이 짧다.
③ 복사난방은 대류난방에 비해 열용량이 작아 부하변동에 따른 방열량 조절이 용이하다.
④ 증기난방에 사용되는 트랩으로 열동트랩, 버켓(bucket)트랩 등이 있다.
⑤ 온수난방에서는 배관의 길이를 줄이기 위해 역환수 배관방식이 사용된다.

해설

① 증기난방은 잠열을 이용하므로 온수난방에 비해 열운반능력이 크다.
② 온수난방은 증기난방에 비해 예열시간이 길다.
③ 복사난방은 대류난방에 비해 열용량이 커서 부하변동에 따른 방열량 조절이 용이하지 않다.
⑤ 역환수 배관방식은 배관계통에서 마찰손실을 같게 하여 균등한 유량이 공급되도록 하는 배관방식이다.

45 상

가로 10m, 세로 20m, 천장높이 5m인 기계실에서, 기기의 발열량이 40kW일 때 필요한 최소 환기횟수(회/h)는? (단, 실내 설정온도 28°C, 외기온도 18°C, 공기의 비중 1.2kg/m^3, 공기의 비열 1.0kJ/kg · K로 하고 주어진 조건 외의 사항은 고려하지 않음) 제20회

① 10 ② 12 ③ 14 ④ 16 ⑤ 18

해설

$$Q(\text{환기량}) = \frac{H_s}{\rho \cdot C_p \cdot (t_r - t_0)}(m^3/h) = \frac{40 \times 3,600}{1.2 \times 1.0 \times (28-18)} = 12,000m^3$$

여기서 H_s : 실내 발열량(kJ/h) ρ : 공기의 비중(1.2kg/m^3) C_p : 공기의 비열(1.0kJ/kg · K)
t_r : 실내 설정온도 t_0 : 외기온도
∴ 환기횟수 = 환기량 ÷ 실내체적 = 12,000 ÷ (10 × 20 × 5) = 12회

46 상

다음의 조건에서 관리사무소의 환기횟수(회/h)는? (단, 주어진 조건 외는 고려하지 않음) 제26회

- 근무인원 : 8명
- 1인당 CO_2발생량 : 15L/h
- 실내의 CO_2허용농도 : 1000ppm
- 외기 중의 CO_2농도 : 500ppm
- 사무실의 크기 : 10m(가로) × 8m(세로) × 3m(높이)

① 0.5 ② 0.75 ③ 1.0 ④ 1.25 ⑤ 1.5

해설

1. $환기량 = \frac{실내\ CO_2\ 발생량((m^3/h)}{실내\ CO_2\ 허용농도 - 실외\ CO_2\ 농도}$

2. $환기횟수 = \frac{환기량}{실체적}$

$$환기량 = \frac{8 \times \frac{15}{1,000}}{\frac{500}{1,000,000}} = 240$$

$$환기횟수 = \frac{240}{240} = 1.0$$

47 상

실의 크기가 가로 10m, 세로 10m, 천장고 2.5m인 공동주택 관리사무소의 환기횟수가 2회/h일 때, 이 실내의 CO_2 농도(ppm)는? (단, 재실인원은 10명, 1인당 CO_2 발생량은 20liter/h, 외기의 CO_2 농도는 450ppm으로 하고, 이 외 조건은 고려하지 않음) 제27회

① 750 ② 800 ③ 850
④ 900 ⑤ 950

해설

1. $환기횟수 = \frac{환기량}{실체적}$

$$2 = \frac{X}{250}$$

$$X = 500$$

2. $환기량 = \frac{실내\ CO_2\ 발생량(m^3/h)}{실내\ CO_2\ 허용농도 - 실외\ CO_2\ 농도}$

$$500 = \frac{10 \times \left(\frac{20}{1,000}\right)}{(X - 450) \times \frac{1}{1,000,000}}$$

Answer
44 ④ 45 ② 46 ③ 47 ③

48 중

건물의 급탕설비에 관한 설명으로 옳지 않은 것을 모두 고른 것은? 제19회

ㄱ. 점검에 대비하여 팽창관에는 게이트밸브를 설치한다.
ㄴ. 단관식 급탕공급방식은 배관길이가 길어지면 급탕수전에서 온수를 얻기까지의 시간이 길어진다.
ㄷ. 급탕량 산정은 건물의 사용 인원수에 의한 방법과 급탕기구수에 의한 방법이 있다.
ㄹ. 중앙식 급탕방식에서 직접가열식은 보일러에서 만들어진 증기나 고온수를 가열코일을 통해서 저탕탱크 내의 물과 열교환하는 방식이다.

① ㄱ, ㄴ　② ㄱ, ㄹ　③ ㄴ, ㄷ
④ ㄱ, ㄴ, ㄹ　⑤ ㄴ, ㄷ, ㄹ

해설

ㄱ. 저항이 발생하기 때문에 팽창관에는 밸브를 설치하지 않는다.
ㄹ. 중앙식 급탕방식에서 간접가열식은 보일러에서 만들어진 증기나 고온수를 가열코일을 통해서 저탕탱크 내의 물과 열교환하는 방식이다.

49 하

급탕배관에서 신축이음의 종류가 아닌 것은? 제19회

① 스위블 조인트　② 슬리브형
③ 벨로즈형　④ 루프형
⑤ 플랜지형

해설

신축이음의 종류에는 스위블 조인트, 슬리브형, 벨로즈형, 루프형(신축곡관), 볼형이 있다.

50 중

급탕량이 $3m^3/h$이고 급탕온도 60°C, 급수온도 10°C일 때의 급탕부하는? (단, 물의 비열은 4.2kJ/kg · K, 물 $1m^3$는 1,000kg으로 한다) 제20회

① 175kW　② 185kW　③ 195kW
④ 205kW　⑤ 215kW

해설

급탕부하 $Q = \frac{G \times C \times \Delta t}{3,600}(kW) = \frac{3,000 \times 4.2 \times (60-10)}{3,600} = 175kW$

G : 물의 중량(kg/h)　C : 물의 비열(4.2kJ/kg · K)　Δt : 온도차(K)

51 상

공동주택에서 다음과 같은 조건으로 온수보일러를 가동할 경우 사용되는 가스 소비량(m^3/h)은? 제21회

• 온수생산량: 500kg/h	• 가스 저위발열량: 20,000kJ/m^3
• 보일러 효율: 90%	• 급수온도: 20°C
• 온수온도: 80°C	• 물의 비열: 4.2kJ/kg·k

① 2
② 5
③ 7
④ 9
⑤ 12

해설

$$\text{가스 소비량} = \frac{\text{비열} \times \text{온수생산량} \times \text{온도차}}{\text{가스 저위발열량} \times \text{효율}} = \frac{4.2 \times 500 \times 60}{20{,}000 \times 0.9} = 7$$

52 하

다음 조건에 따라 계산된 전기급탕가열기의 용량(kW)은? 제22회

- 급수온도 10℃, 급탕온도 50℃, 급탕량 150(L/hr)
- 물의 비중 1(kg/L), 물의 비열 4.2(kJ/kg·K), 가열기효율 80%
- 그 외의 조건은 고려하지 않는다.

① 7.55
② 7.75
③ 8.00
④ 8.25
⑤ 8.75

해설

$$\frac{\text{급탕량} \times \text{비열} \times \text{온도차} \times \text{비중}}{3{,}600 \times \text{효율}} = \frac{150 \times 4.2 \times 40 \times 1}{3{,}600 \times 0.8} = 8.75$$

Answer

48 ② 49 ⑤ 50 ① 51 ③ 52 ⑤

53 중

수배관방식의 하나인 역환수(reverse return)방식의 목적과 유사한 기능을 갖는 것은? 제18회

① 스트레이너
② 정유량밸브
③ 체크밸브
④ 볼조인트
⑤ 열동트랩

해설

② 정유량밸브는 필요한 유량을 보내주는 밸브로서 역환수방식의 목적과 유사한 기능을 갖추고 있는 밸브라고 할 수 있다.

54 하

배관계통에서 마찰손실을 같게 하여 균등한 유량이 공급되도록 하는 배관방식은? 제17회

① 이관식 배관
② 하트포드 배관
③ 리턴콕 배관
④ 글로브 배관
⑤ 역환수 배관

해설

⑤ 역환수(리버스리턴) 배관에 관한 설명이다.

55 중

온수난방장치에 적용되는 팽창탱크에 관한 설명으로 옳지 않은 것은? 제21회

① 팽창된 물의 배출을 막아 장치의 열취득을 방지한다.
② 운전 중 장치 내를 소정의 압력으로 유지시킨다.
③ 장치 내의 수온상승으로 발생되는 물의 체적팽창과 압력을 흡수한다.
④ 장치 내 물의 누수 등으로 발생되는 공기의 침입을 방지한다.
⑤ 개방형 팽창탱크의 경우 장치 내의 공기 배출구와 온수보일러의 도피관으로 이용된다.

해설

① 팽창된 물의 배출을 막아 장치의 열손실을 방지한다.

56 하

급탕설비에 관한 내용으로 옳은 것은? 제26회

① 급탕배관에서 하향 공급방식은 급탕관과 반탕(복귀)관을 모두 선하향 구배로 한다.

② 중앙식 급탕법에서 간접가열식은 보일러 내에 스케일이 부착될 염려가 크기 때문에 소규모 건물의 급탕설비에 적합하다.

③ 보일러 내의 온수 체적 팽창과 이상 압력을 흡수하기 위해 설치하는 팽창관에는 안전을 위해 감압밸브와 차단밸브를 설치한다.

④ 급탕배관 계통에서 급탕관과 반탕관의 마찰손실을 같게 하여 균등한 유량이 공급되도록 하는 배관 방식은 직접환수방식이다.

⑤ 급탕배관의 신축이음에서 벨로우즈형은 2개 이상의 엘보를 사용하여 나사부분의 회전에 의하여 신축을 흡수한다.

해설

② 중앙식 급탕법에서 간접가열식은 보일러 내에 스케일이 부착될 염려가 작기 때문에 대규모 건물의 급탕설비에 적합하다.

③ 보일러 내의 온수 체적 팽창과 이상 압력을 흡수하기 위해 설치하는 팽창관에는 밸브를 설치해서는 안 된다.

④ 급탕배관 계통에서 급탕관과 반탕관의 마찰손실을 같게 하여 균등한 유량이 공급되도록 하는 배관 방식은 역환수(리버스리턴)방식이다.

⑤ 급탕배관의 신축이음에서 스위블이음은 2개 이상의 엘보를 사용하여 나사 부분의 회전에 의하여 신축을 흡수한다.

57 하

LPG와 LNG에 관한 내용으로 옳은 것은? 제22회

① LNG의 주성분은 탄소수 3~4의 탄화수소이다.

② LPG의 주성분은 메탄이다.

③ 기화된 LPG는 대기압상태에서 공기보다 비중이 낮다.

④ 기화된 LNG의 표준상태 용적량 발열량은 기화된 LPG보다 높다.

⑤ 액체상태의 LNG 비점은 액체 상태의 LPG보다 낮다.

해설

① LNG의 주성분은 메탄이다.

② LPG의 주성분은 프로판, 부탄이다.

③ 기화된 LPG는 대기압상태에서 공기보다 비중이 높다.

④ 기화된 LNG의 표준상태 용적량 발열량은 기화된 LPG보다 낮다.

Answer

53 ② 54 ⑤ 55 ① 56 ① 57 ⑤

58 중

주택건설기준 등에 관한 규정상 공동주택의 세대당 전용면적이 80m^{2}일 때, 각 세대에 설치해야 할 전기시설의 최소 용량(kW)은? 제23회

① 3.0 ② 3.5 ③ 4.0
④ 4.5 ⑤ 5.0

해설

③ 주택에 설치하는 전기시설의 용량은 각 세대별로 3킬로와트(세대당 전용면적이 60제곱미터 이상인 경우에는 3킬로와트에 60제곱미터를 초과하는 10제곱미터마다 0.5킬로와트를 더한 값)이상이어야 한다.
$80m^2 = 60m^2 + 10m^2 + 10m^2$
⇨ $3kW + 0.5kW + 0.5kW = 4.0kW$

59 하

지능형 홈네트워크 설비 설치 및 기술기준에서 사용하는 용어의 정의로 옳지 않은 것은? 제19회

① "집중구내통신실(TPS실)"이란 통신용 파이프 샤프트 및 통신단자함을 설치하기 위한 공간을 말한다.
② "방재실"이란 단지 내 방범, 방재, 안전 등을 위한 설비를 설치하기 위한 공간을 말한다.
③ "원격검침시스템"이란 세대 내의 전력, 가스, 난방, 온수, 수도 등의 사용량 정보를 네트워크 등을 통하여 사용자에게 알려주는 시스템을 말한다.
④ "월패드"란 세대 내의 홈네트워크 시스템을 제어할 수 있는 기기를 말한다.
⑤ "원격제어기기"란 주택 내부 및 외부에서 원격으로 제어할 수 있는 기기로서 가스밸브제어기, 조명제어기, 난방제어기 등을 말한다.

해설

① 통신용 파이프 샤프트 및 통신단자함을 설치하기 위한 공간을 "통신배관실(TPS실)"이라 한다.

60 하

지능형 홈네트워크 설비 설치 및 기술기준에서 '감지기'에 관한 설명으로 옳지 않은 것은? 제21회

① 가스누설이나 주거침입 상황 등 세대 내의 상황을 감지하는데 필요한 기기를 말한다.
② 화재감지기(화재수신반 연동), 가스감지기, 개폐감지기, 동체감지기, 환경감지기(VOC, 온·습도, CO_2 감지) 등을 말다.
③ 가스감지기는 사용하는 가스가 LNG인 경우에는 바닥 쪽에, LPG인 경우에는 천장 쪽에 설치하여야 한다.
④ 개폐감지기는 현관출입문 상단에 설치하며 단독배선하여야 한다.
⑤ 동체감지기는 유효감지반경을 고려하여 설치하여야 한다.

해설

③ 가스감지기는 사용하는 가스가 LNG인 경우에는 천장 쪽에, LPG인 경우에는 바닥 쪽에 설치하여야 한다.

61 하

전기설비에 사용하는 합성수지관에 관한 설명으로 옳지 않은 것은? 제19회

① 기계적 충격에 약하다.
② 금속관보다 무게가 가볍고 내식성이 있다.
③ 대부분 경질비닐관이 사용된다.
④ 열적 영향을 받기 쉬운 곳에 사용된다.
⑤ 관 자체의 절연성능이 우수하다.

해설

④ 합성수지관은 열에 취약하기 때문에 열적 영향을 받기 쉬운 곳에 사용해서는 안 된다.

62 하

다음에서 설명하고 있는 전기배선 공사방법은? 제23회

- 철근콘크리트 건물의 매입 배선 등에 사용된다.
- 화재에 대한 위험성이 낮다.
- 기계적 손상에 대해 안전하여 다양한 유형의 건물에 시공이 가능하다.

① 금속관 공사
② 목재몰드 공사
③ 애자사용 공사
④ 버스덕트 공사
⑤ 경질비닐관 공사

해설

① 금속관 공사에 관한 설명이다.

Answer

58 ③ 59 ① 60 ③ 61 ④ 62 ①

63 중

다음은 전기사업법령상 정기검사의 대상 · 기준 및 절차 등에서 공동주택의 정기검사대상 전기설비 및 검사시기에 관한 내용이다. ( )에 들어갈 숫자를 옳게 나열한 것은? 제20회

〈자가용전기설비 중 전기수용설비 및 비상용 예비발전설비〉 수용가에 설치한 고압 이상의 수전설비 및 75킬로와트 이상의 비상용 예비발전설비는 ( )년마다 ( )월 전후로 정기검사를 받아야 한다.

① 2, 1
② 2, 2
③ 3, 2
④ 3, 4
⑤ 3, 6

해설

수용가에 설치한 고압 이상의 수전설비 및 75킬로와트 이상의 비상용 예비발전설비는 3년마다 2월 전후로 정기검사를 받아야 한다.

64 중

건축물의 설비기준 등에 관한 규칙상 피뢰설비의 설치기준에 관한 내용으로 옳지 않은 것은? 제21회 수정

① 피뢰설비의 재료는 최소 단면적이 피복이 없는 동선을 기준으로 수뢰부, 인하도선 및 접지극은 50㎟ 이상이거나 이와 동등 이상의 성능을 갖출 것
② 접지(接地)는 환경오염을 일으킬 수 있는 시공방법이나 화학 첨가물 등을 사용하지 아니할 것
③ 피뢰설비는 한국산업표준이 정하는 피뢰레벨 등급에 적합한 피뢰설비일 것 다만, 위험물저장 및 처리시설에 설치하는 피뢰설비는 한국산업표준이 정하는 피뢰시스템레벨 Ⅱ 이상이어야 할 것
④ 급수 · 급탕 · 난방 · 가스 등을 공급하기 위하여 건축물에 설치하는 금속배관 및 금속재 설비는 전위(電位)가 균등하게 이루어지도록 전기적으로 접속할 것
⑤ 전기설비의 접지계통과 건출물의 피뢰설비 및 통신설비 등의 접지극을 공용하는 통합접지공사를 하는 경우에는 낙뢰 등으로 인한 과전압으로부터 전기설비 등을 보호하기 위하여 한국산업표준에 적합한 배선용 차단기를 설치할 것

해설

⑤ 전기설비의 접지계통과 건축물의 피뢰설비 및 통신설비 등의 접지극을 공용하는 통합접지공사를 하는 경우에는 낙뢰 등으로 인한 과전압으로부터 전기설비 등을 보호하기 위하여 한국산업표준에 적합한 서지보호장치[서지(surge : 전류 · 전압 등의 과도 파형을 말한다)로부터 각종 설비를 보호하기 위한 장치를 말한다]를 설치할 것

65 상 **조명설비에 관한 설명이다. (   )에 들어갈 용어를 순서대로 나열한 것은?** 제21회

- (   ): 빛을 받는 면에 입사하는 단위면적당 광속
- (   ): 램프의 사용시간 경과에 따라 감광되거나 먼지부착 등에 의한 조명기구 효율저하를 보완하기 위한 보정계수
- (   ): 실내의 작업범위(수평면)에서 최저조도를 최고조도로 나눈 값

① 광도, 감소율, 균제도
② 광도, 감소율, 조명률
③ 조도, 감소율, 조명률
④ 조도, 보수율, 조명률
⑤ 조도, 보수율, 균제도

해설

1. 조도: 빛을 받는 면에 입사하는 단위면적당 광속
2. 보수율: 램프의 사용시간 경과에 따라 감광되거나 먼지부착 등에 의한 조명기구 효율저하를 보완하기 위한 보정계수
3. 균제도: 실내의 작업범위(수평면)에서 최저조도를 최고조도로 나눈 값

66 중 **건축물의 설비기준 등에 관한 규칙상 피뢰설비의 기준에 관한 내용이다. (   )에 들어갈 숫자를 옳게 나열한 것은?** 제24회

제20조(피뢰설비) <생략>
1. <생략>
2. 돌침은 건축물의 맨 윗부분으로부터 (ㄱ)센티미터 이상 돌출시켜 설치하되, 「건축물의 구조기준 등에 관한 규칙」 제9조에 따른 설계하중에 견딜 수 있는 구조일 것
3. 피뢰설비의 재료는 최소 단면적이 피복이 없는 동선(銅線)을 기준으로 수뢰부, 인하도선 및 접지극은 (ㄴ)제곱밀리미터 이상이거나 이와 동등 이상의 성능을 갖출 것

① ㄱ: 20, ㄴ: 30
② ㄱ: 20, ㄴ: 50
③ ㄱ: 25, ㄴ: 30
④ ㄱ: 25, ㄴ: 50
⑤ ㄱ: 30, ㄴ: 30

해설

④ ㄱ: 25, ㄴ: 50

Answer

63 ③ 64 ⑤ 65 ⑤ 66 ④

67
상

실의 면적이 100m², 천장고가 2.8m인 관리사무소의 평균조도를 400lx로 유지하기 위해 LED램프로 조명을 교체하고자 할 때, 필요한 최소 개수는? (단, LED램프의 광속 4,000lm/개, 감광보상률 1.3, 조명률은 0.5로 함) 제23회

① 20개
② 22개
③ 26개
④ 28개
⑤ 30개

해설

$= \frac{\text{조도} \times \text{감광보상률} \times \text{면적}}{\text{조명률} \times \text{광속}}$

$= \frac{400 \times 4.3 \times 100}{0.5 \times 4,000}$

$= 26$

68
상

실의 크기가 가로 10m, 세로 12m, 천장고 2.7m인 공동주택 관리사무소에 설치된 30개의 형광등을 동일한 개수의 LED 램프로 교체했을 때, 예상되는 평균조도(lx)는? (단, LED 램프의 광속은 4,000 lm/개, 보수율은 0.8, 조명률은 0.5로 함) 제25회

① 400
② 480
③ 520
④ 585
⑤ 625

해설

$\frac{\text{광속} \times \text{조명률} \times \text{광원의 갯수}}{\text{면적} \times \text{보수율}}$

$= \frac{4,000 \times 0.5 \times 30}{120 \times \left(\frac{1}{0.8}\right)} = 400$

69 상●● **수변전 설비에 관한 내용으로 옳은 것을 모두 고른 것은?** 제25회

> ㄱ. 수전전압 25kV 이하의 수전설비에서는 변압기의 무부하손실을 줄이기 위하여 충분한 안전성이 확보된다면 직접강압방식을 채택한다.
> ㄴ. 역률개선용커패시터(콘덴서)라 함은 역률을 개선하기 위하여 변압기 또는 전동기 등에 직렬로 설치하는 커패시터를 말한다.
> ㄷ. 수용률이라 함은 부하설비 용량 합계에 대한 최대 수용전력의 백분율을 말한다.
> ㄹ. 부등률은 부하종별 최대수요전력이 생기는 시간차에 의한 값이다.

① ㄱ, ㄴ
② ㄱ, ㄷ
③ ㄴ, ㄹ
④ ㄱ, ㄷ, ㄹ
⑤ ㄴ, ㄷ, ㄹ

해설

역률개선용커패시터(콘덴서)라 함은 역률을 개선하기 위하여 변압기 또는 전동기 등에 병렬로 설치하는 커패시터를 말한다.

70 ●중● **화재안전성능기준(NFPC)상 소화기구 및 자동소화장치의 주거용 주방자동소화장치에 관한 설치기준이다. ( )에 들어갈 내용을 옳게 나열한 것은?** 제20회 수정

> 주거용 주방자동소화장치는 다음 각 목의 기준에 따라 설치할 것
> • (㉠)는 형식승인 받은 유효한 높이 및 위치에 설치할 것
> • 가스용 주방자동소화장치를 사용하는 경우 (㉡)는 수신부와 분리하여 설치하되, 공기와 비교한 가연성가스의 무거운 정도를 고려하여 적합한 위치에 설치할 것

① ㉠: 감지부, ㉡: 탐지부
② ㉠: 환기구, ㉡: 감지부
③ ㉠: 수신부, ㉡: 환기구
④ ㉠: 감지부, ㉡: 중계부
⑤ ㉠: 수신부, ㉡: 탐지부

해설

① ㉠: 감지부, ㉡: 탐지부

Answer

67 ③ 68 ① 69 ④ 70 ①

71 상

화재안전성능기준(NFPC)상 자동화재탐지설비에 관한 내용으로 옳은 것은? 제20회 수정

① 수신기란 화재시 발생하는 열, 연기, 불꽃 또는 연소생성물을 자동적으로 감지하여 중계기기에 발신하는 장치를 말한다.

② 하나의 경계구역의 면적은 600m^2 이하로 하고 한 변의 길이는 70m 이하로 한다.

③ 음향장치는 정격전압의 90% 전압에서 음향을 발할 수 있는 것으로 해야 하며 음량은 부착된 음향장치의 중심으로부터 1m 떨어진 위치에서 80dB 이상이 되는 것으로 해야 한다.

④ 자동화재탐지설비에는 그 설비에 대한 감시상태를 60분간 지속한 후 유효하게 10분 이상 경보할 수 있는 비상전원으로서 축전지설비 또는 전기저장장치를 설치해야 한다.

⑤ 수신기의 조작 스위치는 바닥으로부터의 높이가 1.6m 이상인 장소에 설치해야 한다.

해설

① 수신기는 감지기나 발신기에서 발하는 화재신호를 직접 수신하거나 중계기를 통하여 수신하여 화재의 발생을 표시 및 경보하여 주는 장치를 말한다.

② 하나의 경계구역의 면적은 600m^2 이하로 하고 한 변의 길이는 60m 이하로 한다.

③ 음향장치는 정격전압의 80% 전압에서 음향을 발할 수 있는 것으로 해야 하며 음량은 부착된 음향장치의 중심으로부터 1m 떨어진 위치에서 90dB 이상이 되는 것으로 해야 한다.

⑤ 수신기의 조작 스위치는 바닥으로부터의 높이가 0.8m 이상 1.5m 이상인 장소에 설치해야 한다.

72 중

화재안전성능기준(NFPC)상 유도등 및 유도표지에 관한 용어의 정의로 옳지 않은 것은? 제19회 수정

① "피난구유도등"이란 피난구 또는 피난경로로 사용되는 출입구를 표시하여 피난을 유도하는 등을 말한다.

② "피난구유도표지"란 피난구 또는 피난경로로 사용되는 출입구를 표시하여 피난을 유도하는 표지를 말한다.

③ "복도통로유도등"이란 거주, 집무, 작업, 집회, 오락 그 밖에 이와 유사한 목적을 위하여 계속적으로 사용하는 거실, 주차장 등 개방된 통로에 설치하는 유도등으로 피난의 방향을 명시하는 것을 말한다.

④ "계단통로유도등"이란 피난통로가 되는 계단이나 경사로에 설치하는 통로유도등으로 바닥면 및 디딤 바닥면을 비추는 것을 말한다.

⑤ "통로유도표지"란 피난통로가 되는 복도, 계단 등에 설치하는 것으로서 피난구의 방향을 표시하는 유도표지를 말한다.

해설

③ 거주, 집무, 작업, 집회, 오락 그 밖에 이와 유사한 목적을 위하여 계속적으로 사용하는 거실, 주차장 등 개방된 통로에 설치하는 유도등으로 피난의 방향을 명시하는 것을 "거실통로유도등"이라 한다.

73 **화재안전성능기준(NFPC)상 소화기구 및 자동소화장치의 소화기 설치기준에 관한 내용이다. ( ) 안에 들어갈 숫자를 순서대로 나열한 것은?** 제19회 수정

> 각층마다 설치하되, 특정소방대상물의 각 부분으로부터 1개의 소화기까지의 보행거리가 소형소화기의 경우에는 ( )m 이내, 대형소화기의 경우에는 ( )m 이내가 되도록 배치할 것

① 20, 40
② 20, 30
③ 25, 30
④ 25, 35
⑤ 30, 35

해설

② 특정소방대상물의 각 부분으로부터 1개의 소화기까지의 보행거리가 소형소화기의 경우에는 20m 이내, 대형소화기의 경우에는 30m 이내가 되도록 배치하여야 한다.

74 **화재안전성능기준(NFPC)상 옥내소화전설비의 송수구 설치기준에 관한 설명으로 옳지 않은 것은?** 제19회 수정

① 지면으로부터 높이가 0.8m 이상 1.5m 이하의 위치에 설치할 것
② 구경 65mm의 쌍구형 또는 단구형으로 할 것
③ 송수구의 가까운 부분에 자동배수밸브(또는 직경 5mm의 배수공) 및 체크밸브를 설치할 것
④ 송수구에는 이물질을 막기 위한 마개를 씌울 것
⑤ 송수구는 송수 및 그 밖의 소화작업에 지장을 주지 않도록 설치할 것

해설

① 옥내소화전설비의 송수구는 지면으로부터 높이가 0.5m 이상 1m 이하의 위치에 설치하여야 한다.

Answer

71 ④ 72 ③ 73 ② 74 ①

75 중

화재안전성능기준(NFPC)상 무선통신보조설비의 증폭기 설치기준에 관한 내용이다. ( ) 안에 들어갈 작동시간으로 옳은 것은? 제18회 수정

> 증폭기 및 무선이동중계기를 설치하는 경우에는 다음 각 호의 기준에 따라 설치해야 한다.
> 1. 상용전원은 전기가 정상적으로 공급되는 축전지설비, 전기저장장치 또는 교류전압의 옥내 간선으로 하고, 전원까지의 배선은 전용으로 하며, 증폭기 전면에는 전원의 정상 여부를 표시할 수 있는 장치를 설치할 것
> 2. 증폭기에는 비상전원이 부착된 것으로 하고 해당 비상전원 용량은 무선통신보조설비를 유효하게 ( )분 이상 작동시킬 수 있는 것으로 할 것
> 3. 증폭기 및 무선중계기를 설치하는 경우에는 「전파법」 제58조의2에 따른 적합성평가를 받은 제품으로 설치하고 임의로 변경하지 않도록 할 것
> 4. 디지털 방식의 무전기를 사용하는데 지장이 없도록 설치할 것

① 5분 ② 10분 ③ 15분
④ 20분 ⑤ 30분

해설

⑤ 증폭기에는 비상전원이 부착된 것으로 하고 해당 비상전원 용량은 무선통신보조설비를 유효하게 30분 이상 작동시킬 수 있는 것으로 하여야 한다.

76 하

다음 자동화재탐지설비의 감지기에서 열감지기만을 모두 고른 것은? 제18회

> ㄱ. 정온식 ㄴ. 차동식
> ㄷ. 보상식 ㄹ. 광전식
> ㅁ. 이온식

① ㄱ, ㄴ, ㄷ ② ㄱ, ㄷ, ㄹ
③ ㄱ, ㄹ, ㅁ ④ ㄴ, ㄷ, ㄹ
⑤ ㄷ, ㄹ, ㅁ

해설

정온식, 차동식, 보상식은 열감지기로 분류되고, 광전식, 이온식은 연기감지로 분류된다.

77 중

화재안전성능기준(NFPC)상 스프링클러설비의 화재안전기준에 관한 용어로 옳은 것은?

제21회 수정

① 압력수조: 구조물 또는 지형지물 등에 설치하여 자연낙차 압력으로 급수하는 수조

② 충압펌프: 배관 내 압력손실에 따른 주펌프의 빈번한 기동을 방지하기 위하여 충압역할을 하는 펌프

③ 일제개방밸브: 폐쇄형스프링클러헤드를 사용하는 건식 스프링클러설비에 설치하는 밸브로서 화재발생시 자동 또는 수동식 기동장치에 따라 밸브가 열려지는 것

④ 진공계: 대기압 이상의 압력과 대기압 이하의 압력을 측정할 수 있는 계측기

⑤ 체절운전: 펌프의 성능시험을 목적으로 펌프토출측의 개폐밸브를 개방한 상태에서 펌프를 운전하는 것

해설

① 고가수조 : 구조물 또는 지형지물 등에 설치하여 자연낙차 압력으로 급수하는 수조를 말한다.
③ 일제개방밸브 : 일제살수식스프링클러설비에 설치되는 유수검지장치를 말한다.
④ 연성계 : 대기압 이상의 압력과 대기압 이하의 압력을 측정할 수 있는 계측기를 말한다.
⑤ 체절운전 : 펌프의 성능시험을 목적으로 펌프토출측의 개폐밸브를 닫은 상태에서 펌프를 운전하는 것을 말한다.

Answer

75 ⑤ 76 ① 77 ②

78 **화재안전성능기준(NFPC)상 소화기구 및 자동소화장치의 화재안전기준에 관한 내용으로 옳지 않은 것은?** 제23회 수정

① "소형소화기"란 능력단위가 1단위 이상이고 대형소화기의 능력단위 미만인 소화기를 말한다.

② "주거용 주방자동소화장치"란 주거용 주방에 설치된 열발생 조리기구의 사용으로 인한 화재 발생시 열원(전기 또는 가스)을 자동으로 차단하며 소화약제를 방출하는 소화장치를 말한다.

③ "분말자동소화장치"란 열, 연기 또는 불꽃 등을 감지하여 분말의 소화약제를 방사하여 소화하는 소화장치를 말한다.

④ 소화기는 각층마다 설치하되, 특정소방대상물의 각 부분으로부터 1개의 소화기까지의 보행거리가 소형소화기의 경우에는 20m 이내, 대형 소화기의 경우는 30m 이내가 되도록 배치한다.

⑤ 소화기구(자동확산소화기를 제외한다)는 거주자 등이 손쉽게 사용할 수 있는 장소에 바닥으로부터 높이 1.6m 이하의 곳에 비치한다.

해설

⑤ 소화기구(자동확산소화기를 제외한다)는 거주자 등이 손쉽게 사용할 수 있는 장소에 바닥으로부터 높이 1.5m 이하의 곳에 비치한다.

79 **다음은 화재안전성능기준(NFPC)상 연결송수관설비의 기준이다. ( )에 들어갈 숫자를 옳게 나열한 것은?** 제22회 수정

> 제5조(배관 등) ① 연결송수관설비의 배관은 다음 각 호의 기준에 따라 설치하여야 한다.
> 1. 주배관의 구경은 100mm 이상의 것으로 할 것
> 2. 지면으로부터의 높이가 (ㄱ)m 이상인 특정소방대상물 또는 지상 (ㄴ) 층 이상인 특정소방대상물에 있어서는 습식설비로 할 것

① ㄱ: 20, ㄴ: 7 ② ㄱ: 21, ㄴ: 7
③ ㄱ: 25, ㄴ: 7 ④ ㄱ: 30, ㄴ: 11
⑤ ㄱ: 31, ㄴ: 11

해설

⑤ ㄱ: 31, ㄴ: 11

80 중

연결송수관설비의 화재안전성능기준(NFPC 502)에 관한 설명으로 옳지 않은 것은? 제26회

① 체절운전은 펌프의 성능시험을 목적으로 펌프 토출측의 개폐밸브를 닫은 상태에서 펌프를 운전하는 것을 말한다.

② 연결송수관설비의 송수구는 지면으로부터 높이가 0.5미터 이상 1미터 이하의 위치에 설치하며, 구경 65밀리미터의 쌍구형으로 설치해야 한다.

③ 방수구는 연결송수관설비의 전용방수구 또는 옥내소화전방수구로서 구경 65밀리미터의 것으로 설치해야 한다.

④ 지상 11층 이상인 특정소방대상물의 연결송수관설비의 배관은 건식설비로 설치해야 한다.

⑤ 지표면에서 최상층 방수구의 높이가 70미터 이상의 특정소방대상물에는 연결송수관설비의 가압송수장치를 설치해야 한다.

해설

④ 지상 11층 이상인 특정소방대상물의 연결송수관설비의 배관은 습식설비로 설치해야 한다.

81 하

소방시설 설치 및 관리에 관한 법령상 화재를 진압하거나 인명구조활동을 위하여 사용하는 소화활동설비가 아닌 것은? 제26회

① 연결송수관설비

② 비상콘센트설비

③ 비상방송설비

④ 연소방지설비

⑤ 무선통신보조설비

해설

소화활동설비는 화재를 진압하거나 인명구조활동을 위하여 사용하는 설비로서 다음의 것을 말한다.

1. 제연설비
2. 연결송수관설비
3. 연결살수설비
4. 비상콘센트설비
5. 무선통신보조설비
6. 연소방지설비

Answer

78 ⑤ 79 ⑤ 80 ④ 81 ③

82 중

엘리베이터의 안전장치 중 엘리베이터 카(car)가 최상층이나 최하층에서 정상 운행 위치를 벗어나 그 이상으로 운행하는 것을 방지하기 위한 안전장치는? 제18회

① 완충기
② 추락방지판
③ 리미트 스위치
④ 전자브레이크
⑤ 조속기

해설

③ 리미트 스위치(제한스위치) : 카를 자동으로 정지시킨다. 카가 최상층이나 최하층에서 정상 운행 위치를 벗어나 그 이상으로 운행하는 것을 방지한다.
스토핑스위치(종점스위치)는 최상층이나 최하층에서 엘리베이터 카를 자동으로 정지시킨다.

83 중

승강기 안전관리법상 승강기의 안전검사에 관한 설명으로 옳은 것은? 제24회

① 정기검사의 검사주기는 3년 이하로 하되, 행정안전부령으로 정하는 바에 따라 승강기별로 검사주기를 다르게 할 수 있다.
② 승강기의 제어반 또는 구동기를 교체한 경우 수시검사를 받아야 한다.
③ 승강기 설치검사를 받은 날부터 20년이 지난 경우 정밀안전검사를 받아야 한다.
④ 승강기의 결함으로 중대한 사고 또는 중대한 고장이 발생한 경우 수시검사를 받아야 한다.
⑤ 승강기의 종류, 제어방식, 정격속도 정격용량 또는 왕복운행거리를 변경한 경우 정밀안전검사를 받아야 한다.

해설

① 정기검사의 검사주기는 2년 이하로 하되, 행정안전부령으로 정하는 바에 따라 승강기별로 검사주기를 다르게 할 수 있다.
③ 승강기 설치검사를 받은 날부터 15년이 지난 경우 정밀안전검사를 받아야 한다.
④ 승강기의 결함으로 중대한 사고 또는 중대한 고장이 발생한 경우 정밀안전검사를 받아야 한다.
⑤ 승강기의 종류, 제어방식, 정격속도 정격용량 또는 왕복운행거리를 변경한 경우 수시검사를 받아야 한다.

84 중

승강기 안전관리법령상 승강기의 검사 및 점검에 관한 설명으로 옳지 않은 것은?

제25회

① 승강기의 제조·수입업자 또는 관리주체는 설치검사를 받지 아니하거나 설치검사에 불합격한 승강기를 운행하게 하거나 운행하여서는 아니 된다.

② 새로운 유지관리기법의 도입 등 대통령령으로 정하는 사유에 해당하여 자체점검의 주기조정이 필요한 승강기에 대해서는 자체점검의 전부 또는 일부를 면제할 수 있다.

③ 승강기 실무경력이 2년 이상이고, 법규에 따른 직무교육을 이수한 사람이 자체점검을 담당할 수 있다.

④ 자체점검을 담당하는 사람은 자체점검을 마치면 지체 없이 자체점검 결과를 양호, 주의관찰 또는 긴급수리로 구분하여 관리주체에 통보해야 한다.

⑤ 원격점검 및 실시간 고장 감시 등 행정안전부장관이 정하여 고시하는 원격관리기능이 있는 승강기를 관리하는 경우는 새로운 유지관리기법의 도입 등 대통령령으로 정하는 사유에 해당한다.

해설

③ 승강기 실무경력이 3년 이상이고, 법규에 따른 직무교육을 이수한 사람이 자체점검을 담당할 수 있다.

Answer

82 ③ 83 ② 84 ③

85 상●●

건축물의 설비기준 등에 관한 규칙상 비상용승강기의 승강장과 승강로에 관한 설명으로 옳은 것은? 제26회 수정

① 각층으로부터 피난층까지 이르는 승강로는 화재대피의 효율성을 위해 단일구조로 연결하지 않는다.

② 승강장은 각층의 내부와 연결될 수 있도록 하되, 그 출입구(승강로의 출입구를 제외한다)에는 30분 방화문을 설치할 것. 다만, 피난층에는 30분 방화문을 설치하지 않을 수 있다.

③ 승강로는 당해 건축물의 다른 부분과 방화구조로 구획하여야 한다.

④ 옥외에 승강장을 설치하는 경우 승강장의 바닥면적은 비상용승강기 1대에 대하여 6제곱미터 이상으로 한다.

⑤ 승강장의 벽 및 반자가 실내에 접하는 부분의 마감재료(마감을 위한 바탕을 포함한다)는 불연재료를 사용한다.

해설

① 각층으로부터 피난층까지 이르는 승강로는 화재대피의 효율성을 위해 단일구조로 설치하여야 한다.

② 승강장은 각층의 내부와 연결될 수 있도록 하되, 그 출입구(승강로의 출입구를 제외한다)에는 60분+ 방화문 또는 60분 방화문을 설치할 것. 다만, 피난층에는 60분+ 방화문 또는 60분 방화문을 설치하지 않을 수 있다.

※ 용어해설

방화문은 다음 각 호와 같이 구분한다.

1. 60분+ 방화문 : 연기 및 불꽃을 차단할 수 있는 시간이 60분 이상이고, 열을 차단할 수 있는 시간이 30분 이상인 방화문
2. 60분 방화문 : 연기 및 불꽃을 차단할 수 있는 시간이 60분 이상인 방화문
3. 30분 방화문 : 연기 및 불꽃을 차단할 수 있는 시간이 30분 이상 60분 미만인 방화문

③ 승강로는 당해 건축물의 다른 부분과 내화구조로 구획하여야 한다.

④ 승강장의 바닥면적은 비상용승강기 1대에 대하여 6제곱미터 이상으로 할 것. 다만, 옥외에 승강장을 설치하는 경우에는 그러하지 아니하다.

86 히트펌프에 관한 내용으로 옳지 않은 것은? 제21회

① 겨울철 온도가 낮은 실외로부터 온도가 높은 실내로 열을 끌어들인다는 의미에서 열펌프라고도 한다.
② 운전에 소비된 에너지보다 대량의 열에너지가 얻어져 일반적으로 성적계수(COP)가 1 이하의 값을 유지한다.
③ 한 대의 기기로 냉방용 또는 난방용으로 사용할 수 있다.
④ 공기열원 히트펌프는 겨울철 난방부하가 큰 날에는 외기온도도 낮으므로 성적계수(COP)가 저하될 우려가 있다.
⑤ 히트펌프의 열원으로는 일반적으로 공기, 물, 지중(땅속)을 많이 이용한다.

해설
② 운전에 소비된 에너지보다 대량의 열에너지가 얻어져 일반적으로 성적계수(COP)가 1 보다 큰 값을 유지한다.

87 냉각목적의 냉동기 성적계수와 가열목적의 열펌프(Heat Pump) 성적계수에 관한 설명으로 옳은 것은? 제24회

① 냉동기의 성적계수의 열펌프의 성적계수는 같다.
② 냉동기의 성적계수는 열펌프의 성적계수보다 1 크다.
③ 열펌프의 성적계수는 냉동기의 성적계수보다 1 크다.
④ 냉동기의 성적계수는 열펌프의 성적계수보다 2 크다.
⑤ 열펌프의 성적계수는 냉동기의 성적계수보다 2 크다.

해설
③ 열펌프의 성적계수는 냉동기의 성적계수보다 1 크다.

Answer
85 ⑤ 86 ② 87 ③

88 상

건축물의 에너지절약설계기준 및 녹색건축물 조성 지원법상 용어의 정의에 관한 내용이다. (　　　)에 들어갈 용어의 영문 약어는? 제25회

> (　　　)(이)란 건축물의 쾌적한 실내환경 유지와 효율적인 에너지 관리를 위하여 에너지 사용내역을 모니터링하여 최적화된 건축물에너지 관리방안을 제공하는 계측 · 제어 · 관리 · 운영 등이 통합된 시스템을 말한다.

① BAS　② BEMS　③ DDC
④ TAB　⑤ CCMS

해설

② 건축물에너지관리시스템(BEMS)이란 건축물의 쾌적한 실내환경 유지와 효율적인 에너지 관리를 위하여 에너지 사용내역을 모니터링하여 최적화된 건축물에너지 관리방안을 제공하는 계측 · 제어 · 관리 · 운영 등이 통합된 시스템을 말한다.

89 상

건축물의 에너지절약설계기준상 기계 및 전기부문의 의무사항에 해당하는 것은? 제25회

① 기계환기설비를 사용하여야 하는 지하주차장의 환기용 팬은 대수제어 방식을 도입하여야 한다.
② 환기를 통한 에너지손실 저감을 위해 성능이 우수한 열회수형환기장치를 설치하여야 한다.
③ 공동주택 각 세대내의 현관, 계단실의 조명기구는 인체감지점멸형 또는 일정시간 후에 자동 소등되는 조도자동조절조명기구를 채택하여야 한다.
④ 공동주택의 지하주차장에 자연채광용 개구부가 설치되는 경우에는 주위 밝기를 감지하여 전등군별로 자동 점멸되도록 하여야 한다.
⑤ 여러 대의 승강기가 설치되는 경우에는 군관리 운행방식을 채택하여야 한다.

해설

① 기계환기설비를 사용하여야 하는 지하주차장의 환기용 팬은 대수제어 방식을 도입하여야 하는 규정은 기계부문의 권장사항이다.
② 환기를 통한 에너지손실 저감을 위해 성능이 우수한 열회수형환기장치를 설치하여야 하는 규정은 기계부문의 권장사항이다.
④ 공동주택의 지하주차장에 자연채광용 개구부가 설치되는 경우에는 주위 밝기를 감지하여 전등군별로 자동 점멸되도록 하여야 하는 규정은 전기부문의 권장사항이다.
⑤ 여러 대의 승강기가 설치되는 경우에는 군관리 운행방식을 채택하여야 하는 규정은 전기부문의 권장사항이다.

Answer

88 ②　89 ③

주관식 단답형 문제

01 중

다음은 배관계 또는 덕트계에서 발생할 수 있는 현상이다. (   )에 들어갈 용어를 쓰시오.

제20회

> 운전 중인 펌프 및 배관계 또는 송풍기 및 덕트계에 외부로부터 강제력이 작용되지 않아도 배관(덕트) 내 유량(풍량)과 양정(압력)에 주기적인 변동이 지속되는 것을 (   )현상이라 한다.

02 중

급배수설비의 배관시공에 관한 내용이다. (   ) 안에 들어갈 용어를 쓰시오.

제19회

> 바닥이나 벽 등을 관통하는 배관의 경우에는 콘크리트를 타설할 때 미리 철판 등으로 만든 (   )을(를) 넣고 그 속으로 관을 통과시켜 배관을 한다. 이렇게 배관을 하게 되면 관의 신축에 무리가 생기지 않고 관의 수리나 교체 시 용이하게 할 수 있다.

03 하

급수배관 설계 · 시공상의 유의사항에 관한 내용이다. (   )에 들어갈 용어를 쓰시오.

제17회

> 건물 내에는 각종 설비배관이 혼재하고 있어 시공시 착오로 서로 다른 계통의 배관을 접속하는 경우가 있다. 이중에 상수로부터의 급수계통과 그 외의 계통이 직접 접속되는 것을 (   )이라고 한다. 이렇게 될 경우 급수계통 내의 압력이 다른 계통 내의 압력보다 낮아지게 되면 다른 계통 내의 유체가 급수계통으로 유입되어 물의 오염 원인이 될 수 있다.

Answer

01 서어징 또는 서징 또는 써어징 또는 써징 또는 맥동
02 슬리브
03 크로스 커넥션

04 하

다음은 급수배관 피복에 관한 내용이다. (   )에 들어갈 용어를 쓰시오. 제22회

여름철 급수배관 내부에 외부보다 찬 급수가 흐르고 배관 외부가 고온다습할 경우 배관외부에 결로가 발생하기 쉽다. 또한 겨울철에 급수배관 외부온도가 영하로 떨어질 때 급수배관계통이 동파하기 쉽다. 이러한 두 가지 현상을 방지하기 위해서는 급수배관에 (   )와(과) 방동목적의 피복을 해야 한다.

05 중

다음은 주택건설기준 등에 관한 규정의 비상급수시설 중 지하저수조에 관한 기준이다. (   )에 들어갈 숫자를 순서대로 쓰시오. (단, 조례는 고려하지 않음) 제20회

고가수조저수량(매 세대당 0.25톤까지 산입한다)을 포함하여 매 세대당 (   )톤[독신자용 주택은 (   )톤] 이상의 수량을 저수할 수 있을 것.

06 하

다음이 설명하는 용어를 쓰시오. 제21회

공동주택에서 지하수조 등에서 배출되는 잡배수를 배수관에 직접 연결하지 않고, 한번 대기에 개방한 후 물받이용 기구에 받아 배수하는 방식

07 중

배수통기설비의 통기관에 관한 설명이다. (   ) 안에 들어갈 용어를 쓰시오. 제17회

배수수직관의 길이가 길어지면 배수수직관내에서도 압력변동이 발생할 수 있다. 이러한 배수수직관내의 압력변화를 방지하기 위하여 배수수직관과 통기수직관을 연결하는 것을 (   )통기관이라 한다.

08 배수수평주관에서 발생되는 현상에 관한 설명으로 (   )에 들어갈 용어를 쓰시오. 제21회

배수수직주관으로부터 배수수평주관으로 배수가 옮겨가는 경우, 굴곡부에서는 원심력에 의해 외측의 배수는 관벽으로 힘이 작용하면서 흐른다. 또한 배수수직주관 내의 유속은 상당히 빠르지만 배수수평주관 내에서는 이 유속이 유지될 수 없기 때문에 급격히 유속이 떨어지게 되고 뒤이어 흘러내리는 배수가 있을 경우에는 유속이 떨어진 배수의 정체로 인하여 수력도약 현상이 발생된다. 이러한 현상이 나타나는 부근에서는 배수관의 연결을 피하고 (   )을(를) 설치하여 배수관 내의 압력변화를 완화시켜야 한다.

09 다음은 배수관에 관한 내용이다. (   )에 들어갈 용어를 쓰시오. 제20회

배수수직관에서 흘러내리는 물의 속도는 중력가속도에 의해 급격히 증가하지만 무한정 증가하지는 않는다. 즉, 배수가 흐르면서 배관 내벽 및 배관 내 공기와의 마찰에 의해 속도와 저항이 균형을 이루어 일정한 유속을 유지하는데 이것을 (   )유속이라 한다.

10 배수배관의 통기방식에 관한 설명이다. (   ) 안에 들어갈 용어를 쓰시오. 제18회

공동주택 등에서 사용되어지는 통기방식의 하나로 배수수직관의 상부를 그대로 연장하여 대기에 개방되도록 하는 것을 (   )통기방식이라 한다.

Answer

04 방로
05 0.5, 025
06 간접배수
07 결합
08 통기관 (또는 벤트관, vent pipe, 도피통기관)
09 종국
10 신정

11 하

건축물의 설비기준 등에 관한 규칙상 환기구의 안전 기준에 관한 내용이다. (   )에 들어갈 숫자를 쓰시오. 제23회 수정

> 환기구[건축물의 환기설비에 부속된 급기(給氣) 및 배기(排氣)를 위한 건축구조물의 개구부(開口部)를 말한다. 이하 같다]는 보행자 및 건축물 이용자의 안전이 확보되도록 바닥으로부터 (   )미터 이상의 높이에 설치해야 한다. 다만, 다음 각 호의 어느 하나에 해당하는 경우에는 예외로 한다.
> 1. 환기구를 벽면에 설치하는 등 사람이 올라설 수 없는 구조로 설치하는 경우. 이 경우 배기를 위한 환기구는 배출되는 공기가 보행자 및 건축물 이용자에게 직접 닿지 아니하도록 설치되어야 한다.
> 2. 안전울타리 또는 조경 등을 이용하여 접근을 차단하는 구조로 하는 경우

12 하

건축물의 설비기준 등에 관한 규칙상 신축공동주택등의 기계환기설비의 설치기준에 관한 내용이다. (   )에 들어갈 아라비아 숫자를 쓰시오. 제27회

> 외부에 면하는 공기흡입구와 배기구는 교차오염을 방지할 수 있도록 (ㄱ)미터 이상의 이격거리를 확보하거나, 공기흡입구와 배기구의 방향이 서로 (ㄴ)도 이상 되는 위치에 설치되어야 하고 화재 등 유사 시 안전에 대비할 수 있는 구조와 성능이 확보되어야 한다.

13 하

건축물의 설비기준 등에 관한 규칙상 환기설비기준에 관한 내용이다. (   )에 들어갈 아라비아 숫자를 쓰시오. 제25회

> 제11조(공동주택 및 다중이용시설의 환기설비기준 등) ① 영 제87조 제2항의 규정에 따라 신축 또는 리모델링하는 다음 각 호의 어느 하나에 해당하는 주택 또는 건축물(이하 "신축공동주택 등"이라 한다)은 시간당 (ㄱ)회 이상의 환기가 이루어질 수 있도록 자연환기설비 또는 기계환기설비를 설치해야 한다.
> 1. (ㄴ)세대 이상의 공동주택
> 2. 주택을 주택 외의 시설과 동일건축물로 건축하는 경우로서 주택이 30세대 이상인 건축물

14 하

건축물의 설비기준 등에 관한 규칙상 신축공동주택 등의 기계환기설비의 설치기준에 관한 내용이다. ( )에 들어갈 아라비아 숫자를 쓰시오. 제26회

> 제11조 제1항의 규정에 의한 신축공동주택 등의 환기횟수를 확보하기 위하여 설치되는 기계환기설비의 설계·시공 및 성능평가방법은 다음 각 호의 기준에 적합하여야 한다.
> 1. ~ 14.<생략>
> 15. 기계환기설비의 에너지 절약을 위하여 열회수형 환기장치를 설치하는 경우에는 한국산업표준(KS B 6879)에 따라 시험한 열회수형 환기장치의 유효환기량이 표시용량의 ( )퍼센트 이상이어야 한다.

15 상

다음 조건의 경우, 정상상태의 실내 이산화탄소 농도를 1,000ppm 이하로 유지하기 위한 최소 외기도입량(m^3/h)을 구하시오. 제21회

> • 총 재실자 수: 5명
> • 1인당 이산화탄소 발생량: $0.024m^3/(h·인)$
> • 외기의 이산화탄소 농도: 400ppm
> • 기타: 인체에서 발생한 이산화탄소는 즉시 실 전체로 일정하게 확산하며, 틈새바람은 고려하지 않음

해설

$$환기량 = \frac{실내의\ 총\ Co_2\ 배출량}{실내\ Co_2\ 허용농도 - 실외\ Co_2\ 허용농도}$$

$$= \frac{0.024 \times 5}{1,000 - 400} = \frac{0.12}{600 \times 1/1,000,000} = 200$$

16 하

보일러의 정격출력에 관한 내용이다. ( ) 안에 들어갈 용어를 쓰시오. 제19회

> 정격출력 = 난방부하 + 급탕부하 + 손실부하 + ( )부하

Answer

11 2
12 1.5, 90
13 ㄱ: 0.5, ㄴ: 30
14 90
15 200
16 예열

17 **보일러의 출력표시방법에 관한 내용이다. (   )에 들어갈 용어를 쓰시오.** 제24회

> 보일러의 출력표시방법에서 난방부하와 급탕부하를 합한 용량을 (ㄱ)출력으로 표시하며 난방부하, 급탕부하, 배관부하, 예열부하를 합한 용량을 (ㄴ)출력으로 표시한다.

18 **1인 1일 급탕량 100리터(ℓ), 급탕온도 70℃, 급수온도 10℃, 가열능력비율 1/7, 물의 비열이 4.2kJ/kg · K일 경우 100인이 거주하는 공동주택에서의 급탕가열능력(kW)은?** 제19회

해설

$$\frac{100 \times 100 \times 4.2 \times 60 \times 1/7}{3,600} = 100$$

- 1일 급탕량 = 인원수(인) × 1인 1일당 급탕량(ℓ / 인 · d)
- 가열능력(H) = 1일 급탕량 × 비열 × 온도차 × 1일 급탕량에 대한 가열능력 비율

19 **급탕설비에서 물 20kg을 15℃에서 65℃로 가열하는데 필요한 열량(kJ)을 구하시오.** (단, 물의 비열은 4.2kJ/kg · K) 제17회

해설

20kg × 4.2kJ/kg · K × (65℃ − 15℃) = 4,200(kJ)

20 **건축물의 설비기준 등에 관한 규칙상 공동주택 개별난방설비 설치기준에 관한 내용이다. (   )에 들어갈 아라비아 숫자를 쓰시오.** 제26회

> 제13조(개별난방설비 등) ① 영 제87조 제2항의 규정에 의하여 공동주택과 오피스텔의 난방설비를 개별난방방식으로 하는 경우에는 다음 각호의 기준에 적합하여야 한다.
> 1. <생략>
> 2. 보일러실의 윗부분에는 그 면적이 (ㄱ)제곱미터 이상인 환기창을 설치하고, 보일러실의 윗부분과 아랫부분에는 각각 지름 (ㄴ)센티미터 이상의 공기흡입구 및 배기구를 항상 열려있는 상태로 바깥공기에 접하도록 설치할 것. 다만, 전기보일러의 경우에는 그러하지 아니하다.

21 하

다음은 난방원리에 관한 내용이다. (　　)에 들어갈 용어를 순서대로 쓰시오. 제20회

> (　　)은(는) 물질의 온도를 변화시키는데 관여하는 열로 일반적으로 온수난방의 원리에 적용되는 것이며, (　　)은(는) 물질의 상태를 변화시키는데 관여하는 열로 일반적으로 증기난방의 원리에 적용되는 것이다.

22 중

전기설비 용량이 각각 80kW, 100kW, 120kW의 부하설비가 있다. 이때 수용률(수요율)을 80%로 가정할 경우 최대수요전력(kW)을 구하시오. 제17회

해설

0.8 × (80kW + 100kW + 120kW) = 240kW

23 중

어느 전력계통에 접속된 수용가, 배전선, 변압기 등 각 부하의 최대수용전력의 합과 그 계통에서 발생한 합성최대수용전력의 비를 나타내는 용어를 쓰시오. 제16회

24 중

건축전기설비 설계기준상의 수 · 변전설비 용량계산에 관한 내용이다. (　　)에 들어갈 용어를 쓰시오. 제23회

$$(\qquad\qquad) = \frac{\text{각 부하의 최대수요전력합계}}{\text{합성최대수요전력}}$$

Answer

17 ㄱ: 정미, ㄴ: 정격	**18** 100
19 4,200(kJ)	**20** ㄱ: 0.5, ㄴ: 10
21 현열, 잠열	**22** 240kW
23 부등률	**24** 부등률(율)

25 ●●하

건축물의 설비기준 등에 관한 규칙 제20조(피뢰설비)에 관한 내용이다. (　　)에 들어갈 아라비아 숫자를 쓰시오. 제26회

측면 낙뢰를 방지하기 위하여 높이가 (ㄱ)미터를 초과하는 건축물 등에는 지면에서 건축물 높이의 5분의 4가 되는 지점부터 최상단부분까지의 측면에 수뢰부를 설치하여야 하며, 지표레벨에서 최상단부의 높이가 150미터를 초과하는 건축물은 (ㄴ)미터 지점부터 최상단부분까지의 측면에 수뢰부를 설치할 것

26 ●●하

도시가스사업법 시행규칙상 가스사용시설의 시설 · 기술 · 검사기준에 관한 내용이다. (　　)에 들어갈 아라비아 숫자를 쓰시오. 제27회

입상관과 화기(그 시설 안에서 사용하는 자체화기는 제외한다) 사이에 유지해야 하는 거리는 우회거리 (ㄱ)m 이상으로 하고, 환기가 양호한 장소에 설치해야 하며 입상관의 밸브는 바닥으로부터 (ㄴ)m 이상 2m 이내에 설치할 것. 다만, 보호 상자에 설치하는 경우에는 그러하지 아니하다.

27 ●중●

도시가스사업법령상 가스사용시설의 시설 · 기술 · 검사기준에 관한 내용이다. (　　)에 들어갈 숫자를 쓰시오. 제23회

가스계량기와 전기계량기 및 전기개폐기와의 거리는 (ㄱ)cm 이상, 굴뚝(단열조치를 하지 아니한 경우만을 말한다) · 전기점멸기 및 전기접속기와의 거리는 (ㄴ)cm 이상, 절연조치를 하지 아니한 전선과의 거리는 (ㄷ)cm 이상의 거리를 유지할 것

28 ●중●

도시가스사업법령상 가스사용시설의 시설 · 기술 · 검사기준에 관한 내용이다. (　　)에 들어갈 아라비아 숫자를 쓰시오. 제24회

1. 배관 및 배관설비
   가. 시설기준
      1) 배치기준
         가) 가스계량기는 다음 기준에 적합하게 설치할 것
            ① 가스계량기와 화기(그 시설 안에서 사용하는 자체화기는 제외한다) 사이에 유지하여야 하는 거리 : (　　)m 이상

29 중

소방시설 설치 및 관리에 관한 법률상의 자동소화장치에 관한 내용이다. (　　) 안에 들어갈 용어를 쓰시오. 제18회 수정

> 자동소화장치를 설치해야 하는 특정소방대상물은 다음의 어느 하나에 해당하는 특정소방대상물 중 후드 및 덕트가 설치되어 있는 주방이 있는 특정소방대상물로 한다. 이 경우 해당 주방에 자동소화장치를 설치해야 한다.
> 1) 주거용 (　　)자동소화장치를 설치해야 하는 것: 아파트 등 및 30층 이상 오피스텔의 모든 층
> 2) 캐비닛형 자동소화장치, 가스자동소화장치, 분말자동소화장치 또는 고체에어로졸자동소화장치를 설치하여야 하는 것: 화재안전기준에서 정하는 장소

30 상

소방시설 설치 및 관리에 관한 법률 시행규칙상 소방시설 등 자체점검 시 준수해야 할 사항에 관한 내용이다. (　　)에 들어갈 아라비아 숫자를 쓰시오. 제27회

> 6. 공동주택(아파트 등으로 한정한다) 세대별 점검방법은 다음과 같다.
> 가. ~ 나. <생략>
> 다. 관리자는 수신기에서 원격 점검이 불가능한 경우 매년 작동점검만 실시하는 공동주택은 1회 점검 시 마다 전체 세대수의 (ㄱ)퍼센트 이상, 종합점검을 실시하는 공동주택은 1회 점검 시 마다 전체 세대수의 (ㄴ) 퍼센트 이상 점검하도록 자체점검 계획을 수립·시행해야 한다.

Answer

25 ㄱ: 60, ㄴ: 120	**26** ㄱ: 2, ㄴ: 1.6
27 ㄱ: 60, ㄴ: 30, ㄷ: 15	**28** 2
29 주방	**30** ㄱ: 50, ㄴ: 30

31 상

소방시설 설치 및 관리에 관한 법률상 비상방송설비 관련 내용이다. (　　) 안에 들어갈 숫자를 순서대로 각각 쓰시오. 제16회 수정

> 비상방송설비를 설치하여야 하는 특정소방대상물 (위험물 저장 및 처리 시설 중 가스시설, 사람이 거주하지 않는 동물 및 식물 관련 시설, 지하가 중 터널, 축사 및 지하구는 제외한다)은 다음의 어느 하나와 같다.
> 1) 연면적 3천 5백m^2 이상인 것
> 2) 층수가 (　　)층 이상인 것은 모든 층
> 3) 지하층의 층수가 (　　)층 이상인 것은 모든 층

32 중

소방시설 설치 및 관리에 관한 법률 시행규칙상 '소방시설 등의 자체점검'은 다음과 같이 구분하고 있다. (　　)에 들어갈 용어를 쓰시오. 제21회 수정

> 작동점검은 소방시설 등을 인위적으로 조작하여 소방시설이 정상적으로 작동하는지를 소방청장이 정하여 고시하는 소방시설 등 작동점검표에 따라 점검하는 것을 말한다. (　　)은(는) 소방시설 등의 작동점검을 포함하여 소방시설 등의 설비별 주요 구성 부품의 구조기준이 화재안전기준과 「건축법」 등 관련 법령에서 정하는 기준에 적합한 지 여부를 소방청장이 정하여 고시하는 소방시설 등 종합점검표에 따라 점검하는 것을 말한다.

33 상

소방시설 설치 및 관리에 관한 법률 시행령상 건물의 소방시설에 관한 내용이다. (　　)에 들어갈 용어를 쓰시오. 제25회 수정

> [별표 1] 소방시설
> 1. ~ 4. <생략>
> 5. (ㄱ): 화재를 진압하거나 인명구조활동을 위하여 사용하는 설비로서 다음 각목의 것
> 　가. 제연설비
> 　나. 연결송수관설비
> 　다. 연결살수설비
> 　라. 비상콘센트설비
> 　마. (ㄴ)
> 　바. 연소방지설비

34 ●●하 **다음은 화재안전성능기준(NFPC)상 옥외소화전설비의 소화전함 설치기준이다. ( )에 들어갈 숫자를 쓰시오.** 제20회 수정

① 옥외소화전설비에는 옥외소화전마다 그로부터 ( )m 이내의 장소에 소화전함을 설치해야 한다.

35 ●●하 **화재안전성능기준(NFPC)상 옥내소화전설비의 배관에 관한 내용이다. ( ) 안에 들어갈 숫자를 쓰시오.** 제18회 수정

연결송수관설비의 배관과 겸용할 경우의 주배관은 구경 ( )mm 이상, 방수구로 연결되는 배관의 구경은 65mm 이상의 것으로 하여야 한다.

36 ●●하 **다음은 옥외소화전설비의 화재안전성능기준(NFPC)의 일부이다. ( )에 들어갈 숫자를 쓰시오.** 제23회 수정

제6조(배관 등) ① 호스접결구는 지면으로부터 높이가 0.5m 이상 (ㄱ)m 이하의 위치에 설치하고 특정소방대상물의 각 부분으로부터 하나의 호스접결구까지의 수평거리가 (ㄴ)m 이하가 되도록 설치해야 한다.

Answer

31 11, 3	**32** 종합점검
33 ㄱ : 소화활동설비, ㄴ : 무선통신보조설비	**34** 5
35 100	**36** ㄱ : 1, ㄴ : 40

37 ●중●

공동주택의 화재안전성능기준(NFPC 608상) ( )에 들어갈 아라비아 숫자를 쓰시오. 제27회

제7조(스프링클러설비) 스프링클러설비는 다음 각 호의 기준에 따라 설치해야 한다.

1. ~ 3. <생략>
4. 아파트 등의 세대 내 스프링클러헤드를 설치하는 경우 천장・반자・천장과 반자사이・덕트・선반등의 각 부분으로부터 하나의 스프링클러헤드까지의 수평거리는 (ㄱ)미터 이하로 할 것
5. 외벽에 설치된 창문에서 (ㄴ)미터 이내에 스프링클러헤드를 배치하고, 배치된 헤드의 수평거리 이내에 창문이 모두 포함되도록 할 것. 다만, 다음 각 목의 어느 하나에 해당하는 경우에는 그렇지 않다.
   가. <생략>
   나. 창문과 창문 사이의 수직부분이 내화구조로 (ㄷ)센티미터 이상 이격되어 있거나, 「발코니 등의 구조변경절차 및 설치기준」 제4조 제1항부터 제5항까지에서 정하는 구조와 성능의 방화판 또는 방화유리창을 설치한 경우
   다. <생략>

38 ●중●

피난기구의 화재안전기준상 적응 및 설치개수에 관한 내용이다. ( )에 들어갈 아라비아 숫자를 쓰시오. 제24회 수정

제4조(적응 및 설치개수 등) ① <생략>

② 피난기구는 다음 각 호의 기준에 따른 개수 이상을 설치하여야 한다.

1 ~ 9. <생략>

10. 승강식파난기 및 하향식 피난구용 내림식사다리는 다음 각 목에 적합하게 설치할 것
    가. <생략>
    나. 대피실의 면적은 $2m^2$(2세대 이상일 경우에는 $3m^2$) 이상으로 하고, 「건축법 시행령」 제46조 제4항의 규정에 적합하여야 하며 하강구(개구부) 규격은 직경 ( )cm 이상일 것. 단, 외기와 개방된 장소에는 그러하지 아니 한다.

39 중

옥내소화전설비의 화재안전성능기준(NFPC)상 가압송수장치에 관한 내용이다. (　　)에 들어갈 아라비아 숫자를 쓰시오. 제25회 수정

> 1 ~ 2. <생략>
> 3. 특정소방대상물의 어느 층에서도 해당 층의 옥내소화전(두 개 이상 설치된 경우에는 두 개의 옥내소화전)을 동시에 사용할 경우 각 소화전의 노즐선단에서 (ㄱ) 메가파스칼 이상의 방수압력으로 분당 (ㄴ) 리터 이상의 소화수를 방수할 수 있는 성능인 것으로 할 것. 다만, 노즐선단에서의 방수압력이 (ㄷ) 메가파스칼을 초과할 경우에는 호스접결구의 인입 측에 감압장치를 설치하여야 한다.

40 중

건축물의 설비기준 등에 관한 규칙상 건축물에 설치하는 승용승강기의 설치기준에 관한 내용이다. (　　)에 공통으로 들어갈 숫자를 쓰시오. 제23회

> 공동주택에서 15인승 승용승강기는 6층 이상의 거실면적의 합계가 3천제곱미터 이하일 때는 (　　)대, 3천제곱미터를 초과하는 경우는 (　　)대에 3천제곱미터를 초과하는 3천제곱미터 이내마다 1대를 더한 대수를 설치한다.

41 하

승강기 안전관리법상 승강기의 정밀안전검사에 관한 내용이다. (　　)에 들어갈 아라비아 숫자를 쓰시오. 제26회

> 승강기는 설치검사를 받은 날부터 (ㄱ)년이 지난 경우 정밀안전검사를 받고, 그 후 (ㄴ)년마다 정기적으로 정밀안전검사를 받아야 한다.

Answer

37 ㄱ: 2.6, ㄴ: 0.6, ㄷ: 90
38 60
39 ㄱ: 0.17, ㄴ: 130, ㄷ: 0.7
40 1
41 ㄱ: 15, ㄴ: 3

42 상

신에너지 및 재생에너지 개발 · 이용 · 보급 촉진법상 용어의 정의에 관한 내용이다. (　　)에 들어갈 용어를 쓰시오. 제25회

> 제2조(정의) 이 법에서 사용하는 용어의 뜻은 다음과 같다.
> 1. "신에너지"란 기존의 (ㄱ)(을)를 변환시켜 이용하거나 수소 · 산소 등의 화학 반응을 통하여 전기 또는 열을 이용하는 에너지로서 다음 각 목의 어느 하나에 해당하는 것을 말한다.
> 가. 수소에너지
> 나. (ㄴ)
> 다. 석탄을 액화 · 가스화한 에너지 및 중질잔사유(重質殘渣油)를 가스화한 에너지로서 대통령령으로 정하는 기준 및 범위에 해당하는 에너지
> 라. 그 밖에 석유 · 석탄 · 원자력 또는 천연가스가 아닌 에너지로서 대통령령으로 정하는 에너지

43 상

신에너지 및 재생에너지 개발 · 이용 · 보급 촉진법령상 용어의 정의이다. (　　)에 들어갈 용어를 쓰시오. 제24회

> "재생에너지"란 재생 가능한 에너지를 변환시켜 이용하는 에너지이다. 그 종류에는 태양에너지, 풍력, 수력, 해양에너지, (　　)에너지, 생물자원을 변환시켜 이용하는 바이오에너지로서 대통령령으로 정하는 기준 및 범위에 해당하는 에너지, 폐기물에너지(비재생폐기물로부터 생산된 것은 제외한다)로서 대통령령으로 정하는 기준 및 범위에 해당하는 에너지, 그 밖에 석유 · 석탄 · 원자력 또는 천연가스가 아닌 에너지로서 대통령령으로 정하는 에너지가 있다.

44 중

지역냉방 등에 적용되는 흡수식 냉동기에 관한 내용으로 (　　)에 들어갈 용어를 순서대로 쓰시오. 제21회

> 흡수식 냉동기는 증발기, 흡수기, 재생기, (　　)의 4가지 주요 요소별 장치로 구성되며, 냉매로는 (　　)이(가) 이용된다.

45 상

건축물의 에너지절약설계기준상 다음에서 정의하고 있는 용어를 순서대로 쓰시오.

제21회

- (　　): 기기의 출력값과 목표값의 편차에 비례하여 압력량을 조절하여 최적운전상태를 유지할 수 있도록 운전하는 방식을 말한다.
- (　　): 수용가에서 일정 기간 중 사용한 전력의 최대치를 말한다.

46 중

건축물의 에너지절약설계기준상 '기밀 및 결로방지 등을 위한 조치'에 관한 내용이다. (　　)에 들어갈 용어를 쓰시오.

제21회

벽체 내표면 및 내부에서의 결로를 방지하고 단열재의 성능 저하를 방지하기 위하여 단열조치를 하여야 하는 부위(창 및 문과 난방공간 사이의 층간 바닥 제외)에는 (　　)을(를) 단열재의 실내측에 설치하여야 한다.

47 중

건축물의 에너지절약설계기준상 기계설비 부문에 관한 용어의 정의이다. (　　)에 들어갈 용어를 쓰시오.

제22회 수정

"(　　)형 환기장치"라 함은 난방 또는 냉방을 하는 장소의 환기장치로 실내의 공기를 배출할 때 급기되는 공기와 열교환하는 구조를 가진 것을 말한다.

Answer

42 ㄱ: 화석연료, ㄴ: 연료전지
43 지열
44 응축기(콘덴서, condenser), 물(water, H2O)
45 비례제어운전, 최대수요전력
46 방습층
47 열회수

48 중

건축물의 에너지절약설계기준의 용어에 관한 설명이다. (　　)에 들어갈 용어를 쓰시오. 제26회

> (　　)층이라 함은 습한 공기가 구조체에 침투하여 결로발생의 위험이 높아지는 것을 방지하기 위해 설치하는 투습도가 24시간당 30g/m^2 이하 또는 투습계수 0.28g/m^2 · h · mmHg 이하의 투습저항을 가진 층을 말한다.

49 상

건축물의 에너지절약설계기준상 전기설비부문에 관한 용어의 정의이다. (　　)에 들어갈 용어를 쓰시오. 제27회

> (　　)(이)라 함은 승강기가 균형추보다 무거운 상태로 하강(또는 반대의 경우)할 때 모터는 순간적으로 발전기로 동작하게 되며, 이 때 생산되는 전력을 다른 회로에서 전원으로 활용하는 방식으로 전력소비를 절감하는 장치를 말한다.

Answer

48 방습　　49 회생제동장치

04 환경관리

연계학습: 기본서 p.650~667

01 중

실내공기질 관리법령상 신축 공동주택의 실내공기질 권고기준으로 옳은 것을 모두 고른 것은? 제22회

ㄱ. 폼알데하이드 210㎍/m^3 이하	ㄴ. 벤젠 60㎍/m^3 이하
ㄷ. 톨루엔 1,000㎍/m^3 이하	ㄹ. 에틸벤젠 400㎍/m^3 이하
ㅁ. 자일렌 900㎍/m^3 이하	ㅂ. 스티렌 500㎍/m^3 이하

① ㄱ, ㄴ ② ㄱ, ㄷ ③ ㄴ, ㄹ
④ ㄷ, ㅂ ⑤ ㄹ, ㅁ

해설

실내공기질 측정항목 및 기준치는 아래와 같다.

1. 폼알데하이드: 210㎍/m^3 이하
2. 벤젠: 30㎍/m^3 이하
3. 톨루엔: 1,000㎍/m^3 이하
4. 에틸벤젠: 360㎍/m^3 이하
5. 스티렌: 300㎍/m^3 이하
6. 자일렌: 700㎍/m^3 이하
7. 라돈 148Bq/m^3 이하

02 하

실내공기질 관리법 시행규칙상 신축 공동주택의 실내공기질 권고기준으로 옳지 않은 것은? 제27회

① 폼알데하이드: 210㎍/m^3 이하
② 벤젠: 300㎍/m^3 이하
③ 톨루엔: 1,000㎍/m^3 이하
④ 에틸벤젠: 360㎍/m^3 이하
⑤ 라돈: 148Bq/m^3 이하

해설

01번 해설참조

Answer

01 ② 02 ②

03
●●하

실내공기질 관리법 시행규칙에 관한 설명으로 옳지 않은 것은? 제26회

① 주택 공기질 측정결과 보고(공고)는 주민입주 7일 전부터 30일간 주민들에게 공고하여야 한다.
② 벽지와 바닥재의 폼알데하이드 방출기준은 0.02mg/m^2 · h 이하이다.
③ 신축 공동주택의 실내공기질 측정항목에는 폼알데하이드, 벤젠, 톨루엔, 에틸벤젠, 자일렌, 스티렌, 라돈이 있다.
④ 신축 공동주택의 실내공기질 권고기준에서 라돈은 148Bq/m^3 이하이다.
⑤ 신축 공동주택의 시공자가 실내공기질을 측정하는 경우에는 「환경분야 시험 · 검사 등에 관한 법률」에 따른 환경오염공정시험기준에 따라 하여야 한다.

해설

① 주택 공기질 측정결과 보고(공고)는 주민입주 7일 전부터 60일간 주민들에게 공고하여야 한다.

04
상●●

먹는물 수질 및 검사 등에 관한 규칙상 수돗물의 수질기준으로 옳지 않은 것은? 제25회

① 경도(硬度)는 300mg/L를 넘지 아니할 것
② 동은 1mg/L를 넘지 아니할 것
③ 색도는 5도를 넘지 아니할 것
④ 염소이온은 350mg/L를 넘지 아니할 것
⑤ 수소이온 농도는 pH5.8 이상 pH8.5 이하이어야 할 것

해설

④ 염소이온은 250mg/L를 넘지 않아야 한다.

05 ●●㉻

건축법령상 아파트의 대피공간을 발코니에 설치하여야 하는 경우 대피공간의 설치기준에 관한 내용으로 옳지 않은 것은?

제22회

① 대피공간은 바깥의 공기와 접할 것
② 대피공간의 바닥면적은 인접 세대와 공동으로 설치하는 경우 3제곱미터 이상으로 할 것
③ 대피공간의 바닥면적은 각 세대별로 설치하는 경우 1.5제곱미터 이상으로 할 것
④ 대피공간은 실내의 다른 부분과 방화구획으로 구획될 것
⑤ 대피공간의 설치기준은 국토교통부장관이 정하는 기준에 적합할 것

해설

③ 대피공간의 바닥면적은 각 세대별로 설치하는 경우 2제곱미터 이상으로 한다.

06 ㊤●●

먹는물 수질기준 및 검사 등에 관한 규칙상 심미적 영향물질에 관한 기준 항목에 해당하지 않는 것은?

제27회

① 염소이온
② 경도
③ 색도
④ 페놀
⑤ 수소이온 농도

해설

④ 페놀은 건강상 유해영향 유기물질에 관한 기준 항목이다.

Answer

03 ① 04 ④ 05 ③ 06 ④

주관식 단답형 문제

01 중

감염병의 예방 및 관리에 관한 법령상 소독 관련 내용이다. ( ) 안에 들어갈 용어를 쓰시오. 제16회

> 소독에 이용되는 방법으로는 소각, ( ), 끓는 물 소독, 약물소독, 일광소독이 있다.

02 하

먹는물 수질 및 검사 등에 관한 규칙상 수돗물 수질기준에 관한 내용이다. ( )에 들어갈 아라비아 숫자를 쓰시오. 제26회

> 5. 심미적(審美的) 영향물질에 관한 기준
> 가. 경도(經度)는 1,000mg/L(수돗물의 경우 (ㄱ)mg/L, 먹는염지하수 및 먹는해양심층수의 경우 1,200mg/L)를 넘지 아니할 것. 다만, 샘물 및 염지하수의 경우에는 적용하지 아니한다.
> 나. ~ 아. <생략>
> 자. 염소이온은 (ㄴ)mg/L를 넘지 아니할 것(염지하수의 경우에는 적용하지 아니한다)

03 중

실내공기질관리법령상 신축 공동주택의 실내공기질 측정물질들을 나열한 것이다. ( ) 안에 들어갈 물질을 쓰시오. 제19회 수정

> 폼알데하이드, 벤젠, 톨루엔, 에틸벤젠, ( ), 스티렌, 라돈

해설

신축 공동주택의 실내공기질 측정항목은 폼알데하이드, 벤젠, 톨루엔, 에틸벤젠, 자일렌, 스티렌, 라돈이 있다.

04

상

실내공기질 관리법 시행규칙상 건축자재의 오염물질 방출 기준에 관한 내용이다. (　)에 들어갈 아라비아 숫자를 쓰시오. 제25회

구 분 ＼ 오염물질 종류	톨루엔	폼알데하이드
접착제, 페인트, 퍼티, 벽지, 바닥재	(ㄱ) 이하	(ㄴ) 이하

비고: 위 표에서 오염물질의 종류별 측정단위는 $mg/m^2 \cdot h$로 한다.

05

상

소음 · 진동관리법령상 생활소음 규제기준에 관한 내용이다. (　) 안에 들어갈 숫자 ①과 ②를 순서대로 각각 쓰시오. 제17회

[단위: dB(A)]

대상 지역	소음원 ＼ 시간대별		주간 (07 : 00~18 : 00)	야간 (22 : 00~05 : 00)
주거지역	확성기	옥외 설치	(①) 이하	(②) 이하
		옥내에서 옥외로 소음이 나오는 경우	55 이하	45 이하

Answer

01 증기소독

02 ㄱ: 300, ㄴ: 250

03 자일렌

04 ㄱ: 0.08, ㄴ: 0.02

05 ① 65, ② 60

05 안전관리

연계학습 : 기본서 p.674~688

01 중

공동주택관리법령상 공동주택 시설의 안전관리에 관한 기준 및 진단사항으로 옳지 않은 것은? 제22회

① 저수시설의 위생진단은 연 2회 이상 실시한다.
② 어린이놀이터의 안전진단은 연 2회 실시한다.
③ 노출배관의 동파방지 월동기진단은 연 1회 실시한다.
④ 석축, 옹벽의 우기진단은 연 1회 실시한다.
⑤ 법면의 해빙기진단은 연 1회 실시한다.

해설

② 어린이놀이터의 안전진단은 매분기 1회 이상 실시한다.

02 중

공동주택관리법령상 의무관리대상 공동주택의 관리주체의 안전관리계획과 안전점검 및 안전진단에 관한 설명으로 옳지 않은 것은? 제23회

① 건축물과 공중의 안전 확보를 위하여 건축물의 안전점검과 재난예방에 필요한 예산을 매년 확보하여야 한다.
② 사용검사일부터 30년이 경과한 15층 이하의 공동주택에 대하여 반기마다 대통령령으로 정하는 자로 하여금 안전점검을 실시하도록 하여야 한다.
③ 석축과 옹벽, 법면은 해빙기 진단 연 1회(2월 또는 3월)와 우기진단 연 1회(6월)가 이루어지도록 안전관리계획을 수립하여야 한다.
④ 해당 공동주택의 시설물로 인한 안전사고를 예방하기 위하여 대통령령으로 정한 바에 따라 안전관리계획을 수립하고 시설물별로 안전관리자 및 안전관리책임자를 지정하여 이를 시행하여야 한다.
⑤ 변전실, 맨홀(정화조 뚜껑 포함), 펌프실, 전기실, 기계실 및 어린이 놀이터의 안전진단에 대하여 연 3회 이상 실시하도록 안전관리계획을 수립하여야 한다.

해설

⑤ 변전실, 맨홀(정화조의 뚜껑을 포함한다), 펌프실, 전기실, 기계실 및 어린이 놀이터의 안전진단에 대하여 매분기 1회 이상 실시하도록 안전관리계획을 수립하여야 한다.

03
중

공동주택관리법령상 시설의 안전관리에 관한 기준 및 진단사항에 관한 내용이다. 대상 시설별 진단사항과 점검횟수의 연결이 옳은 것을 모두 고른 것은? 제24회

> ㄱ. 어린이 놀이터의 안전진단 – 연 2회 이상 점검
> ㄴ. 변전실의 안전진단 – 매 분기 1회 이상 점검
> ㄷ. 노출배관의 동파방지 월동기진단 – 연 1회 점검
> ㄹ. 저수시설의 위생진단 – 연 1회 점검

① ㄱ, ㄷ
② ㄱ, ㄹ
③ ㄴ, ㄷ
④ ㄱ, ㄴ, ㄹ
⑤ ㄴ, ㄷ, ㄹ

해설

ㄱ. 어린이 놀이터의 안전진단 – 매분기 1회 이상 점검
ㄹ. 저수시설의 위생진단 – 연 2회 이상 점검

04
하

어린이놀이시설 안전관리법령상 안전관리에 관한 설명으로 옳지 않은 것은? 제26회

① 정기시설검사는 안전검사기관으로부터 3년에 1회 이상 받아야 한다.
② 관리주체는 안전점검을 월 1회 이상 실시하여야 한다.
③ 안전관리자가 변경된 경우, 변경된 날부터 3개월 이내에 안전교육을 받도록 하여야 한다.
④ 관리주체는 어린이놀이시설을 인도받은 날부터 30일 이내에 어린이놀이시설 사고배상 책임보험에 가입하여야 한다.
⑤ 안전관리자에 안전교육의 주기는 2년에 1회 이상으로 하고, 1회 안전교육 시간은 4시간 이상으로 한다.

해설

① 정기시설검사는 안전검사기관으로부터 2년에 1회 이상 받아야 한다.

Answer

01 ② 02 ⑤ 03 ③ 04 ①

05 중

어린이놀이시설 안전관리법 시행령상 어린이놀이시설로 인하여 이용자가 피해를 입은 사고 중에서 "대통령령이 정하는 중대한 사고"에 해당하는 것을 모두 고른 것은? 제27회

> ㄱ. 1도 이상의 화상
> ㄴ. 부상 면적이 신체 표면의 5퍼센트 이상인 부상
> ㄷ. 하나의 사고로 인한 3명 이상의 부상
> ㄹ. 골절상

① ㄱ, ㄴ
② ㄱ, ㄹ
③ ㄷ, ㄹ
④ ㄱ, ㄴ, ㄷ
⑤ ㄴ, ㄷ, ㄹ

해설

대통령령이 정하는 중대한 사고란 어린이놀이시설로 인하여 이용자가 다음의 피해를 입은 사고를 말한다.

1. 사망
2. 하나의 사고로 인한 3명 이상의 부상
3. 사고 발생일로부터 7일 이내에 48시간 이상의 입원 치료가 필요한 부상
4. 골절상
5. 수혈 또는 입원이 필요한 정도의 심한 출혈
6. 신경, 근육 또는 힘줄의 손상
7. 2도 이상의 화상
8. 부상 면적이 신체 표면의 5퍼센트 이상인 부상

Answer

05 ⑤

주관식 단답형 문제

01 중

공동주택관리법령상 안전점검에 관한 규정이다. (　　) 안에 들어갈 숫자를 순서대로 각각 쓰시오.

제19회

> 의무관리대상 공동주택의 관리주체는 그 공동주택의 기능유지와 안전성 확보로 입주자 및 사용자를 재해 및 재난 등으로부터 보호하기 위하여 시설물의 안전관리에 관한 특별법 제13조 제1항에 따른 지침에서 정하는 안전점검의 실시방법 및 절차 등에 따라 공동주택의 안전점검을 실시하여야 한다. 다만, (　　)층 이상의 공동주택 및 사용연수, 세대수, 안전등급, 층수 등을 고려하여 대통령령으로 정하는 (　　)층 이하의 공동주택에 대하여는 대통령령으로 정하는 자로 하여금 안전점검을 실시하도록 하여야 한다.

02 중

다음은 어린이놀이시설 안전관리법의 용어정의에 관한 내용이다. (　　)에 들어갈 용어를 순서대로 쓰시오.

제20회

> • (　　)(이)라 함은 어린이놀이시설의 관리주체 또는 관리주체로부터 어린이놀이시설의 안전관리를 위임받은 자가 육안 또는 점검기구 등에 의하여 검사를 하여 어린이놀이시설의 위험요인을 조사하는 행위를 말한다.
> • (　　)(이)라 함은 제4조의 안전검사기관이 어린이놀이시설에 대하여 조사·측정·안전성 평가 등을 하여 해당 어린이놀이시설의 물리적·기능적 결함을 발견하고 그에 대한 신속하고 적절한 조치를 하기 위하여 수리·개선 등의 방법을 제시하는 행위를 말한다.

03 중

어린이놀이시설 안전관리법령상 어린이놀이시설의 설치검사 등에 관한 내용이다. (　　) 안에 들어갈 숫자를 쓰시오.

제19회

> 관리주체는 설치검사를 받은 어린이놀이시설이 시설기준 및 기술기준에 적합성을 유지하고 있는지를 확인하기 위하여 대통령령이 정하는 방법 및 절차에 따라 안전검사기관으로부터 (　　)년에 1회 이상 정기시설검사를 받아야 한다.

Answer

01 16, 15　　**02** 안전점검, 안전진단
03 2

2025 제28회 시험대비 전면개정판

박문각 주택관리사 2차 핵심기출문제

주택관리관계법규 | 공동주택관리실무

초판인쇄 | 2024. 11. 25. 초판발행 | 2024. 11. 30.
편저 | 강경구·김혁 외 박문각 주택관리연구소
발행인 | 박 용 발행처 | (주)박문각출판 등록 | 2015년 4월 29일 제2019-000137호
주소 | 06654 서울시 서초구 효령로 283 서경빌딩 4층 팩스 | (02)584-2927
전화 | 교재주문·학습문의 (02)6466-7202

정가 28,000원

ISBN 979-11-7262-369-2 | ISBN 979-11-7262-367-8(1·2차세트)